Max Bauer
Titanen der Erotik. Biografien aus der Sittengeschichte aller Zeiten und Völker

SEVERUS Verlag

ISBN: 978-3-95801-407-7
Druck: SEVERUS Verlag, 2016

Nachdruck der Originalausgabe von 1929

Der SEVERUS Verlag ist ein Imprint der Diplomica Verlag GmbH.
Bibliografische Information der Deutschen Nationalbibliothek:
Die Deutsche Nationalbibliothek verzeichnet diese Publikation in der Deutschen Nationalbibli-ografie; detaillierte bibliografische Daten sind im Internet über http://dnb.d-nb.de abrufbar.

© SEVERUS Verlag, 2016
http://www.severus-verlag.de
Printed in Germany
Alle Rechte vorbehalten.
Der SEVERUS Verlag übernimmt keine juristische Verantwortung oder irgendeine Haftung für evtl. fehlerhafte Angaben und deren Folgen.

Max Bauer

Titanen der Erotik. Biografien aus der Sittengeschichte aller Zeiten und Völker

Titanen der Erotik

*Lebensbilder aus der Sittengeschichte
aller Zeiten und Völker*

*Nach den
Quellen zusammengetragen und herausgegeben
von*

MAX BAUER

1. IN GRAUER VORZEIT

Alle Erscheinungsformen des menschlichen Daseins, seitdem Menschen auf der Erde wandeln, vom Beginn aller kulturellen Entwicklung an, bis zu den vollsten Ausstrahlungen des geistigen Schaffens, lassen sich auf die beiden Elementarinstinkte, auf den Ernährungs- und den Fortpflanzungstrieb zurückführen.¹) Der Ernährungstrieb lehrt das Tier ebenso, wie vom Urmenschen an das menschliche Geschöpf, seinen Instinkt zur Vernunft auszugestalten, um sein Ziel zu erlangen, des Leibes Nahrung sich in ausreichender Menge zu schaffen. Gleich der im Urinstinkt fussenden Gier nach Ernährung, ist auch die nach der Fortpflanzung in Mensch und Tier gemeinsam. Wie Hunger und Durst ist der Fortpflanzungstrieb, sei er Liebe, Wollust, Geschlechtstrieb oder Erotik genannt, eine bei allen Menschen auftretende Erscheinung. Der gesunde Mensch kann sie nur unter Aufgebot seines Willens ausschalten. Je tiefer der Kulturstand der Menschen ist, desto ungehemmter lassen sie ihren Geschlechtstrieb auswirken. Die gegenseitigen Beziehungen zwischen Mann und Weib sind deshalb für die Stufe der Kultur und der aus ihr hervorgegangenen Sittlichkeit, auf der ein jedes Volk in seiner Gesamtheit sich befindet, von höchster Bedeutung.²) Je niederer in der Kultur ein Volksstamm steht, umso häufiger äussert sich die Lüsternheit und tierische Sinnlichkeit.³)

Eine wahre Stufenleiter lässt sich bei der Aeusserung der Sinnlichkeit erkennen. Sie führt von der tiefsten Missachtung des Weibes, bis zur höchsten Wertschätzung, von der schändlichsten Behandlung, bis zu den zartesten Rücksichten. «Das rein geschlechtliche Verhältnis tritt eben nur bei den rohesten Völkern in den Vordergrund, spielt aber auch noch bei den halbzivilisierten Nationen eine ganz wesentliche Rolle, während bei den entwickelten Kulturzuständen das geistige und sittliche Wesen dem weiblichen Geschlecht seinen Wert verleiht, die sexuellen Beziehungen aber unter der Herrschaft geläuterter ästhetischer Anschauung in die engsten moralischen Grenzen eingeschränkt werden.» Diese von Ploss-Bartels ausgesprochene Ansicht mag für die Anthropologie richtig sein, für die Sittengeschichte stimmt sie insofern nicht, als, wie sich im Verlauf unseres Buches zeigen wird, Hand in Hand mit der höchsten Kultur ein Sittenverfall schreiten kann, der alle moralischen Grenzen beseitigt, und das weibliche Geschlecht bis zur seelischen, wie körperlichen Vernichtung erniedrigt. Wenn die beiden berühmten Kapazitäten der Volkskunde weiter angeben: «Bei kulturell tiefstehenden Völkern sind es wesentlich zwei Erscheinungen, welche wir als allgemeinen Volksbrauch auftreten sehen, während sie unserem Fühlen und Empfinden auf das Entschiedenste widerstreben. Die eine ist der geschlechtliche Verkehr der Männer mit Mädchen, welche dem Kindesalter noch nicht entwachsen sind, und die zweite ist die Ausübung des Coitus vor den Augen einer zuschauenden Corona,» [4]) so sind diese beiden Behauptungen sittengeschichtlich längst widerlegt. Wo Sklaverei herrschte, vom grauen Altertum an bis zur Gegenwart, bei Wilden ebenso wie bei Kulturvölkern auf höchster Stufe, macht die Begierde vor Kindern bis zum zartesten Alter nicht Halt, sie zur Unzucht heranzubilden und zu benützen. So ist es bei den Naturvölkern der Gegenwart, wie es in Hellas und Rom, in Asien und in den Sklavenstaaten Amerikas gewesen.

Und heute?

Das Schlafstellenunwesen der Grosstädte lässt die Kinderprostitution niemals abnehmen. Hat doch in London selbst der sich der Prostitution hingebende Backfisch von kaum 13 Jahren seinen Zuhälter.[5])

Unter den Strichmädchen fehlt in London niemals das unmannbare, wie in Berlin, Paris, Wien usw.

In einem Artikel im Pariser «Figaro» sagt der Londoner Korrespondent dieses Blattes: «Jeden Abend, gegen Mitternacht, spazieren mehr als fünfhundert Mädchen, deren Alter zwischen 12 bis 15 Jahren schwankt, zwischen Piccadilly Circus und Waterloo Place umher, d. h. auf einem Wege, der nicht länger ist als dreihundert Meter.»

In Paris gehören zu den charakteristischen Erscheinungen der geheimen Prostitution die Minderjährigen. Diese Art des Liebeshandels blüht in der Seinestadt aufs Lebhafteste, trotz der unablässigen Verfolgung durch die Polizei. Auch in Berlin ist kein Mangel an «Nutten» bis tief herab ins schulpflichtige Alter.

In Brüssel gab es Bordelle mit Mädchen, deren Alter nicht mehr als 12—14 Jahre betrug.[6])

Grossen Anteil an der englischen Kinderprostitution hat auch die englische Deflorationsmanie, «in der die englische Brutalität wohl in ihrer grössten Scheusslichkeit hervortritt. Es ist ein Kapitel aus Dantes «Inferno», und der Teufel ist John Bull. »[7])

Bereits im 18. Jahrhundert gab es ausser einer auffallend grossen Anzahl von Prostituierten im Kindesalter auch in England Kinderbordelle, die sich um 1830 wie die Pilze nach dem Regen vermehrten und zur Verbreitung schrecklicher Unzüchte führten.

Die Ausübung des Liebesaktes vor Zuschauern war den Römern nichts Neues. Auf der Bühne des Amphitheaters wurden Szenen aufgeführt, in denen sich alle Bettgeheimnisse abspielten. Die Gastmähler der vornehmen Römer endeten meist in Orgien, die denen der Rokokozeit wie ein Ei dem anderen ähnelten. Kaiser Commodus (161—192), eine der grössten Bestien unter den römischen Imperatoren, besass einen Harem mit «dreihundert Beischläferinnen, die er sich aus den schönsten

Frauen und Buhldirnen ausgewählt, und ebenso vielen Lustknaben, die er ebenfalls wegen ihrer reizenden Gestalt aus Volk und Adel ausgesucht hatte.» [8]) Seine Buhlerinnen gab er vor seinen Augen den Umarmungen anderer preis.[9])

Auf dem Theater in Byzanz, dem die Kaiserin Theodora als Darstellerin angehört hatte, «die Zirkusdirne auf dem Throne der Caesaren,» wie sie Prokopius nennt, spielten sich die alle römischen noch überbietenden Unzuchtsszenen vor den Zuschauern ab. Die nicht höher als die Dirnen gewerteten Schauspielerinnen und Tänzerinnen hatten sich in jedem der zur Darstellung gelangenden Stücke zu prostituieren.

Das Plakat eines syrakusischen Theaterleiters gibt uns einen Anhalt für den Verlauf eines der damaligen Repertoirstücke. Die Ankündigung lautet: «Mitbürger! Ariane wird in dieser Pantomime in ihr Brautgemach eintreten. Bacchus, der mit den Göttern gezecht hat, wird sie dort überraschen, und es werden auch die Zärtlichkeiten der Hochzeitsnacht vorgeführt werden.» [10])

Zu den weltgeschichtlich bekanntesten Orgien mit einem grossen Zuschauerkreis gehörte die von dem Renaissance-Kraftmenschen Cesare Borgia veranstaltete. Das Tagebuch des Buccardus, der ihr beiwohnte, zeichnete darüber auf: «Am Abend des letzten Oktober 1501 veranstaltete Cesare Borja in seinem Gemache ein Gelage mit fünfzig ehrbaren Dirnen, Kurtisanen genannt, die nach dem Mahl mit den Dienern und den anderen Anwesenden tanzten, zuerst in ihren Kleidern, dann nackt. Nach dem Mahl wurden die Tischleuchter mit den brennenden Kerzen auf den Boden gestellt und rings herum Kastanien gestreut, die die nackten Dirnen auf Händen und Füssen zwischen den Leuchtern durchkriechend aufsammelten, wobei Alexander VI., Cesare und seine Schwester Lucretia (Borja) zuschauten. Schliesslich wurden Preise ausgesetzt, seidene Ueberröcke, Schuhe, Barette u. a. für die, welche mit den Dirnen am öftesten den Akt vollführen konnten. Das Schauspiel fand hier im Saale öffentlich statt, und nach dem Urteil der Anwesenden wurden an die Sieger die Preise verteilt.»

Allen diesen verbürgten Tatsachen stehen sehr viele als Sagen angenommene aus dem Altertum gegenüber, deren Helden, um ihre menschliche Grösse zu bezeugen, von ihren Bewunderern als Titanen der Erotik hingestellt worden sind, die Männer durch ihre übermenschliche Potenz, die Frauen durch ihre Unersättlichkeit und ihre Grausamkeit bei Erfüllung ihrer sexuellen Gelüste.

Als Musterbeispiel dieser Art kann *Semiramis*, die sagenhafte Königin von Assyrien, gelten.

Das Leben dieser Gattin des Ninos, ungefähr im 13. Jahrhundert vor Christus, ist derart vom wilden Gebüsch der Sage umsponnen, dass der wahre Kern nun nicht mehr festzustellen ist. Semiramis, die Erbauerin der hängenden Gärten, eines der Weltwunder des Altertums, war eine tatkräftige, kluge, sieggewohnte Herrscherin. Sie wurde überhaupt mit ihrer alle Männer überbietenden Heldenkraft und Tatenfülle zu einem Gegenbild des letzten assyrischen Herrschers, Sardanapal. Ihrer politischen Bedeutung schloss sich schrankenlose Wollust an, die sich mit sexueller Grausamkeit vereinigte. Sie zwang jeden Mann, der ihr gefiel, zur Liebschaft mit ihr, aber sie liess jeden, der ihre Liebe genossen, heimlich töten. Jedoch nicht, wie dies französische Königinnen getan, um zu verhindern, dass sich der Mann der Gunst rühmen konnte, sondern zur Erhöhung ihres sexuellen Genusses. Ihre Schönheit soll ein Lockmittel gewesen sein, dem sich kein Mann zu entziehen vermocht hatte.

Ihr letzter Nachfolger, der letzte König des assyrischen Reiches, ist nicht durch seine Klugheit, wie die Ahnfrau Semiramis, wohl aber durch seine Wollust, Völlerei und seine Hingabe an feile Dirnen, unsterblich geworden. Er lebte nur unter Weibern, trug Kleidung wie diese und beschäftigte sich nach Weiberart. Als die Meder im Jahre 840 v. Chr. seine Hauptstadt Ninive eroberten, verbrannte sich Sardanapal in seinem Palast mit seinen Weibern.

Auch im alten *Aegypten* zeichneten sich die Grossen weder durch Enthaltsamkeit, noch durch Sittenstrenge aus. In einem uralten, heiligen Buche, das das selige Leben des verstorbenen Königs Mykerinos schildert, wird dem Pharao unter Hinzufügung einiger nicht gerade anständiger Worte zugesichert, er werde auch im Himmel die Frauen ihren Gatten nach Belieben fortnehmen, um sie seinem Harem als Nebenfrauen einzuverleiben. Die Zahl der Gunstdamen jedes Pharaos scheint ins Ungemessene gegangen zu sein. Von dem eben erwähnten Mykerinos erzählt Herodot:[11]) In seinem königlichen Palast, in einem Zimmer, stehen Bilder der Kebsweiber des Mykerin, wie die Priester in der Stadt Sais sagten. Es sind hölzerne, riesengrosse Bilder, an der Zahl ungefähr zwanzig, in nackender Gestalt. Wen sie vorstellen sollen, kann ich nicht weiter sagen, als was davon erzählt wird.

Sie nur als Geliebte auf Zeit zu halten, ging nicht an, denn der Ehebruch war eine jener zweiundvierzig Sünden, über die der Verstorbene in der Unterwelt vor dem Totenrichter Osiris Rechenschaft abzulegen hatte.

Trotzdem sich in diesem Falle die Religion als Hüterin der Sittlichkeit erwies oder erweisen sollte, hat sie aber in Aegypten nicht vermocht, sonst irgendwie läuternd auf die allgemeine Moral einzuwirken. Schon Ktesias aus Knidos, ein griechischer Arzt und Geschichtsschreiber um 400 v. Chr., sagt der Aegypterin «unvergleichliche Eigenschaften und Geschicklichkeiten nach, um die Begierden, die ihr entgegengebracht wurden, aufs äusserste zu steigern und zu sättigen.» Diese Sinnlichkeit schaffte den Buhlerinnen Aegyptens einen Ruf, der sich in der ganzen Welt verbreitete, wie einst der der Pariserinnen als Demimondänen und der Hetären aus Hellas. Diese Liebeskünste konnten kaum ohne Einfluss auf die Völker geblieben sein, die mit dem Nillande in enger Verbindung standen. So auf die Hebräer. Auch in ihren Adern kochte ein Blut, heiss wie Aetiopiens Sonne, und nicht kühler als das ihrer Nachbarn, der ob ihrer grausam-wollüstigen Kulte berüchtigten Phönizier.

Das Buch der Bücher hat in seinem Alten wie in dem Neuen Testament manchen Zug von diesen Aeusserungen orientalischer Sinnlichkeit des Volkes Juda aufbewahrt. So sei vor allem an die Männer Sodoms erinnert, die Loth durch die Auslieferung seiner beiden jungfräulichen Töchter bewegen wollte, die bei ihm eingekehrten Engel unbehelligt zu lassen. «Und was diese beiden Töchter anbelangt, so hat bekanntlich selbst der Anblick des Untergangs von Sodom und Gomorrha sie nicht genug schrecken können, um ihnen Sinn für Enthaltsamkeit einzuflössen. Missbrauchten sie doch nach der Legende die Trunkenheit ihres Vaters, um ihn zu verführen.

Was nützen gegen alle Ausbrüche der Leidenschaft die strengen Verordnungen, die in den Kapiteln 22 bis 25 des 5. Buches Mosis, dem Deuteronomium, ausgeschrieben sind. Wenn die Bibel Josephs Sittenstrenge gegen Potiphars Frau hervorhebt, übergeht sie nicht die schlüpfrige Geschichte von Thamar und Juda, dann die der Blutschande Amnons mit Thamar und den Brudermord Absalons. Die reizende Novelle, das Buch Esther, darf hier gleichfalls nicht übergangen werden. Mehr als eintausendfünfhundert Jahre später als Moses von Thamar und Juda erzählt, schilt der Prophet Hesekiel auf die Hure Jerusalem, nach Vorbildern aus dem Leben seiner und jener Zeit, da sich Israel in Sittim, angesichts des gelobten Landes, in Unzucht mit den Töchtern Moahs hingab. «Und siehe da, ein Mann aus den Kindern Israels kam und brachte unter seine Brüder eine Midianitin vor den Augen Moses und der ganzen Gemeine der Kinder Israel, die da weineten vor der Tür der

Hütte des Stifts. Da sah Pineas, der Sohn Eleasars, des Sohnes Aarons, des Priesters, stund er auf aus der Gemeine und nahm einen Spiess in seine Hand. Und ging dem israelitischen Mann nach hinein in die Kammer, und durchstach sie beide, den israelitischen Mann und das Weib durch ihren Bauch.» [12])

Es sei daran erinnert, in welch schonungsloser Weise das mosaische Gesetz gegen alle Ausschweifungen vorging. Strafte es doch allein schon den nach der Ehe bekannt gewordenen vorherigen Verlust der Jungfräulichkeit mit dem Tode, ebenso den Ehebruch, bei dem auch die Frau getötet wurde, wenn das Verbrechen nicht auf freiem Felde ausser Hörweite der Nachbarn begangen worden war. Einer Ehefrau, die absichtlich oder zufällig die Geschlechtsteile eines fremden Mannes berührte, wurde die Hand abgehauen. Doch alles galt nur für Hebräerinnen. Bei den Männern, dann andersgläubigen Frauen war man nicht so streng. Moses selbst nahm sich in seinem Alter noch eine Negerin aus Aethiopien als Beischläferin. Dies passte bekanntlich seiner Schwester Mirjaam nicht. Sie klatschte darüber, was ihr den Aussatz zuzog.

Die ausschweifenden und grausamen Kulte von Moloch und Baal, die während Orgien angebetet, und denen Menschenopfer dargebracht wurden, sind in Israel immer wieder eingeschleppt und nie ganz ausgerottet worden. Salomo selbst, der weise König,[13]) der siebenhundert ägyptische moatische, ammonitische, edomitische, sidonische und hetische Frauen, dazu noch weitere dreihundert Kebse zusammengebracht hatte, vergass darüber seine göttliche Sendung «und folgte nicht gänzlich dem Herrn, wie sein Vater David». «Da bauete Salomo eine Höhe Kamos, dem Greuel der Moabiter, auf dem Berge, der vor Jerusalem liegt, und Moloch, dem Greuel der Ammoniter. Also tat Salomo allen seinen ausländischen Weibern, die ihren Göttern räucherten und opferten.» [14])

Salomo ist auch in seinen Sprüchen Kronzeuge für den Verderb in Juda. Im 5. Kapitel seiner Sprüche warnt er vor den gefälligen Weibern, «deren Lippen süss wie Honigseim, und ihre Kehle glätter denn Oel.» Im siebenten gibt er in einer kleinen Novelle die «Beschreibung der Verführung zur Unzucht und ihrer traurigen Folgen» mit Zolaschem Naturalismus. Tief war die Moral gesunken. Die Händler, die Jesus nach dem Evangelium Johannis, 2. Kap. 13—17, aus dem Tempel jagte, waren auch solche, die Tauben anboten, die Vögel der Venus, die feile Weiber und ihre Liebsten wohl im Tempel gleich opferten, für die in diesem angeknüpften, vielleicht sogar zum Abschluss gebrachten Liebeshändel. So mangelte in der ganzen damals bekannten Welt, die Teile von Europa, Afrika und Asien umschloss, das was die Gegenwart unter Moral versteht. Was heute die sogenannte gute Erziehung Schamgefühl nennt, war unbekannt und, wenn auch das Schamgefühl nicht gefehlt, so war das, was man darunter verstand, weit von dem verschieden, was wir heute fordern. Ist doch jetzt noch der Begriff «Schamgefühl» unendlich dehnbar. Es braucht nur daran erinnert zu werden, dass die wenigsten Naturvölker der heissen Zone Nacktheit mit Schamlosigkeit verwechseln, wie das der Europäer des Okzidents gewohnt ist. Die Japanerin, deren Kleidung eigens dazu eingerichtet ist, ihre Körperformen und ihren Wuchs vor profanen Augen zu verbergen und vom Körper nur den Kopf und die Hände zeigt, besucht die öffentlichen Bäder, in denen sich Frauen und Männer vollkommen nackt tummeln. «Eine vielgereiste Dame, welche zuerst über diese nach ihrer Auffassung schamlose Nacktheit im höchsten Grade entrüstet war, äusserte später: Ich fürchte, ich habe diesen Menschen Unrecht getan. Ich weiss jetzt, dass man nackt sein und sich doch wie eine Lady benehmen kann!»[15])

Wenn nun auch die ethischen Anschauungen einem ewigen Wechsel unterworfen sind, in der Gegenwart wie ehedem, so darf nicht übersehen werden, dass man schon in der Vorzeit genau erkannte, was als Laster anzusehen und verwerflich sei, wenn man sich auch nicht scheute, es anzunehmen. Die Römer, denen im Altertum alle Länder zugänglich waren, hatten offene Augen für alle Unkeuschheiten und nahmen sie mit in ihre Heimat, wo sie für Weiterentwicklung sorgten. Ebenso brachten z. B. die germanischen Söldner die Prostitution, die Homosexualität und andere Wollüste aus dem Süden nach dem Norden.[16])

So wurde Roma das Sammelbecken, in das alle Unzuchtsströme der antiken Welt mündeten, um von da aus die ansteckenden Miasmen der Pest der Unzucht überall zu verbreiten oder ihre Erscheinungen gegen neue, in Rom bisher unbekannte, einzutauschen.

Der Ehebruch der Venus - Kupferstich von Henrik Goltzius.

Loth mit seinen Töchtern - Kupfer von J. G. van Vliet nach Rembrandt.

2. DIE CAESAREN

Das römische Sprichwort «Der Erdkreis richtet sich nach dem Beispiel seines Beherrschers», hatte nirgends mehr Geltung als in dem kaiserlichen Rom. Mit den Personen der Herrscher haben dort nicht bloss Einrichtungen, sondern auch Sitten und Formen gewechselt.[1] Wie Neros Sucht, als Redner zu gelten und seine Leidenschaft für Musik alles ansteckte und zur Mode erhob, so drangen die von den Kaisern geübten Unzüchte in alle Volksschichten, vom Senator bis zum Sackträger.

Es darf dabei nicht ausser Acht gelassen werden, dass schon der Selbsterhaltungstrieb bei den Tyrannen gebot, sie niemals durch bessere Sitten, als die ihren, zu erbosen und herauszufordern. Dies war hauptsächlich bei Julius Caesar und seinen Nachkommen, den vier Caesaren der Julisch-Claudischen Imperatorenfamilie der Fall, bei Tiberius, Caligula, Claudius und Nero, dann bei dem Mordbuben Heliogabal, der sein Leben in Unzucht vergeudete. «Fast durch die ganze christliche Zeitrechnung hindurch haben diese Caesaren als bewusste Bösewichter gegolten und den Fluch immer wieder von neuem auf sich gezogen, mit dem die Historiker des Altertums, Tacitus an der Spitze, ihr Andenken gebrandmarkt haben. Erst im achtzehnten Jahrhundert erhoben französische Philosophen, unter ihnen Voltaire, Zweifel an der Richtigkeit, der aus dem Altertum überlieferten Auffassung. Was früher als Schändlichkeit verabscheut worden war, erschien nun als Verleumdung von seiten der Geschichtsschreiber des Altertums, als falsche Auslegung ihrer Angaben, oder als unverschuldetes Geschick der bisher als Uebeltäter beschuldigten, das mehr unser Mitleid als unseren Zorn wachrufen sollte.»[2] Die Ueberlieferungen römischer Geschichtsschreiber von höchster Bedeutung einfach als breitgetretenen oder vergröberten Klatsch, als Verleumdungen zu bezeichnen, ist Ansichtssache, über die sich noch streiten lässt, wenn auch gewisse, in ihren Freundeskreisen berühmte Sexualforscher hoheitsvoll über die «Aufschneidereien» der unsterblichen antiken Historiker die Achsel zucken. Andere fachkundige Beurteiler sind einsichtsvoller als die eben erwähnten, leugnen die überlieferten Taten der Caesaren zwar nicht, aber schieben ihre Ursache entschuldigend auf die «manie impériale», den ererbten oder erworbenen «Caesarenwahnsinn», einen Zwillingsbruder des einst ebenso tiefsinnig begründeten und dadurch entschuldigten Tropenkollers. Ferdinand Gregorovius, einer der bedeutendsten deutschen Forscher, ist von der antiken Herrscherkrankheit überzeugt und sucht sie geistvoll zu begründen. Ihm sind die vier genannten römischen Imperatoren Dämone und Verrückte. Auch Gustav Freytag, ebenso bedeutend als Geschichtsschreiber wie als Dichter, charakterisiert in seinem Roman «Die verlorene Handschrift» die Entwicklungsphasen des Caesarenwahnsinns in riesigem Egoismus, dann Argwohn und Heuchelei, hierauf knabenhafter Unvernunft und zuletzt widerwärtiger, bodenloser Ausschweifung.

Wie dem aber auch sei, ganz gleich, ob die Gründe der caesarischen Unzucht in Ueberhebung, Verleumdung oder Wahnsinn zu suchen seien oder geleugnet werden können, für unser Thema spielt dies keine Rolle. Uns genügt die unleugbare Tatsache, dass die von den Caesaren überkommenen sexuellen Untaten, ganz gleich, ob wahr oder erdichtet, Jahrhunderte hindurch als wahr angenommen und nachgeahmt worden sind. Die dadurch von den Herrschern gegebenen bösen Beispiele, haben die Caesaren zu Titanen der Erotik gestempelt, auch wenn über einen oder den andern der ihnen zugeschriebenen Greuel nicht ganz der Wahrheitsbeweis zu erbringen sein dürfte, Sinnenrausch oder Geisteskrankheit als die Ursachen der als wahr angenommenen Greuel anzusehen sind.

Das Bild des *Tiberius*, nach dem Gründer der Dynastie der erste der uns interessierenden Caesaren, schwankt, von der Parteien Hass und Gunst verwirrt, in der Geschichte zwischen der unbedingten Lobhymne des Vellejus Paterculus und dem grimmen Urteilsspruch des Tacitus. Welcher Meinung mehr Beweiskraft zuzuschreiben ist, ob der des Vellejus, eines Offiziers, der nach dem Leben im Feldlager sich in schwüler Sumpfluft eines heuchlerischen Hofes ergötzte und durch witzige Bemerkungen und geistreiche Einfälle Wissen und Forschung ersetzte,[3] oder der des Gajus Cornelius Tacitus, kann nicht schwer zu beantworten sein. Ein flotter Dilettant steht einem gründlichen Gelehrten gegenüber. Als Bundesgenosse im Urteil über Tiberius gesellt sich noch dem Tacitus der Sueton bei, ein Historiker, der geschichtliche Ueberlieferungen kühl aneinanderreihte, ohne sich um Ursachen und Wirkungen zu kümmern und ohne sie durch phantastische Zutaten geschmackvoller zu machen. Sein Bild des *Tiberius Nero Caesar*, des Schwiegersohnes und Nachfolgers des Augustus, deckt sich in seinen Hauptsachen mit den von Tacitus aufgezeichneten. Ihm sei deshalb hier gefolgt. Sueton hat es, wie Tacitus, überdies verstanden, die Ausschweifungen und das Lasterleben der Weltbeherrscher in wahrhaft furchtbarer Blöße des Ausdrucks an den ewigen Pranger der Geschichte zu stellen.

Also eröffne Tiberius, geboren am 16. November 42 v. Chr., die Reihe der römischen Herrscher, deren ungezügelte Wildheit, deren Tyrannei und Zynismus jedes von ihnen begangene Verbrechen als erlaubt ansahen. Im Jahre 14 nach Chr. trat Tiberius seine Regierung an. Deren erste Zeit verlief für das Volk so ruhig, dass es sich keinen besseren, einsichtsvolleren Herrscher wünschen konnte. Nach dem Tode seines Sohnes und seines Enkels im Jahre 23 verlor Tiberius anscheinend jede Lust an politischer Betätigung. Er überliess sie seinem Günstling Aelius Sejanus, einem gewissenlosen, zu jeder Schandtat bereiten Streber, der Tiberius durch allerlei Kniffe an sich zu fesseln gewusst hatte.[4]) Sie dürfen wohl auf sexuelle Ursachen zurückzuführen gewesen sein. Die Befriedigung seiner Sinnenlust war eben zur einzigen Beschäftigung des einst tatkräftigen Imperators geworden. Es war ihm gelungen, «durch sein eigenes Beispiel jede Art von Unzucht gewissermassen zum Modeartikel zu erheben.»[5]) Tiberius verliess Rom und gab seinen Entschluss bekannt, von nun an fern von seiner Residenz zu leben. Der Hauptbeweggrund dazu mochte, nicht wie er angab, der gewesen sein, Tempel zu weihen, sondern wie Tacitus in seinen Annales ausführt, «ob es nicht richtiger wäre, den Grund darin zu suchen, seine Tyrannei und Wollust, wie er sie durch sein Tun offenbarte, durch die Wahl des Ortes im Verborgenen zu halten.»[6]) Ein geringer Rest von Schamgefühl, ein seltener Fall bei den Imperatoren, liess ihm vielleicht den bösen Zungen der klatschsüchtigen Tiberstadt ausweichen, um sich an unzugänglichen Plätzen, lieber als im Glashaus auf dem palatinischen Hügel, nach Herzenslust auszutoben. Die herrliche Insel Capri erschien ihm dazu besonders geeignet, «weil sie nur mit einem einzigen, obendrein sehr schmalen Landungsplatz versehen und sonst ringsum von steil abfallenden, himmelhohen Felswänden und tiefem Meer umgeben war».[7]) Hier auf Capri «liess er jetzt endlich allen seinen Lastern, die er lange und mühsam verhehlt hatte, auf einmal völlig freien Lauf. Von Jugend an war er dem Bacchus ebenso zugetan wie der Venus. Sein Hang zum Trunk war bekannt und wurde ausgenutzt, um sich seine Zuneigung zu sichern. Er nannte die Gleichgesinnten seine lieben Genossen aller guten Stunden». «Bei dem Pertius Gallus, einem alten, unzüchtigen und verschwenderischen Schwelger, den schon Augustus mit einer Ehrenstrafe belegt . . ., sagte er sich mit dem Befehl zur Tafel an, dass der Gastgeber nichts an seiner bisherigen Gewohnheit ändere oder kürze, und dass also auch nackte Mädchen bei Tische aufwarten sollten.» [8]) So etwas war aber eine unbedeutende Kleinigkeit, von denen man in Rom weiter kein Aufhebens machte. Da ging es auf Capri toller her.

«In seiner Abgeschiedenheit zu Capri erdachte er sein Sofazimmer als Sitz geheimer Ausschweifungen, in denen Scharen von überall zusammengebrachten Mädchen und Lustknaben, dann Erfinder unnatürlicher Beischlafsweisen, die er «Spintrier» zu benennen pflegte, zu dreien verbunden miteinander Unzucht treiben mussten, während er zuschaute, um durch den Anblick die abgestumpften Begierden aufzustacheln. Seine verschiedenen Schlafgemächer schmückte er mit den malerischen und plastischen Darstellungen lasziver Szenen und Figuren und versah sie mit den Schriften der Elephantis,[9]) damit es niemand beim Ausüben der Wollust an einem Muster der vorgeschriebenen Weise fehlen möchte. Auch in Parks und Gehölzen legte er an vielen Stellen sogenannte Venusplätze an, wo in Grotten und Felshöhlen junge Leute beiderlei Geschlechts als Pannisken und Nymphen verkleidet zur Wollust einluden. Daher pflegte man ihn denn auch bereits ganz öffentlich und allgemein, mit Verdrehung des Namens der Insel, mit dem Beinamen Caprineus [10]) zu benennen.»

Noch Aergeres und Schmählicheres ist ihm nachgesagt worden, was sich kaum erzählen oder anhören, geschweige denn glauben lässt: als habe er Knaben vom zartesten Alter, die er seine «Fischchen» nannte, angeleitet, ihm beim Baden an den Hüften herumzuschwimmen und zu spielen, ihn zu lecken und zu beissen; ja sogar, dass er sich von halbwüchsigen und doch noch nicht der Brust entwöhnten Kindern an dem Schamgliede oder an den Brustwarzen habe saugen lassen — lauter Arten der Wollust, zu denen ihn allerdings seine Körperbeschaffenheit und sein Alter geneigt machen mochten. Daher er denn auch das bekannte

Bild des Parrhasios, das Atalanta darstellt, wie sie dem Meleager mit dem Munde Wollust erregt, das ihm mit der Bedingung vermacht worden war, dass er, falls er an dem Gegenstand Anstoss nehme, eine Million Sesterzien statt dessen erhalten solle, nicht nur der letzteren Summe vorzog, sondern es sogar in seinem Schlafgemache aufstellte. Auch geht die Rede, er sei einmal beim Opfern von der Schönheit eines Knaben, der das Rauchfass vortrug, so entzündet worden, dass er sich nicht habe enthalten können, gleich nach vollbrachtem Opfer diesen abseits zu führen und ihm sowie dessen Bruder, einen Flötenspieler, zu missbrauchen, worauf er später beiden, weil sie sich einander diese Unzucht vorgeworfen hatten, die Beine habe zerschlagen lassen.

Wie gewohnt er war, auch Frauen, und zwar von edler Familie, frech zu missbrauchen, bewies am klarsten das Endschicksal einer gewissen Mallonia, die ihm zugeführt worden war und sich geweigert hatte, sich seinen unnatürlichen Lüsten zu fügen. Er gab sie den öffentlichen Anklägern preis und liess selbst vor Gericht nicht ab, sie zu fragen: «ob sie sich jetzt anders besonnen habe?», bis sie aus dem Gerichte fort nach Hause stürzte und sich dort den Dolch ins Herz stiess, nachdem sie zuvor ihm, «dem alten stinkenden Bock,» mit lauter Stimme seine unnatürlichen Lüste vorgeworfen hatte. Daher wurden bei den nächsten Theatervorstellungen in einem atellanischen[11]) Nachspiele die Worte: «Der alte Bock beleckt die Ziegen,» als Anspielung auf ihn mit allgemeinem Beifall aufgenommen und verbreitet.

Dieses perverse Scheusal war natürlich ein widerlicher Heuchler. Seine unzähmbare Grausamkeit verband er mit bestialischer Unzucht. So liess er, da Jungfrauen nicht hingerichtet werden durften, junge unreife Mädchen erst von Henkern schänden, ehe sie erdrosselt wurden.[12]) Die Hinrichtungsarten waren unter ihm von nicht mehr zu überbietender

Marter. Sein Tod versetzte denn auch das Volk in solchen Freudentaumel, dass es jubelnd durch die Strassen jauchzte.

Aber mit Tiberius, den Palastrevolutionäre unter Betten erstickten, hatte ein Unmensch das Leben gelassen, um einem anderen Platz zu machen, dem

GAJUS CAESAR CALIGULA,

Urenkel des Augustus, geboren am 31. August im Jahre 12 n. Chr. Nach einer militärischen Fussbekleidung, die man den Knaben tragen liess, wurde er mit deren Bezeichnung, Caligula, genannt.[13]) Seine Mutter war Agrippina, die Enkelin des Augustus, sein Vater Germanicus. Vor der Verfolgung durch den intriganten Sejan schützte ihn Tiberius, der den zwanzigjährigen Jüngling zu sich nach Capri kommen liess. Caligula wusste eben «seinen natürlichen Hang zur Grausamkeit und Wüstheit so im Zaume zu halten»,[14]) dass niemand ahnte, welch eifriger Zuschauer er bei Folterungen und Hinrichtungen war, wie er, vermummt durch falsches Haar und langes Gewand, Orte der Schlemmerei und Unzucht fleissig besuchte. Nur Tiberius erkannte den Charakter des jungen Mannes, denn er erklärte, er erziehe dem römischen Volke eine Natter. Caligula bewahrheitete dies schon dadurch, dass er sich an dem Mord des Kaisers, seines Wohltäters, tätig beteiligte. Einen Zeugen seiner Untat liess er allerdings sofort kreuzigen.

Caesar geworden, suchte er sich anfangs so volkstümlich wie möglich zu machen, um sich dadurch gleichsam auf das Austollen seiner Leidenschaften vorzubereiten. Von seinen Vorfahren achtete er seine Mutter deshalb am höchsten, weil sie, dem Inzest des Augustus mit seiner Tochter Julia ihr Leben verdankte. Als Beweis für diese Blutschande gelten einige zweideutige Verse des Ovid, der diese Anspielung durch ewige Verbannung gebüsst haben soll.[15]) Vor Caligulas Gift oder Mordstahl war niemand, auch keiner seiner Blutsverwandten, sicher, wenn ihm Politik oder Laune deren Vernichtung eingab. Ueber seine Wollüste berichtet Sueton: [16])

«Mit allen seinen Schwestern lebte er in unzüchtigem Verkehr und liess sie öffentlich an der Tafel eine um die andere neben sich unterhalb (zur Linken) Platz nehmen, während seine Gattin oberhalb (zu seiner Rechten) lag.[17]) Die eine der Schwestern, die Drusilla, soll er als junges Mädchen, während er selbst noch das Knabenkleid trug, geschändet haben und sogar einmal im Beischlaf mit ihr von seiner Grossmutter Antonia, bei der er mit ihr zusammen erzogen wurde, ertappt worden sein. Später, als er sie mit dem Konsularen Lucius Cassius Longinus vermählt hatte, entführte er sie diesem und behandelte sie offen als seine rechtmässige Ehefrau. Er setzte sie sogar, als er krank wurde, zur Erbin seines Vermögens und des Reiches ein. Als sie starb, verordnete er einen allgemeinen Gerichtsstillstand,[18]) während dessen es als todeswürdiges Verbrechen behandelt wurde, wenn jemand gelacht, gebadet, mit Eltern oder Gattin und Kindern zu Nacht gespeist hatte. Er selbst entwich, von seinem Schmerze überwältigt, plötzlich aus Rom, durchzog Kampanien und ging nach Syrakus, von wo er wieder ebenso eilig zurückkehrte und mit langem Bart und Haupthaar in Rom einzog. Auch schwor er im ganzen Verlaufe seines späteren Lebens bei den wichtigsten Fällen, ja selbst, wenn er zum Volke oder zu den Soldaten sprach, nie anders als: «bei der Gottheit der Drusilla!» [19]) Seine anderen Schwestern liebte und verehrte er nicht mit ähnlicher Leidenschaft; gab er sie doch mehrmals sogar seinen Lieblingen preis. Desto leichter wurde es ihm, sie im Prozesse des Aemilius Lepidus[20]) wegen Ehebruchs und Mitwissenschaft um eine Verschwörung gegen ihn zu verurteilen.» [21])

«Was seine Ehebündnisse betrifft, so ist es schwer zu entscheiden, was schimpflicher war, die Art, wie er sie schloss und fortführte, oder

Nero.

Tiberius.

Messalina.

Agrippina.

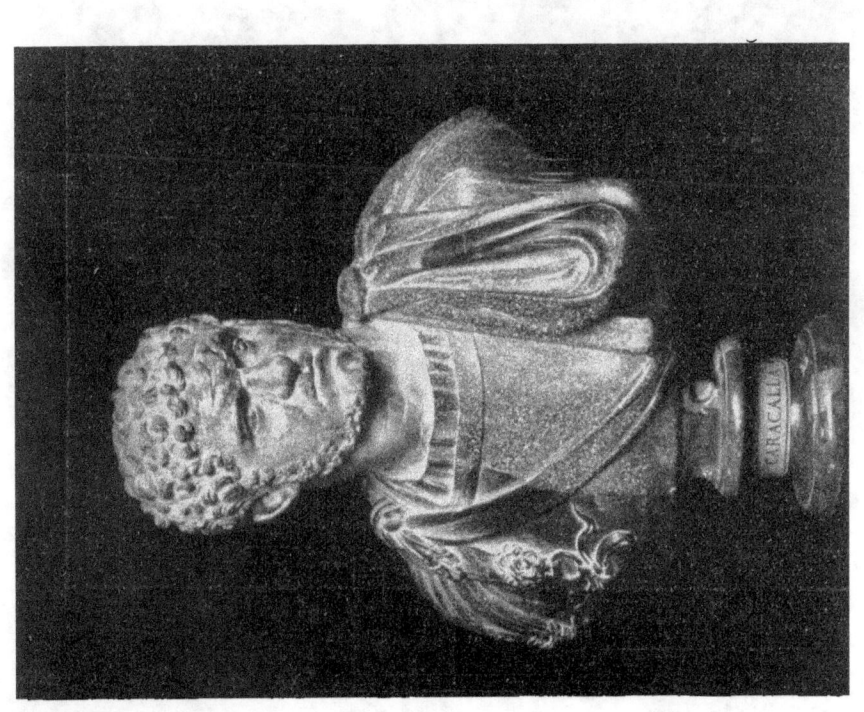

Caracalla - Antike Marmorbüste.

Caligula.

Heliogabal - Antike Porträtbüste.

wie er sie auflöste. Als die Livia Orestilla mit dem Gajus Piso Hochzeit machte, wobei er selbst zur Trauungszeremonie erschien, befahl er, sie in seinen Palast zu führen, verliess sie dann wieder nach einigen Tagen und strafte sie zwei Jahre später mit Landesverweisung, weil sie in der Zwischenzeit den Umgang mit ihrem früheren Ehemanne wieder angeknüpft zu haben schien. Eine andere Erzählung lautet, er habe beim Hochzeitsmahle, zu dem er eingeladen war, dem ihm gegenüberliegenden Piso die Weisung [28]) gesendet: «Lass dir nicht einfallen, meine Frau zu belästigen!», worauf er sie sofort von der Tafel weggeführt und am folgenden Tage durch Edikt bekannt gemacht habe: «er habe sich eine Frau geholt in der Weise, wie es Romulus und Augustus getan.» Die Lollia Paullina, Gattin des Konsularen Gajus Memmius, der ein Armeekommando hatte, liess er, als einmal die Rede darauf kam, ihre Grossmutter sei einst die schönste Frau gewesen, sofort aus der Provinz zu sich entbieten, entführte sie ihrem Gatten und heiratete sie, wies sie aber nach kurzer Zeit wieder von sich, indem er ihr für immer verbot, je wieder bei einem Manne zu schlafen. Die Cäsonia, die weder schön noch jung war und bereits drei Töchter hatte, aber bodenlose Ueppigkeit und Liederlichkeit aufwies, liebte er nicht nur feuriger, sondern auch dauernder. Er liess sie oft mit Kriegsmantel, Helm und Schild sich zur Seite reiten und zeigte sie so den Soldaten, seinen Freunden sogar nackt. Nach ihrer Entbindung beehrte er sie mit dem Titel seiner Gemahlin, indem er sich an einem und demselben Tage zu ihrem Gatten und zum Vater des von ihr geborenen Kindes erklärte. Das Kind aber, das er Julia Drusilla nannte, liess er zu den Tempeln aller Göttinnen umhertragen, setzte es dann der Minerva auf den Schoss und empfahl es dieser zur Ernährung und Erziehung. Und nichts verbürgte ihm so, dass es sein Fleisch und Blut sei, als die Wildheit des Kindes, bei dem diese bereits in zartem Alter so gross war, dass es mit den Fingern Gesicht und Augen der mit ihm spielenden Kindern zerkratzte.» [23])

Ein Caligula musste bei seiner Unzucht stets die Vernichtung der zur Stillung seiner Begierden auserwählten Person im Auge halten. Sueton sagt darüber:

«Was die Keuschheit anlangt, so schonte er weder die seine, noch die eines anderen. Mit Marcus Lepidus, mit dem Pantomimenschauspieler Mnester und mit einigen als Geiseln in Rom lebenden Fürsten, soll er in gegenseitiger Unzucht gelebt haben. Valerius Catullus, ein Jüngling von konsularischer Familie, hat es sogar in aller Welt ausgeschrien, dass er von ihm entehrt und durch seine Unzucht krank gemacht worden sei. Ausser dem Inzest mit seinen Schwestern und seiner weltbekannten Liebschaft mit der Allerweltsdirne Pyrallis, war auch sonst nicht leicht irgend eine vornehme Frau vor ihm sicher. Gemeiniglich lud er diese mit ihren Männern zur Tafel, wo er sie dann, wenn sie an seinen Füssen vorbeigingen, sorgfältig und langsam, wie ein Sklavenhändler, beaugenscheinigte, ihnen auch wohl das Gesicht am Kinne aufrichtete, wenn etwa eine aus Verschämtheit es niederschlug. So oft es ihm dann beliebte, verliess er den Tafelsaal, liess die ihm am besten Gefallende zu sich rufen, und wenn er dann mit den noch sichtbaren Spuren seiner Ausschweifung zurückkehrte, so lobte er sie entweder oder tadelte sie auch wohl vor aller Welt, indem er die einzelnen Vorzüge oder Mängel ihres Körpers und ihres Benehmens beim Genuss herzählte. Einigen schickte er im Namen ihrer abwesenden Ehemänner den Scheidebrief und liess diese Ehescheidungen so in den Staatsanzeigen bekannt machen.» [24])

Seine Grausamkeiten an Wehrlosen sind so fürchterlich, dass sie nur von einem Wahnsinnigen ausgeheckt worden sein können. Selbst die üppigste Phantasie kann an Scheusslichkeiten das nicht ersinnen, was die krankhafte Fieberglut des Hirnes dieses Unmenschen in seiner Gegenwart ausführen liess. Dann die boshaften Streiche, mit denen er ganz Unschuldige heimsuchte, um sich an den Schmerzens- und Todesschreien der Unglücklichen jeden Alters und Geschlechtes bis zur Raserei zu ergötzen.[25])

Das Ende eines solch hirnverbrannten Scheusals konnte nur ein dessen Leben krönender Knalleffekt sein. Er wurde **abgeschlachtet** wie ein Opfertier.

3. DIE GEKRÖNTE BORDELLDIRNE

Die Degeneration Roms im augustäischen Zeitalter hatte selbstverständlich vor den Frauengemächern nicht Halt gemacht. Das Gift der Unmoral drang auch dort mächtig ein, und zu seinen Hauptträgern zählten die Sklavenheere, die von den Häusern römischer Grosser unzertrennlich waren. Männliche und weibliche Sklaven bevölkerten deren Stadtwohnungen wie ihre Landsitze. Wie diese willenlosen und rechtlosen Menschen den Roheiten ihrer männlichen und weiblichen Gebieter ausgeliefert waren, so hatten sie deren Liebkosungen zu dulden, auch wenn sie ihnen noch so widerlich waren. Von jeher war, und zwar hauptsächlich infolge der Sklaverei, die eheliche Untreue des Mannes, nicht bloss in Rom, sehr nachsichtig beurteilt worden. Selbst Plutarch sagt in seinen an ein hochgebildetes, neuvermähltes Paar gerichteten ehelichen Vorschriften: Wenn der Mann mit einer Hetäre oder Sklavin einen Fehltritt begehe, müsse die Gattin nicht unwillig werden, sondern bedenken, dass er aus Scheu vor ihr eine andere zur Teilnehmerin seiner Zügellosigkeit mache, wie die Könige der Perser ihre Königinnen vom Mahle fortsenden und Kebsweiber und Musikantinnen kommen lassen, wenn sie sich berauschen wollen.[1]) Aber auch die Frauen nahmen infolge des fortschreitenden Verfalls der Zucht mehr und mehr die den Männern gestattete Freiheit für sich in Anspruch, oder benutzten sie wenigstens als Entschuldigung ihrer eigenen Treubrüche.[2]) Die von ihrem Gatten in den Armen eines Sklaven oder Ritters überraschte Dame verliert keinen Augenblick ihre Fassung. Auf seine Vorwürfe bemerkt sie: «Wir haben

Längst ja ein Jedes sich selbst vollständige Freiheit bedungen;
Ich kann tun, was ich will; schrei immer und setz in Bewegung
Himmel und Erde. Ich bin ja ein Mensch!»[3])

Bei den Frauen lag eben gleichfalls, wie bei den Männern, ohne Zweifel in der Gewissheit, unter ihren Sklaven stets unterwürfige und verschwiegene Liebhaber wählen zu können, eine Versuchung, und derartige Verhältnisse waren schwerlich seltene Ausnahmen.

«Magdfreund nennt sich die Frau, und Sänftenträgergeliebte
Ist sie selbst; wie gemacht seid ihr, Alauda, zum Paar!»

sagt Martial.[4])

Noch deutlicher wird dieser Satiriker in einem Epigramm, in dem er sieben Sklaven des Cinna als die Väter von dessen und der Marulla sieben Kindern angibt. Da waren der Koch, der Ringkämpfer, der Maurer, der Bäcker und andere die Buhlen der Gattin. Nur zwei blieben verschont, da sie Eunuchen waren.[5]) Der Sklave hatte immer zur Hand zu sein: Wenn der Buhle nicht kam, dann musste der Sklave herbei.[6])

Ueberall, wo Sklaverei im Schwunge war, herrschten gleiche Verhältnisse wie in Rom, und dies nicht nur im klassischen Altertum, sondern auch im Mittelalter bis zur neueren Zeit in Italien, wie im nördlichen Europa. Um die allgemein üblichen Moralbegriffe der römischen Gesellschaft zu begreifen, ist es nötig, einen Ueberblick über diese zu geben und hierauf zu erzählen, bis zu welchem Sinnlichkeitstaumel sich diese bei einer Frau zu steigern vermochten, bei der Kaiserin-Dirne *Valeria Messalina*, des Barbatus Messala schönen Tochter, der Giftpflanze aus dem Moraste Roma, gleichzeitig der Beherrscherin des Weltalls.

Roma! Die herrliche, göttliche Roma, die Beherrscherin des Erdballes, der Mittelpunkt der Welt, aus dem eine Fülle von Licht, von Wissen, von Schönheit und Glanz ausstrahlte, bis in die fernsten Winkel Italias und die Länder der Barbaren, dieses Rom hatte im augustäischen Zeitalter den Höhepunkt seiner Macht erreicht. Der Römer, und nicht nur der Ritter, der Patrizier und der Höfling, sondern auch der Mann aus den niedrigsten Volksschichten fühlte sich als Auserkorener, der berechtigt war, mit Verachtung auf alle jene Minderwertigen herabzuschauen, deren Wiege nicht im Schatten der goldstrotzenden Paläste der Siebenhügelstadt gestanden. Das «civis romanus sum!», einst der Ausfluss berechtigtsten Stolzes, hatte eine bedeutende Beimischung von Arroganz bekommen.

Das erhabene Gefühl, Römer zu sein, dem alles huldigend zu Füssen lag, dessen Gehaben tonangebend für alle jene wurde, denen die Siebenhügelstadt als der Himmel auf Erden erschien, schuf jene in Selbstüberhebung sich blähenden Monstrositäten, jene Uebermenschen des Altertums, die sich Göttern gleich erachten mussten, jene Schandmale der Menschheit — die *Caesaren*.

Tiberius, Caligula, Claudius, Nero bis Elagabal, jeder eine besondere Type von Scheusaligkeit, einer immer den anderen an Greueln überbietend, einer ein immer perverserer Bluthund als der andere, deren Wonne war, in Kot oder Blut zu waten, mussten notwendigerweise, wie erwähnt, auch die Sitten ihres Volkes verpesten. Die blutigen Orgien, die sich in den Theatern, unter den Augen der Römer abspielten, die schreiendste Ungerechtigkeit der Justiz, die Günstlingswirtschaft, die Käuflichkeit, die sich bis zum Thron erstreckte, die masslose Verschwendung der Kaiser und ihrer Kreaturen, musste ihren Weg vom Caesarenpalaste bis in die Hütte des Taglöhners und Schuhflickers finden.

Ein Sittenzerfall, wie er sich ähnlich nur in Frankreich zur Zeit Ludwigs XIV. und XV. wiederholte, war die natürliche Folge der Caesarenbestien.

«Wer von den goldstarrenden Zinnen des Kapitols auf die kaiserliche Roma hinab- und hinaussah, der musste — falls er das Seherauge eines Tacitus besass — durch all den kolossalen Reichtum, Prunk und Glanz hindurch in der Weltstadt das erblicken, was sie war: die *Weltkloake*. Hier auf diesem Markte, wohin alle Länder die Produkte ihres Bodens und ihrer Industrie sandten, in diesem Bazar, wo alle Schätze des Erdballes zur Schau gestellt waren, in diesem Millionendurcheinander, das aus den Gestalten, Farben, Trachten, Kulten und Lastern aller Völker zusammengesetzt war, in diesem Prachtwald von Tempeln und Palästen, Foren,[7] Theatern und Thermen,[8] Portiken,[9] Triumphbogen und Statuen verbrachte das verpöbelte Römervolk, auf Kosten einer unterjochten und ausgesogenen Welt gemästet, sein Dasein, wie ein unendlich tobendes Bacchanal, wie eine aus der Wollust in die Grausamkeit und aus dieser in jene hinüberspringende Riesenorgie, deren giganteste, mit ungeheuerlicher Verschwendung von Geld, sowie von Menschen- und Tierleben, in Szene gesetzte Prunkakte, die Spiele des tosenden Zirkus und der bluttriefenden Arena gewesen sind.

Nichts Göttliches und Menschliches, was in diesem prächtigen Lupanar,[10] wo die Bestie im Menschen zügel- und bügellos von Genuss zu Genuss jagte, nicht missbraucht, geschändet, ins Scheussliche und Greuliche verkehrt worden wäre.» [11]

Eine Agrippina reizte coram publico ihren eigenen Sohn zur Blutschande auf.[12] Brüder lebten straflos mit ihren Schwestern, Väter mit ihren Töchtern. Die Gastmähler boten die unsinnigsten Gerichte: Zungen von Papageien und Nachtigallen, Pfauenlebern, Gehirne von Straussen, Muränen, die mit Sklavenleibern gefüttert waren, und andere «Delikatessen», deren Beschaffung Millionen verschlang.[13] Dazu trank einer dieser Tollhäusler in Essig gelöste Perlen von hohem Wert.

Die Schauspiele boten das Schamloseste, was man nur erdenken kann, vor jedem Alter und Geschlecht. Bathyllus, ein berühmter Pantomime, stellte auf der Bühne mit allen Details dar, wie Leda von Zeus in Gestalt eines Schwanes befruchtet wird. In der Arena schlachteten sich ganze Heere von Gladiatoren, mitunter auch zu Fechterspielen gezwungene römische Ritter kunstgerecht ab, oder zerfleischten sich vor Hunger rasende Tiere vor der begeisterten Menge. Nero erhellte seine Gärten durch Menschen als Pechfackeln. Ein anderer liess seine Gäste nach dem Festmahl durch Blumen ersticken oder setzte den Halbverhungerten köstliche, aber aus purem Gold angefertigte Gerichte vor. In einer solchen Gesellschaft, auf diesem mit Blut gedüngten, von Zuchtlosigkeit und Liederlichkeit bearbeiteten Boden konnten nur Giftpflanzen gedeihen, umsomehr, als die Tollheit und Unmoral der Männer in den römischen Frauen ihr Widerspiel fanden. Von Uranfang an genoss die römische Frau eine Freiheit, wie keine andere im Altertum. Sie war gleichberechtigt mit dem Mann, ihm im Haus und in der Oeffentlichkeit vollkommen ebenbürtig. Mit der zunehmenden Kultur lockerte sich auch die Moral der Frauen, deren Männer von ihren Reisen und Kriegszügen die ganze Lasterhaftigkeit Asiens und der Barbaren in die Heimat brachten, und bald waren sie auch in der Unzucht ebenbürtige Gefährten ihrer Gatten. Die berüchtigte sechste Satire des Juvenal, die sich mit den Fehlern und Lastern der Frauen Roms befasst, erzählt Haarsträubendes. Trocken rät sie vom Heiraten ab, gäbe es doch andere, minder peinliche Arten, sich ums Leben zu bringen. Mit unheimlicher Genauigkeit zählt sie alle Laster auf, die unter den Frauen Roms umliefen, und kaum eines fehlt in dem langen Sündenregister. Der Weiberfeind Juvenal malte nach der Natur und sagt zweifellos nur die Wahrheit. Er schreibt keine Satire, nur die, wenn auch abstossende Wahrheit. Kann er dafür, wenn diese zu einer Satire auf die Weiblichkeit oder vielmehr Unweiblichkeit seiner Zeit wird?[14])

Der graziöse Horaz drückt als Kind seiner Zeit gar oft ein oder sogar beide Augen zu und, dennoch, entlockt ihm der Lebenswandel der Römerinnen den Stossseufzer:

Gilles de Rays.

Die Jungfrau von Orleans Phantasiebild. Nach einem Gemälde aus dem Jahre 1581.

> «Joner Tanzkunst lernet mit Lust die just
> Erblühte Jungfrau, übt sich in Buhlerkunst
> Schon jetzt, ja auch unkeusche Liebes-
> Händel schon sinnt sie von zarter Jugend.
> Ist sie vermählt dann, sucht sie beim Weingelag
> Des Gatten bald nach jüngere Buhlen, wählt
> Nicht, wem sie unerlaubte Freuden
> Gönne in Hast nach entfernten Kerzen;
> Nein, laut verlangt mit Wissen des Ehemannes
> Erhebt sie sich, gleich ob sie ein Krämer ruft,
> Ob ein Hispan'scher Schiffsherr, wenn die
> Schmachvolle Lust er nur tüchtig zahlet.» [15]

Der Satyriker Properz, ein feuriger Sänger der Liebe, bekennt: «Hier in Rom ist ganz treulos das Geschlecht der Gattinnen.» [16]

Nach dem übermütigen Ovidius Naso [17] galt es für bäuerisch, den Ehebruch seiner Frau nicht mit stoischem Gleichmut zu ertragen. Der Mann durfte höchstens Gleiches mit Gleichem vergelten, alles andere war täppisch, unmodern.

Wie eine Seuche herrschte die Unzucht. Ganz Rom war ein Freudenhaus und seine hervorragendste Vertreterin die Frau des allmächtigen Kaisers, die Kaiserin *Messalina*, die Gemahlin des Tiberius Claudius Druses Caesar.

Caligula hatte in den drei Jahren, während er den Thron der Caesaren innegehabt, gehaust wie ein Wolf in einer Herde. Alles, was das Gehirn eines von den Furien des Wahnsinns Gehetzten nur auszusinnen vermag an Bestialität, hat dieser Schandbube ausgeführt. Es hiesse den Tiger und das Schwein beleidigen, wollte man sie mit diesem Scheusal vergleichen. Unter seinen grauenvollen Einfällen litten alle Stände Roms gleichmässig. Unzählige Menschen mordete er grundlos. [18]

«Bedenke, dass mir Alles und gegen Alle zu tun erlaubt ist,» entgegnete er einst auf Vorstellungen seiner Grossmutter Antonia.

«Lass sie hassen, wenn sie nur fürchten,» war ein Wort, das er stets gebrauchte. Auch der Ausruf: «O, dass das römische Volk nur *einen* Hals hätte!», ist bezeichnend für den Wüterich. Es war seine Manie, allen Menschen weh zu tun, und keiner war ihm dazu zu hoch oder zu gering. Wahrhaft diabolische Bosheit mischte sich in ihm mit unstillbarem Blutdurst, der es meist nicht der Mühe für wert hielt, nach Vorwänden, nach einem Schein von Gerechtigkeit zu suchen, sondern blind darauf los mordete, was ihm in den Weg kam.

Endlich sollte für Rom die Erlösungsstunde von diesem Ungeheuer schlagen. Eine Bestie, wie Caligula, konnte nur auf gewaltsame Weise enden, und so geschah es denn auch.

Am 24. Januar des Jahres 41 war es, etwa um die siebente Tagesstunde, das heisst nach unserer Zeitrechnung gegen ein Uhr mittags, als der Kaiser «unschlüssig, ob er sich von seinem Sitze im Theater zum Frühmahle erheben sollte, da ihm der Magen noch von der Speise des vorigen Tages beschwert war, endlich auf Zureden seiner Vertrauten das Schauspiel verliess.» [19]) Im engen unterirdischen Gange, den er mit seinem Gefolge durchschreiten musste, nahte das Verhängnis. Von den Streichen einiger Hofschranzen und Offiziere seiner Leibwache verwundet, sank Caligula zu Boden, und verendete, von mehr als dreissig Stichen durchbohrt. Sein Weib Caesonia erstach ein Centurio, seiner Tochter zerschmetterte man den Kopf an einer Mauer.

Neunundzwanzig Jahre alt, nach einer Regierungszeit von drei Jahren zehn Monaten und acht Tagen, hatte Caligula den Lohn für sein Leben eingeheimst.

Kaum hatte der Kaiser den letzten Seufzer ausgestossen, als die Praetorianer, nur kurze Zeit aufgehalten von den germanischen Leibgarden Caligulas, in den Palast stürmten, um nach Herzenslust zu plündern.

Einer jener Plünderer, ein gemeiner Soldat namens Gratus,[20]) fand im Pavillon des Hermes, zwischen Doppelvorhängen bei einer Tür, die auf das Belvedere (den Balkon) führte, ein armes altes Männchen, das vor Todesangst aufkreischte, als es sich entdeckt sah. Zitternd wand es sich vor den Füssen des Gardisten, stammelnd, die blöden Augen voll Tränen, um sein Leben flehend. Da geschah ein Wunder. Gratus erkannte in dem bleichen, fünfzigjährigen Stotterer den kaiserlichen Prinzen *Tiberius Claudius Drusus*, den Onkel des Caligula. Gratus hob den Alten vom Boden auf, und statt ihm den Garaus zu machen, machte er dem neuen Kaiser seine Reverenz. Kameraden des Gratus eilten auf dessen Ruf herbei und auch sie zollten dem Caesar ihre Ehrfurcht. Claudius, der alte Idiot, den Caligula nur am Leben gelassen hatte, um einen Hofnarren caesarischer Herkunft zu haben, war damit zum Beherrscher des römischen Weltreiches geworden.

Eine wahre Jammergestalt war dieser neugebackene Imperator mundi, ein Dummkopf erster Ordnung, der beim Sprechen spuckte wie ein Lama, dem im Zorne der Schaum von Mund und Nase floss, dessen dünne Beine schlotterten, dessen Kopf nervös zitterte, und dessen ungelenke Zunge stotterte. Seine eigene Mutter, der ihn der Storch nach kaum dreimonatlicher Ehe gebracht, pflegte von ihm zu sagen, er sei eine Missgeburt, die die Natur nur gesäumt, nicht fertig genäht habe. «Dumm wie Claudius,» war eine stehende Redensart bei Hofe, der sich auch die Mutter des Claudius bediente. Claudius war das, was der heilige Grobianus mit «dummen Kerl» bezeichnet. Ein Fresser, ein Schürzenjäger, dem das Wasser beim Anblick jedes hübschen Weibes aus dem Munde triefte, feige bis zum Ekel, immer Verschwörer und Unheil witternd, misstrauisch und eingebildet, war Claudius natürlich auch grausam, wie seine Vorfahren und Nachfolger. Die ihm angenehmste Zerstreuung war Hinrichtungen beizuwohnen, die er oft nach selbst ausgeheckter Weise vornehmen liess.

Eine richtige Serenissimusfigur des Altertums, war er natürlich auch stark im Regieren. An einem einzigen Tage erliess er zwanzig Ukase, von denen unter anderem einer im Namen Seiner Majestät des Kaisers bei Leib- und Lebensstrafe befahl, die Weinfässer für die bevorstehende Weinlese gut zu verpichen, und ein anderer, «dass gegen den Biss der Viper nichts besser sei als der Saft des Taxusbaumes.» [21])

Ein Idiot wie Claudius, unbeholfen, unselbständig, kurz, ein wahres Jammerbild, musste mit seiner unzügelbaren Begierde zu den Weibern, da er nicht ihr Liebling sein konnte, ihr Narr werden, den sie nach Herzenslust am Gängelbande führten. Er war denn auch wirklich der Hahnrei, wie er im Buche steht, ein Spielball in den Händen seiner Frauen, Kebsweiber und Geliebten, die mit Unterstützung der kaiserlichen Ratgeber, den «Herren der Welt» (urbis et orbis) eine Nase um die andere drehten. Während seines langen Lebens wurde sein hohler Schädel den Hörnerschmuck nicht los.

Verlobt war Claudius schon in früher Jugend mit der Aemilia Lepida, die er aber nicht heiraten durfte, weil ihre Familie seinen Grossvater Augustus beleidigt hatte, dann mit Livia Medullina, die er an dem zur Hochzeit festgesetzten Tage durch den Tod verlor. Er heiratete hierauf erst die Plautia Urgulanilla, die er wegen allzu toller Ausschweifungen verstossen musste, hierauf die Aelia Petina, von der er sich wegen unbedeutender Misshelligkeiten trennte, nachdem sie ihm eine Tochter, Antonia, geboren hatte, die später dem Bluthund Nero angetraut und von diesem ermordet wurde.

Um sich von seinem Pech in der Ehe zu erholen, nahm er, indem er versuchte, den Teufel durch Beelzebub auszutreiben, seines Vetters Barbatus Messala liebreizendes Kind, *Valeria Messalina*, zur Frau.

Er scheint dieses Weib geliebt zu haben, das ihm zwei prächtige Kinder schenkte, die Octavia und den Britannicus, die beide Nero, dem Adoptivsohne des Claudius, zum Opfer fielen. Diese Liebe scheint Messalina immer wieder aufgestachelt zu haben, um bei ihrem Strohmanne durchzusetzen, was ihr beliebte. In Gemeinschaft mit den Hauptratgebern und Günstlingen des Claudius, dem Geheimschreiber *Narcissus*, einem Freigelassenen, dem Schatzmeister *Pallas*, dem Bibliothekar *Polybius* und dem Hofmarschall *Kalistus*, lenkte Messalina den Kaiser, dass er blind und taub gegen alles war, was sie ihn nicht sehen und hören lassen wollte. Das fünfköpfige Kollegium wob aus Kniffen und Ränken einen Wall um den Kaiser, in dem er wie ein Tier mit geblendeten Augen im Kreise herumtaumelte.

Die Seele dieses edlen Fünfblattes war Messalina. *Messalina!* Kein blosser Name, sondern ein Begriff, der die perversen Mänaden umfasst, die der Befriedigung ihrer unbändigen Sinneslust leben, der Sünde, wie sie Stuck gemalt, jenes üppigen, lebensvollen Weibes, mit sinnbetörend schönem Körper, um den sich die giftgeschwollene Schlange ringelt. «Liebe mich, ich töte dich!», scheint uns das Bild der kaiserlichen Buhlerin zuzurufen, das zu malen die Dichter und Schriftsteller ihrer Zeit nicht glutvolle Farben genug auf der Palette hatten. Ein Dämon der Unzucht, den das Schicksal in einer seiner unberechenbaren Launen an die Spitze der Menschheit gestellt. Sie muss schön gewesen sein, diese Geissel des Männergeschlechts; schön wie jene farbenglühenden Blüten der Tropen, deren Kelch vernichtendes Gift birgt.

Messalina wird stets ein psychologisches Rätsel bleiben, dessen volle Lösung kaum gelingen dürfte. Sie war ein Höllenweib, das im Bösen nicht Mass noch Ziel kannte, das vernichtete, was mit ihr in Berührung kam.

Wie sie zur Dirne geworden, zur Dirne werden musste, ist nicht schwer nachweisbar. Von Jugend auf in dem Sumpfe Rom, dessen Stickluft ihre Sinne infizierte, in der Umgebung Caligulas aufgewachsen, dessen rohe Sinnenlust ihr schon als Kind nicht ganz verborgen bleiben konnte, als feuriges Weib einem Tölpel in die Arme gelegt, dessen Persönlichkeit sie nur mit Ekel erfüllen konnte, der sie überdies in Gesellschaft feiler Weiber vernachlässigte, musste sie folgerichtigerweise den Freudenbecher, nachdem sie einmal von ihm gekostet, zu leeren und immer wieder zu leeren suchen, bis sie in einen Taumel geriet, der sie für immer festhielt und unaufhaltsam vom Genuss zur Begierde trieb. Von dieser zur Grausamkeit war nur ein Schritt. Schon die Umgebung der vornehmen Römerinnen, also auch Messalinas, mit einem Heere von Sklaven und Sklavinnen, die schutz- und schirmlos den Launen ihrer Herrinnen preisgegeben waren, die zu schlagen, zu foltern, selbst zu töten Modesache war, die höchstens zu einer Geldfrage wurde, da an Stelle des gemordeten ein neues Geschöpf gekauft werden musste,[22]) die mörderischen Fechterspiele und Tierhetzen im Amphitheater konnten nicht veredelnd auf die Sinnesart der reichen Patrizierin einwirken. Und dann auf jene stolze Höhe erhoben, auf der jeder ihrer Wünsche zum Befehl wurde, den zu erfüllen man Himmel und Erde in Bewegung setzte, mussten in ihr, die bar jedes moralischen Haltes war, jene Triebe zur vollen Entfaltung kommen, die sie zur «Meretrix Augusta», zur Kaiserin-Dirne, machten, wie sie Juvenal treffend genannt.

«Sie fing mit einem heimlich an, bald kamen ihrer mehrer dran» und endlich war ihr Liebhaber jeder, der sie wollte und — zahlte. Wer ihr Gefallen erregte, musste ihr Liebhaber werden, oder wehe ihm!

Den Appius Silanus, den Claudius aus Spanien nach Rom in seine nächste Umgebung berufen und mit seiner Schwiegermutter *Lepida*, Messalinas Mutter, vermählt hatte, liess er auf nichtige Anklagen Messalinas und des Narcissus hin hinrichten. Der Stiefvater hatte sich ablehnend gegen die schamlosen Anträge Messalinas verhalten, er musste sterben.

Julia, eine Enkelin des Tiberius, gab Messalina zwiefältigen Anlass zum Hass. Die als galant bekannte Dame suchte Einfluss auf den Kaiser zu gewinnen. Andererseits hatte sie den Marcus Vinicius zum Manne, der Messalina gefiel. Der Kaiser wurde daher gezwungen, erst seine Nichte zu verbannen und später töten zu lassen. Vinicius, der Messalinas Lockungen widerstand, wurde durch Gift aus dem Wege geräumt.

Weniger spröde, allerdings mehr der Not gehorchend als dem eigenen Trieb, erwies sich der schon erwähnte Pantomimist und Tänzer *Mnester*, ein durch seine Schönheit und sein Talent beliebter Mime. Schon unter Caligula hatten die nicht ganz reinlichen Liebesabenteuer dieses männlichen Prostituierten Aufsehen erregt.[23]) Das hielt Messalina aber nicht ab, den anfänglich widerstrebenden Schauspieler, auf einen von ihr erschlichenen Befehl des Kaisers, im Palaste gefangen zu halten. Die ganze Stadt beklatschte laut oder im geheimen den neuesten Skandal, nur der, den es am meisten anging, der Caesar Claudius, erfuhr nichts von seiner Hahnreischaft. Der Kaiser, dem längst wieder entfallen war, dass er selbst den Mnester zur Kaiserin gesandt hatte, «vor ihr zu tanzen,» wunderte sich höchstens, den Tänzer, dem zu Ehren seine Gemahlin Bildsäulen setzen liess,[24]) nicht mehr auf der Bühne zu sehen.

Um sich ganz ungestört ihrem Liebesleben hingeben zu können, ersetzte Messalina ihre Stelle bei ihrem Gemahl durch zwei Strassendirnen, Calpurnia und Cleopatra. Indem sie diese zu Pseudokaiserinnen machte, wurde sie selbst zur Dirne niedrigster Sorte, zum Bordellmädchen.

Juvenal ruft über diese Vorfälle klagend aus:

«Doch nun blicket empor zu den Götter der Erde: vernehmt
Was Claudius musst ertragen. Sobald ihn schlafen die Gattin
Sah, so verliess sie, dem fürstlichen Bett vorziehend die Matte,
Schamlos g'nug die Kaputz' allnächtlich zu nehmen als Huren —
Kaiserin, ihren Gemahl, in Begleitung von einer der Mägde,
Und ihr dunkles Haar mit blonder Perücke verdeckend.

> So trat ein sie ins schwüle Bordell voll schmutziger Fetzen,
> Trat in die Zelle, für sie leerstehend. Die Brüste vergoldet
> Bot sie sich nackt hier aus, im erlogenen Namen *Lykiska*.
> Stellte den Leib zur Schau, der, edler Britannicus, dich trug.
> Kosend empfing die Besucher sie hier und forderte Zahlung....
> Wann nun endlich der Wirt fortschickte die Mädchen des Hauses,
> Ging sie betrübt hinweg, doch schloss sie wenigstens ihre
> Zelle zuletzt, noch starr und glühend vor Fülle der Geilheit,
> Und schlich, matt von den Männern, jedoch nicht satt, zum Palast heim,
> Und mit geschwärztem Gesicht, vom Dampf der Laterne beschmutzt,
> Trug sie den schlimmen Geruch des Bordells zum häuslichen Lager.»[25])

Die Gewohnheiten des Lupanars übertrug sie in den Palast, dessen goldstrotzende Hallen von wüstem Geschrei der Genossen ihrer Orgien widerhallten. Doch nicht die Verworfenen der Strasse allein, auch Frauen aus den höchsten Kreisen zwang sie, ihren Festen beizuwohnen und sich im Beisein und unter den Augen ihrer Männer preiszugeben. Bei den Orgien Messalinas wurde um «den Lorbeer der Unzucht» gerungen, den selbst die gemeinsten Prostituierten der Kaiserin nicht streitig zu machen vermochten.[26])

Ihr war alles erlaubt, bisher auch alles geglückt, darum stachelte sie der Erfolg zu immer unerhörteren Taten an, die selbst die Grenze des in Rom Erlaubten überschritten. Gepeitscht von ihren Leidenschaften, suchte sie immer tieferen Kot, um sich darin mit Wohlbehagen zu besudeln. Ein solches Weib mussten alle jene mit unauslöschlichem Hass verfolgen, die besser waren als sie selbst, und von denen sie sich verachtet glaubte. Es gab nur wenige in der römischen Gesellschaft, die Seneca ein Zusammenhausen von Bestien nannte, die infolge ihres Lebenswandels geringschätzig auf die Kaiserin herabblicken durften. Aber diese verfolgte sie mit der ganzen Wut, deren ihre leidenschaftliche Seele fähig war. So starben auf ihr Betreiben dreissig Senatoren, dreihundert Ritter und eine ungezählte Menge Leute aus niederem Stande den Tod durch Henkershand.

Namentlich die Verschwörungen gegen Claudius, die bei einer Regierung, wie die seine, ganz begreiflich waren, boten willkommene Handhaben, unbequeme Persönlichkeiten aus dem Wege zu schaffen. So gab das zu früh verratene Komplott Furius Camillus und Annius Vinicianus, Anlass, gegen den Konsular *Pätus* und seine Gattin *Arria* vorzugehen. Das Ehepaar, dessen Leben ein Idyll von altpatriarchalischem Gepräge darstellte, war Messalina schon lange ein Dorn im Auge. Der Feigling Claudius, in Furcht und Schrecken gesetzt, sagte zu allem, was man von ihm forderte Ja und Amen und gab daher auch sofort den Befehl, dass sich der Konsular Cäcina Pätus selbst zu töten habe. Im Beisein seiner treuen Gattin, nach zärtlichem Abschied von dieser, wollte er in den Tod gehen, doch die Liebe zum Leben liess ihn zögern den verhängnisvollen Stoss auszuführen. Da ergriff Arria das Schwert des Gatten, durchbohrte sich die Brust und reichte die bluttriefende Waffe dem Verurteilten mit den Worten: «Sieh, Pätus, es schmerzt nicht.» Nun ergriff er den Mordstahl und sank tot zu Boden. Die Heldin aber soll nicht sterben, so befiehlt Messalina. Ganz soll sie den Schmerz um das verlorene Glück auskosten. Ihre Wunden werden verbunden, und man bewacht sie ängstlich, um einen Selbstmord zu verhüten. Ihrem Schwiegersohn, der sie fragte, ob sie wünschte, dass auch ihre Tochter sich töten solle, wenn ihn ein Los wie den Pätus treffen würde, antwortete sie: «Allerdings, wenn sie mit dir in so langer und inniger Gemeinschaft gelebt, wie ich mit Pätus!» Endlich gelingt es ihr, einen unbewachten Augenblick benützend, sich den Kopf an der Mauer ihres Kerkers zu zertrümmern. «Ich sagte es Euch, dass ich den Tod finden würde!,» waren ihre letzten Worte.

Sogar dem feilen Martial, dem Schweifwedler der Caesaren, rang diese Seelengrösse Bewunderung ab, die sich in seiner Grabschrift auf Arria äusserte.[27])

Auf der von Messalina eingeschlagenen Bahn gab es kein Einhalten mehr. Ihre bisherige Straflosigkeit, ihr Geschick, die Verräter ihres Treibens von Claudius fernzuhalten, sei es durch Geschenke oder Furcht, trieb sie zu immer waghalsigeren Streichen an, die schliesslich darin gipfelten, ihren augenblicklichen Liebhaber bei Lebzeiten, mit Wissen und unter den Augen ihres Ehemannes zu heiraten.

Gaius Silius, «der schönste, junge Mann Roms,» hatte es ihr angetan. Nachdem sie ihn gezwungen hatte, sich seiner jungen Frau Julia Silana zu entledigen, wurde er der erklärte Geliebte der Kaiserin. Bei hellem Tage besuchte ihn Messalina unter Entfaltung des ganzen kaiserlichen Pompes. Das Haus des mit Reichtümern und Ehrenstellen überhäuften Buhlen glich einem kaiserlichen Palast. Gaius Silius war klug genug, einzusehen, dass er einst die Gunst der Kaiserin bitter werde büssen müssen, und er gestand dies auch unumwunden ein. Aber in dem Trubel der Gegenwart vergass er oder wollte er die Sorge um die Zukunft vergessen. Die Katastrophe kam aber rascher, als er und Messalina ahnten.

Das tollkühne Weib traf allen Ernstes Anstalten, sich mit Silius in aller Form zu vermählen. Tacitus [26]) sagt darüber, er wisse es selbst, wie fabelhaft es klingt, dass im menschenüberfüllten Rom ein Mann von hervorragender Stellung, an einem bestimmten Tage, unter Zuziehung von Zeugen bei Erfüllung des Ehekontraktes zur Heirat mit des lebenden Kaisers Frau zusammen gekommen, die Trauungszeremonie anhörte, die Opfer im Tempel dargebracht und endlich, nach einem grossen, prunkvollen, im Beisein von Hochzeitsgästen eingenommenen Mahle, die Vermählung förmlich vollzogen habe. Es war ein starkes Stück, das noch stärker wurde, wenn man Sueton glauben darf, der berichtet, dass Messalinas wirklicher Gatte den neuen Ehekontrakt — als Zeuge unterzeichnete! Sie schwindelte ihrem Narren einfach vor, die ganze Ehegeschichte sei ein Scheinmanöver, ausgeführt, um ein schweres, von vielen Vorzeichen verkündetes Unglück von dem teuren Haupte ihres Herrn und Kaisers abzuwenden.

Claudius wird wohl auf den Leim gegangen sein, nicht aber die bis jetzt allzeit getreuen Helfershelfer Messalinas. Ihnen hatte es die Meretrix Augusta zuzuschreiben, dass, wie so oft im Leben, sich eine tolle Posse zu einer Tragödie umgestaltete.

Die tollsten Ausschweifungen Messalinas hatten sie bis jetzt verschwiegen und sie vertuscht. Bei der Vorliebe der Kaiserin für Silius, der immer höher in Amt und Würden kam, konnte es ihnen aber leicht an den Kragen gehen. Der Selbsterhaltungstrieb zwang sie, das neue Idol der Augusta zu stürzen. Sie hatten noch die Macht dazu — und sie gebrauchten sie.

Besonders Narcissus, der Messalina in allen Stücken ebenbürtige Schurke, drang auf schnelle Entscheidung und setzte sie durch.

Die Gelegenheit bot sie bald. Ein religiöses Fest rief den Kaiser nach Ostia.

Die Abwesenheit des Claudius benutzte Messalina, um im Palatium mit neuem Gatten und ihrem Gefolge von Buben und Metzen ein Weinlesefest zu feiern. Das Verhängnis nahte, während im goldenen Hause «Keltern pressten, Kufen flossen und Weiber mit Fellen umgürtet daneben tanzten wie opfernde oder rasende Bacchantinnen. Messalina selbst, mit fliegendem Haar, den Thyrsusstab schwingend und neben ihr Silius, mit Efeu umkränzt. Auf Kothurnen gingen sie, warfen das Haupt empor und rings umtobte sie der ausgelassene Chor. Man erzählt, dass Vettius Valens, der aus Uebermut einen sehr hohen Baum erklommen, den ihn Fragenden, was er schaue, geantwortet habe: «Ein fürchterliches Ungewitter von Ostia her.» Sei es, dass wirklich sein Blick so etwas wahrgenommen, oder die unwillkürlich entfallene Bemerkung zur Weissagung wurde.» [20])

Das Ungewitter war entstanden und entlud sich mit elementarer Gewalt über Messalina und ihren Anhang.

Narcissus hatte die beiden Mätressen des Claudius gewonnen und ihnen die Ausführung seines Planes wohl einstudiert.

Als sich der Kaiser in seine Gemächer in Ostia begeben hatte, stürzte sich ihm die Calpurnia zu Füssen. Mit fliegenden Worten erzählte sie den Hochzeitsskandal der Messalina mit Silius. Cleopatra, die zweite der Dirnen, bestätigte alles, ebenso Narcissus, den man schleunigst herbeigeholt hatte. Der allglatte Höfling packte nun das ganze Sündenregister Messalinas aus. Nichts wurde vergessen. Messalinas Schicksal entschied die Drohung des Narcissus, dass Silius, wie die Frau, so auch den Thron an sich reissen würde, wenn ihn nicht schnelles Einschreiten daran hinderte. Nun war Claudius in der richtigen Verfassung, zu verurteilen, was ihm unter die Finger kam.

Narcissus und Lucius Gaeta, der Präfekt der Prätorianer, bekamen den Auftrag, nach Gutdünken zu handeln. Unterdessen hatte bei dem Bacchanal in Rom das Scherzwort des Vettius, dessen Zweideutigkeit durch Boten von Ostia zerstört wurde, wie ein Donnerschlag gewirkt. Alles stürmte darauf los, den heissen Boden zu verlassen und sich in Sicherheit zu bringen. Keiner und keine der verlotterten Bande dachte daran, sich Messalinas anzunehmen. Messalina floh in ihren Palast in den lucullischen Gärten, ihr edler Silius auf das Forum. Die übrigen fielen in die Hände der von allen Seiten herbeieilenden Centurionen. Gefesselt wurden sie in sicheres Gewahrsam gebracht, um schon am nächsten Tage gerichtet zu werden. Auch Mnester und Silius entgingen ihrem Schicksal nicht. Aber noch verlor Messalina nicht den Mut.

Von ihrem Einfluss auf den Cäsar überzeugt, wollte sie ihm nun entgegeneilen, um durch die Macht ihrer Persönlichkeit den Kaiser umzustimmen. Vibidia, die älteste der vestalischen Jungfrauen, versprach, sich für Messalina beim Kaiser zu verwenden — die keusche Vestalin für eine Messalina! Auch Britannicus und Octavia, die Kinder Messalinas, sollten den Kaiser um Verzeihung für die Mutter anflehen. Nun war es Lebensfrage, dem Kaiser auf seiner Rückreise von Ostia nach Rom aufzulauern und ihn umzustimmen, ehe er Zeit gehabt, einen Entschluss zu fassen. Von allen verlassen, die ihr vor einer kurzen Spanne Zeit noch gehuldigt, nur von drei Sklaven begleitet, durcheilte sie die Strassen Roms zu Fuss, bis sich der Kutscher eines Wagens, der Unrat aus der Stadt fuhr, erbarmte, sie auf die Strasse nach Ostia mitzunehmen.

Sie hätte es gewiss fertig gebracht, den Kaiser von ihrer Unschuld zu überzeugen, wäre nicht Narcissus in der Sänfte des Kaisers bei diesem gewesen, um jeden ihrer Annäherungsversuche zu vereiteln. Es gelang ihr zwar, dem Claudius eine Bittschrift zu überreichen, die der Pedant sofort emsig zu studieren begann, aber Narcissus gab Befehl zum Weitermarsch des Zuges, wodurch der Kaiser verhindert war, eine Entscheidung im Beisein seiner Frau zu treffen.

Ungehindert kehrte Messalina in die lucullischen Gärten zurück, um sofort Gesuche auf Gesuche in das Palatium zu senden, die den Kaiser bei seiner schwächsten Seite packte, sodass er nach einem opulenten Mahl verkündete, er wollte am nächsten Tage die Sünderin zu sich berufen, um ihre Verteidigung zu hören. Nun war Narcissus zum Aeussersten gedrängt, wollte er seine Pläne nicht scheitern sehen. Er stürzte aus dem Saal, den Offizieren der wachthabenden Prätorianer den Befehl erteilend, der Kaiser wünsche, dass Messalina sofort «am Leben gestraft werden solle».

«Zum Aufseher und Vollstrecker war ein Freigelassener bestimmt. Dieser, da er rasch in den Parkt vorangeeilt war, fand sie auf die Erde gesunken, neben ihr die Mutter. Lepida, die zerworfen mit der Tochter, solange diese im Glück gelebt, jetzt in ihrer Not voll Mitleid sich zu ihr gesellte und ihr riet, den Mörder nicht abzuwarten, sondern sich selbst den Tod zu geben, denn nur dann könne sie in Ehren aus dem nun doch abgelaufenen Leben scheiden.» Aber in ihrer von Lüsten entnervten Seele war alles Edle erstorben. Tränen nur und eitle Klagen ergossen sich, als die Türe mit Ungestüm bestürmt wurde und vor ihr die Henker standen, der Tribun schweigend, der Freigelassene, sie mit Schmähungen überhäufend.

«Nun erst durchschaute sie ihr Schicksal und griff nach dem Stahl.» [30]) Doch ehe sie die Waffe brauchen konnte, durchstiess sie der Tribun.

Dem Kaiser berichtete man kurz, Messalina sei ums Leben gekommen.

Claudius hörte die Botschaft an, ohne sich im Essen stören zu lassen und verlangte nach Wein.

Bald darauf heiratete er Agrippina, Neros Mutter, die ihn vergiftete, um ihren Sohn zum Imperator zu machen.

4. NERO CLAUDIUS CAESAR,

der Sohn der Agrippina und des Cn. Domitius Ahenobarbus, wurde am 15. Dezember 37 n. Chr. Geb. geboren. Nach des Vaters Tod wuchs er unter niedriger Umgebung und schlechter Aufsicht auf, bis Agrippinas Ehe mit Claudius ihn mit einem Schlage in die höchsten Kreise versetzte. Sein Vater war ein Rohling schlimmster Sorte, der wegen Totschläge, Betrügereien, Ehebrüche und Blutschande mit seiner Schwester Lepida angeklagt war, und nur wegen seiner Verwandtschaft mit dem Caesar seiner Verurteilung entging. Er war sich seiner Anlage bewusst, denn auf einen Glückwunsch, bei einem Feste zu Ehren seines Sohnes soll er ausgerufen haben, von ihm und der Agrippina habe unmöglich etwas anderes wie ein Scheusal und Verderber der Welt geboren werden können. Seine Ansicht traf vollkommen zu.

Nach dem Tode des Claudius wurde Nero Caesar. Er war siebzehn Jahre alt. Seine ersten Regierungsjahre waren seiner Lust an Komödien und Komödienspielen geweiht, die Geschäfte besorgte seine Mutter Agrippina.

Ueber seine damaligen Spielereien und das, was er dafür hielt, sagt Sueton:

«Proben von Uebermut, Wollust, Schwelgerei, Habsucht und Grausamkeit gab er anfangs zwar nur sehr vereinzelt und verborgen und als Erzeugnisse jugendlichen Leichtsinns, doch von der Art, dass selbst damals schon niemand darüber im Zweifel sein konnte, dass diese Laster seinem Naturell, nicht seiner Jugend angehörten. So pflegte er gleich nach Eintritt der Dämmerung rasch einen Schifferhut oder eine Kutschermütze aufzusetzen und die Schenken zu besuchen oder unter allerlei Mutwillen in den Gassen umherzuschweifen, wobei es indes nicht ohne bösartige Streiche abging, indem es sein stehendes Vergnügen war, die von einer Tischgesellschaft Heimkehrenden zu prügeln und, wenn sie sich wehrten, zu verwunden und in die Kloaken zu werfen. Desgleichen kleine Kaufläden zu erbrechen und auszurauben, wozu er in seinem Hause eine Quintana[1]) eingerichtet hatte, wo die gemachte Beute an den Meistbietenden verkauft und der Erlös verteilt und vertan wurde. Zuweilen freilich setzte er bei solchen Raufhändeln Augen[2]) und Leben aufs Spiel, wie er denn einmal von einem Ritter alten Geschlechts,[3]) dessen Ehefrau er unzüchtig zu betasten sich erfrecht hatte, fast zu Tode geprügelt worden ist. Deshalb wagte er sich späterhin um diese Tageszeit niemals mehr ins Publikum, ohne dass ihm Militärtribunen insgeheim und von ferne folgten. Auch bei Tage liess er sich wohl heimlich in einer verschlossenen Sänfte ins Theater tragen, wo er von seinem Platze auf dem oberen Stocke des Prosceniums aus, den wilden Streitigkeiten der Pantomimen[4]) als Tonangeber und Zuschauer beiwohnte und, wenn es zum Handgemenge kam und der Streit mit Steinen und Bankbeinen ausgefochten wurde, selbst dergleichen in grosser Anzahl unter das Volk schleuderte, wobei er sogar einmal den Prätor schwer am Kopfe verwundete.»[5])

«Ausser dem unzüchtigen Verkehr mit freien Knaben und mit verheirateten Frauen verübte er Gewalt gegen die Vestalin Rubria. Die Freigelassene Acte hätte er beinahe in aller Form geheiratet und bereits Männer konsularischen Ranges angestiftet, die ihre erdichtete Abstammung von königlichem Blute beschwören sollten. Den jungen Sporus, den er entmannen liess und auf alle Weise zu einem Individuum weiblichen Geschlechts umzugestalten suchte, liess er mit rotem Schleier und Mitgift nach feierlicher Vollziehung der Heiratszeremonien unter grossem Gepränge in seinen Palast führen und wie seine Gemahlin behandeln. Es

Vorstellung der Höllenqualen zur Zeit Gilles de Rays - Nach einer Zeichnung von Martin de Voss.

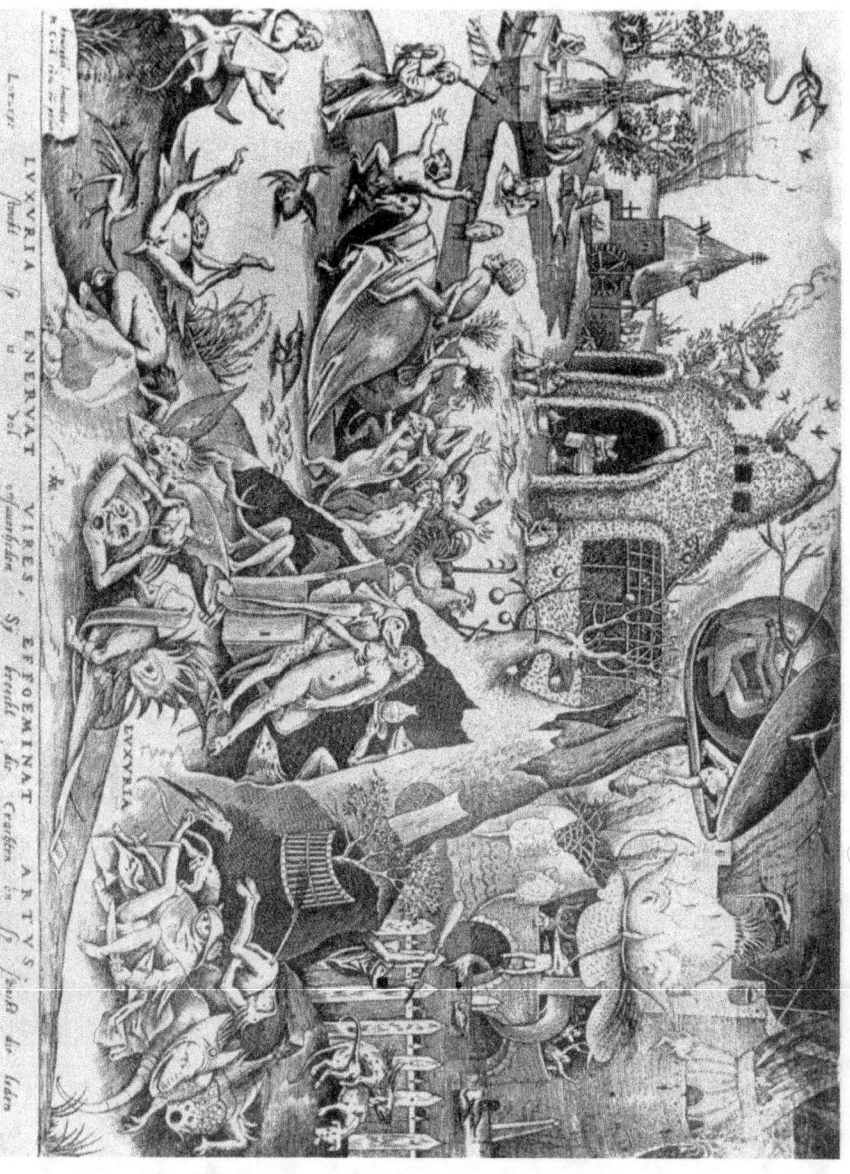

Die Wollust - Kupferstich des Höllenbrueghel.

existiert darüber noch heute ein nicht ungeschickter Einfall eines Witzlings: «es wäre ein Glück für die Menschheit gewesen, wenn Domitius der Vater⁶) eine solche Gemahlin gehabt hätte!» Diesen Sporus kleidete er in der Tracht der Kaiserinnen, liess ihn in einer Sänfte tragen und führte ihn auf den Festversammlungen und Messen von Griechenland und darauf auch in Rom am Bilderfest unter häufigen zärtlichen Küssen als Begleiter mit sich umher. Und dies ist umso glaublicher, als niemand daran gezweifelt hat, dass er selbst nach dem geschlechtlichen Umgang seiner Mutter lüstern gewesen und nur durch die Feinde der letzteren, die da fürchteten, dass das masslos heftige und herrschsüchtige Weib infolge solchen Verhältnisses einen übermächtigen Einfluss gewinnen möchte, davon abgeschreckt worden sei. Jedenfalls ist es Tatsache, dass er eine Buhlerin, von der es hiess, dass sie der Agrippina überaus ähnlich sehe, unter seine Beischläferinnen aufnahm.⁷) Auch behauptet man, dass in früherer Zeit, so oft er mit seiner Mutter sich in einunddersleben Sänfte tragen liess, die Spuren seines unzüchtigen Verkehrs mit ihr sich durch die Flecken seiner Kleider verraten hätten.»⁸)

Tacitus in seinen Annalen stellt Agrippina, «durch Verehelichung mit dem Oheim in jeder Schandtat geübt,» als die Verführerin ihres Sohnes hin.⁹)

Um bei seinen Wollüsten immer von Gleichgesinnten umgeben zu sein, errichtete Nero Vereine, zu deren Teilnahme ein gewisser Zwang auf Angehörige der ersten Familien und Staatsbeamte ausgeübt wurde. «Lasterleben und Ehrlosigkeit riss immer mehr ein, und die längst vorhandene Sittenverderbnis war nie zügelloser als bei diesem Gesindel.»¹⁰) Er veranstaltete Ausschweifungen mit Geldpreisen.

«Seinen eigenen Leib gab er in dem Masse preis, dass er, nachdem fast kein Teil von ihm unbefleckt geblieben war, eine Art Spiel ausdachte, in dem er in das Fell eines wilden Tieres genäht, aus dem Behälter herausgelassen wurde und in diesem Aufzuge sich auf die Schamteile der an den Pfahl gebundenen Männer und Frauen losstürzte und, nachdem er seine wüste Lust gebüsst, sich endlich von Doryphorus, einem Freigelassenen, erlegen [11]) liess, den er sogar ebenso seinerseits zum Manne nahm, wie er den Sporus zur Frau genommen hatte, wobei er die Töne und Aufschreie der Gewalt leidenden Jungfrauen nachahmte. Von manchen Leuten habe ich erfahren, dass er der vollkommenen Ueberzeugung gewesen sei, kein Mensch sei keusch und irgendwie unbefleckten Leibes. Die meisten verstellten sich nur und wüssten ihre Laster schlau zu verheimlichen, weshalb er denn auch denen, die ihre Unkeuschheit offen zur Schau trugen, alle übrigen Vergehen nachgesehen habe.» [12])

Einen Vornehmen, dessen Gattin Nero gefiel, liess er ermorden, ebenso die Frauen, deren er überdrüssig geworden war. «Man kann ausserdem sagen, dass es keine Art von Blutsverwandtschaft gab, gegen die er nicht mit seiner Henkershand einen Schlag geführt hat.» [13]) Mit nicht geringerer Grausamkeit wütete er ausserhalb seiner Familie gegen Fremde. [14]) Stolz durch das Gelingen seiner Abscheulichkeiten äusserte er, vor ihm habe noch kein Fürst gewusst, was er sich alles erlauben könne. [15])

Mit der in den Gymnasien gelehrten Beschuldigung, Rom in Brand gesteckt zu haben, sind die antiken Schriftsteller zurückhaltend, so Tacitus. [16]) Nur Sueton, niemals kritisch in seinen Angaben, bezichtigt ihn ohne Einschränkung. [17]) Seine Schandtaten waren aber alle so offenkundig, dass man allgemeinen Verständnisses sicher war, wenn man sie auf Zetteln schrieb und diese öffentlich anschlug wie ein Plakat. Einer der bekanntesten dieser Anschläge war:

«Erst schändete, dann schlug die Mutter Nero tot!»

Nero war so gleichgültig gegen Urteile der Allgemeinheit, dass er keine Nachforschung der Verfasser wegen anstellen liess.

Einen solchen Herrscher, ärger als eine Bestie, hatte der Erdkreis vierzehn Jahre ertragen.[18]) Seine Regierungszeit währte von Mitte Oktober des Jahres 53 bis Juni 67 n. Chr. Geb.

Um nicht von dem zu seinem Nachfolger ernannten Galba in schimpflicher Weise hingerichtet zu werden, gab sich Nero im zweiunddreissigsten Jahre seines Lebens selbst den Tod. Mit ihm erlosch die Familie des Augustus als Caesaren. Diese Bezeichnung der Familie wurde daraufhin nur zu der der Würde.

5. HELIOGABAL

Mit Messalina und dem ihr ebenbürtigen Ungeheuer Nero schien das Schicksal des römischen Volkes sich beruhigt zu haben und liess nach den Untieren wieder Menschen auf dem Thron des Weltreiches erscheinen. Kinder ihrer Zeit des Niederganges, waren sie oft fester und lasterhaft als andere, aber nicht satanische Uebermenschen wie so viele ihrer Vorgänger. Als einer der letzten unter diesen kann Heliogabal gelten. Er gehört zu jenen Gestalten, von denen Ferdinand Gregorovius sagte: «Diesen Menschen warf eines Tages der Zufall die Welt mit allen ihren Genüssen vor die Füsse; sie wurden darüber sinnlos; sie hätten die Erde auf einmal ausschlürfen mögen wie ein Ei.»

Nur noch einmal schien das Unheil Atem zu schöpfen, als es den Kaiser Carcalla mit dem Herrscherpurpur umgab und dadurch dem menschlichen Ungeziefer Heliogabal, auch Elagabal genannt, den Weg zur höchsten Macht im klassischen Altertum bahnte, wenn dazu auch Schleichwege einzuschlagen waren, die weibliche Hinterlist ausgeheckt.

Diese und die Tätigkeit ihrer Urheberinnen, dann das Schicksal ihres Schützlings, sein Aufstieg und sein Fall, sind ein Roman, wie ihn die Phantasie eines begabten Dichters nicht packender zu ersinnen vermag. Er sei in seinen Hauptzügen nach einem Essay von Scherr kurz hier wiedergegeben.

Der Caesar Septimius Severus starb am 4. Februar des Jahres 211, das Imperium romanum seinen zwei Söhnen zu gemeinsamem Besitz hinterlassend. Der sonst so scharfverständige Mann hatte sich der Illusion hingegeben, dieser gemeinsame Besitz könnte eine Möglichkeit sein. Mit entsetzlicher Wucht fielen die Folgen dieser Täuschung auf die Kaiserin-Witwe Julia. Die beiden Kaiser Caracalla und Geta führten wieder einmal das uralte Trauerspiel «Die feindlichen Brüder» auf, das der jüdische Mythus schon unter den Mauern des Paradieses, die ägyptische Götterlegende vom Osiris und Typhon am Ufer des Nils und die hellenische Heldensage unter den Mauern der siebentorigen Thebä in Szene gesetzt hatte. In jenem Palatium der Cäsaren zu Rom, in dem so vielfach an der Menschheit gefrevelt worden ist, im Gemache der Kaiserin selbst, hat der wilde Caracalla seinen Bruder und Mitkaiser meuchlerisch anfallen lassen und eigenhändig angefallen. Umsonst suchte die verzweifelte Mutter mit Brust und Armen den jüngeren Sohn zu decken. Das Blut des tödlich getroffenen Geta überspritzte sie, und sie selbst wurde an der Hand verwundet. Uebrigens war der Gemordete nicht besser gewesen als der Mörder, aber dieser war der Stärkere. Caracalla hatte einen der greulichsten Witze gerissen, als er seinem Befehl, den erschlagenen Bruder unter der Zahl der Götter zu versetzen, die Worte beifügte: «Sit deus, dum non sit vivus». (Sei er Gott, aber nur nicht lebend.)

Julia Donna ertrug es, zu leben. Der Ehrgeiz hielt sie aufrecht. Der einzige menschliche Zug in der Bestie Caracalla scheint eine gewisse Rücksichtnahme zugunsten seiner Mutter gewesen zu sein. Sie besass demzufolge während der Kaiserschaft des Scheusals einen bedeutenden Einfluss, konnte ihre Verwandten mit Reichtümern überschütten und machte in prunkvollem Stil die Honneurs im Palatium. Hier lebte bei ihr eine Schwester, Mäsa geheissen, die zwei Töchter hatte, man weiss nicht, von wem. Die ältere hiess Soämis und hatte einen Sohn, Bassianus genannt, die jüngere hiess Mammäa und hatte einen Sohn Alexianus. Von diesen beiden Damen sagte ihre Mutter aus, dass sie mit dem Caracalla in Buhlschaft gelebt und ihre Söhne von ihm empfangen hätten. Die letztere Angabe konnte wahr sein, war aber doch zweifelhaft. Denn die beiden Schwestern hatten in jungen Jahren sehr vielseitig gelebt und geliebt. Insbesondere die Soämis, von der es hiess, sie habe bei Hofe allerlei Schandbares getrieben und sich geradezu wie eine Lustdirne aufgeführt. Ihr Sohn Bassianus galt allerdings für einen Bastard Caracallas, doch gaben ihm seine Mitschüler den Spottnamen Varius, um anzudeuten, dass man nicht wüsste, wer eigentlich sein Vater gewesen sei.

Zu Anfang des Jahres 217 befand sich die kaiserliche Familie in Syrien. Die Kaiserin-Mutter Julia hielt ihren Hof zu Antiochia und hatte ihre Schwester Mäsa, ihre beiden Nichten und Grossneffen bei sich. Caracalla war in Edessa, einen Feldzug gegen die Parther rüstend. Er, ein richtiger Soldatenkaiser, wurde von den Truppen, die unter ihm goldene Tage hatten, angebetet.

An dem Bilde des kaiserlichen Brudermörders würde ein sehr wesentlicher Zug fehlen, wenn er nicht «fromm» gewesen wäre. Ja, er ist sozusagen an seiner Frömmigkeit zu Grunde gegangen. Denn eine von ihm unternommene Wallfahrt gab eine schickliche Gelegenheit zu seiner Ermordung. Am 8. April 217 wurde der Kaiser im freien Felde und in einer nicht weniger als ästhetischen Stellung, die beim Herodian des näheren beschrieben ist, von seinem Zenturio (den der Befehlshaber Opilius Macrinus dazu bewogen hatte) mittels eines Dolchstosses ins Genick umgebracht.

Das römische Reich ist damals bekanntlich die Verwirklichung des Militärstaatsideals gewesen. Der Soldat war alles, und das Volk nur dazu da, den Soldaten zu ernähren und sich von ihm brutalisieren zu lassen. Die Bewohnerschaft der Hauptstadt bestand bloss aus vornehmem und geringem Pöbel, aus Schwelgern und Schmarotzern. Der römische «populus» war nur noch eine ungeheure Pöbelbande, die auf Kosten der Provinzen mit Brot gefüttert und mit Spielen unterhalten wurde. Der römische «senatus», in der Blütezeit der Republik die erlauchteste Versammlung der Welt, konnte von einem Elagabal mit Fug und Recht als eine Sklavenschaft in Togen («mancipia togata») bezeichnet werden. Ueber den Thron verfügten die Soldaten, und sie waren es auch, die im Jahre 217 den leeren neu besetzten. Auf ihr Betreiben wurde der Numider Macrinus, dem seine Feinde nachsagten, dass er, von Geburt ein Sklave, früher das schimpfliche Gewerbe eines Gladiatoren getrieben hätte, durch das Heer, wiewohl nur widerwillig, mit dem kaiserlichen Purpur bekleidet und hierauf, wie selbstverständlich, vom römischen Senat und Volk jubelnd als Souverän begrüsst.

Die macrinische Herrlichkeit währte aber nicht lange. Die Soldaten hassten ihn als Mörder ihres geliebten Caracalla, denn es war von dem wahren Zusammenhange der Mordgeschichte allmählich mehr und mehr ruchbar geworden.

Macrin hatte den toten Caracalla feierlich verbrennen lassen und die Urne mit der Asche der Kaiserinmutter nach Antiochia gesandt. Ueberhaupt benahm er sich mit rücksichtsvoller Artigkeit gegen die greise Julia. Sie jedoch vermochte es nicht zu verwinden, ihre beiden Söhne auf solche Weise verloren zu haben, so starb sie bald.

Als sie nicht mehr war, ging ihrer Schwester Mäsa der Befehl zu, mit ihrer Familie den Kaiserpalast von Antiochia zu räumen und in ihre Heimat zurückzukehren. Doch durfte sie die kolossalen Reichtümer, die sie und ihre Töchter seit zwanzig Jahren gehamstert hatten, mitnehmen. Mäsa begab sich demzufolge nach Emesa, wo sie mit ihren Töchtern Soämis und Mammäa und ihren Enkeln, dem siebzehnjährigen Bassianus und dem dreizehnjährigen Alexianus, sich niederliess.

Die alte Mäsa, eine siebenfach filtrierte Ränklerin, hat sicherlich, als sie das kaiserliche Palatium räumen musste, den Entschluss einer Rückkehr gefasst. Keineswegs gewillt, ihrer Schwester freiwillig nachzusterben, sagte sie sich, dass sie in ihren alten Tagen wohl noch die Freude erleben könnte, die Grossmama des Herrn der Welt zu sein, und diese Möglichkeit einmal ins Auge gefasst, arbeitete sie mit folgerichtiger Schlauheit darauf hin, das als möglich Erkannte zu verwirklichen. Die grosse Intrige wurde gegrundfestet dadurch, dass Mäsa und ihre Helfershelfer das schon vorher umgegangene Gerücht, ihre beiden Töchter seien die Mätressen Caracallas gewesen und namentlich der Sohn der Soämis unzweifelhaft eine Frucht dieser Buhlschaft, nach Kräften verstärken und anschwellen liessen — eine Machenschaft, die auf die fanatische Anhänglichkeit der Soldaten an Caracalla berechnet war. Sodann handelte es sich darum, den jungen Bassianus auf ein Postament zu stellen, auf dem er sichtbar werden und die öffentliche Aufmerksamkeit auf sich lenken konnte.

Hierzu bot gerade Emesa eine vortreffliche Gelegenheit. Es befand sich nämlich am Orte einer der grössten und besuchtesten Tempel des Baal, des grossen Schöpfer- und Zeugungsgottes der semitischen Völker. In dem Heiligtum wurde ein grosser, schwarzer Stein in Phallusform verehrt, angeblich vom Himmel gefallen. Denn der grosse Zeuger-Gott wurde folgerichtig im Bilde des Phallus angebetet. Mäsa ersah sich den Sonnentempel ihres Wohnorts zum Ausstellungslokal für ihren Enkel. Ihr Ansehen und ihr Geld brachten es leicht zuwege, dass Bassianus zum Oberpriester des Baal geweiht wurde, und ihre Agenten versäumten auch nicht, die Soldaten des römischen Armeekorps, das in der Nähe der Stadt im Standlager stand, leise darauf aufmerksam zu machen, dass es sich wohl der Mühe lohnte, mit anzusehen, wie der schöne junge Oberpriester, der seinem kaiserlichen Vater wie aus dem Gesicht geschnitten wäre, seine priesterlichen Pflichten verrichtete.

Die in Scharen zum Baalheiligtum strömenden Soldaten fanden bald, dass es sich allerdings der Mühe wert sei. Wenn der schöne Junge im langen, purpurnen Untergewand und goldstoffenen Ueberwurf, auf den

Elisabeth Báthory die Blutgräfin.

Potiphars Weib und Jose - Nach dem Gemälde von Cignani.

Korsett-Probe vor Kennern · Nach dem Gemälde von Wille.

La grande cocotte · Kupfer von Huet, letztes Viertel des 18. Jahrhunderts.

Tagesbeginn der Lebedame - Radierung nach Freudenberger.

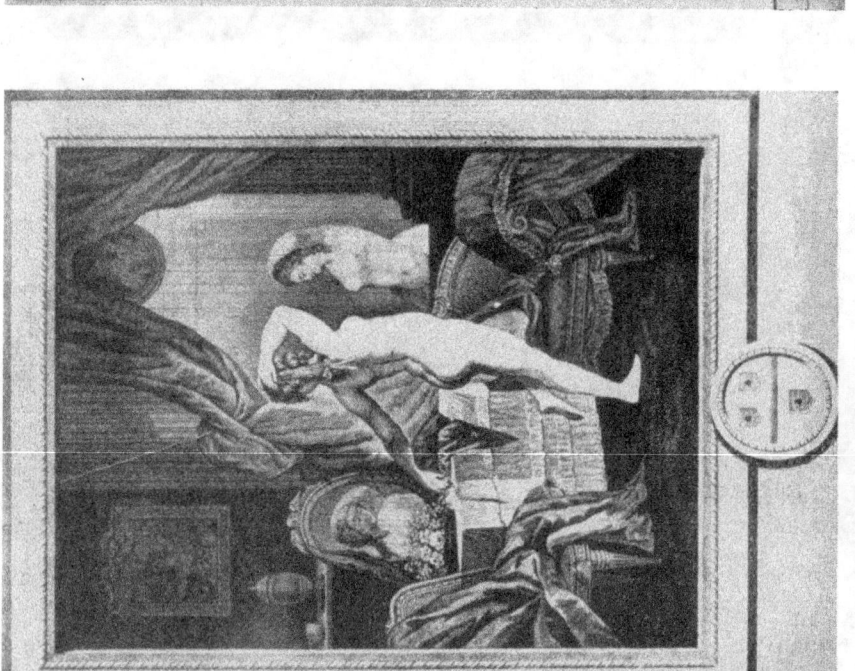

Die Rüstung zur Tagesarbeit - Nach einem Gemälde von Schal (1718—1778)

fliegenden Locken einen Kranz von aus Gold und Edelsteinen geformten Blumen, beim Klang der Flöten, Zimbeln und Pauken im ekstatischen Opfertanz um den Altar sich schwang, da glaubten die römischen Kriegsleute durch die wirbelnden Weihrauchwolken hindurch den heiteren Gott Bacchus zu erblicken und öffneten nur um so begieriger ihre Ohren den Einflüsterungen der unter sie gemischten Sklaven und Eunuchen Mäsas, dass sie den Sohn ihres geliebten Caracalla vor sich hätten; und nicht minder willig öffneten sie ihre Hände den Goldstücken und Silberlingen, mittels der die Agenten des alten Schlauweibes die angebliche Aehnlichkeit Bassians mit Caracalla immer glaubhafter zu machen wussten.

Der Junge, übrigens ein nach der Weise seines Heimatlandes frühreifer Bursche, liess seine Grossmutter gewähren. Er hatte zu dieser Zeit nur Sinn oder schien wenigstens nur Sinn zu haben für seine priesterlichen Verrichtungen. Der Dienst seines Gottes, den Griechen und Römer Heliogabal nannten, wurde von ihm so recht con amore betrieben. Er glaubte auch später an Baal, war überzeugt, dass dieser Gott ihn zum Herrn des römischen Reiches gemacht hätte, und bewies ihm in jeder Weise seine Dankbarkeit. Unter anderem auch dadurch, dass er den Namen des Gottes zu seinem eigenen erkor und sich demzufolge Elagabal oder Heliogabal nannte.

Die Intrige der ehrsüchtigen Grossmama hatte raschen und vollständigen Erfolg. Eine alte Vettel machte einen syrischen Bankert zum Imperator und Augustus, damit die Welt das erbauliche Schauspiel erlebe, wie der Wahnwitz eines aus Allmachtsbewusstsein und Genussraserei toll gewordenen Knaben auf dem Throne des römischen Imperium sich ausnähme. Eines schönen Tages holten die bei Emesa stehenden Truppen die Mäsa samt ihrer ganzen Sippschaft ins Lager, begrüssten den Bassianus oder Elagabal als den Sohn Caracallas mit dem Namen Antoninus und warfen ihm den kaiserlichen Purpurmantel um die Schultern. Andere nah und fern stationierte römische Brigaden und Divisionen stimmten, als sie hörten, dass Domina Mäsa über ganze Haufen Goldes zu verfügen hätte, dieser Kaiserwahl bei. Macrinus liess die Gefahr grosswachsen. Rechtzeitiges und nachdrückliches Eingreifen hätte wohl den ganzen Schwindel zerblasen. Den Ausschlag gab, dass einer der Eunuchen Mäsas, Gannys geheissen, strategischen Blick und taktisches Talent entwickelte. Unmänner von Verschnittenen haben ja überhaupt die Schicksale Roms zur Kaiserzeit gar häufig bestimmt.

Binnen zwanzig Tagen war die ganze Krisis vorüber. Macrin wurde auf der Flucht umgebracht. Der Sieger Elagabal zeigte in einem Schreiben, worin er sich Markus Aurelius Antoninus, den Sohn des Antonin-Caracalla und den Enkel des Sever nannte, dem römischen Senate an, dass dieser seine Kaiserschaft zu registrieren habe.

Grossmama Mäsa hätte sich gern möglichst rasch in den altgewohnten Gemächern im Palatium auf dem Palatinus wiederum einlogiert. Sie trieb daher den neuen Imperator an, nach der Tiberstadt aufzubrechen, allein der Kaiserenkel ging zwar aus Syrien weg, trieb aber in Nikomedia den ganzen Winter mit allem ersinnlichen Pomp den Kult seines heimischen Gottes. Er erschien dabei als Oberpriester in langen, wallenden, purpurseidenen Gewändern, goldene Spangen an den Armen, eine Goldkette um den Hals, auf dem Kopfe eine hohe, von Edelsteinen funkelnde Goldtiare, die Wangen weiss und rot geschminkt, die Augenbrauen schwarz gefärbt. Vergeblich schüttelte die alte welterfahrene Mäsa zu alledem bedenklich den Kopf. Der Herr Enkel fragte schon keinen Pfifferling mehr nach ihr. Die gute Grossmama aber mochte denken: Gut, dass ich für alle Fälle einen zweiten Enkel in petto habe, einen zweiten Kaisersspross, dieweil ja mein lieber Neffe Caracalla auch meiner «Vollbusigen», meiner Mammäa, zu nahe gekommen sein soll.

Die Römer liessen sich ihren neuen Baalspfaffen-Kaiser, als er endlich in ihrer Mitte zu erscheinen geruhte, unweigerlich gefallen. Er gab ja dem «römischen Volke» die bei Regierungsantritten üblichen Spenden, und erfreute den hohen und niedrigen Pöbel mit prachtvoll ausgestatteten Spektakeln aller Art. Ein vortrefflicher Princeps und Imperator demnach, dem ein durch ihn also vergnügtes Volk hinwieder auch sein Vergnügen lassen musste.

In erster Linie sein religiöses Vergnügen. Der Kaiser konnte ohne seinen geliebten Baal nicht leben. Er brachte dessen phallisches Idol aus Emesa mit nach Rom und erbaute ihm einen prachtvollen Tempel, wo er seines Priesteramtes tagtäglich mit kolossaler Pompentfaltung waltete. Hierbei kam auch die molochistische Seite des Baalkultus nicht zu kurz; denn unter anderen Darbringungen brachte der Kaiserpfaffe seinem Gott auch Menschenopfer dar, die schönsten Knaben, die man in ganz Italien auffinden konnte. Es wurde dabei darauf gesehen, dass diese zu Opfern bestimmten Knaben aus guten Familien waren und noch Väter und Mütter besassen, damit der Schmerz ihrer Hinterlassenen die Opfer dem Gotte umso angenehmer machte.

Allein inmitten all dieser ausgesuchten und kostbaren Huldigungen, langweilte sich der arme Baal. Sein imperatorischer Oberpriester kam daher auf den sinnreichen Einfall, dem Gotte durch eine Heirat die Langweile zu vertreiben. Er ersah zunächst die Pallas zu dessen Gemahlin. Das Bild der jungfräulichen Göttin, das der Sage nach Aeneas mit aus Troja gebracht hatte, wurde demzufolge mit Gewalt aus dem Heiligtum der Vesta geholt und in den Baalstempel gebracht. Aber der üppige, syrische Gott fand keinen Geschmack an der ernsten, hellenischen Göttin, worauf Elagabal die übel zusammengefügte Ehe wieder trennte und als eine passendere Lebensgefährtin für seinen Sonnengott die phönizische Mondgöttin Astarte samt ihren Tempelschätzen aus Karthago herüberholen liess. Nach ihrer Ankunft geruhte der Kaiser zu befehlen, dass ganz Rom und Italien fröhlich sein sollten, «da Götter Hochzeit machten».

War der Gott verheiratet, so musste es auch der Vizegott und Oberpriester sein. Elagabal vermählte sich demzufolge zuerst mit einer Jungfrau aus dem erlauchten Geschlechte der Cornelier. Er gab dieser seiner Gemahlin den Titel Sebaste (Majestät), verstiess sie aber bald wieder. Wegen eines Muttermals an ihrem Leibe, wie es hiess.

Die Vestapriesterin *Aquileja Severe* wurde nun dem Heiligtum der Göttin gewaltsam entrissen und in das kaiserliche Brautbett gezwungen. Diese Tempelschändung und Blasphemie scheint doch in Rom Murren erregt zu haben, denn der Kaiser fand für gut, seine Freveltat in einem Schreiben an den Senat zu entschuldigen, worin er sagte: «Mir ist eben auch etwas Menschliches begegnet, und ich kann nichts dafür, dass ich mich in das Mädchen leidenschaftlich verliebte. Uebrigens ist ja die Ehe eines Priesters und einer Priesterin ganz in der Ordnung.» Das leidenschaftliche Verliebtsein währte aber nicht lange. Elagabal schickte die Ex-Vestalin wieder weg und heiratete eine vornehme Dame. Weitere Namen von Gemahlinnen des Kaisers werden nun nicht mehr genannt, wohl aber die Namen von Gemahlen.

Elagabals Ehen waren nämlich zumeist nicht im Himmel, sondern in Sodom geschlossen. Später dann hatte er den armen, schönen und grausam verstümmelten Knaben Sporus zur Frau genommen.

Auch Neros komödiantische Neigungen fanden sich bei dem kaiserlichen Baalspriester wieder. Im kaiserlichen Palaste wurde ein Ballett, «Paris und Venus» betitelt, aufgeführt, in dem der Kaiser die Venus darstellte, und zwar dergestalt, dass er aus seiner Rolle den schauderhaftesten Unzuchtgreuel machte, der jemals in diesen mit allem Schandbaren und Ruchlosen besudelten Mauern gesehen worden ist.

Die erste Herrschertat, die Elagabal nach seiner Ankunft in Rom vollbrachte, war der Befehl an den Senat, der Kaiserinmutter Soämis, Sitz und Stimme in den Senatsversammlungen zu verleihen. So erschien denn neben den «Clarissimi», wie die Senatoren betitelt waren, jetzt zum ersten Mal eine Clarissima in der Kurie, ein knäbisch, mutwilliger Hohn und Spott auf alle Traditionen des Römertums. In demselben Stile regierte der Kaiser dann weiter. Der Weg zu den höchsten Staatsämtern führte über Sodom. Ihn einschlagend wurden Tänzer, Maultiertreiber, Kutscher und Barbiere Gardegenerale und Minister.

Man könnte glauben, Elagabal wäre von einer dämonischen Begierde und Absicht getrieben worden, zu versuchen, wie weit wohl die menschliche Geduld reichte, was alles die Niedertracht der Menschen sich bieten und antun liesse. Allein dies annehmen, hiesse dem afterwitzigen Jungen zuviel Ehre erwiesen. Es war keine Methode, kein pessimistisches System in dieser Narrheit. Alles, was die Verirrung der menschlichen Phantasie jemals ausgetiftelt hat, kindisch-rasende Vergeudung, schweinisch im Kot sich wälzende Liederlichkeit, Kolossales und Albernes zu einem scheusäligen Mischmasch zusammenmatschende Launenhaftigkeit, das alles war in diesem tollgewordenen, syrischen Buben verkörpert.

Elagabals Tage und Nächte waren eine ununterbrochene Aneinanderreihung von Narreteien, Schamlosigkeiten und Grausamkeiten. Er zuerst trug in Rom ganze Anzüge von reiner Seide, welcher Stoff damals noch so kostbar war, dass er buchstäblich mit Gold aufgewogen wurde. Ein Pfund Seide kostete ein Pfund Gold. Die kaiserliche Tafel durfte nie weniger als hunderttausend Sesterzen kosten. Wie vordem Caligula, so machte auch Elagabal aus dem kaiserlichen Palatium ein Bordell. Er badete in Rosenessenz und in den kostbarsten Weinen. Selbst zu den niedrigsten animalischen Verrichtungen bediente sich der tolle Prasser nur goldener und murrhinischer Gefässe. Für Monstrositäten der Unzucht setzte er

Prämien aus. Heute wandelte ihn die Laune an, zehntausend Ratten oder zehntausend Marder oder zehntausend Katzen an einem Haufen sehen zu wollen, morgen befahl er, ihm tausend Pfund Spinnengewebe zu bringen. Inmitten raffiniertester Schwelgereien und Genüsse vor Begierde verschmachtend und nach Zerstreuung lechzend, liess er lebenden Hähnen die Kämme ausreissen, lebenden Nachtigallen die Zungen ausschneiden, lebenden Pfauen und Krammetsvögeln das Gehirn auspressen, lebenden Papageien und Fasanen die Köpfe abdrehen. Vor seine goldenen Wagen spannte er Hunde, Hirsche, Kamele, Tiger, Löwen, Elefanten, oder zur Abwechslung vier schöne, nackte Mädchen, während er selbst nackt kutschierte. Seinen Parasiten machte er kostbare Vasen zum Geschenk, angefüllt mit Kröten, Skorpionen oder Schlangen. In seinen bübischen Spässen regte sich überall der Kitzel der Grausamkeit. Seine zu Tisch geladenen Schmarotzer und Speichellecker hielt er solange hin, bis sie recht hungrig geworden, und dann liess er ihnen köstliche Gerichte vorsetzen, welche aus Wachs oder Alabaster täuschend nachgebildet waren. Betrunken gemachte Gäste liess er nach ausgeschlafenem Rausche in einem versperrten Gemach zu ihrem Todesschrecken mitten unter Bären, Löwen und Tigern erwachen, denen die Zähne ausgebrochen waren. Mitunter, wenn seine Tischgenossen recht munter waren, schlich sich der Wirt davon. Dann schob sich plötzlich die Decke des Speisesaals auseinander, ein nicht endenwollender Wolkenbruch von Rosen, Violen und Lilien fiel aus der Oeffnung herab und erstickte die eingeschlossenen Schmausenden unter seiner duftenden Wucht.

In diesem Tollrausch baalspfäffisch-kaiserlicher Lebensführung, die die ganze Ordnung der Natur umzudrehen, zu verkehren, zu verhunzen und zu verschänden trachtete, zuckte zuweilen wie ein stechender Schmerz der Gedanke auf: Was wird das Ende sein?

Die alte Mäsa hatte schon lange erkannt, dass ihres älteren Enkels sinnloses Rasen mit einer Katastrophe enden müsste. Sie suchte sich daher beizeiten so einzurichten, dass sie nicht mitbetroffen würde. Ihre jüngere Tochter ging auf die Absichten und Veranstaltungen der Mutter ein, während die schandbare Soämis («proposissima mulier») die Tollheiten ihres Sohnes gedankenlos gewähren liess und mitmachte. Mäsa fädelte die Sache recht schlau ein. Sie wiederholte ihrem kaiserlichen Enkel fortwährend, wie schade es sei, dass die Regierungssorgen und weltlichen Geschäfte seine Zeit so sehr, zu sehr in Anspruch nähmen und er demnach für seine geistlichen Obliegenheiten und bacchischem Pompe nicht Stunden genug übrig hätte. Er sollte sich daher für seine profanen Geschäfte einen Gehilfen zulegen, und wer anders könnte das sein als sein Vetter Alexianus? Elagabal ging auf die grossmütterliche Leimrute, adoptierte seinen Vetter, erklärte ihn zum Cäsar und Mitkonsul. Als Gegengefälligkeit verlangte er, dass Alexianus seine Tollheiten und Ausschweifungen mitmachte; allein Mammäa verhinderte das und sorgte sehr umsichtig dafür, dass ihr Sohn geistig und körperlich für seinen künftigen Herrscherberuf tüchtig vorgeschult wurde. Endlich wurde zugunsten des Prätendenten auch das Mittel in Anwendung gebracht, worauf, wie Herodian sich ausdrückt, «die Soldaten am meisten sehen», d. h. Geld. Mamäa spendete es unter der Hand reichlich zur Verteilung an die Truppen.

Die Bevorzugung, die Alexander von seiten der Prätorianer erfuhr, wurde bald so auffallend, dass sich Elagabal in nüchternen Augenblicken sagen musste, sein Vetter-Mitregent oder die hinter ihm Stehenden passten nur eine günstige Gelegenheit ab, ihn selber beiseitezustellen, was im Sprachgebrauch der römischen Kaiserzeit mit Umbringen gleichbedeutend war. Er versuchte daher, das Prävenirespiel zu spielen, war aber ein allzu jämmerlicher Spieler, um gewinnen zu können. Der elagabalische Wahnwitz hatte sich zu dieser Zeit schon zu völligem Blödsinn verwässert. Sonst hätte Elagabal nicht ganz offen und öffentlich von den Anschlägen gesprochen, die er gegen seine Tante Mammäa und ihren Sohn in Ausführung bringen wollte. Es war leicht, diese Anschläge zu vereiteln, und nun ermannte sich der Kaiser — wie es scheint, auf Antreiben von seiten seines Buhlers Hierokles — zu einem gewaltsamen Versuch. Er entsetzte seinen Vetter der cäsarischen Würde. Die Garden murrten, liessen sich aber für den Augenblick noch beschwichtigen und begnügten sich, ihren General zu beauftragen, für die Sicherheit des jungen Alexander zu sorgen.

Das Gesindel, das den Palast erfüllte, Verschnittene und Pfaffen, Lustknaben und Freudenmädchen, Tänzer, Zirkuskutscher und Barbiere, fand sich aber missbehaglich und traute dem Frieden nicht. Alexander sollte daher beseitigt werden. Man drängte den Kaiser, den Wurf zu wagen und zunächst die Stimmung der Truppen einer gefährlichen Probe zu unterstellen, indem man das Gerücht ausgehen liesse, der Prinz läge im Sterben. Nähmen die Soldaten das geduldig hin, so könnte man ja das Gerücht zur Wahrheit machen.

Aber die ungeschickte Probe schlug fehl. Die Prätorianer barsten draussen in ihrem Barackenlager in Wut aus, sowie das erwähnte Gerücht zu ihnen gedrungen war. Sie weigerten sich, die zur Ablösung der Palastwache bestimmte Kohorte in die Stadt zu schicken. Hierauf schlossen die Garden die Lagertore und erklärten, auf keine Verhandlungen sich einlassen zu wollen, bevor sie den Cäsar Alexander in ihrer Mitte sähen.

Darob fiel der baalspfäffische Jämmerling in Angstschweiss. Er liess eilends seinen Vetter holen, nahm ihn in seinen kaiserlichen Palankin, dem die Sänfte der Kaiserinmutter Soämis folgte, und begab sich mit Pomp und Pracht in das prätorianische Lager. Dessen Tore öffneten sich dem kaiserlichen Zuge, aber nicht der Kaiser, sondern nur der Cäsar

Jacques Casanova de Seingalt.

Bei der Morgentoilette einer italienischen Kokotte.
Kupferstich von H. Ramberg.

wurde von den Soldaten mit jubelndem Vivat begrüsst. Einer sehr unzeitigen Zornwallung nachgebend, befahl Elagabal, die Hauptschreier zu greifen und als Meuterer zu bestrafen. Das hiess die Lunte einer geladenen Mine anzünden. Die ganze Garde erhob sich für die verhafteten Kameraden. Der Kretin von Kaiserbube wurde in den Lagerlatrinen, wo er ein Versteck gesucht, aufgefunden und umgebracht, ebenso die Kaiserinmutter, wie das ganze Gesindel von Gefolge. Die Leichname Elagabals und seiner Mutter wurden von den wütenden Soldaten unter greulich-wüsten Spässen durch die Strassen der Stadt geschleift und dann in eine Kloake geschleudert. So geschehen am 11. März des Jahres 222.

6. GILLES DE RAIS, DER KINDERMÖRDER

Nicht nur zu den Giganten der Erotik gehört der Mann, dessen Leben in Umrissen hier geschildert werden soll, sondern auch zu den grässlichsten Verbrechern aller Zeiten und Völker, zu den Gestalten, die mit einem sie voll bezeichnenden Worte zu belegen, jede Sprache zu arm ist. Von den höchsten Höhen, auf die das Glück einen Menschen nur zu stellen vermag, indem es ihn mit Ruhm, Ehre, Vermögen, Familiensegen umgibt, wurde dieser Mann von Leidenschaften in die tiefsten Tiefen gescheucht und von Verbrechen zu Verbrechen getrieben, die zu mehr als satanischer Höhe und beispielloser, grauen- und ekelerregender Bestialität sich auswuchsen, umso scheusslicher, als meist arme, hilflose Kinder ihre Opfer waren.

Frankreich darf sich der Ehre rühmen, die Heimat dieses Tiermenschen zu sein.

Am linken Ufer der Loire, im nördlichen Teil der Bretagne, erstreckte sich «eine der angenehmsten und gefälligsten Landschaften der Bretagne», die Baronie de Rais.

Gegen das Jahr 1400 war das Geschlecht der Rais dem Aussterben nahe. Denn nur Jeanne de Rais lebte als einzige direkte Erbin. Jeanne, die Zeitgenossen hatten sie mit dem Beinamen «die Weise» geehrt, pflanzte auf den dem Verdorren geweihten Stamm ihres Hauses ein frisches Reis, indem sie ihren Vetter aus der Familie Montmorency-Laval, Guy II., zum Erben ihres grossen Vermögens ernannte, ihm nur die Verpflichtung auferlegend, seinen bisherigen Namen abzulegen und den de Rais anzunehmen. Natürlich ging der nur wenig begüterte Vetter auf diese Bedingung ein, und nach Ueberwindung einiger Schwierigkeiten, übergab Jeanne ihrem Nachfolger ihr gesamtes Vermögen. Guy de Laval vermählte sich 1404 mit seiner Cousine, die er als Mitbewerberin um die grosse Besitzung Jeannes gefürchtet hatte. Im Ehevertrag trat die junge Frau ihrem Gatten alle Rechte auf die Herrschaft Rais ab. Im selben Jahr noch wurde Gilles geboren.

Von seiner Jugend und seiner Erziehung ist nichts überliefert worden. Nur so viel steht fest, dass Gilles später zu den bestunterrichtetsten Jünglingen gezählt wurde. Der Liebe zu den Künsten und Wissenschaften blieb er auch sein ganzes Leben hindurch treu, die er nicht nur oberflächlich schätzte. Kaum den Kinderschuhen entwachsen, entschied er sich begeistert für das Waffenhandwerk. Sein Wille war darin, wie in allem anderen, allein ausschlaggebend. Sein Vater war früh gestorben, die Mutter hatte sich gleich wieder vermählt, und der Grossvater kannte nur den Willen des Enkels als den allein herrschenden an. Nur durch eine frühzeitige Ehe des jungen Mannes suchte er ihn zu beeinflussen. Der sechzehnjährige Kriegsmann, der sich schon als Soldat mehrfach hervorgetan, vermählte sich mit einer ebenbürtigen, sehr reichen Erbin. Im November 1420 wurde die Hochzeit mit fürstlichem Prunk gefeiert. Das junge Ehepaar lebte in der ersten Zeit auf seinen Schlössern und Burgen. Der Einfall der Engländer in Frankreich rief den Gatten ins Feld. Jahre hindurch blieb das junge Weib allein, während Gilles durch seine Waffentaten Ruhm erntete und seinen Ehrgeiz befriedigte, denn, kaum in den Mannesjahren, erfolgte seine Ernennung zum Marschall von Frankreich. Diese Würde, das Leben am Hof des durch seine Liebesabenteuer sprichwörtlich gewordenen Karl VII. und im Feldlager, hatten den Charakter des ernst veranlagten Menschen gründlich umgestaltet.

«Er war ein schöner junger Mann, liebenswürdig, ungestüm, lebhaft und lebenslustig, aber auch schwach und genussüchtig,» hiess es schon damals von ihm.[1])

Das Leben mit der Gattin war durch Krieg und Hof in den Hintergrund getreten. Der Aufenthalt zu Hause war nichts als das Ausruhen von den Strapazen des Hofes und Soldatenlebens.

Der Kampf mit den Engländern ging weiter mit wechselnden Erfolgen der Gegner, als das Auftreten der Jeanne d'Arc, der Jungfrau von Orleans, den Stand der französischen Waffen auf Jahre hindurch zu begünstigen begann.

Der Eintritt der Jungfrau in den Kampf war auch ein Machtfaktor im Leben Gilles de Rais, denn diese Zeit bildete den sonnigsten Abschnitt in dem später so düsteren Leben dieses Mannes, der zu den aufrichtigsten Bewunderern des kriegerischen Hirtenmädchens gehörte.

Gilles de Rais war von König Karl mit der Aufgabe betraut, der Jungfrau zur Seite zu stehen und über sie auf dem Schlachtfeld zu wachen. Er hat seine Pflicht getreulich erfüllt. Er war bei ihr in Blois, Orleans, Chinon, Poitiers und in Reims, wo er den Marschallstab empfing. Vielleicht war der Umgang mit diesem Heldenmädchen, das seine französischen Zeitgenossen, mehr noch als spätere Menschen, mit einer Gloriole umleuchtet sahen, die der Menschengeist, ertränkt in kaum ertragbarer Wucht des Aberglaubens, als Himmelserscheinung anstaunte und anbetete, die Triebfeder zu jener Mystik, durch deren Wirrsal Gilles de Rais zur Geissel der Menschheit werden sollte.

Ein Wendepunkt in seinem äusseren Leben trat ein, als er in Ungnade fiel. Die Schuld daran trug seine grenzenlose Verschwendungssucht. Durch sie geriet er in Zwiespalt mit seiner Familie, die die nötigen Massnahmen ergriff, um dem vollständigen Zusammenbruch seines Vermögens vorzubeugen.

Solange die Anverwandten in dem Marschall nur einen Menschen sahen, der für Ehre und Vergnügen seine grossen Einkünfte hingab, so lange hatten sie geschwiegen. Als er aber seine Landgüter und Schlösser nicht mehr verschonte, seine reichsten Herrschaften für einen Spottpreis verkaufte und, wie sein eigenes, seiner Frau Vermögen angriff, versuchten sie mit Gewalt Einhalt zu tun.

Sie erreichten vom König, dass Gilles de Rais die Verfügung über sein Vermögen genommen wurde.

Gilles, ohne seine Schuld an seinem Unglück zu erkennen, sah sich als Opfer einer Intrige an und löste sich von seiner ganzen Familie, auch von Weib und Kind, nur gewissenlosen Menschen vertrauend, die seinen Niedergang zu ihren Gunsten ausnützten und ihn bei seinen Verirrungen durch Eingehen auf seine Wünsche bestärkten, je grausamer und widernatürlicher diese wurden. An der Spitze dieser Spiessgesellen stand Gilles' Freund und Vertrauter Roger de Brinqueville, dem auch die Vergeudung des ungeheuren Vermögens mit zur Last fällt, vielleicht auch die Trennung Gilles von Gattin und Töchterchen. Uebertrug doch Gilles diesem Roger gegen Zahlung die Verfügung über sein einziges Kind, die Tochter, sie zu vergeben und zu vermählen, mit wem es ihm passte. Seine ungeheure Verschwendung zwang ihn selbst zu solchen Mitteln, um kleinere Summen zu erhalten. Die Leibgarde von mehreren hundert Reitern, sein Kirchenchor, sein weltlicher Chor, seine Schauspielerbanden, die ständigen Gastmähler für Hunderte von Personen kosteten Unsummen, für die die grössten Pfänder leichtfertig abgegeben wurden.

Um solch sinnloser Verschwendung zu steuern, erbat die Familie von Karl VII. das Verbot für Gilles, seinen Grundbesitz zu veräussern oder zu belehnen, und für die Geldleute, solche Geschäfte mit Gilles abzuschliessen. Da sich aber Gilles an diese Befehle nicht kehrte, griff die Familie zur Selbsthilfe. Durch Waffengewalt suchte sie sich der festen Plätze zu bemächtigen, die Gilles noch besass. Dies steigerte die Wut des Marschalls ins Ungemessene, mehr aber noch seine Furcht. Hinter den Mauern und Gräben der Schlösser bargen sich Geheimnisse, deren Bekanntwerden Gilles de Rais auf das Schafott bringen musste. Dieses zu verhindern, galt nun seine ganze Kraft wie die seiner Helfer.

Seine masslose Verschwendung, erst von der Eitelkeit geweckt, war später ein undurchdringlicher Vorhang geworden, die allgemeine Aufmerksamkeit von seinem Treiben hinter dieser Gardine zu verbergen. Das Streben, sich Gold durch geheimnisvolle Arbeiten mit Alchimisten zu beschaffen, war damals nichts seltenes und bedurfte — trotz aller königlichen Verbote der Ausübung — nicht der Geheimhaltung, mehr aber die Mittel, durch die Gilles sein Ziel erreichen wollte.

Da die alchimistische Scheinwissenschaft, den Stein der Weisen und damit das aus unedlen Metallen herstellbare Gold zu finden, versagte, blieb dem abergläubischen, auf Geheimwissenschaften schwörenden Ritter noch ein Weg übrig, zum ersehnten Ziel zu gelangen, die Zauberei. Aus Italien liess er sich mit allen Salben geschmierte Burschen kommen, ihm mit ihren Zauberbüchern und Zaubereien zu helfen, so den unheilvollsten von allen, den Florentiner Francesco Prelati. Seine betrügerischen Manipulationen spiegelten Gilles die Erfüllung der Wünsche nach Gold vor. Allerdings versprachen sie einen vollen Erfolg nur dann verbürgen zu können, wenn Gilles einen Bund mit dem Teufel und den ihm dienstbaren Geistern schliessen würde. Mit des Marschalls Einwilligung in diesen Pakt, hatte er sich in die Hände des Florentiners und dessen Helfern, Männern und Weibern, ausgeliefert und immer grauenvoller wurden die Verbrechen, zu denen ihm diese Schurken den Weg wiesen, und auf dem sie ihn festhielten.

Dem modernen Menschen, so aufgeklärt er durch die infolge des langen Weltkrieges genährten Verbrechen auch ist, scheint es ein durch krankhafte Phantasie erdachtes Schauermärchen zu sein, was sich im düsteren Schlosse Tiffauges und seiner Umgebung abgespielt hatte und was von den Tätern zugestanden werden musste, ohne von der Folter erpresst zu werden. Durch ungeheuerlichste Mittel galt es den Hexenmeistern des Marschalls, wie diesem selbst, Geister herbeizurufen und sich ihre Hilfe zu sichern. Die schwarze Magie in ihren schrecklichsten Auswüchsen wurde von Gilles und seinen Hexenmeistern, Alchimisten, Zauberern und Geisterbeschwörern gehandhabt, und ihre leitende Kraft war Gilles. Sein sehnlichster Wunsch war die Herbeirufung des Satans. Da aber der Gottseibeiuns selbst den härtesten Beschwörungen im Schlosse und auf den Kreuzwegen um Mitternacht nicht folgen wollte, hatten die Beschwörer allen Grund, das Ende ihres Wohllebens bei Gilles zu befürchten. Dem bösen Geist zugeschriebene Verstümmelungen der Beschwörer, natürlich niemals im Beisein des Barons zugestossen, schienen bald nicht mehr zu ziehen, ebensowenig auf ganz besondere Schlauheit der Zauberkünstler hindeutende Erscheinungen. Der Zwang, schier Unmögliches von Gilles zu fordern, um ihn für immer an die Betrüger zu fesseln, musste ins Treffen. Gilles, den düsteren Mächten mit Leib und Seele verfallen, wurde nur zu leicht von den Verbrechern betört, auf Leben und Tod ihr Spiessgeselle und anscheinend der bösartigste unter ihnen zu werden. So war der Tag unausbleiblich, an dem der Satan Menschenopfer verlangte: die Glieder eines Kindes, das Herz, die Hände und das Blut heischte er als Gegengabe für seine Dienste bei den Menschen. Ob und wie lange Gilles gezögert hatte, diese Forderungen zu erfüllen, ist unbekannt geblieben. Tatsache ist, dass er nicht davor zurückgeschreckt war.

Als selbst durch das Hinschlachten von Menschen das Vorhaben nicht glückte, den bösen Feind mit seinen Geisterscharen sich zu knechten, wurde der Zweck der Menschenopfer in den Hintergrund gedrängt. Aber durch sie war der Blutdurst der Verbrecher, vor allem ihres Anführers Gilles geweckt und zum Instinkt eines Raubtieres gesteigert, das seine Opfer auch dann noch zerfleischte, wenn sein Hunger gestillt ist, und das nun im Morden seinen Blutdurst zu löschen sucht und sich durch das Blut zu neuen Taten aufpeitschen lässt. Der Bedarf an Opfern nahm dadurch immer mehr zu, sodass er kaum mehr gänzlich zu verheimlichen war. Es begannen denn auch überall in der Umgebung der Schlösser und Güter von Gilles unheimliche Gerüchte aufzutauchen. Man erzählte sich, dass der Baron de Rais «die schwarze Kunst triebe und viele Kinder töte, um mit deren Blut die Zeichen für die Beschwörungen der bösen Geister niederzuschreiben, die ihm zu Reichtümern und Schätzen verhelfen sollten». Und das Volk meinte, dass dieses fürchterliche Zauberbuch den Baron allmächtig mache, dass keine Festung sich gegen ihn halten und kein Mensch gegen ihn ankämpfen könne.

Wieviel Leben hatte Gilles de Rais auf dem Gewissen? Wie oft wiederholte sich das grauenerregende Schauspiel hinter den finstern Mauern seiner Schlösser? Wir wissen es nicht genau. Aber soviel steht fest, dass fast alle Geisterbeschwörungen in Tiffauges, in Machecoul, in Bourgneuf und Josselin von Handlungen vorbereitet wurden, wie sie scheusslicher kein Götzendienst, kein Heidentum kannte.

So weit trieb der finstere Aberglaube Menschen dieser Zeit.

Und Gilles de Rais übertraf sie alle. Er steht da wie ein ewiges und furchtbares Sinnbild der zerstörenden Gewalten, die den Aberglauben des dunklen Mittelalters beherrschten.

Der Fremde, der in den Jahren 1432 bis 1440 den Westen von Frankreich durchzog, fand eine niedergeschlagene, trostlose Bevölkerung. Es lag wie ein schwerer Alb, eine drohende Gewitterwolke über den sonst so lebensfrohen Bewohnern. Ein wahrer Würgengel, unfassbar und überall zu spüren, ging durch die blühenden Städte und Dörfer und hinterliess Jammer.

Wie durch Zauberkraft verschwanden an den verschiedensten Orten Kinder vom zartesten Alter an.

Ueber die ersten Kinder, die abhanden kamen, machte man sich noch keine besonderen Gedanken. Die Angehörigen fragten, forschten, suchten eine Zeitlang, und da ihre Bemühungen fruchtlos blieben, nahm man irgend einen Unglücksfall an. Die Kleinen glaubte man in einen Fluss oder See gestürzt, im Wald umgekommen oder von herumziehendem Volk geraubt.

Aber die Fälle mehrten sich.

Das rätselhafte Verschwinden der Kinder wurde zum Verzweiflungsschrei. Gab es doch bald keine grössere Ortschaft mehr, in der nicht irgend ein junges Wesen vermisst wurde. Das ganze Land war in Schrecken und Aufregung. Die Kinder waren und blieben verschwunden.

Aber nichts macht so wachsam und hellseherisch wie das Unglück. Man beobachtete mit der Zeit, dass der Umkreis, in dem die meisten Kinder abhanden kamen, die Grenzen von Angers nach Pouzauges, von Pouzauges nach Vannes, von Vannes nach Nantes und von hier wieder nach Angers nicht überschritt. Dann forschte man weiter, aus welchem Teil dieses Gebietes die meisten Kinder verschwunden und bezeichnete die verdächtigtsten und somit gefährlichsten Ortschaften.

Und ganz vorsichtig flüstert man sich die Plätze zu, wo sich unbekannte, furchtbare Dinge abspielen mussten: es sind die Schlösser, in denen sich der grosse, mächtige Baron Gilles de Rais am meisten mit seinem Hofstaat aufhielt.

Der junge Bursche, der über Tiffauges ging, ist nie wieder zum Vorschein gekommen. Wo sind der Bettler und der kleine Händler geblieben, die sich nach den Schlössern des Barons wandten? Wo sind die kleinen Hirten, die morgens mit ihren Herden auf die Weide zogen? Und die Kinder, die aus den Häusern verschwanden, während die Eltern draussen arbeiteten?

So findet der Verdacht immer neue Nahrung, und der stolze Schlossherr tut nichts, ihm entgegenzutreten. Im Gegenteil, er mehrt ihn, auf seine Macht vertrauend, noch durch unvorsichtige Worte, und seine Vertrauten desgleichen.

Dennoch wagte anfangs niemand, den Mund zu einer Klage zu öffnen. Wer wollte sich auch unterfangen, seine Stimme gegen einen so gewaltigen Herrn zu erheben! Man weiss, wie der Baron mit seinen Feinden umspringt. Wenn dem Marschall nur das Geringste zu Ohren käme, stände Bedrückung, Gefängnis, ja vielleicht der Tod dem Aermsten bevor. Also hiess es schweigen.

Aber jenseits der Grenzen, die die Herrschaft des Barons umschliessen, wo seine Macht ein Ende hat, da erzählt man sich offen und laut die schrecklichsten Dinge über Tiffauges und Machecoul.

Die blossen Namen der Schlösser verursachen da Schrecken und Entsetzen.

Und allmählich verschärft sich noch der allgemeine Verdacht. Die Menschen, die in den Schlössern wohnen, müssen auch die Urheber allen Unglücks sein. Da, wo ein Kind verloren ging, ist nicht selten ein Vertrauter des Barons de Rais gesehen worden: Roger de Briqueville, Henriet, Poitou, Romulard, Prelati und Gilles de Sillé, wie Roger ein Verwandter von de Rais. Sie sind es, die von den Familien Kinder verlangen; die den Eltern goldene Versprechungen machen, wenn sie ihnen ihr Mädchen oder ihren Knaben überlassen.

Es war umsonst, dass die Verdächtigen allerhand Entschuldigungen ersannen. Man glaubte ihnen nicht mehr; die Lügen, die das Misstrauen zerstreuen sollten, mehrten und verstärkten es nur.

Und schliesslich, da es des Unglücks kein Ende gab, wagt man sich an den mächtigen Herrn all dieser verfluchten Hofleute und Diener, an den Baron de Rais selbst. Anfangs leise und zaghaft erhob sich die Stimme der Unterdrückten zu einer lauten und drohenden Anklage gegen den Mann, der in seinen Zwingburgen, hinter seinen festen Wällen sass, ohne dass man ihn fassen und packen konnte.

Die Greuel, die Gilles de Rais beging, und die Art, wie er sie beging, sind so widernatürlich und grauenerregend, dass das menschliche Gefühl sich sträubt, auf sie einzugehen. Es sind keine Morde mehr. Es sind Sexualverbrechen eines völlig Entarteten und Entmenschten. Das ist kein Wesen mehr von unserem Fleisch und Blut, das ist ein grausamer, wollüstiger Dämon, der sein Opfer Glied für Glied zerreisst und es zu Tode quält.

Beseitigt ist längst die ihm einst vorgespiegelte Absicht, das Kinderblut zu den magischen und alchimistischen Operationen zu benötigen. Der Herr der Schlösser, mit den düsteren Räumen, denkt nur noch daran, seiner Blutgier durch unmenschliche Grausamkeiten zu frönen. Ein bestialischer Henker, gewohnt in der Folterkammer die grässlichsten Befehle satanischer Hexenrichter auszuführen, hätte sich gesträubt, die kleinen Wesen unter den Martern verbluten zu lassen, wie es dem edlen Baron Gilles de Rais zur Gewohnheit geworden war. Kaum eine Abart an Wahnsinn streifender Perversität blieb dem Ungeheuer unbekannt und wurde von ihm vermieden.[2]) Er ist Päderast, Kinderräuber, Notzüchter, Leichenschänder, Massenmörder, um nur einige wenige seiner Verbrechen anzuführen,[3]) mit denen oft die höchste Potenz aller Grausamkeit erreicht wird, die überhaupt zu erreichen ist. Es hiesse den Teufel anschwärzen, wollte man die Bosheit von Gilles teuflisch nennen.

Nur ein ganz kleiner Teil von den vielen Schmarotzern und Tagedieben, die sich um den freigebigen Marschall scharten, solange noch seine Geldmittel ausreichten, das Faulenzerleben eines Grandseigneurs zu führen, waren in das lichtscheue Leben von Gilles eingeweiht, das sich in der Nacht im Schlafzimmer oder in festen Kellern abspielte. Die Hauptaufgabe der verbrecherischen Helfer bestand darin, Material für den Täter herbeizuschaffen und die Spuren der Verbrechen zu beseitigen. Denn Gilles war sehr vorsichtig; es stand zu viel für ihn auf dem Spiel. Aus seiner ständigen, grossen Umgebung wählte er mit Bedacht seine engsten Vertrauten. Sie hatten die furchtbarsten Schwüre auf die Bibel vor dem Altar zu leisten, ehe sie in die letzten Geheimnisse des Schlossherrn eingeweiht wurden. Auch der leiseste Verdacht eines Verrates hätte den Tod zur Folge gehabt. So hatte Gilles nur fünf bis sechs Spiessgesellen. Unter ihnen war Gilles de Sillé, der einflussreichste und verderbteste von allen. Er wusste sich aber sofort aus dem Staube zu machen, als Gilles sein Schicksal ereilte. Ihm der nächste, Roger de Briqueville, wie de Sillé ein Verwandter von Gilles de Rais, genoss das vollste Vertrauen des Marschalls, das er sich für seine Tasche zu nutze zu machen wusste. Mit zwei anderen der Vertrauten war Roger einer der emsigsten Zutreiber von Kindern. Neben diesen Männern führten noch einige Megären dem Baron Kinder aus Stadt und Land zu. Die erste dieser Kupplerinnen war Perrine Martin aus Nantes. Ihr Name ist noch heute in ihrer Heimat unvergessen. Wenn dieses alte, gewöhnlich verschleierte Weib durch die Dörfer schlich, hinterliess es, wie die Pest, Verzweiflung, Tränen, Flüche, denn mit ihr waren Knaben und Mädchen, die schönsten und klügsten, für immer abhanden gekommen. Niemals hörte man wieder etwas von diesen Kleinen. War ein Kind verschwunden, mit dem man diese Meffraye gehen oder sprechen gesehen hatte, dann hiess, es seien aus einem Busch, hinter einer Hecke hervor, einige vermummte Kerle gestürzt, hatten das Weib niedergeschlagen, ihr das Kind entrissen, dies in einen Sack gesteckt und waren davongejagt. Diese Ueberfälle kamen so oft vor, dass man «die Sackträger» schon unzertrennlich von der alten Vettel glaubte. Damit war aber die Tätigkeit der Meffraye für Gilles nicht erschöpft. Sie wusste auch fast erwachsene Mädchen und Jünglinge anzulocken. Denn nicht allein auf Kinder hatte es Gilles de Rais abgesehen. So ist der Name eines zwanzigjährigen Burschen überliefert, der unter den Händen von Gilles qualvoll endete. Ferner ist erwiesen, dass er mannbare Mädchen und junge Frauen auf die entsetzlichste Weise hingemordet.

Dass dieses Treiben so lange ungestört fortgesetzt werden konnte, lag daran, dass man zu Anfang wenigstens sehr vorsichtig in der Wahl der Opfer war. Die meisten Kinder, die vorerst dem Unhold anheimfielen, waren junge Bettler und Bettlerinnen, die sich in der Nähe der Schlösser des Barons aufhielten. War die Güte und Freigebigkeit des Marschalls doch weit und breit bekannt; hiess es doch allgemein, dass er das Gold mit vollen Händen um sich warf und jedem Bedürftigen von seinem unermesslichen Reichtum gab.

Dieser Ruf drang natürlich bald über die engeren Grenzen der herrschaftlichen Besitzungen und lockte viel junges Volk an, das von Haus entlaufen war oder daheim kein Brot fand und bettelnd durch das Land strich. Waren die armen Kleinen, die vor den Toren der Schlösser standen, fremd, hatten sie nicht Vater und Mutter, war es bald um sie geschehen. Man liess sie eintreten und nie wieder heraus. Und kamen sie gar aus den benachbarten Gebieten und waren der einheimischen Bevölkerung unbekannt, so blieb auch ihr Verschwinden unbemerkt. Wer kümmerte sich denn um vagierende Betteljungen und fragte, wo sie bleiben? Sie liessen keine Spur auf ihren Wegen, wie die Vögel in den Lüften.

Ueber das Schicksal der Kinder und der an ihnen geübten Gewalttaten berichtet der Geschichtsschreiber in «Das Urbild des Blaubart»:

«Sobald das unselige Kind, das durch List oder Gewalt, durch Zärtlichkeiten oder Geschenke eingefangen war, die Schwelle von Machecoul, Tiffauges oder Champtocé überschritten hatte, wurde es in das Schlafzimmer des Marschalls gebracht, aus dem es nicht mehr an das Tageslicht kommen sollte. Hier musste es alle unnatürlichen und martervollen Qualen erleiden, ehe der Tod es erlöste. Man ergreift es mit Gewalt, bindet ihm die Hände und erstickt seine Schreie, man würgt es und hängt es drei Fuss über der Erde an einen Nagel in der Mauer auf. Der kleine Körper beginnt zu zucken, und eine fahle Blässe bedeckt die Züge. Noch will man es nicht sterben lassen. Man nimmt es von der Wand, der Strick wird vom Hals gelöst, die Augen öffnen sich wieder, und die Züge beleben sich langsam. Der Henker, der eben noch so grausam war, wird sanft und mild, spricht liebe und zärtliche Worte. Er nimmt das Kind auf den Schoss, herzt es und küsst es. Man wollte ihm ja nichts tun, man wollte es nur ängstigen, damit es hübsch still und fügsam sei.

So spielt die Bestie mit ihrer sicheren Beute. Kaum aber hat das Kleine seinen guten Glauben wieder gewonnen, beginnt die Folter von neuem. Man packt es, wirft es auf den Boden und schneidet ihm den Hals durch; man öffnet die Quellen des Lebens, dass das Blut in Strömen fliesst.

Und eine wahnwitzige Wollust erfüllt den Mörder. Ueber sein Opfer gebeugt, verfolgt er den Todeskampf des hingeschlachteten Wesens. Und ist der letzte Seufzer verhaucht, trennt er jedes einzelne Glied vom Körper — genau und kunstgerecht — denn er hat eine grosse Erfahrung in diesem furchtbaren Geschäft. Und erscheint ihm der jugendliche Kopf eines jungen Dahingemordeten besonders schön, nimmt er ihn wohl in die Hände und küsst die bleiche Stirn.

So befriedigt der Baron seine unmenschlichen Gelüste. Aber der Rückschlag kommt. Ekel und Grauen erfüllen ihn, wenn er sein blutiges Handwerk getan hat. Er kann den Anblick seiner Opfer nicht ertragen, kann kein Blut mehr sehen. Er wirft sich aufs Bett und schliesst die Augen. Aber ehe er einschläft, müssen seine Helfershelfer alle Spuren seiner Verbrechen beseitigen. Die Opfer erscheinen ihm wie Gespenster, die ihn die ganze Nacht in Schlaf und Traum verfolgen.

Während er daliegt, müssen seine Kumpane das Blut aufwaschen und den Boden reinigen. Auf zwei Feuerblöcke in dem weiten Kamin legen sie lange, grosse Holzscheite und mehrere Reisigbündel und darauf die verstümmelten Glieder der getöteten Kinder, die noch mit Stroh und dürren Blättern bedeckt werden. Dann wird das Feuer entzündet, und alles verschwindet in den Flammen. Auch die Kleidungsstücke werden auf diese Weise verbrannt.

Mit einer unglaublichen Vorsicht und Geschicklichkeit wird alles beseitigt, was irgendwie verdächtig erscheinen könnte. Selbst die Asche wird aus dem Kamin genommen, in den Schlossgraben geworfen oder in alle Winde verstreut, damit sie nicht eines Tages zum Verräter werden kann.»

Der deutsche Lebensbeschreiber des Gilles ergeht sich in breiter Ausmalung der Reueanfälle des «von Verbrechen zu Verbrechen taumelnden Unmenschen». Es liegt kein Anlass vor, die Tatsache solcher Gemütsdepressionen zu leugnen, wohl aber scheint es angebracht zu sein, sie weniger der Reue zuzuschreiben als der Todesangst, die von einem Verbrecher wie dem Marschall unzertrennlich war. Vielleicht war diese nicht so sehr die Bange vor der irdischen Gerechtigkeit. Seine Macht und sein Ansehen bei den Standesgenossen und dadurch bei den Behörden, dann bei dem urteils- und rechtlosen Volk, das kaum zu denken und zu flüstern wagte, wo es hätte schreien mögen, brauchte keine Strenge zu fürchten. So war es allein die Strafe im Jenseits, vor der der gläubige Christ zitterte, war ihm doch sogar das Beruhigungsmittel der Beichte niemals erreichbar, denn eine Absolution zu erhalten, konnte er nicht hoffen. Er sucht sie dadurch im Geringen wettzumachen, dass er verschwenderisch Wohltaten erweist, feierliche Gelübde ablegt, um sie sofort wieder zu vergessen, wenn der Wahnsinn seiner Begierden ihn zu neuen Untaten verleitet.

Aber die Pestbeule seiner Verbrechen war nun derart angeschwollen, dass ihr Bersten kaum mehr zu verhindern war und nur noch eine Frage der Zeit sein konnte. Seine Genossen wiegten sich gleich ihrem Meister in Sicherheit, wenn auch bei ihnen, die mehr als er unter Menschen kamen, die Meinung durchsickerte, dass der dem Herrn sichere Schutz sich kaum auf seine Helfer ausdehnen würde. So verschwand der eine oder andere des Gesindels und brachte sich in Sicherheit. Der erste unter ihnen war Eustache Blanchet. Er scheint nicht zu den völlig Eingeweihten gehört zu haben, doch hatte er längst Verdacht geschöpft und manches vermutet, was noch schlimmer war, als er annahm. Eustache flüchtete auch nicht, wie später die Hauptbeschuldigten, sondern verliess nur im Jahre 1439 den Baron und zog sich nach dem Städtchen Mortagne, nicht weit vom Schlosse Tiffauges zurück. Alle Bitten und Versprechungen des Marschalls, wieder zu ihm zu kommen, liess er unbeachtet. Da griff Gilles zur Gewalt. Er sandte vier seiner Genossen nach Mortagne, sich Eustaches zu bemächtigen, dem es aber gelang, seinen Verfolgern zu entgehen. Die Wut von Gilles, einen Gehassten nicht in seiner Gewalt zu wissen, wich aber nicht der Angst, einen Verräter in Blanchet fürchten zu müssen, denn noch war er seiner Sicherheit vollkommen gewiss.

Seltsamerweise sollten auch gar nicht seine Verbrechen der Stein sein, an dem Gilles zusammenbrach, sondern ein gegen seine sonstigen Untaten ganz harmloser Vorfall. Er galt allerdings nicht armen, schutzlosen Kindern, sondern einem Stammesgenossen und das wog schwerer, als das Ende von hunderten Proletarierssprösslingen.

Bei einer seiner vielen Geldklemmen hatte Gilles eine Herrschaft an den reichen Grundbesitzer Le Ferron verkauft. Das tat ihm leid und er wollte den Handel ungeschehen machen. Als dies vom Käufer verwei-

Die Überreichung eines Lobgedichtes auf die Reize der Verehrten.
Nach einem Gemälde von Wille.

Le Carquois épuisé - Galanter Kupferstich Ende des 18. Jahrhunderts.

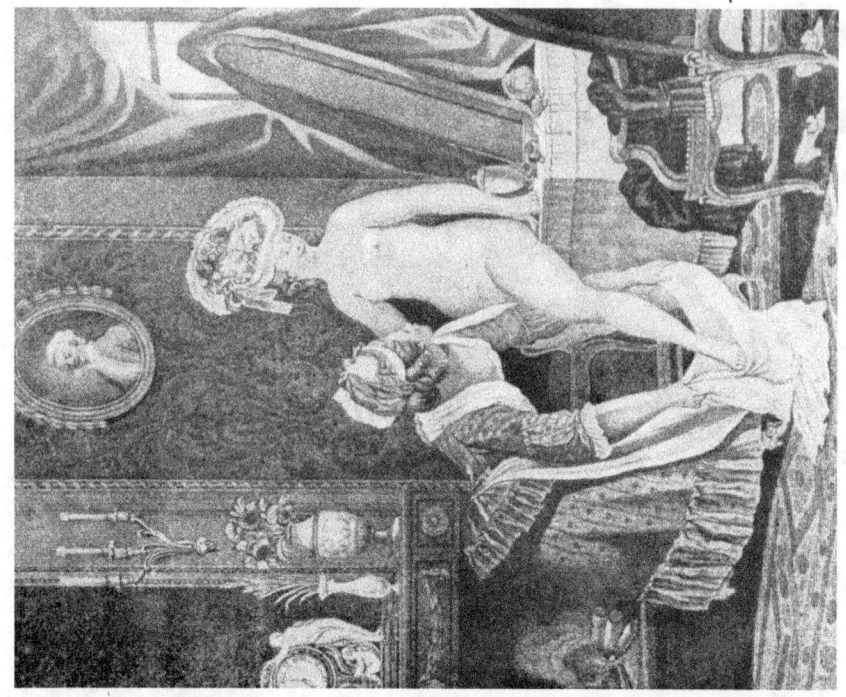

Der neue Hut - Radierung von L. Bonnet.

Das Bad zu Mittag - Gemälde von Blaizot.

gert wurde, fasste Gilles de Rais den Entschluss, die Herrschaft durch Ueberfallen wieder in seinen Besitz zu bringen. Seine Helfer bestanden aus seiner ständigen Leibwache, dann seinen Dienern und einer Anzahl Söldnern.

Der Pfingsttag des Jahres 1440 war zur Ausführung des Vorhabens bestimmt. Jean V., Herzog von Bretagne, Lehensherr von Gilles und seinem Gegner, war aufs höchste erzürnt wegen des Landfriedensbruches des Barons und stellte sich auf seiten seines Feindes. Am Pfingstmorgen, bald nach Sonnenaufgang, waren die Bewohner des Ortes Saint Etienne-de-Mer-Morte wie des Schlosses bei der Messe, als sich Gilles an der Spitze seiner Mannen dem umstrittenen Gute näherte und die Kirche betrat, die Messe störte, den Bruder des neuen Besitzers gefangen nahm, dann Gut und Schloss besetzte. Mit diesen beiden Uebergriffen hatte Gilles de Rais seinen Herzog und die Kirche beleidigt und damit war sein Schicksal besiegelt.

Gilles hatte bis jetzt für einen treuen Sohn der Kirche gegolten. Seine Freveltaten waren ihr unbekannt geblieben, nicht aber seine ausposaunten Wohltaten, seine prachtvollen Messen, der Ruhm seines Kirchenchores. Wie ein Schlag ins Gesicht wirkte daher die Kirchenschändung in St-Etienne auf das Episkopat. Nun erinnerte es sich auch der Gerüchte über die Verbrechen des Barons, die nicht nur in seinen Schlössern vor sich gehen sollten, sondern selbst in seinem Hause in Nantes, nur wenige Schritte von dem Bischofspalast entfernt.

Bischof Jean de Malestroit von Nantes stellte nun seine kirchliche Gewalt in den Dienst des Herzogs und der Kirchenfürst begann in seinem Sprengel Forschungen nach den Gerüchten über de Rais anzustellen. Das von den Pfarrern zusammengetragene Material wuchs zu Bergen an. Zeugen strömten herbei, brachten neue Anklagen und unwiderlegliche Beweise der Schandtaten des Barons und seiner Helfer. Abgesandte des Bischofs zogen im Lande umher, er selbst liess wichtige Zeugen zu sich kommen oder suchte sie auf. So war kaum ein Monat seit dem Gewaltstreich des Barons vergangen, als der Bischof mit seiner Beschuldigung des Barons Gilles de Rais an die Oeffentlichkeit treten konnte. Er erliess zu diesem Behufe am 30. Juli 1440 ein Rundschreiben, in dem er die Gilles zur Last gelegten Verbrechen angab. Er bekannte in dem langen, mit Zeugennamen gefüllten Brief, «dass wir also entdeckt und durch Zeugenaussagen unter andern bestätigt gefunden haben, dass Gilles de Rais, unser Untertan und unserem Gericht unterworfen, mit eigener Hand oder durch andere Menschen, seine Helfershelfer, eine grosse Zahl von Kindern erwürgt, getötet und in unmenschlicher Weise hingemordet, dass er gegen sie widernatürliche Verbrechen begangen, dass er oft schreckliche Beschwörungen von Geistern vorgenommen oder hat vornehmen lassen, dass er diesen Opfer und Gaben dargebracht, dass er einen Bund mit ihnen geschlossen hat, ungerechnet anderen ungeheuerlichen und zahlreichen Verbrechen, die unserem Gericht unterliegen. Infolge mehrerer derer Besuche, die wir oder unsere Stellvertreter und Bevollmächtigten in unserem Namen gemacht haben, wissen wir endlich, dass Gilles innerhalb seines Sprengels diese und noch andere Verbrechen verübt und vollbracht hat.

Weswegen er nach dem Wissen aller bei den ehrenwerten und angesehenen Leuten öffentlich in Verruf war und noch ist. Und damit niemand hierüber im Zweifel sei, haben wir befohlen, diesem Brief unser Siegel beizufügen.» [4])

An wen dieses Schreiben gerichtet war, ist nicht überliefert, auch ganz nebensächlich, denn es erfüllte dadurch seinen Zweck, dass sein Inhalt zum allgemeinen Gesprächsstoff wurde, und Aufklärung über die Anklagen verbreitete, die gegen den bisher allmächtigen Baron erhoben werden sollten.

Die Aufregung von Gilles über das Damoklesschwert hatte sich beruhigt, als Woche um Woche verging, ohne dass das Gericht des Herzogs sich gemeldet und sich Gilles bemächtigt hätte. Er glaubte sich schon gerettet, die Anklage niedergeschlagen, doch er sollte erfahren, dass die Stille um ihn einem fürchterlichen Sturm weichen würde. Seine Verfolger hatten nur die Zeit benützt, ihre Waffen zu schärfen.

Am 13. September erhob das geistliche Gericht in Nantes, eher als das weltliche, eine festgefügte, auf Beweise gestützte Anklage. Es erklärte den Augenblick für gekommen, die Verbrechen zu sühnen und gegen den Schuldigen vorzugehen. Für den 19. September war Gilles «edler Baron von Rais» vor die Schranken des Gerichts gefordert. «Im Auftrage des Bischofs von Nantes!»

Es ist auffallend, dass bei den Urteilen über die Verbrechen Gilles nicht von seiner Verletzung des Kirchenrechtes die Rede ist, sondern nur von Taten, die mehr das weltliche als das geistliche Gericht angingen. Daraus ergibt sich unschwer die Tatsache, dass die Messeentheilung nichts als ein Vorwand der Geistlichkeit war, gegen Gilles einzuschreiten. Dies scheint dem Herzog nur lieb gewesen zu sein, dem der Anhang des Barons zu mächtig war, ihn durch sein alleiniges Auftreten gegen Gilles herauszufordern. Gilles scheint auch von der Meinung durchdrungen gewesen zu sein, dass sein Anhang es schon, kraft seines Ansehens, durchsetzen werde, dass sich der gegen ihn erhobene Sturm als Sturm im Wasserglase herausstellen würde. Diese feste Meinung begann sich etwas zu lockern, als eines Morgens Bewaffnete unter Führung eines herzoglichen Hauptmannes und im Beisein eines bischöflichen Vertrauensmannes im Schlosse Machecoul erschienen.

Wenige Tage vorher schienen seine beiden Freunde und Verwandten Gilles de Sillé und Roger de Briqueville Wind von dem drohenden Verhängnis bekommen zu haben und hatten sich davon gemacht. Auch andere seiner Höflinge, Diener und Freunde waren abschiedslos von ihm gegangen.

Gleich nach dem Einmarsch der Bewaffneten in das Schloss erfolgte die Verhaftung Gilles und der von den Gerüchten am meisten Belasteten. Einer von ihnen, Henriet, wollte sich die Kehle durchschneiden, um nichts aussagen zu müssen.

Bei der Durchsuchung des Schlosses war man auf Asche gestossen und ein blutiges Kinderhemd. Das stiess dem Fass den Boden aus. Mit dem Baron und seinen Spiessgesellen zog die kleine Truppe, umgeben von zahlreichen, sich immer vermehrenden Neugierigen, nach Nantes zurück.

Und der bretonische Edelmann Baron de Rais, Herr de Laval, Marschall von Frankreich und Waffenbruder des Herzogs, der Mitstreiter der Jungfrau von Orléans und Ratgeber des Königs schreitet gefesselt wie ein anderer Missetäter seinem Gefängnis zu.

Aber noch ist er nicht gebeugt und gebrochen. Sein Gang ist stramm, seine Haltung aufrecht und hart sein Gesicht. Stolz ist sein Blick, und sein schwarzes Auge blickt verächtlich über die wogende Menge.

Während die Genossen des Barons mit Ketten beladen in schauerliche Gefängnisse geworfen werden, räumte man dem hohen Herrn ein wohnliches Gelass im Schlosse von Nantes ein, in dem sich wohl sein liess.

Am 19. September, fünf Tage nach der Verhaftung, fand die erste Gerichtsverhandlung gegen Gilles statt. Er sah sich strengen aber gerechten Richtern gegenüber, die entgegen den damals üblichen Inquisitionsverfahren, die Zeugen nicht im Geheimen vernahmen, sondern offen vor den Angeklagten. Allerdings wurden oft Aussagen laut, von denen die Richter zu Tränen gerührt worden sein sollen, dann bei den Geständnissen solche, dass die Richter die Kruzifixe im Saal verhüllen liessen. Aber die Anklagen wirken auf Gilles nur wutreizend, bis bei ihm erst der Heuchler durchbricht, er Sachen gesteht, die er nie verbrochen hat, um alles andere unter Strömen von Reuetränen zu leugnen. Doch in der Verhandlung vom 17. Oktober brach sein bisheriges System für immer zusammen. An diesem Tage machten die Mitschuldigen des Barons ihre Aussagen. Ohne Folterzwang waren ihre Geständnisse ebenso niederschmetternd wie für sie selbst auch für ihren Herrn. Wieder decken schamvoll Tücher die Kreuze auf dem Richtertisch bei der Abrollung der schauerlichen Untaten der Angeklagten, bei der Erzählung der Menschenopfer für die Geister, der Misshandlungen und Morde der Kinder. Alle Geständnisse tragen den Stempel der Wahrheit, denn keine Phantasie vermag die Tatsachen zu überbieten. Ihre Wucht zertrümmerte die bisherige Haltung von Gilles und erzwang auch von ihm die Geständnisse, da ihm diese seine Wiederaufnahme in die Kirche sicherten, aus der ihn seine Verbrechen ausgestossen hatten. Er beichtete und erhielt Vergebung. Was er Haarsträubendes zu gestehen hatte, davon nur einige kurze Einzelheiten aus der von seinem Beichtvater aufgezeichneten Beichte:

«Egidius de Rays, sponte dixit, quamplures pueros in magno numero, cujus amplius non est certus, cepisse et capi fecisse, ipsosque pueros occidisse et occidi fecisse, seque cum ipsio vicium et peccatum sodomicum commisisse, ... tam ante quam post mortem ipsorum et in ipsa morte damnabiliter.... cum quibus etram languentibus vicium sodomiticum committebat et exercebat modo supra dicto.» [5])

So lässt sich verstehen, wenn Gilles zu seinen Helfern oft zu sagen pflegte, vielleicht nicht ganz so stolz, wie es die Cäsaren ausgesprochen: «Niemand auf der Welt versteht oder könnte auch nur verstehen, was ich in meinem Leben getan habe. Es gibt Niemanden, der es tun könnte.»

Die Zahl der geopferten Kinder anzugeben, ist keiner der Bluthunde auch nur annähernd in der Lage. Es waren zu viele, um sie zu zählen. Die Kupplerin Pierre Martin glaubte sich an hundertvierzig zu erinnern.

Das Urteil für Gilles konnte trotz dessen Gewinsels und frommtuenden Heulens dem Geist dem damaligen Justiz entsprechen an Barbarei nur den verurteilten Taten zu entsprechen suchen. Das geistliche Gericht sprach das Urteil:

«Deshalb verkündigen, beschliessen, erklären wir, dass Du, Gilles de Rais, widernatürliche Verbrechen an den Kindern beider Geschlechter begangen hast; dass Du eine Kirchenschändung verübt und die Heiligkeit der Kirche verletzt hast; dass Du Dir durch diese Verbrechen den Bannfluch und alle anderen vom Gesetz festgesetzten Strafen zugezogen hast, und dass Du infolgedessen für Dein Seelenheil gestraft und gezüchtigt werden musst, so wie es das Gesetz will und das kanonische Recht es fordert.»

Eine Strafe wurde aber ausser dem Bannfluch nicht verhängt, denn die Inquisition überliess stets die Festsetzung und Ausführung eines Urteils dem weltlichen Gericht.

Um seine Richter nicht zu beeinflussen, hatte Herzog Jean V. von der Bretagne keinen Zweifel darüber gelassen, dass er sich schroff von seinem einstigen Gefährten abgewandt habe. So waren auch schon Henriet und der Alchimist Poitou zum Galgen und darauf folgende Verbrennung verurteilt worden. Ein gleiches Urteil wurde gegen Gilles ausgesprochen, unerhört milde für eine Epoche, in der die verschärfte Todesstrafe zur Regel geworden war. Adel und Vermögen sollen sich eben auch damals schon als ganz wesentliche Milderungsgründe bewährt haben. Drei Scheiterhaufen waren errichtet, aus jedem ragte ein Galgen hervor. Als erster sollte Gilles sterben.

Man stellte Gilles einen Schemel unter die Füsse und legte den Strick um seinen Hals. Der Schemel wurde fortgezogen und der Marschall von Rais hing in der Luft über dem Scheiterhaufen. Man zündete das trockene Holz unter ihm an, und die Flammen züngelten zu dem Gehängten empor. Der Todeskampf war kurz. Gilles de Rais hatte seine Verbrechen gesühnt.

Das Feuer, das rings um den Galgen aufstieg, erfasste auch den Strick, sodass er durchbrannte, und der Körper fiel auf den Scheiterhaufen. Aber ehe die Flammen ihn ergriffen oder verzehrten, zogen einige «Fräulein seiner Verwandtschaft und aus hohem Geschlecht» den Leichnam hervor, benetzten ihn mit ihren Tränen, wuschen ihn sorgfältig und legten ihn, von einigen Nonnen unterstützt, in eine bereitgehaltene Lade, um den Toten seinem Wunsch gemäss in der Kirche beizusetzen.

Hierauf wurde das Urteil an Henriet und Poitou vollzogen. Sie wurden gehängt und lebendig verbrannt und ihre Asche in alle Winde verstreut.

So endete einer der verruchtesten Sexualverbrecher aller Zeiten, doch sein Andenken lebt fort und seine Untaten fanden Nachahmer.

* * *

Das galante Zeitalter war nicht arm an Nacheiferern des Blaubarts aus der Bretagne. Zu deren berufensten zählte ein königlicher Prinz von Frankreich, der Prinz Karl von Bourbon-Condé, bekannter in der Geschichte der Erotik als *Graf von Charollais* (1700—1760).

Marquis d'Argenson[*]) beschrieb das Aeussere dieses Titanen der Erotik: «Er war schön und beherzt wie alle Bourbonen, aber auch ein Narr wie sie. Sobald er grossjährig geworden, fachte er seine jähzornige, leidenschaftliche Natur durch den Genuss von reinem Wein ohne Wasserzutat an. Das hetzte ihn zu wilden, grausamen Handlungen, die ihm den Ruf eines Ungeheuers eintrugen. Bald trieb er diese Untugend (métalent), indem er sich aus Menschenhass und Ungeselligkeit von der Welt abschloss, welche düstere und gallige Neigungen seine Gesundheit arg schädigten. Im Grunde ist er ein guter, sogar tugendhafter Mensch, geistreich, unterhaltend, begierig nach fruchtbringender Tätigkeit. Er neigte stets zur «monoputaniome» (Einhurerei), also eine einzelne Dirne zu lieben, und zwar beständig gern zu haben. Er fordert auch von ihr unvernünftigerweise unbedingte Treue. Wird ihm das Gegenteil bekannt, so richtet sich seine Wut gegen die Verführer mehr als gegen die Verführte. Dann rast er. Er hat an die zwanzig blutige Zusammenstösse mit Nebenbuhlern gehabt.» Dieser Lobhymne stehen allerdings Zeugnisse gegenüber, die den Scharfrichter in Tätigkeit gesetzt hätten, wenn nicht ein königlicher Prinz der Schuldige gewesen wäre. Nach Paul Moreau [7]) verband dieser Graf von Charollais «düsteren Andenkens» den empörendsten Zynismus mit einer kaum fassbaren Wildheit. Er liebte es, Blut bei seinen Orgien fliessen zu sehen und richtete die ihm zugeführten Kurtisanen in grausamster Weise zu. Nach de Sade waren Lustmorde bei ihm nichts Seltenes. «Inmitten seiner Ausschweifungen mit seinen Mätressen war ihm nichts angenehmer, als mit seiner Flinte Dachdecker oder Passanten zu erschiessen.» Das Herabrollen der Leichen vom Dache bereitete ihm ein unendliches Vergnügen. Dieses leistete sich auch ein deutscher Fürst. Markgraf Karl Friedrich Wilhelm von Ansbach-Bayreuth folgte dem erhabenen Beispiel des Grafen von Charollais und knallte auf den Wunsch seiner Mätresse einen Dachdecker vom Schlossdach herunter. Der trostlosen Witwe des Ermordeten schenkte er aus besonderer Gnade die Summe von fünf Gulden.[8])

Nach J. Michelet liebte Charollais das schöne Geschlecht nur «im blutigen Zustand», d. h. von ihm verletzt und schwer verwundet. «Sein Vater, der Prinz von Condé, hatte schon ein Vergnügen daran gefunden, Menschen zu vergiften, so z. B. den Dichter Santeul. Er hatte auf seine beiden Söhne, den Herzog von Bourgogne und den Grafen Charollais, die perversen Neigungen vererbt.» [9])

Wie dem Vater, führte auch ihnen eine Kupplerin, Madame de Prie, Mädchen zu, denen das edle Brüderpaar Brandwunden schwerster Art beibrachte.

Morgenbesuch. - Radierung von Freudenberger (1745—1791).

Der Pantoffel als Waffe - Radierung von Nerbo.

Kirche in Dux mit der Grabstätte Casanovas - Oben: Casanovas Grabtafel, rechts an der Kirchentüre.
Photos: Das Interessante Blatt, Wien.

Marquis de Sade.

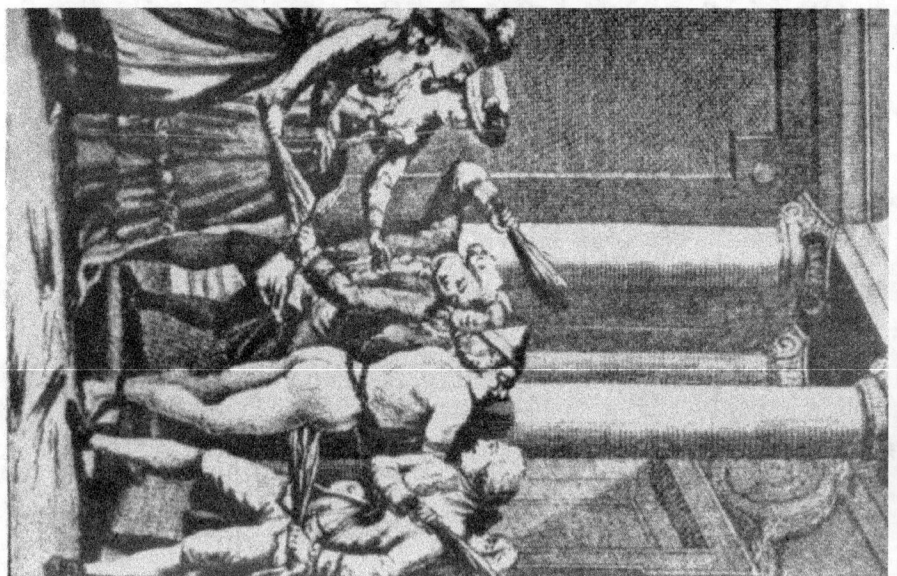

Illustrationen zu pikanten Romanen des 18. Jahrhunderts.

Ehe wir Gilles de Rais verlassen, sei noch einmal daran erinnert, dass er ziemlich ungerechtfertigterweise als Urbild des Blaubarts bezeichnet wurde. Der Blaubart des Märchens hat ihm angetraute Frauen aus dem Wege geräumt, um andere an ihre Stelle zu setzen, woran der Marschall nie gedacht hat.

Ungleich naheliegender als der erwähnte Vergleich des Massen- und Kindermörders mit dem Märchenbösewicht ist der mit König Heinrich VIII. von England (1491—1547). Mit Katharina von Arragonien vermählt, liess er sich von ihr scheiden, um 1533 die schöne Anna Boleyn zu heiraten. Nach dreijähriger Ehe ihrer überdrüssig, liess er sie, angeblich wegen Ehebruch, hinrichten. Der Grund dieses «Ehebruchs» war eine Zuneigung Heinrichs zu Johanna Seymour, die er zum Weibe nahm. Sie starb 1537 nach der Geburt eines Knaben. Seine vierte Gattin, Anna von Kleve, verstiess er 1540, um Katharina Howard zu ehelichen. Zwei Jahre darauf wurde sie der Untreue angeklagt und hingerichtet. Seine sechste Frau, Katharina Parr, an Wollust und Roheit dem Gatten ebenbürtiger als eine andere ihrer Vorgängerinnen, starb erst nach ihm.

Als weibliches Gegenstück zu König Heinrich ist eine deutsche Kaiserin, Barbara von Cilly, anzusprechen, die Gattin des so lustigen Dirnenfreundes Kaiser Sigismund. Nach dem Tode ihres Gemahls zog sie sich nach Königgrätz zurück, wo sie sich an ihrem Männerharem ergötzt haben soll.[10]) Wer der Gebieterin in diesem Hause nicht mehr gefiel, wurde getötet, um einem Brauchbareren Platz zu machen. Das war praktisch und einfach.

Eine der fürchterlichsten, dem Marschall de Rais ebenbürtigen Gestalten in der Geschichte sexualer Verirrungen gehört einem Weibe an, gegen die Barbaras Verbrechen aber nur Spielereien waren.

7. Elisabeth Bathory — die Blutgräfin.

In der Ahnengalerie eines ungarischen Schlosses hängt das Bild einer Edeldame. Es ist kein Meisterstück eines Künstlers, sondern mehr das Werk eines reisenden Porträtmalers, wie sie einst mit ihrem Malgerät und dem Farbenreiber durch Stadt und Land gezogen. Das Bild zeigte die Gräfin *Elisabeth Bathory*, verehelichte *Gräfin Nadasdy*, eine Magnatentochter und das Weib eines der reichsten und mächtigsten Adeligen des Magyarenlandes. Der Maler ihres Porträts hätte viel ungeschickter sein müssen als er in der Tat war, wenn er in diesem scharfgeschnittenen Antlitz mit den grossen, glühenden Augen die ausgeprägten, sich aufdrängenden Charaktermerkmale dieser Frau verwischt hätte. Auf der hohen Stirne thronte ungewöhnliche Intelligenz. Die schwarzen, grossen Augen verrieten ungebändigte innere Gluten. Die vollen Lippen, das energische Kinn, der scharfe Nasenrücken lassen darauf schliessen, dass der wilden Sinnenlust, die diesen wohlgestalteten, kraftvollen Körper durchtobte, von dem Weibe ungehemmt nachgegangen wurde und es vor keiner Gewalt zurückschreckte, wenn der Begehrte nicht willig war. Diese Sinnlichkeit trat bei Elisabeth schon in früher Jugend auf. «Sittsam und züchtig ist der Backfisch nicht.»[1]) Er betreibt, ein seltener Fall für die damalige Zeit, das, was wir heute Sport nennen, was früher für amazonenhaft galt, als unweiblich verurteilt wurde. Die Beine zu zeigen, wie dies das moderne Kostüm heischt, oder gar in einem neuzeitlichen Badeanzug sich Männeraugen auszusetzen, hätte selbst die verkommenste Dirne nicht gewagt, ohne sich schweren Strafen auszusetzen. Die gute, alte Zeit war eben sehr «unmodern».

Die stolze Magnatentochter hatte von den allgemeinen Anschauungen stark abweichende Ansichten, und alle Redereien und Urteile über ihr Gebaren war ihr gleichgültig.

Im Graner Domkapitel sind Urkunden bewahrt mit Beweisen, dass es Elisabeth an Liebesabenteuern nicht gefehlt hatte. Eine Anzahl Dokumente behandelt sogar einen Sündenfall des Magnatenfräuleins mit voller Ausführlichkeit in den Einzelheiten.

In der Osterwoche des Jahres 1609 soll sich ein gewisser Ladislaus Bende an dem jungen Mädchen schwer vergangen und es gewaltsam entführt haben. Unmittelbar vor dem Martinstag, gegen den 11. November, also volle sieben Monate später, kommt die junge Dame zur Erkenntnis der ihr widerfahrenen Unehre und beschwert sich über diese Gewalttat bei den Graner Domherren. Die frommen Herren sind gefällig genug, dem Wunsche Elisabeths zu entsprechen und ihr den von ihr feierlich eingelegten Protest dokumentarisch zu bestätigen: Sie bekunden dem Fräulein Klägerin, dass ihr der «wohlgeborene Herr» Ladislaus Bende, ihre Jungfräulichkeit («virginitatem suam») geraubt, und sie dadurch «in perpetuam infamiam» (in dauernde Ehrlosigkeit) gebracht habe.

Es ist kaum schwer zu erraten, dass dieses Zeugnis zur Entschuldigung für den zukünftigen Gatten gelten sollte. Es unterschlägt sogar nicht einmal die Angabe, dass ein Absud von Hanfsamen die Frucht dieses Gewaltaktes hätte beseitigen sollen. Die Veröffentlicher der Urkunde betonen deren Echtheit. Bei Angabe des Datums 1609 muss aber ein Irrtum unterlaufen sein, denn zu dieser Zeit war Elisabeth Bathory fünfzig Jahre alt und seit 34 Jahren Gräfin Franz Nadasdy. Das was von Elsberg über die ganze Angelegenheit schreibt,[2]) ist so wirr, dass eine Enträtselung unmöglich scheint. Schliesslich hat aber Elisabeth so viel auf dem Kerbholz, dass die versuchte Abtreibung kaum beachtenswert in ihrem Sündenregister erscheint.

Im Mai 1575 fand die Hochzeit Elisabeths mit ungewöhnlichem Gepränge statt. Gehörten doch beide Gatten den allerersten Adelsgeschlechtern Ungarns an.

Hatte sich Elisabeth als Mädchen schon niemals durch Sanftmut und Weiblichkeit hervorgetan, so hatte ihre Ehe auch keine dieser guten Eigenschaften zu wecken vermocht, denn zwei harte Menschen hatten sich getroffen. Er war eine rohe Soldatennatur, dessen Schwert locker in der Scheide sass. Seine Untergebenen strafte er nie durch Worte. Er liess stets Blut fliessen. Seine Gattin tat es ihm darin gleich, doch offenbarte sie stets eine Bosheit, die man bei ihm vermisste.

Eines ihrer Mädchen hatte Anlass zur Unzufriedenheit gegeben. Es war im Sommer. Dem Mädchen — es soll die leibliche Schwester Nadasdys gewesen sein — wahrscheinlich hatte sie genascht — wurden die Kleider herabgerissen, ihr Körper mit Honig bestrichen und sie für vierundzwanzig Stunden an einen Baum gebunden, wo sie von Insekten fast bis zum Wahnsinn gepeinigt wurde. Franz Nadasdy ergötzte sich mit seiner Gattin an dem Schauspiel, das ihnen erwünschten Sinnenreiz gewährte.

Ein anderes Mädchen, das zeitweise von epileptischen Krämpfen befallen wurde, erregte bei Elisabeth Bathory den Verdacht, dass dies nichts als Trotz sei, eine gut gespielte Verstellung, um der verdienten Strafe zu entgehen. Der Gatte pflichtete dieser Ansicht bei. Er riet ein unfehlbares Mittel dagegen an. Der «eigensinnigen» Magd wurden ölgetränkte Papierstreifen zwischen die Zehen gesteckt. «Das Papier muss angezündet werden,» meinte er. «Die Dirne wird sich schon vom Boden erheben, selbst wenn sie halbtot wäre!» Er scheint also dieses Verfahren bereits erprobt zu haben.

Die Bahn der Torturen war eingeschlagen. Bei der *Tigerin von Csejthe* sollte sie enden. Sie zu verfolgen ist nicht schwer, ebensowenig, ihre psychologischen Motive zu ergründen.

Die früh geweckte Sinnlichkeit Elisabeths forderte gebieterisch Befriedigung. Die durch die oftmalige und langwährende Abwesenheit des Gatten wie durch die Langeweile im Hause gesteigerte Reizbarkeit mussten auf die Nerven des jungen, feurigen, von keiner Bildung des Geistes und des Herzens beeinflussten Weibes einwirken und ihre Sexualpsychologie ins Krankhafte steigern.

Sich mit Männern ihrer Umgebung einzulassen, verbot ihr Stolz, die Angst vor der Eifersucht des Gatten, vielleicht auch der Mangel an einem geeigneten Objekt. Da stellte sich wohl einmal beim Austoben der höchsten Wut, bei den Schmerzensschreien und dem Röcheln des gepeinigten Opfers, so etwas wie Blutrausch ein, eine erhöhte Geschlechtsgier, die der Anblick, mehr noch die Macht, Qualen steigern zu dürfen, zum Orgasmus führte. Diese Anomalie des Geschlechtstriebes tritt in südlicheren Ländern, wozu ja auch Ungarn zählt, häufiger auf als im kühleren Norden. Sie ist und war bei beiden Geschlechtern anzutreffen. Eine erfahrene Frau teilte Havelock Ellis mit, dass sie unter vielen nur einen einzigen Mann kennen gelernt habe, der keine schmerzlüsternen Gefühle gehabt habe.[3] «Mit der erhöhten Geschlechtsgier geht gewöhnlich eine gewisse Grausamkeit, ein Gefallen und Wohlempfinden beim Anblick der Leiden anderer, Menschen wie Tiere, einher. So war es bei den geilen, altrömischen Frauen, die entzückt mit einer Bewegung des Daumens das Zeichen zum Töten der Gladiatoren gaben. So bei den leidenschaftlichen, leichtlebigen Französinnen der grossen Revolutionszeit, die ihr Ergötzen an den Opfern der Guillotine fanden. So ist es noch bei den leicht entzündlichen Spanierinnen, die an dem grausamen Spiel der Stiergefechte besonders stark beteiligt sind. Und so sind die sexuell überreizten dämonischen Frauen der Gegenwart mitleidlos gegen die Männer, die von ihnen betrogen werden, grausam gegen ihre Liebhaber, die sie zu ihren Sklaven erniedrigen.» [4]

Am 4. Januar 1604 wurde Elisabeth Witwe, als ein in der Vollkraft ihrer Jahre stehendes Weib. Das Unglück des Verlustes brachte ein Hadern mit dem Geschicke herbei, das die Roheit, die aufgespeicherte Wut über ihr Schicksal an harmlosen, wehrlosen Opfern austoben liess. Auf einem Hügel «in sturmumbrauster Einsamkeit» stand ihr Witwensitz, Schloss Csejthe im Waagtal der Slowakei. Doch Elisabeth zog es vor, in einem Hause unten im Ort, dem Kastell, zu wohnen. Ein Tross von Dienerinnen und Dienern umgab sie, dem Gesetze nach frei, den adeligen Gepflogenheiten aber ebenso schlimm daran wie die Leibeigenen in anderen Ländern, beinahe wie die Sklaven im Orient. In der Eintönigkeit des Städtchens hatte die strenge Herrin das Vergnügen entdeckt, die Strafen für ihre Dienerschaft immer grausamer zu gestalten, darin unterstützt von einigen Aufseherinnen, die sich dadurch Liebkind zu machen wussten.

Einem der Mädchen, das ein Geldstück gestohlen, wurde die glühend gemachte Münze in die Hand gedrückt. War eine Halskrause nicht tadellos geplättet, so fuhr Elisabeth mit dem heissen Plätteisen nach der Unachtsamen. Fast der ganze Oberkörper der Mägde wies tiefe Brandwunden auf. Im Affekt sich zu solcher Handlungsweise hinreissen zu lassen, kann, wenn auch nicht entschuldigt, so doch begreiflich gefunden werden, wenn es einmal und nicht wieder geschieht. Elisabeth Bathory gewöhnte sich aber dieses Verfahren an. Unzweifelhaft war sie eine gute Hausfrau, sparsam, tätig, rührig, sich um alles kümmernd. Mit einer Zähigkeit, die unter anderen Umständen rühmenswert gewesen wäre, hielt sie ihre Dienstboten zur Arbeit, zur Pflicht an, doch kannte sie in ihrer Strenge keine Grenzen. Auch zehnmal im Tage trieb sie im Aerger die Lässigen in den Raum, der Strafkammer genannt wurde.

Vier oder fünf Dirnen hatten im Winter einmal den Auftrag, das im Hofe befindliche Reisig zu bündeln. Die Gräfin fand die Arbeit derart langsam und nachlässig zu Ende geführt, dass sie befahl, die faulen Dirnen nackt auszuziehen, weil sie voraussetzte, dass sich die Mädchen der Kälte wegen umsomehr beeilen würden. Dass diese Geschöpfe auch Schamgefühl besassen, scheint sie kaum angenommen zu haben. Bis zu einer gewissen Grenze traf dieser Zweifel auch zu, denn die Leute trugen ein Minimum von Kleidung und waren daher gewöhnt, in Bezug auf ängstliches Verhüllen weiblicher Reize kein zu hohes Zartgefühl zu zeigen. Immerhin aber bildete das, was die Leute anhatten, ein Kostüm und forderte nicht zu roher Sinnlichkeit heraus. Was soll man nun dazu sagen, wenn man hört, dass die Gräfin bei einer anderen Gelegenheit die Lakaien rufen liess, weil sie diese zur Verschärfung einer verhängten Strafe brauchte? Die Säumigen waren in diesem Falle die Näherinnen. Auch sie hatten sich vollständig entkleiden müssen. Strickend und nähend sassen sie da, den Blicken der herbeigeholten Lakaien ausgesetzt. «Wie die Lämmer wurden sie behandelt,» sagt der Diener Ficzko, trotzdem er bereits stark abgestumpft war. Selbst ihm, dem täglichen Zeugen von Misshandlungen, die die Gräfin oft ganz geringfügiger Dinge wegen verfügte, kam der Vorfall auffallend vor.

Die unmenschlich harte Behandlung der Dienerschaft erzeugte naturgemäss Trotz, Verstocktheit, böswilligen Widerstand. Die gegenseitige Erbitterung steigerte sich von Jahr zu Jahr. Hass gegen Hass. Ereignete sich nun ein Fall von ungewöhnlicher Natur, so kamen auch ungewöhnliche Mittel zur Anwendung. Wir forschen vergebens nach den Ursachen, die der tierisch-rohen Aufseherin Darvulia den Gedanken eingaben, zur Tortur zu greifen. Das Weib war tatsächlich eine Furie, ein Würgengel. Mit dünnem Bindfaden band sie den störrischen Mädchen die rückwärts gekreuzten Arme zusammen. Da der Blutkreislauf dadurch gestört war, schwoll die Extremität rasch an. «Schwarz wie Kohle sahen diese aus,» sagt der Ficzko. Hernach wurden die Mädchen mit Stöcken geschlagen, bis ihnen das Blut vom Leibe triefte. Die Herrin stand dabei. Sie beteiligte sich wohl auch an der Exekution, wenn sie gerade dazu aufgelegt war. Müde geworden, überliess sie den Stock ihren weiblichen Trabanten. Diese prügelten weiter drauf los; fünfhundert Stockschläge waren keine Seltenheit. Mit Vorliebe hieb man auf die Fussohlen und auf die innere Handfläche ein, und zwar so lange, bis die Unglückliche kein Lebenszeichen mehr von sich gab. Anfangs wird die Absicht, die Delinquentin zu Tode zu prügeln, kaum bestanden haben, Elisabeth Bethory wollte nur ihren Blutdurst kühlen, obwohl sie von Haus aus ein Strafmass verhängte, das der menschliche Organismus zu ertragen nicht fähig ist. Später allerdings erschrak sie nicht mehr, wenn ein Opfer nach dem andern ihr unter den Händen starb. Es interessierte sie zu sehen, wie lange die eine, wie lange die andere imstande war, die Folter zu ertragen.

«Ein Kammermädchen, der fortwährenden Quälereien überdrüssig, benutzte eine Reise ihrer Herrin, dieser zu entfliehen. Es geschah in der Nähe von Illawa, nördlich von Trencsin, auf der Strecke nach Bicse. Frost, Schnee und Sturm waren Ursache, dass das Mädchen bald wieder eingefangen wurde. Die Strafwürdige wurde bis an den Hals in eiskaltes Wasser gestellt, und gleichzeitig begoss man deren Kopf häufig aus einem Kübel. Das heisse Blut sollte abgekühlt werden. Da der Vorfall sich im Freien abspielte, war eine hochgradige Erkältung dessen notwendige Folge.» Das Mädchen gab bald darauf seinen Geist auf.

Auch andere Mägde wurden auf dieselbe Weise zu Tode gepeinigt. Von einer Magd, deren Verbrechen nicht angegeben ist, erzählt Ficzko: «Nachher hat die Gräfin das gequälte Mädchen in den Frost hinaustragen lassen, und zwar nackt, und so hat sie jenes mit kaltem Wasser begiessen lassen durch die alten Weiber. Sie selbst hat dabei mitgeholfen, bis das Wasser zu Eis erstarrte.» Das Mädchen ist denn auch gestorben.

Solange die Mordtaten sich selten ereigneten, erforderte es geringe Mühe, den Leichnam bei Seite zu schaffen. Der Aussenwelt gegenüber war

Der Strich in Paris zur Zeit des Marquis de Sade.

Der gefällige Windstoss - Französische Karikatur.

Ein Frauenhaus zur Zeit des Marquis de Sade.

das Mädchen einfach plötzlich gestorben, wenn sich schon jemand fand, den die Neugierde zur Gräfin geführt hatte. Ein einzelner Fall liess sich vertuschen. Dem ersten Opfer folgte übrigens bald ein zweites, ein drittes, ein dreissigstes u. s. f. Es musste den beschränktesten Kopf, das argloseste Gemüt stutzig machen, wenn in kurzen Zwischenräumen ein Sarg nach dem anderen aus dem Hause getragen wurde. Anfangs liess Elisabeth Bathory die Beerdigung mit kirchlichen Zeremonien vornehmen, um indirekt den Priester als Dementi für den etwa sich rührenden Verdacht auszunützen. Ab und zu sprach aber doch eine Bäuerin vor, die ihr Kind zu sehen wünschte. Sie hatte allerlei munkeln gehört und wollte nun aufgeklärt werden. Anna Gönczy, ein schlichtes Bauernweib, erfuhr, dass ihr zehnjähriges Töchterchen gestorben sei. Die herrschaftlichen Diener vermochten die Tatsache nicht zu leugnen. Als die Mutter ihr Kind wenigstens auf der Bahre zu sehen verlangte, wies man sie ab. Man erfüllte die Bitte nicht, weil der Leichnam zu deutliche Spuren der erlittenen Misshandlung an sich trug. Um die Alte zum Schweigen zu zwingen, schüchterte man sie derart ein, dass sie sich fürchtete, Beschwerde zu führen. Sie bekam erst Mut, als über Elisabeth Bathory das Strafgericht hereingebrochen war. Genützt hat die Anklage aber wenig oder garnicht, denn der Gerichtshof sprach sein Urteil aus, als wenn es sich um eine zufällige Tötung gehandelt hätte.

Dass der Haushalt der Gräfin in Misskredit kam, war trotz aller Vorsicht nicht zu vermeiden. Das Misstrauen, der Argwohn, erhielten stetig neue Nahrung, da alle Augenblicke ein Mädchen verschwand. Später wurden die Toten heimlich verscharrt, teils im Garten, teils auf dem Felde barg man die Leichen, um lästigen Nachfragen nicht ausgesetzt zu sein. Schwer, sehr schwer fiel es aber, die Lücken im Dienstpersonal zu ersetzen. Niemand meldete sich. Die Gräfin verhiess Belohnungen, versprach Geld und Kleider. Es war umsonst. Darum also musste

Ficzko im Comitate von Dorf zu Dorf pilgern. Dorothea Szentes, eine abschreckend hässliche Handlangerin der Gräfin, begleitete ihn. Zweimal liessen sich die beiden an derselben Stelle nicht erblicken, weil sie Gefahr liefen, von den erbosten Bauern gelyncht zu werden. Wo man sie aber noch nicht kannte, gelang es ihnen fast immer, leichtgläubige Personen ins Garn zu locken. Zu spät gewahrten die Unvorsichtigen ihren Irrtum. An Flucht war nicht zu denken, da man die Entlaufenen bald wieder einholte. Nach ihrer Rückkehr in das Schloss harrten ihrer aber die schwersten Strafen, um den anderen Mädchen als warnendes Beispiel zu dienen.

Es ist ganz unmöglich, all die Martern hier aufzuführen, die von dem ekelhaften Weibe und ihren Gehilfinnen erdacht wurden. Nur wenige seien erwähnt, so eine der boshaftesten, das Zusammenheften der Lippen schwatzhafter Nähmädchen durch Stecknadeln.

Man fragt sich unwillkürlich, woher die Dienerschaft die Geduld nahm, ohne Murren diese Behandlung zu ertragen. In erster Linie müssen wir uns vor Augen halten, dass die Slovaken des Waagtales selbst heute noch zu den bedürfnislosesten Menschen des Erdballs gehören. Die Leute verlangen kaum mehr als tägliche Sättigung. Sie plagen sich von früh bis abends, ohne je eine Aenderung ihrer Lebenslage zu wünschen. Fast kriechend nähern sie sich dem Gutsherrn, der für sie eine Art übermenschlichen Wesens darstellt. Die Slovakin ist noch viel demütiger als ihr Mann; sie weiss, dass sie als eine Null angesehen wird, ein Nichts. Elisabeth Bathory wäre in einer anderen Gegend gewiss auf Widerstand gestossen, in Csejthe jedoch hatte sie nichts zu besorgen. Zudem besass sie an der Megäre Darvulia eine Spionin, gefürchteter als die Herrin selbst. Von der Darvulia erlernte die Gräfin manchen Kunstgriff, manche Steigerung der Pein. Als die Darvulia erblindete und infolgedessen zu nichts mehr taugte, rückte Dorothea Szentes zur ersten Vertrauten vor. In der bisher beobachteten Justiz trat aber keine Veränderung ein. Eher fand eine Verschärfung als ein Vermindern der Qualen statt.

Wie diese Martern verraten schon viele andere den furienhaften Wahnsinn der Gräfin und ihrer Vertrauten, die alle die gleiche Nymphomanie peinigte, wie die Herrin. So wenn sie einem gefesselten Mädchen mit einem Kienspan die Körperhaare absengen liess.[5]) Sie schloss oft nur aus Bosheit ihre Dienerinnen ein und liess sie tagelang ohne Nahrung und Trank. Einmal starben sechs von ihnen an Entkräftung. Doch derartige Morde brauchten zu lange Zeit und gestatten keine persönliche Betätigung, gewährten deshalb auch nicht die gewünschte Befriedigung. Diese verlangte Blut und Schmerzensschreie.

Aus einer Zeugenaussage geht hervor, dass die einst bettlägerige Elisabeth sich ein Mädchen zum Lager schleppen liess, an dem sich die Kranke wie ein Raubtier festbiss, ihm ein Stück aus der Wange, von der Schulter und aus der Brust mit den Zähnen wegriss. Die erste Helferin bei den Schandtaten der Gräfin, die braune, starke Dorka, sagte bei Gericht aus, dass diese Szene auf ausdrücklichen Wunsch von Elisabeth stattgefunden habe.[6]) Diese Dorka ging allen anderen Grossmägden durch ihre Unerbittlichkeit voran und war deshalb der Liebling der Gräfin. Wehe einer von den anderen, wenn sie Mitleid zeigte. Die Beneczky zog sich diesen Tadel zu, wurde deshalb derart geprügelt, dass sie einen Monat hindurch ihr Bett nicht verlassen konnte. Um nun nicht mehr einer gleichen Gefahr ausgesetzt zu sein, liess sich das Weib zur Totengräberin bestimmen.[7])

Dieses Amt war nicht leicht und mit Gefahren verknüpft, denn oft herrschte Hochbetrieb für die Beneczky. So bald nach ihrem Amtsantritt: Fünf Leichen im Hause! Man musste vorsichtig sein. Jeden Verdacht zu verhüten, trug man eine Zeitlang Speisen in das Haus, um die übrige Dienerschaft glauben zu machen, dass nichts vorgefallen sei. Unterdessen lagen die Leichen unter einem Bette übereinander geschichtet, eine Schicht Kalk darüber gestreut. Den ersten Leichnam trug man bei Nacht fort. Mehrere Tage später wiederholt man denselben Vorgang mit der zweiten Toten. Trotz des Kalkes entstand aber ein so durchdringender Leichengeruch, dass es im Kastell niemand auszuhalten vermochte. Katharina Beneczky stand ratlos da. Sie überredete mit vieler Mühe einen Knecht und eine Magd zur Hilfeleistung, da sie allein die Arbeit nicht verrichten konnte. «In Gottes Namen also,» wie sie ausruft, brachte sie im Verein mit den beiden Helfern die bereits hochgradig verwesten Leichen ins Freie. Zum Ausheben eines Grabes fehlte schon die Zeit, man warf daher die Toten in eine Fruchtgrube. In der Regel bewahrte man Kartoffeln dort auf oder auch Rüben. Fünf solcher Löcher waren schon auf diese Art zu Grabstätten umgewandelt worden.

Die bestialischen Morde durch Zerfleischen waren schliesslich so gewöhnlich in den Häusern der Bathory geworden, dass die Mägde gar kein anderes Schicksal mehr erwarteten und fatalistisch der Stunde des Vollzuges entgegensahen. Doch auch die der Vergeltung kam endlich und ganz unerwartet für die armen Mägde.

Es war um die Weihnachtszeit, als Doricza, ein junges Dienstmädchen, eine Birne gestohlen hatte. Dies forderte die gewohnte Hausjustiz heraus. Doricza wurde entkleidet, sodann band man ihr die Hände am Rücken zusammen. Ohrfeigen in ungezählter Menge klebten bereits an den Wangen, als Elisabeth eigenhändig nach dem Stocke griff. Hageldicht fielen die Hiebe hernieder, eine Pause trat erst ein, als die Gräfin vor Ermattung den Arm nicht mehr heben konnte. Da sie nun gerade bei der Arbeit war, liess sie noch zwei andere Missetäterinnen hereinschleppen. Doricza, halbtot vor Schmerzen, musste zusehen, wie man ihre Leidensgefährten behandelte. Zur Abwechslung führte die Dorka den Stock. Das Winseln und Heulen war der Gräfin eine entzückende Musik. Je ärger es dabei zuging, desto wohler fühlte sie sich. Dann wandte sie sich wieder gegen die stöhnende Doricza. Blut will das Tigerweib sehen. Neuerdings saust also der Stock durch die Luft auf den zerbläuten, striemenbedeckten Leib. Die Wehrlose krümmt sich auf dem Ziegelpflaster. Mit Wonne weidet sich die Herrin an den Zuckungen des blutenden Körpers. Dass ihr eigenes Hemd blutbespritzt ist, gewährt ihr Freude. Sie nimmt ein anderes, weil das Peinigen nicht unterbrochen werden darf. Aus den Blutlachen auf der Erde konnte man mit vollen Händen schöpfen. Die Mädchen müssen sterben, alle drei, die Gräfin will es so! Doricza will nicht sterben; sie ist zu robust, zu widerstandsfähig. Sie würde sich wieder vollständig erholen, falls man sie ins Bett bringen wollte. Die Gräfin will das Entschwinden der Lebensgeister beobachten. Da nun Doricza zu lange darauf warten lässt, hilft man künstlich nach. Die Dorka naht mit einer Schere und bohrt diese in Doriczas Unterarm, sich bemühend, die Pulsadern zu durchschneiden. Des Mädchens letzte Seufzer verhallen um 11 Uhr nachts. Doricza ist tot, ein unkenntlicher Fleischklumpen.

Am nächsten Morgen gab es für die Gräfin eine unangenehme Ueberraschung. Der Palatin von Ungarn traf unverhofft bei ihr ein, um nach der Wahrheit ihm zu Ohren gekommener Gerüchte zu forschen. In seiner Begleitung befanden sich die beiden Schwiegersöhne der Gräfin, die der oberste Beamte des Königreiches zum Mitfahren befohlen hatte. Die Reisegesellschaft kam im günstigsten Augenblick für sie selbst, im ungünstigsten für die Gräfin. Der Mord an der Doricza sollte ihr endlich zum längst verdienten Lohn verhelfen. Wie die Skizze zu einem Hintertreppenroman mutet der Anfang vom Ende der Blutgräfin an, das von Elsberg nach den Akten angibt.

Der Palatin Georg Thurzo und seine Begleiter betraten das Kastell. Die erschlagene Doricza lag vor der Türe, man hatte es für überflüssig gehalten, die Tote zu verstecken. Nun liess sich freilich nichts mehr ändern, denn im Innern des Hauses stöberte die Kommission auch noch die beiden anderen Unglücklichen auf, die infolge der erlittenen Martern in Agonie lagen. Die Urheberin des Verbrechens fand man bei ihren Opfern, der Tatbestand war somit unzweifelhaft erbracht. Nun ging das Fragen, Suchen, Forschen an. Wer hatte der Gräfin geholfen? Wie, wo, wann ereigneten sich andere Beispiele solch unerhörter Tyrannei? Wie hoch belief sich die Zahl der Erschlagenen? Wer waren sie? Durch seine Gattin war der Palatin mit der Gräfin verwandt geworden, doch seine Würde als erster Richter des Landes gebot ihm, wenn auch widerwillig, gegen «das verfluchte Weib» einzuschreiten. Er liess die Gräfin im Kastell einkerkern und begann mit den Verhören der Dienerschaft. Um volle Ergründung «der unglaublichen Anzahl von Morden» war es weder dem Palatin noch seinen zwanzig Beisitzern zu tun. Sie begnügten sich mit dem sogenannten «kurzen Prozess», der dem Richter freie Hand liess, «nach seinem Rechtssinn» zu entscheiden. Die Richter hatten die Aussagen von drei Weibern und neun Männern zu registrieren, Zeugen und Mitschuldigen. Die Männer wagten sich nicht recht mit der Sprache heraus. Sie leugneten, jede Kenntnis von den Untaten gehabt zu haben, wahrscheinlich eingeschüchtert durch den ihnen gottähnlich erscheinenden Rang, und die ihnen unbegrenzt dünkende Machtfülle ihrer Herrin. Ganz anders geartet sind die Zeuginnen. Ihre Redseligkeit artet meist aus. Besonders eine von ihnen, namens Susanne, die es vier Jahre bei Elisabeth ausgehalten, fand mit ihren Angaben kein Ende. Auch sie hatte während ihrer Dienstzeit gar manches Böse erlebt, das sie nicht verschwieg. So, dass es Elisabeths Gewohnheit war, ihren Mädchen die Mundwinkel mit den Fingern bis zum Zerreissen auseinander zu zerren, wenn sie es nicht vorzog, ihnen Wangen und «alles andere», worunter der Busen zu verstehen sein dürfte, mit den Nägeln zu zerkratzen. Susannas Leib und Leben scheint durch intime Beziehungen zu einem der Kastellane Elisabeths geschätzt worden zu sein. Den Richtern gelang es übrigens auch, wahrscheinlich unter deutlichen Hinweisen auf die Folter, gar manches Geheimnis zu enthüllen, doch blieben immerhin noch viele unaufgeklärt. So konnte die Zahl der Morde nicht festgestellt werden. Eine der Hauptzeuginnen, Helene Jo, gab 51 «oder mehr» Mädchen als getötet an.[5]) Der Diener Ficzko wollte nur von 37 wissen.

Die Art im Herbeischaffen der Opfer unterschied sich nur wenig von der bei Gilles de Rais üblichen, nur übertraf sie sie sogar manches Mal. So brachte ein Kerl eine seiner jüngeren Schwestern, eine Frau ihre Tochter. «Diese wurde auch gemordet!» Eine ganze Anzahl von Weibern stellte sich gern als Opfervermittlerinnen in den Dienst der Frau Gräfin. Einige wurden durch Drohungen zu diesem Henkerdienst gezwungen. Ihre Entlohnung bestand meist in Kleidern. Die meisten Mädchen schleppte die Dorka an. Sie sind alle getötet worden. Die Hinrichtungen bestanden meist in Schlägen. Es wurden bis zu fünfhundert auf den Körper, auf Fussohlen und Handflächen verabfolgt, stets bis das Mädchen gestorben war. Von der Herrin wurden, wenn die Plättwäsche zu Rügen Anlass gab, mit dem Plätteisen schwere Gesichts- und Körperwunden zugefügt. Wenn die Mädchen um 10 Uhr abends mit der ihnen übertragenen Näharbeit nicht fertig waren, erfolgte sofort das Martern, auch wenn sie tagsüber oft bis zu zehnmal geschlagen worden waren. Vor der Gräfin und ihren Henkerinnen standen mitunter vier bis fünf nackte Mädchen und harrten der Prügel, oder sie mussten, stets im Beisein aller Knechte in diesem Zustand nähen oder Reisig bündeln.

Jo: «Die Herrin hat eigenhändig Schlüssel glühend gemacht und damit die Hände der Mädchen gebrannt. Dasselbe geschah mit den Geldstücken, das die Mädchen gefunden, aber der Herrin nicht abgeliefert hatten. Uebrigens liess die Herrin auch die Frau Zichy in Ecsed morden, sowie die Herrin selbst ein altes Weib umgebracht hat. In Sarvar liess sie, wie schon früher erzählt, die jüngere Schwester des verstorbenen Herrn, der übrigens mit eigenen Augen dabei zusah, im Sommer nackt ausziehen, mit Honig bestreichen und einen Tag und eine Nacht hindurch stehen, sodass jene, ob der grossen Qualen, die sie auszustehen hatte, die hinfallende Krankheit bekam. Sie fiel zu Boden. Der Herr belehrte die Herrin, sie möge dem Opfer getauchte Papierstreifen zwischen die Zehen stecken. Die Kleine werde schon aufspringen, selbst wenn sie schon halbtot wäre.

Ueber die Helferinnen Elisabeths bei den Martern sagen die Zeuginnen aus:

Jo: «Wenn Darvulia müde geworden war, schlugen die Dorka und Katharina auf die Mädchen ein, auch die Fatentin tat es, als sie noch bei voller Gesundheit war. Sie selbst prügelte die Mädchen, weil ihr dies von der Herrin befohlen wurde. Am ärgsten aber marterte die Darvulia. Diese liess die Mädchen in kaltem Wasser ganze Nächte lang stehen, schlug sie dabei und begoss sie. Die Dorka zerfleischte die geschwollenen Körperteile mit der Schere. Der Bediente endlich, der hier ist, schlug die Mädchen wiederholt ins Gesicht, wenn es ihm von der Herrin befohlen wurde.

Szentes: Sie half der Herrin martern, bald dieses, bald jenes Mädchen, weil sie von der Herrin dazu gezwungen worden war.

Beneczky: Die Helene (Jo) war die Aergste, was die Angeberei betrifft, obschon sie mit ihrer Hand nichts mehr vermochte. Sie war von der Herrin aus Sarvar eigens für diesen Zweck mitgenommen worden; sogar deren beiden Töchter hat die Herrin ausgeheiratet und ihnen vierzehn schöne Röcke geschenkt. Helene war die erste Ratgeberin. Die Fatentin hat wie die Dorka zugeschlagen, wenn sie dazu gezwungen wurde. Wenn sie die Mädchen nicht peitschen wollte, wurde sie selbst gequält und geschlagen. — Die Fatentin wurde gezwungen, zu schlagen; sie war von der Helene weggeschleppt und müde geschlagen worden. Frauen liess sie auch schlagen. Die Gestorbene, die jetzt tot aufgefunden wurde, war, nachdem sie auf diese Art halbtot geschlagen worden war, noch weiter durch Frau Nadasdy misshandelt worden.

Der Zeuge Ficzko bekennt: «Die Herrin belohnte die alten Weiber, wenn sie eines der Mädchen getötet hatten.»[18])

Einen packenderen Beweis für die Nymphomanie der Gräfin kann es kaum geben.

Bemerkenswert ist auch eine Aussage der Jo über den Anteil der Gräfin an den Martern:

«Auch die Herrin selbst hat die Mädchen geschlagen und gemordet und zwar derart, dass oft ihre Kleider mit Blut durchtränkt waren. Sie musste oft das Hemd wechseln ... liess auch das blutige Steinpflaster waschen. Wenn die Dorka die Mädchen schlug, stand die Herrin dabei. — Sie liess die Mädchen nackt ausziehen, zu Boden werfen und schlug derart zu, dass man mit vollen Händen vor ihrem Bette das Blut schöpfen konnte. Dann liess sie Asche streuen. Es ist auch geschehen, dass sie mit den Zähnen einzelne Stücke Fleisch den Mädchen herausgerissen hat. Sie hieb auch mit Messern auf die Mädchen ein, schlug und marterte sie überhaupt auf mannigfache Weise. — Die Fatentin weiss und hat es selbst gesehen, wie die Herrin einem Mädchen die Schamteile mit einer brennenden Kerze versengte.»

In jeder Besitzung Elisabeths gab es einen für immer zur Marterkammer bestimmten Ort. In Csejthe z. B. in der Waschküche, in Kereptur im Abort. Auf Reisen marterte die Herrin die Mädchen auf der Fahrt im Wagen. Sie schlug, kniff und stach sie mit Nadeln. In fremden Orten wurde sofort ein Plätzchen gesucht, an dem — unbehelligt von Fremden — die gewohnte Tortur vorgenommen werden konnte.

Bei einem Besuche in Wien warfen die Mönche des dem Hause der Bathory benachbarten Kapuzinerklosters Töpfe in die Fenster, um dem aus diesen herausdringenden Jammern und Schreien Einhalt zu gebieten.

Unter den Dienern scheint auch mancher mehr als nur der Gesinnungsgenosse Elisabeths gewesen zu sein. Einige von ihnen hatten stets freien Zutritt zur Herrin und waren immer anwesend, wenn sie nackte Mädchen peinigte.

Ob in den Verhören manches ungefragt blieb, oder mancher Bescheid in den Protokollen nicht verzeichnet wurde, entzieht sich unseren Kenntnissen. Es scheint deshalb keineswegs ausgeschlossen, dass sich während oder nach den Marterszenen orgienartige Auftritte ereignet haben, zu denen solche Martern sadistisch veranlagte Weiber geradezu aufstacheln. Ist es doch bekannt, dass Messalina und später Katharina von Medici, Königin von Frankreich (1519—1589), die Urheberin der Bartholomäusnacht, junge Mädchen auspeitschen liessen, um sich hierbei wollüstig zu erregen.[11]) Schleicht doch stets der Massenmord von seiten der Weiblichkeit im Gefolge der Prostitution und sexueller Ausschweifung. So ist es kein Zufall, dass berüchtigte Giftmischerinnen, wie *Madeleine Marquise de Brinvilliers* und die *Voisin* geschlechtlich ausschweifende Weiber waren. Eine Selbstbiographie der Brinvilliers, die ihren Vater, ihre beiden Brüder, ihre Schwestern und zahllose andere ihr fremde Personen vergiftet hatte, bekennt, dass sie schon von frühester Jugend an in geschlechtlichen Ausschweifungen geradezu Exorbitantes geleistet. Eine unersättliche Geschlechtslust erfüllte sie, bis sie am 16. Juli 1676 enthauptet und ihre Asche in alle Winde zerstreut wurde.[12]) Sie wurde noch von der entmenschten *Voisin*, «die geschlechtlich ebenfalls sehr aktiv war,» übertroffen, die bei ihren Morden Vergnügen mit Geschäft zu verbinden gewusst. Sie lieferte dem *Abbé Guibourg*, dem Veranstalter der bei der französischen Hofgesellschaft und der anderen «feinen Welt» so beliebten schrecklichen *Satansmessen*, die nötigen Kinderleichen. Andere Kinder bedurfte sie für ihre Liebestränke und Gifte. Sie soll dazu an 2500 Kinder verbrannt oder durch Gift getötet haben.[13])

Zu den wärmsten Anhängerinnen der Satansmessen gehörte die allmächtige Mätresse Ludwigs XIV., die Frau von Montespan. Wiederholt liess sie ihren nackten Körper dem Satanspriester zum Altar dienen, auf dem Kinderblut vergossen wurde.

Aus dem gleichen Holze, wie all dieses menschliche Ungeziefer, war die hereditär stark belastete *Elisabeth Bathory* geschnitten. Die Skandalchronik der hochedlen Familie war angefüllt mit Erlebnissen männlicher und weiblicher Familienangehörigen, die als aussergewöhnliche Wüstlinge bekannt und berüchtigt waren. Der Gräfin Bruder war ein unersättlicher Lebemann, dem Frauengunst, Trinken und Schlemmen als einziger Zweck des Daseins vorschwebte. Mit ihm erlosch 1605 die Ecseder Linie, als ihn Siebenbürger ob seiner skandalösen Liebesabenteuer mit Knüppeln erschlugen. Eine Tante, Clara Bathory, überbot wo möglich den Neffen. Ihren ersten Gatten hatte sie verloren, sie heiratete ein zweites Mal. An der Seite des neuen Gemahls, eines alten Mannes, fand sie keine Befriedigung. Die jähe Leidenschaft für einen fahrenden Studenten verleitete sie zum Morde. Sie schaffte den Gatten gewaltsam bei Seite. Zur Sühne für das Verbrechen wurde sie auf einem ihrer Schlösser gefangen gesetzt. Ihr liebevolles Herz liess aber reuevolles Nachdenken nicht aufkommen. Sie konnte nun einmal von den Männern nicht lassen, und darum warf sie sich dem Nächstbesten an den Hals. Stand und Rang waren Nebensache. Für die Heldin eines Schauerromans könnte man eine wirksamere Gestalt kaum erfinden. Tatsächlich wurde auch ihr Leben verschriftstellert. Drei Bände lang ziehen sich darin die Abenteuer mit ihren Liebhabern fort. Wir wollen ihr Lebensende skizzieren, wie es im dritten Band des Romanes beschrieben wurde. Clara Bathory und ihr letzter Geliebter fallen einem türkischen Pascha in die Hände, der mit ihnen nicht viel Umstände macht. Der Liebhaber wird an eine Eisenstange gebunden und über offenem Feuer langsam geröstet. Das stolze

Weib hingegen muss sich den Lüsten einer Schar wüster Gesellen preisgeben. Kaum mehr imstande zu atmen, wird sie vor ihren Richter geschleppt, der den Befehl erteilt, ihr einen Lederriemen durch die Brust zu ziehen.

Sigmund Bathory, Grossfürst von Siebenbürgen, liess, wenn er keine Verbrecher zur Hand hatte, Unschuldige hängen, um sich durch ihre Todeszuckungen zu ergötzen, wenn seiner und anderer Frauen Reize nicht ausreichten, seine Langeweile zu vertreiben.

Die wichtigsten Fragen im Prozess der Elisabeth waren bald erledigt, denn sie bezogen sich vielmehr um die Feststellung der Untaten der Gehilfen der Gräfin, als auf die dieser zuzuschreibenden. So liess denn auch die Verurteilung der Mitschuldigen nicht auf sich warten.

Da Dorothea Szentes, Helene Jo und Johannes Ficzko teils aus den eigenen Geständnissen, teils auch durch die Aussagen der Zeugen überwiesen waren, an allen verübten Morden sich beteiligt zu haben, so wurde zu Recht erkannt: den beiden Weibern sollten die Finger beider Hände — als dem «Instrumente, mit dem gegen Christenblut gesündigt worden war» — durch den Scharfrichter abgeschlagen, sie selbst auf dem Scheiterhaufen verbrannt werden. Ficzko, einigermassen weniger belastet, hatte den Tod durch Enthaupten zu erleiden. Katharina Beneczky, von der die Mitschuldigen selbst behauptet hatten, dass sie nur selten eine Grausamkeit begangen hatte, erhielt einstweilen eine Freiheitsstrafe zudiktiert, bis man über sie noch weitere Beweise erlangen werde. Das Urteil sogleich in Vollzug zu setzen, unterlag keiner Schwierigkeit. Der Palatin nahm das Protokoll zur Kenntnis und damit war vorderhand die Geschichte abgetan.

So leicht diese Urteile zu fällen gewesen, so schwer war eines gegen die Hauptperson des Prozesses zu finden. Es waren zu viele Rücksichten zu nehmen. Ihre Angehörigen, die unter dem ungarischen Hochadel verteilt waren, setzten alle Hebel in Bewegung, eine Verurteilung der Gräfin zu hintertreiben, um jeden Skandal zu vermeiden. Waren doch die Verbrechen der Gräfin, nach Ansicht der meisten ihrer Standesgenossen, nicht viel mehr als Uebergriffe gegen kaum als voll zu wertendes Bauerngesindel.

Ein Hauptpunkt der über die Verbrechen der Gräfin verbreiteten und auch heute noch nicht abgetanen Gerüchte, von den Verjüngungsbädern im Blute der ermordeten, jungen Mädchen, hatte sich als Sage herausgestellt, und damit war sie in den Augen vieler Magnaten kaum mehr strafbar. Und die erotischen Ursachen galten denen, die sie errieten oder erkannten, für pikant und lustig, nicht aber als verbrecherisch. Wer von den Herrschaften hätte sich je gesträubt, sein Mütchen an einer schmucken Bauerndirne zu kühlen, sei es in Güte oder in Gewalt. Dies alles wusste der Palatin, und er richtete deshalb an den Kaiser nach Wien das Gesuch, beim Urteil der Verbrecherin Gnade für Recht ergehen zu lassen. Wurde doch schon das Gerücht ausgesprengt, dass es bei dem Prozess weniger um Abstrafung der Gräfin zu tun sei, als um Konfiskation ihres grossen Vermögens. Deshalb wage er, der Palatin, den Vorschlag zu unterbreiten, die bereits verhängte Haft, als entsprechende Sühne gelten zu lassen. Am 17. April 1611 erwiderte der Monarch, dass er sich mit dem Antrag einverstanden erkläre. Schwerwiegende, politische Gründe diktierten diesen Machtspruch, und die «unerhörten und ungebräuchlichen (!)» Verbrechen Elisabeth Bathorys wurden durch milde, wenn auch lebenslängliche Haft in ihrem Schlosse Csejthe als gesühnt erachtet. Ihr eigenes Vermögen blieb unangetastet, das von ihrem Gatten ererbte fiel den Kindern zu.

Elisabeth Bathory verschied am 21. August 1614 im Alter von 54 Jahren. Mit ihr ging wohl die grösste Sexualmörderin der Geschichte dahin, ein Ungeheuer, das man kaum als arme, bemitleidenswerte Kranke beklagen kann, wie das jetzt bei ähnlichen Unmenschen so schön in Mode gekommen ist.

Von diesem, einem Höllenbrueghel würdigen, düsteren Schauerbilde hebt sich das nun folgende eines anderen Giganten der Erotik, obgleich auch bei ihm die Schatten nicht fehlen, schier ganz in Licht und Sonne getaucht ab. Befasst es sich doch mit einem Wüstling voll Geist und Frische, dem Liebenswürdigkeit nur selten abzusprechen ist.

8. CASANOVA

Zu den hervorragendsten Persönlichkeiten unter jenen, die ihr ganzes Leben dem Frauendienst geweiht, ihm allen Ehrgeiz untergeordnet, zählt in erster Linie der Venetianer *Jakob Casanova*. Er wurde am 2. April 1725 geboren. Grabbe nennt ihn den Napoleon der Unzucht, er sich selbst einen Abenteurer, dann Spieler, Wüstling aus Grundsatz, Lüstling aus Naturanlage, einen hungrigen Wolf in der Mädchenhürde, einen Geier, einen Fuchs im Taubenschlag, einen Fallensteller. Eitel und stolz auf diese ihn so befriedigenden Eigenschaften, vergisst er aber auch nicht, einige ihn weniger erniedrigende, vielfach auszeichnende Eigenschaften zu erwähnen. So, dass er nur in der Liebe Egoist gewesen, sonst eine an Prahlerei grenzende Grossmut gezeigt habe. Er rettete oft unter Aufgebot der letzten Habe Familien aus dem Elend, nur an die Zukunft anderer, nie an seine eigene denkend. Einen sonstigen Beruf als den des Weiberjägers und den der Ergatterung der dazu nötigen Summen durch das Spiel oder nicht immer rechtlich unanfechtbaren Mitteln, kennt er niemals. «Den Genuss der Sinne zu pflegen, war stets seine Hauptbeschäftigung. Eine wichtigere hatte er nie», sagt Poritzky.[1]) Dies stimmt. Etwas weniger zutreffend mutet es aber an, wenn er fortsetzt: «Und doch ist er nie bis zur Gemeinheit herabgesunken.» Es gibt in seiner Lebensbeschreibung Vorfälle, die einwandfreier Betrug sind, was immerhin einiges Bedenken ob des ausgesprochenen Lobes gestattet. Als Opportunist vom reinsten Wasser, scheute er sich niemals, Dumme zu betrügen. «Ich wünsche mir immer Glück dazu, wenn ich mich daran erinnere, dass ich einige in meine Netze lockte, denn sie fordern durch ihre Anmassung und Unverschämtheit den Verstand heraus. Man rächt diesen, wenn man einen Dummkopf betrügt, und der Sieg lohnt wohl die Mühe.» Dieser philosophische Grundsatz setzt ihn in die Lage, mit seiner Schlauheit jedermann zu begaunern, um ihn dann als Dummkopf zu erklären, selbst wenn er ein intimer Freund war. «Ich täuschte sie, um sie klüger zu machen!»[2]) «Würde ich jetzt im Reichtum leben, so könnte der Gedanke der Strafbarkeit in mir aufsteigen,» setzt er fort. «Da ich aber ohne jeglichen Besitz bin und alles vergeudet habe, so bin ich gerechtfertigt und kann mich trösten. Das Geld war sowieso zu Torheiten bestimmt. Ich habe es also seinem Zwecke nicht entfremdet, indem ich es zu den meinigen verausgabte.»

Dieser leichte Sinn, der zeitlebens die Sorge von sich zu scheuchen vermochte, bis das Alter ihm den Wagemut und das Selbstvertrauen brach, wie es den Kernpunkt seines Lebens, dem all sein Denken und Trachten galt, vernichtet hatte: die Liebe und ihre Betätigung. Ihr allein hatte er gelebt, jedes andere Streben, jeder Wunsch, war von ihr zurückgedrängt, getötet worden. Eine angeborene Gier nach jedem Weibe, das ihm gefiel, jagte ihn durch das Leben, von Weib zu Weib. Liebe war ihm nichts anderes wie Neugierde, denn sie erlosch, sobald die Neugierde befriedigt war. Diese Erkenntnis sollte seine ewige Sucht nach neuen Liebschaften, seine Unbeständigkeit erklären.

«Das Versprechen ewiger Beständigkeit ist ebenso leichtfertig wie albern. Selbst der willensstärkste Mann sollte es nie dem schönsten Weibe geben,» ist seine Maxime. Er vergisst sie selbst dann nicht, als das Alter droht und Versorgung durch eine Ehe auszuschlagen, Torheit war. Aber er liebte ja immer so, und «als gebieterisches Bedürfnis» bezeichnet er dies,[3]) «denn lieben und verständig sein, ist selbst einem Gotte unmöglich.»[4])

Menschenfresser - Kupfer von B. Picart, erstes Viertel des 18. Jahrhunderts.

Bist du nicht willig, so brauch ich Gewalt... - Französischer Kupfer.

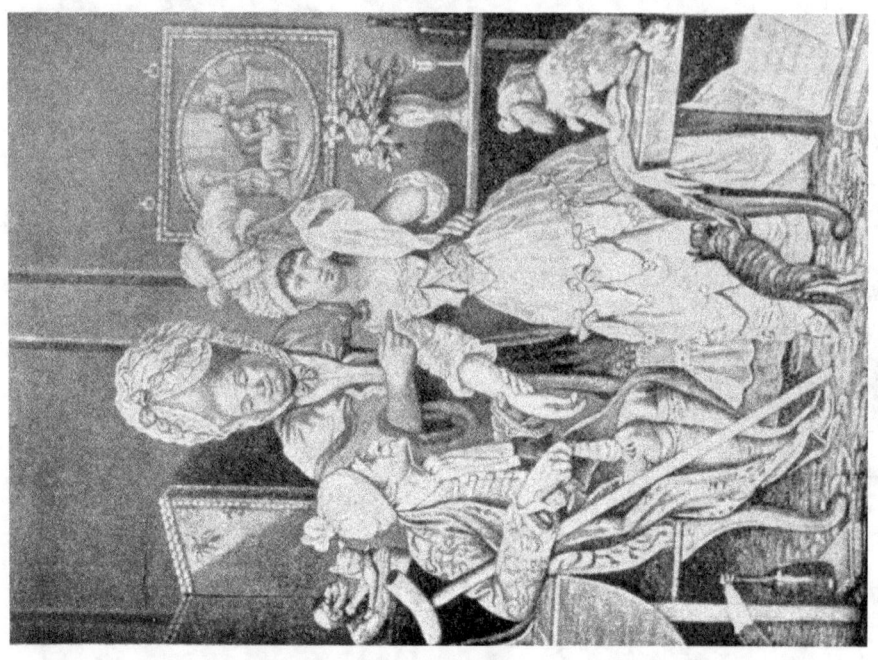

Die Kupplerin mit ihrer neuesten Eroberung.

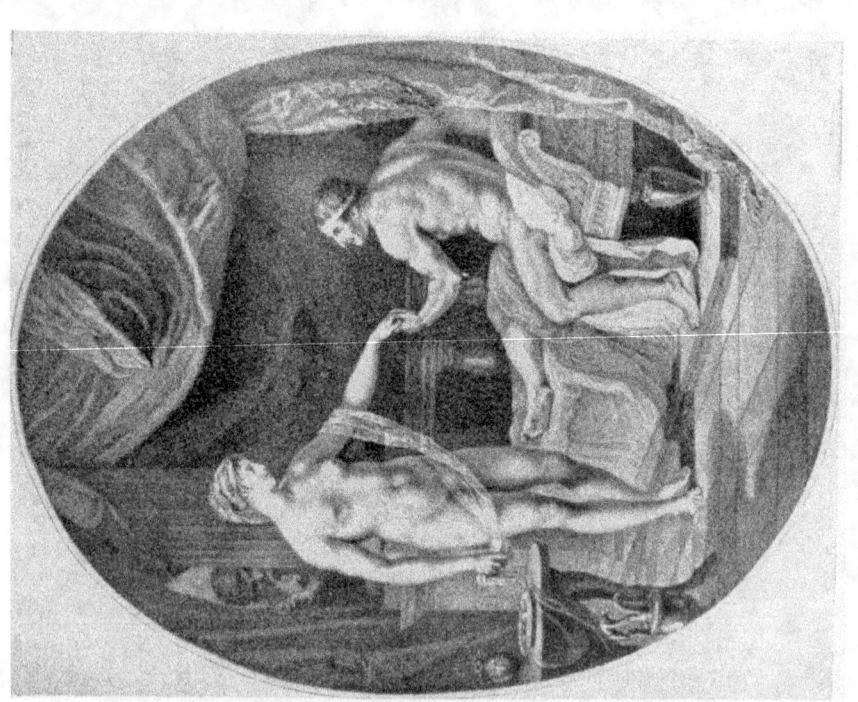

Augustus und Julia - Kupfer gegen Ende des 18. Jahrhunderts.

Eine unübersehbare Anzahl von Beweisen des unentwegten Festhaltens an diesen Anschauungen ergeben Casanovas Erinnerungen. Diesem Buche, es steht vereinzelt in der ganzen Weltliteratur da, verdankt sein Verfasser die Unsterblichkeit. Ein alter, oft kaum bemänteltes Gnadenbrot geniessender Mann, erweckte noch einmal im Schlosse zu Dux bei Teplitz in Böhmen sein Leben, in dessen Niederschrift all das Dahingegangene, Schönes und Trübes, geniessend, wie einst der glänzende, gefeierte Kavalier, Chevalier de Seintgal, nur dem Augenblick hingegeben, es ausgekostet hatte.

«Bei der Erlebnisfreudigkeit, Beobachtungsgabe und Charakteristik des Autors ist es darum kein Wunder, dass er das zitternde Leben seiner Tage wie in einem Spiegel gefangen hat.»[5])

Casanova war zwar kein grosser Mann, aber eine Persönlichkeit, die als vollkommenes, reines Produkt des achtzehnten Jahrhunderts stets Bedeutung haben und unvergesslich bleiben wird.

Seine Eltern waren mittelmässige Schauspieler, die Mutter, die Tochter eines Schusters in Venedig, der bedeutendere Teil von beiden. Jung schon zur Witwe geworden, musste sie mit ihrer Kunst ihre sechs kleinen Kinder ernähren.

Casanova hat einen ganz kurzen Abriss seines vielbewegten Lebens aufgezeichnet, ein Gerippe, um das sich das Fleisch baut, von dem er in seinen Erinnerungen so viel zu erzählen weiss. Er schreibt:

«Meine Mutter brachte mich am Ostertage, den 2. April des Jahres 1725, in Venedig zur Welt. Am Tage vorher hatte sie starke Lust auf Krebse. Ich liebe Krebse sehr.

In der Taufe nannte man mich Giacomo Geronimo. Bis zum Alter von achteinhalb Jahren war ich schwachsinnig. Nachdem ich drei Monate lang an Blutungen gelitten hatte, schickte man mich nach Padua, wo ich von meiner Geistesschwäche geheilt wurde. Ich widmete mich dem Studium; im Alter von sechzehn Jahren machte man mich zum Doktor und gab mir das Priesterkleid, um nach Rom zu gehen und dort mein Glück zu suchen.

In Rom wurde die Tochter meines französischen Sprachlehrers Ursache, dass mein Beschützer, Kardinal Acquavia, mir den Abschied gab.

Achtzehn Jahre alt, trat ich in den Heeresdienst meiner Vaterstadt und ging nach Konstantinopel. Zwei Jahre darauf kehrte ich nach Venedig zurück und zog das Kleid der Ehre aus. Aller Welt zum Trotz ergriff ich das niedrige Gewerbe eines Violinspielers. Meine Freunde waren entsetzt darüber; es dauerte jedoch nicht lange.

Als ich einundzwanzig Jahre alt war, nahm einer der vornehmsten Herren von Venedig mich an Sohnesstatt an. Da ich nun ziemlich reich war, ging ich auf Reisen und besuchte Italien, Frankreich, Deutschland und Wien, wo ich den Grafen Rockendorf kennen lernte. Ich kehrte nach Venedig zurück, wo zwei Jahre darauf die Staatsinquisitoren aus gerechten und weisen Gründen mich in die Bleikammern sperrten.

Dies ist ein Staatsgefängnis, aus dem niemals ein Mensch hatte entfliehen können; ich aber entwich nach fünfzehn Monaten und kam nach Paris.

In zwei Jahren machte ich dort so gute Geschäfte, dass ich eine Million besass; trotzdem machte ich Bankerott. Ich ging nach Holland, wo ich viel Geld gewann. Hierauf hatte ich in Stuttgart allerlei Unglück; dann in der Schweiz allerlei Glück. Ich war bei Voltaire, hatte Abenteuer in Marseille, Genua, Florenz und Rom, wo der Papst Rezzonico[6]), mein Landsmann, mich zum Ritter von Lateran und zum apostolischen Protonotar machte. Dies war im Jahre 1760.

In Neapel hatte ich im selben Jahre Glück. In Florenz entführte ich ein junges Mädchen. Im nächsten Jahr ging ich mit einem Auftrag des Königs von Portugal zum Kongress nach Augsburg. Der Kongress fand nicht statt, und nach der Veröffentlichung des Friedens reiste ich nach England, das ich im nächsten Jahre, 1764, wegen eines grossen Unglücks verlassen musste. Ich entging mit knapper Not dem Galgen. Doch würde selbst der Tod am Galgen mich nicht entehrt haben; man hätte mich eben nur gehängt. In diesem selben Jahr versuchte ich, in Berlin und Petersburg vergeblich mein Glück zu machen; ich fand es jedoch im Jahre darauf in Warschau.

Neun Monate später verlor ich dieses Glück wieder, weil ich mich mit dem General Branicki auf Pistolen schlug; ich schoss ihn durch den Bauch. In drei Monaten wurde er jedoch wieder geheilt, und ich freute mich dessen. Er ist ein wackerer Mann.

Ich musste Polen verlassen und vertauschte es 1767 mit Paris. Eine lettre de cachet zwang mich von dort zur Abreise, und ich zog nach Spanien, wo mir grosses Unglück widerfuhr. Gegen Ende des Jahres 1768 brachte man mich als Gefangenen in das Kellergewölbe des Hauptturmes der Zitadelle von Barcelona. Nach acht Wochen wurde ich entlassen, zugleich aber aus Spanien ausgewiesen. Mein Verbrechen bestand darin, dass ich der Geliebten des Vizekönigs, einem ganz verruchten Weibe, nächtliche Besuche gemacht hatte. An der spanischen Grenze entging ich mit Mühe gedungenen Meuchelmördern, die gegen mich ausgesandt worden waren. In Aix in der Provence verfiel ich in eine Krankheit und stand mit einem Fuss im Grabe, nachdem ich achtzehn Tage lang Blut gespuckt hatte.

Im Jahre 1769 veröffentlichte ich in der Schweiz in drei dicken Bänden meine Verteidigung der Venezianischen Regierung gegen de la Houssaie.

Im nächsten Jahr schickte der englische Gesandte am Turiner Hof mich mit guten Empfehlungen nach Livorno. Ich wollte mit der russischen Flotte nach Konstantinopel segeln; da aber der Admiral Orloff die von mir gewünschten Bedingungen nicht bewilligen wollte, so kehrte ich um und ging nach Rom, wo damals Ganganelli Pontifex war.

Eine glückliche Liebe veranlasste mich, Rom zu verlassen und nach Neapel zu ziehen, drei Monate darauf kehrte ich infolge einer neuen, aber unglücklichen Liebe nach Rom zurück. Ich schlug mich zum dritten Male auf Degen mit dem Grafen Medini, der vor vier Jahren in London im Schuldgefängnis starb.

Im Besitze reicher Geldmittel ging ich nach Florenz, wo aber am Weihnachtstag der Grossherzog Leopold — der vor vier oder fünf Jahren als Kaiser starb[7] — mich aus seinen Staaten auswies. Ich hatte eine Geliebte, die dank meinen Ratschlägen in Bologna Marchesa von ... wurde.

Ich war es müde, Europa zu durchwandern und entschloss mich, bei den venezianischen Staatsinquisitoren meine Begnadigung zu betreiben. Aus diesem Grunde liess ich mich in Triest nieder. Zwei Jahre darauf, am 14. September 1774, erhielt ich die ersehnte Begnadigung. Meine Ankunft in Venedig nach neunzehnjähriger Abwesenheit war der schönste Augenblick meines Lebens.

Im Jahre 1782 überwarf ich mich mit dem ganzen venetianischen Adel. Zu Beginn des Jahres 1783 verliess ich freiwillig das undankbare Vaterland und ging nach Wien. Sechs Monate später reiste ich nach Paris, mit der Absicht, dort zu bleiben. Ich vergass jedoch meine eigenen Interessen wegen derjenigen meines Bruders, der seit sechsundzwanzig Jahren in Paris wohnte. Ich befreite ihn aus den Händen seiner Frau und brachte ihn nach Wien, wo er auf Veranlassung des Fürsten Kaunitz seinen festen Wohnsitz nahm. Er ist zwei Jahre jünger als ich und lebt noch in Wien.

Ich trat in den Dienst des venetianischen Gesandten Foscarini, dem ich seine Depeschen schrieb. Zwei Jahre darauf starb er in meinen Armen an der Gicht, die ihm in die Brust stieg. Ich entschloss mich nun, nach Berlin zu gehen, wo ich eine Stelle an der Akademie zu erhalten hoffte; aber unterwegs traf ich in Teplitz den Grafen von Waldstein. Er veranlasste mich, meine Reise zu unterbrechen, und nahm mich mit sich hierher nach Dux, wo ich jetzt noch bin, und wo ich allem Anschein nach sterben werde.

Dies ist der einzige Abriss meines Lebens, den ich niedergeschrieben habe, und ich gestatte, davon beliebigen Gebrauch zu machen.

     Non erubesco evangelium.

           Jacques Casanova.

Dem 17. November 1797.»

Zehn Bände mit etwa 5000 Druckseiten umkleiden dieses Gerippe mit Erlebnissen eines Daseins, das sich in ganz Europa abgespielt, in den Abgründen der Gesellschaft, bei Spielern, Gaunern, Zuhältern, Dirnen, dann an den Fürstenhöfen und im Verkehr mit unsterblichen Geistesgrössen der besuchten Länder.

Ebensowenig anspruchslos wie in seinem Umgang überhaupt, war er wegen des Standes seiner Geliebten.

Was fragte er darnach, ob es die Marquise oder ihre Zofe, die mächtige Mätresse des Herrschers oder ein einfaches Land- oder Nähermädchen ihm ihre Gunst geschenkt hatten. Ihr Antlitz, ihr Körper mussten ihm nur gefallen. «Stets fand ich süss den Geruch der Frauen, die ich geliebt habe!»

Aber er, dieser Frauenverehrer, wurde niemals Sklave seiner Geliebten, sondern nur der seiner Wollust, und das machte ihm den Wechsel so leicht. Den setzte er fort, bis die Kräfte des Mannes vernichtet waren.

Dem zehnjährigen Kinde schleudert die dreizehnjährige Schwester seines Lehrers «die ersten Funken seiner Leidenschaft, in sein Herz, die in der Folge die herrschenden wurden.» Bettina lehrte ihn auch die

Eifersucht kennen, denn sie war die erste unter allen den vielen Frauen, die ihn während seines langen Lebens genasführt hatten, wie selbst er, der Casanova, bekennen musste.

Mit sechszehn Jahren wurde er in Padua Doktor juris, ohne jedoch daran zu denken, Advokat oder Richter zu werden, wie es seine Mutter wünschte. Er machte bald, als ein vom Zwange seines Hofmeisters befreiter Hochschüler, unter den Studenten die allerschlechtesten Bekanntschaften. «Denn die berufensten müssen natürlich stets gerade die schlechtesten Subjekte sein: Wüstlinge, Spieler, Hurer, Trunkenbolde, Prasser, Verführer ehrbarer Mädchen, Raufbolde, Lügner — mit einem Worte lauter Menschen, die nicht imstande sind, auch nur das geringste Gefühl der Tugend zu hegen. Als Kamerad solcher Leute lernte ich jetzt die Welt kennen, indem ich sie im grossen Buche der Erfahrung studierte.» ')

Die natürlichen Folgen dieses Lebens waren unbezahlbare Schulden, für die die Grossmutter einsprang, den allzu lebenslustigen Enkel aber gleich mit sich nach Venedig nahm. Dort erteilte ihm der Patriarch von Venedig die niederen Weihen, und Casanova wurde Abbate, damit einer jener geckenhaften Priesterlinge, die mehr galanten Abenteuern und Protektoren nachgingen, als dass sie an Religion dachten. In den alten kranken, aber noch immer damenfreundlichen Senator Malipiero fand der fünfzehnjährige, aber schon vollreife Jüngling, den ersehnten Protektor. Ein Versuch, Prediger zu werden, endete mit einem krassen Misserfolg. Bei allerlei Liebesabenteuern wechselte er vom vollsten Sieg bis zur kältesten Abweisung, was aber stets etwas bemäntelt wird und meist in eine Hymne auf die Charakterstärke des Verfassers ausklingt. Von der Verführung des Landmädchenes Lucia sieht er selbst ab. Das reizende Kind findet er nach Jahren im Amsterdam als ausrangierte Matrosendirne und Kupplerin in einem der schlimmsten Hafenbordelle wieder. Nun bedauert er seine einstige Grossmut, auf die er aber später immer gründlich verzichtet hatte.

Die gänzlich missglückte Verführung der Malerstochter Angela wurde durch die nächtlichen Orgien bei Angelas beiden Freundinnen, den Schwestern Nanetta und Martina, im dritten Stockwerk des Hauses von deren frommen Tante Orio, wettgemacht. Diese blutjungen Damen wollten, gefällig wie sie waren, den Verkehr zwischen Angela und Casanova zu einem intimen gestalten. Als dies durch die Prüderie Angelas unmöglich gemacht wurde, gaben sie sich eifrig als Ersatz für die spröde Freundin her. Der Verkehr mit den sinnlichen Backfischen brachte Casanova einen gewaltigen Schritt weiter auf der Bahn des Wüstlings. Doch der Tod seiner ihn ernährenden und verziehenden Grossmutter gab ihn in die Hände weniger liebreicher Menschen, die ihn als angehenden Priester in ein Seminar brachten. «Der Einfall der Herren war lächerlich; denn wie konnten sie daran denken, einen siebzehnjährigen Jüngling und dazu noch einen Jüngling wie mich, in ein Seminar stecken zu wollen!» Er bereitete sich auch entsprechend auf das Seminar vor, indem er die letzte Nacht vor seinem Eintritt bei seinen beiden Freundinnen verbrachte, «die ihr Bett mit reichlichen Tränen netzten».

Das Abschiedsfest des jungen Seminaristen gestaltete sich so feurig, dass ihn auf der Gondelfahrt nach dem Institut ein heftiges Unwohlsein befiel. Der Aufenthalt im Seminar war nur ein kurzes Intermezzo, das mit seiner Ausstossung endete, bei der aber nur der Schein gegen ihn war.

Auf Veranlassung seines früheren Protektors Grimani wurde er verhaftet und in das Fort Sant'Andrea gebracht, wo er seine sexuellen Erfahrungen weiter vermehrte, um dann auf Veranlassung des Bischofs Bernardo de Bernardis seine Heimat zu verlassen. Beim Aufenthalt in Chiozza unterlag er zum ersten Male dem Spielteufel und verlor sein Reisegeld wie das von ihm versetzte Gepäck. Um das Unglück voll zu machen, holte er sich in dem verderbten Hafennest den zweiten galanten Denkzettel, von dem ihn ein Aufenthalt in der Quarantaine von Ancona befreite. Ein gefährliches Abenteuer mit der schönen, jungen griechischen Sklavin eines alten Türken vertrieb ihm etwas die lähmende Langeweile, kam aber zu einem raschen und gewaltsamen Ende.

Ohne Geld und Gepäck trat Casanova die Fussreise nach Rom an, wo ihn ein Bischof aufnehmen sollte. Der Jüngling war damit einer schier endlosen Reihe von unangenehmen Zwischenfällen ausgeliefert. Aus Rom ist der Bischof bei Casanovas Ankunft längst abgereist. Er bestellt Casanova nach Neapel, wo er aber nicht mehr angetroffen wird, sodass sich der Abbate anschicken muss, dem Priester nachzuwandern, denn das Geld reicht nicht mehr zur Fahrt. Der erste grössere Schwindel seines Lebens verhilft aber Casanova zu etwa M. 1000.—, durch die er mit Wagen in Cosenza, seinem Bestimmungsort, einem armen Sprengel mit dem verschuldeten Bischof als Seelenhirt, gelangte. Die Gegend war nicht nach Casanovas Geschmack. In wenigen Tagen war der Staub von seinen Füssen geschüttelt und die Rückreise nach Neapel angetreten, wo er am 16. September 1743 als achtzehnjähriger Lebemann eintraf. Dort fand er soviele Gönner, dass in ihm der Wunsch auftauchte, in Neapel zu bleiben und alle weiteren Reisepläne aufzugeben. Seine Abenteuerlust siegte aber, und er machte sich mit Empfehlungen seiner Neapolitaner Freunde reich versehen, nach der Ewigen Stadt auf. Der Spitzbube Amor verschaffte seinem Liebling auf der Reise ein Abenteuer mit einer schönen Advokatengattin, bei dem der junge Mann seine ganze Frechheit zu entfalten wusste. In Rom fand er, dank der Neapeler Briefe, nur Freunde und Förderung. Ausser diesen natürlich die ihm schon unentbehrliche Geliebte, die schöne Advokatenfrau Lucrezia, die Reisebekanntschaft von Neapel her. «Die göttliche Lucrezia» war eine recht hemmungslose Dame, die vor nichts, selbst der Preisgabe der Unschuld ihrer Schwester,

Pikante Illustrationen zu französischen Romanen vor der Revolution.

Der Morgen der Pariser Nähmamsells.

Pariser Näherinnen vor dem Schlafengehn.

Vergewaltigung der Lukretia. - Kupfer von C. Cost nach Tizian.

zurückscheute, wenn es ihr galt, «die Liebe der süssen Herrschaft zu unterwerfen».

Gutmütigkeit verleitete Casanova zu einem dummen Streich, der ihn mit einem Schlage seiner Zukunftspläne und Aussichten, seiner Protektoren und aller seiner sonstigen Verbindungen beraubt und ihn, den Jüngling, zu dem macht, was er Zeit seines langen Lebens bleiben soll, zum heimatlosen Abenteurer und Glücksjäger.

Im Februar 1744 verliess er Rom, um sich, einer Laune folgend, nach Konstantinopel zu begeben, reich mit Geld und Empfehlungsschreiben seiner bisherigen Gönner versehen.

In Ancona lernte der junge Reisende eine Künstlerfamilie mit dem Kastraten Bellino kennen, die in seinen Memoiren eine grössere Rolle spielen sollte. Liebschaft mit den beiden kaum mannbaren Schwestern Bellinos, dann die Versuche, den Zweifel zu lösen, ob Bellino Knabe oder Mädchen sei, beschäftigen Casanova gänzlich. Alle seine Sorgen schwanden mit einem Schlage, als er seine Mutmassung bestätigt und in Bellino ein Mädchen fand, das, die Schülerin eines berühmten Sängerkastraten, sich nur als Kastrat ausgegeben hatte, um höhere Gagen beim Theater zu erzielen wie als Sopranistin.

Casanovas Liebe zu Bellino, nun mit ihrem wahren Namen Theresa, war so heftig, dass er allen Ernstes daran dachte, sie zu heiraten. Ein unliebsamer Zwischenfall, der Verlust seines Passes, vereitelte diesen Plan und unterbrach seine Reise mit Theresa. Sie fuhr zu den Ihren zurück, und er kam ins Gefängnis nach Pesaro. Aus ihm entfloh er unfreiwillig. Dort, bei seinem ersten Ritt im Leben, ging das Pferd mit ihm durch und brachte ihn nach Rimini, wo er Theresa mit ihrer Familie wieder fand. Er verliess Rimini, kam nach Bologna, wo er das geistliche Gewand abwarf und eine Offiziersuniform anlegte. «Noch heute erinnere ich mich gern des angenehmen Eindrucks, den ich auf mich selbst machte, als ich mich nach Herzenslust in einem schönen Spiegel bewundern konnte. Ich war von mir entzückt!» Diese Bewunderung bestärkte seinen Entschluss, den Soldatenrock zur Berufskleidung zu wählen.

Theresa rief ein Vertrag als erste Sängerin nach Neapel. Sie stellte es dem Geliebten anheim, sie dahin als Gatte zu begleiten, um von und mit ihr zu leben. Mit Rücksicht auf seine dortigen Verwandten und Freunde lehnt er dieses Anerbieten ab, versprach aber Theresa, sie nach seiner Rückkehr von Konstantinopel zu besuchen. Er konnte sein Versprechen nicht halten. Erst siebzehn Jahre später traf er sie in Florenz wieder, als Gattin eines jungen Mannes, was sie aber nicht hindert, eine intime Erinnerungsfeier abzuhalten, während der Ehemann das Frühstück bereitet.')

In einem traurig-zärtlichen Brief teilte sie ihm mit, die Fahrt nach Neapel angetreten zu haben. Wenige Tage darauf brach er nach Venedig auf, wohin er am 2. April 1744 gelangte. Er nahm seine Wohnung bei der alten Tante Orio der zwei gefälligen Nichten, die auch jetzt noch den Nachtdienst bei ihm schwesterlich teilten. Die ältere heiratete. Die jüngere starb einige Jahre später an der Schwindsucht in demselben Kloster, in dem sich die Nonne Maria Magdalena befand.

Ende April desselben Jahres kaufte sich Casanova, noch immer in die Uniform verliebt, ein Fähnrichstelle in einem auf Korsika garnisonierenden Regiment Venedigs und begab sich nach der Insel. Dort liess er sich vor allem anderen beim Hazard vollkommen aussacken. Er knüpfte daran die Bemerkung, «mit sicherem Vorteil» zu spielen, sei weder tadelnswert noch ein Betrug. Ohne Geld und Wertgegenstände zu besitzen, erwartete er das Schiff, das ihn nach Konstantinopel bringen sollte. In dem noch unvergessenen genialen Abenteurer Graf Bonneval fand er am Bosporus einen Gönner, ebenso an dem reichen Türken Jussuff Ali, der ihm seine Tochter Zelmi zur Gattin anbot, wenn er Mohammedaner würde, was sich Casanova überlegen zu dürfen erbat.

Auch der homosexuelle Türke Ismail Effendi wurde ihm gewogen, unterstützte aber seine Leidenschaft für das schönere Geschlecht. Reich mit Geschenken von grossem Wert versehen, verliess der junge Venetianer Konstantinopel, um nach Korfu zurückzukehren. Dort wurde er Adjutant des Befehlshabers der Galeassen, etwas, was ihm selbst sehr viel galt, von der Korfuer Gesellschaft aber gleich Null geachtet wurde. Das kränkte den eitlen Casanova recht tief, umsomehr, als sein Ruf als glücklicher Spieler in Korfu Klang bekam. Er hatte den Berufsspieler Maroli zum Sozius, denselben, der ihm während seines Aufenthaltes auf Korfu sein ganzes Geld abgenommen hatte. So fehlte nichts zu Casanovas Glück wie die von ihm ersehnte gesellschaftliche Stellung. Besonders regte ihn seine Nichtbeachtung durch die schöne Frau F., die Geliebte seines Chefs D. R. und Gattin eines dummen Galeerenkapitäns auf. «Die reizende Frau machte mich unglücklich, und was mich besonders gegen mich selber aufbrachte, war das Gefühl, dass ich garnicht an sie gedacht haben würde, wenn ich sie nicht wegen ihres Benehmens gehasst hätte. Meine Marter vermehrte noch der Umstand, dass ich an mir einen gehässigen Charakter entdeckte, ein Gefühl, das ich bis dahin nicht bei mir geahnt hatte und dessen Entdeckung mich sehr beunruhigte.»[19]) Doch der sich unglücklich Dünkende war ein Schosskind des Glücks, dessen Lage durch Zufall sich zu seinen Gunsten veränderte. Der Gatte von Frau F. verlor an Casanovas Sozius 200 Dukaten auf Ehrenwort. Seine Frau empfing Casanova, um von diesem Stundung der Schuld zu erbitten, da ihr Liebhaber D. R. ihr die Summe anscheinend verweigert hatte. Casanovas Entgegenkommen änderte das Benehmen der schönen Frau F., deshalb begann, wie bei ihm nicht anders zu erwarten war, sein bisheriger Hass sich in heisse Liebe zu wandeln.

Natürlich fehlte es in Casanovas Erinnerungen in dieser Zeit nicht an Dummejungenstreiche, die, ohne jede Ueberlegung ausgeführt, ihn in schlimme Abenteuer verwickelten, und ihm selbst im günstigsten Fall niemals hätte Nutzen bringen können. So seine militärischen Erlebnisse als selbst bestellter Kommandeur der Insel Kasopo nach einer Flucht von Korsika, wohin er zurückgebracht wurde. Die Korfuer Gesellschaft empfing den Ausreisser wie einen Helden, was ihm unendlich schmeichelte. Nach einem langen Kampf um die Liebe der Frau F. wurde er endlich Sieger. Doch nur halb befriedigt durch das Verhalten der Frau, fällt er, erregt und seiner Sinne kaum mächtig, in die Schlingen einer Kurtisane, die eine galante Krankheit auf ihn überträgt. Diesem Pech schloss sich noch berufliches an. Bei der Beförderung trotz gegebenen Wortes übergangen, empfand er nun Abneigung gegen den Militärdienst, den das Benehmen von Frau F. gegen ihn noch erhöhte. Er beschloss, nach Venedig zurückzukehren. Um dorthin zu gelangen, musste er alle seine Habseligkeiten zu Geld machen. Am 25. Oktober 1745 kam er in der Lagunenstadt an. Wieder stand er einmal dem Nichts gegenüber. Zum Glück wurde ihm gestattet, sein Fähnrichspatent wieder an den Mann zu bringen. Die dafür erhaltenen 100 Zechinen waren sein Vermögen, ihm genug, um damit den Spielerberuf einzuschlagen. Acht Tage später hatte er völlig leere Taschen und einen hungernden Magen, der nach Nahrung schrie. Er wurde Violinspieler im Theater San Samuele. Sein geringer Verdienst und sein Stolz verboten ihm, einen seiner früheren Bekannten aufzusuchen. Er, der Jurist, Geistlicher und Offizier war, war nun zum schlecht bezahlten Musiker einer obskuren Bühne geworden und nahe daran, noch viel tiefer hinabzugleiten, wozu ihn die Kameraden lockten. Roheiten und Bosheiten waren seine Nachtbeschäftigungen. Die Galeere war ihm und seinen Kumpanen sicher, wenn er bei einem dieser Streiche gefasst worden wäre.

Einer jener glücklichen Zufälle, wie sie im Dasein Casanovas sich so oft an Pechtage anschlossen, machte ihn zum Retter des Senators von Bragadino aus Todesgefahr. In seiner dadurch neuen Eigenschaft als Pfleger des alten Herrn trat er zum erstenmal in schwindelhafte Verbindung mit der Geisterwelt, durch die er sich in der Gunst des Kranken und dessen intimen Freunden, zweier venetianischen Edelmänner, festsetzte. Casanovas Kurpfuscherei machte Bragadino gesund. Dessen Dankbarkeit war so gross, dass er seinen Retter aus den Fängen eines ignoranten Aeskulap «aus dem niederen Gewerbe eines Fiedlers um Tagelohn zum Range eines hohen Herrn erhob».

Mit der gehobenen Stellung stieg aber auch sofort der Uebermut und die Lust am Wohlleben. Er charakterisierte sich in damaliger Zeit:

«Ich war hinlänglich reich, von der Natur mit einem angenehmen und stattlichen Aeusseren begünstigt, ein kühner Spieler, ein unverbesserlicher Verschwender, redselig, immer scharf in meinem Witz, nichts weniger als bescheiden, furchtlos, stellte den hübschen Weibern nach, schlug die Nebenbuhler aus dem Felde, erkannte nur eine Gesellschaft, die mich unterhielt, als gute an, und so konnte ich nur gehasst sein. Da ich aber stets bereit war, mit meiner Person einzustehen, so glaubte ich, es sei mir alles erlaubt, denn dem Missbrauch, der mich behinderte, glaubte ich schroff gegenüberzutreten zu müssen.» [11])

Er spielte, meist mit Verlust, doch sein Adoptivvater, der Senator, zahlte seine Schulden. Es gab ein romantisch-sentimentales Abenteuer mit einer jungen, dem Elternhaus entlaufenen Gräfin A. S. und ein happy end dieser tragisch begonnenen Geschichte. Die junge Gräfin, von ihren Eltern wieder aufgenommen, wurde trotz der an Casanova überreich entrichteten Dankbeweise, glückliche Gattin eines verliebten Gemahls. Um diese Zeit fiel Casanovas Verhältnis mit einer sehr hübschen jungen Venetianerin, später Frau des Tänzers Binetti. «Diese Binetti besass das eigentümliche und seltene Vorrecht, dass die Jahre auf ihren Zügen nur leichte Spuren hinterliessen. Sie erschien immer allen Liebhabern jung, selbst den feinsten Kennern gealterter Züge . . . Der letzte Liebhaber — diese einzige Frau brachte ihm durch das Uebermass des Vergnügens den Tod — war ein gewisser Moscinski, ein Pole, den sein Schicksal vor sieben oder acht Jahren nach Venedig rief. Die Binetti war damals dreiundsechzig Jahr alt.»

Eines der gewohnten Erlebnisse, diesmal mit der reizenden Bäuerin Christina, schiebt sich zwischen das mit der jungen Gräfin und Casanovas Auswanderung von Venedig. Sein Eheversprechen an Christina löst er dadurch ein, dass er ihr einen guten und netten Gatten verschafft.

Ein boshafter Streich, den er einem taktlosen Griechen spielte, kostete diesem die Sprache und den Gebrauch der Glieder. Dieses, dann die grobe Züchtigung eines Mädchens, das sich ihm versagte, trotzdem dessen Liebkosungen ihm von ihrer Mutter verkauft worden waren, kamen vor Gericht und nötigten ihn zur Flucht aus Venedig bis nach Mailand. Dort traf er Bellonis Schwester Marina als Grotesktänzerin im Theater. Sie war moralisch tief gesunken. Er befreite sie von ihrem Zuhälter und schaffte ihr dadurch in ihrem Kollegen, dem Tänzer Baletti, einen Freund. Er folgt den Beiden nach Mantua, wo sie engagiert waren, inszenierte dort einen Schatzgräberbetrug, der ihn nach Cesena führte. In einem Bauernhof sollte der zu behebende Schatz liegen, doch barg dieser auch Genoveffa, ein robustes Jüngferchen von 14 Jahren, das Casanova bestimmte, es in den Kreis der Beschwörungen einzuziehen. Doch ein bei der Zauberei rechtzeitig eingreifendes Gewitter bewahrte das Mädchen davor, ihre Unberührtheit einzubüssen. Casanova ergattert trotz des selbstverständlichen Misslingens seiner Schatzgräberei eine immerhin beträchtliche Summe von einem gläubigen Dummkopf. Eine gewisse Furcht vor der Inquisition zwang ihn, die Gegend der Schatzgräberei baldigst zu verlassen, doch hielt ihn die Begegnung mit Giulietta, mit der er einst seinen Anzug als Abbate gegen den ihren vertauscht hatte, in Cesena fest. Ein Skandal im Gasthof veranlasste sein Einschreiten beim Vorgehen der Ortsgeistlichkeit gegen einen ungarischen Hauptmann und seine als Offizier gekleidete Begleiterin, das zu Gunsten der Angegriffenen endete. Der erste Blick auf die schlanke, junge Dame, eine Französin, hatte die unausbleibliche Liebesglut in Casanova entfacht. Um sich an ihre und ihres alten Begleiters Fersen zu heften, kaufte er einen neuen Reisewagen und nahm die beiden Reisenden mit sich nach Parma. Der an die Sechzig streifende Ungar, die junge, graziöse und sehr pikante Französin Henriette und der dreiundzwanzigjährige Reisebegleiter, musste zu Verwicklungen führen. In Parma brachte er seine Zaubergeschichte durch schöne Geschenke an Genoveffa, die junge Bäuerin aus Cesena, und gute Ratschläge an ihren abergläubischen Vater zu gutem Ende.

In gütlichem Uebereinkommen überliess der Ungar Henriette dem verliebten Casanova, der nun mit ihr abreiste. Wieder einmal war für ihn, den Mann, der liebte, «der geringste Wunsch des geliebten Wesens allerhöchster Befehl». Da Henriette ausser ihrer Uniform und ihrem Liebreiz rein gar nichts besass, konnten ihre Wünsche nicht gering sein, bis sich das schmucke Offizierchen in ein reizendes Weibchen verwandelt hatte. Das Glück, dessen er sich in Henriettens Armen erfreute, war zu vollkommen, um dauerhaft sein zu können, seufzte Casanova. Trotz aller Liebe und Hingabe verriet Henriette nicht das Geringste über ihren wahren Namen und ihre Erlebnisse bis zur Zusammenkunft mit Casanova. Der Günstlings des Herzogs von Parma, Herr d'Antoine, schien sie erkannt zu haben. In einer stundenlangen Zwiesprache zwang er sie, nach Frankreich zurückzukehren. Casanova brachte sie nach Genf, wo sie den Verzweifelten verliess, der allein weiterreiste. Mehr als fünfzehn Jahre später [12]) begegnet er ihr zum erstenmal wieder in Aix. Sie war inzwischen Gräfin und Witwe geworden. Sie entzog sich zwar in ihrem Schlosse dem einst Geliebten, brachte aber eine Nacht mit dessen damaliger Mätresse Marcolina zu.

Der ewig Unruhige ging wieder nach Venedig. Die drei alten Freunde nahmen ihn ausgezeichnet auf. Er spielte mit Glück am Pharaotisch wie in der Lotterie und erwarb dadurch seinen Lebensunterhalt. Da ihm Venedig nichts Neues bot und Baletti, den er dort traf, Anstalten traf, nach Paris zu reisen, schloss er sich diesem an und verliess am 1. Juli 1750 seine Heimat wieder. Vergnügt plätschert er im Pariser Leben herum, beliebt im Kreise der zahlreichen italienischen Schauspieler, die ihn mit den bei ihnen herrschenden seltsamen Ehe- und Liebesverhältnissen vertraut machten. Die jungen Frauen und Mädchen sind Mätressen oder Dirnen, die Männer Zuhälter, Kuppler, oft männliche Prostituierte. Eine Szene bei der Herzogin de Rufé beweist, dass man auch Casanova für das letztgenannte hielt. Nur durch eine Notlüge entkam er der gierigen alten Megäre. Bei einem Besuche in Fontainebleau lernt Casanova den ihm kongenialen Frauenjäger Marschall von Richelieu [13]) kennen, ebenso die Marquise von Pompadour wie andere Berühmtheiten jener Zeit.

Die Liebschaft mit der Tochter seiner Wirtin brachte Casanova in einen Handel mit der Pariser Polizei, aus dem er sich mit Schlauheit zu befreien wusste. Um dieselbe Zeit lernte er durch einen Freund eine flämische Schauspielerin O'Morphi kennen. Sie hatte eine Schwester, einen kleinen, etwa dreizehnjährigen Schmutzfinken, an dem er trotz der Jugend eine ausgebildete Frühreife fand, überdies eine Formschönheit des Körpers, «wie selbst ein Praxiteles niemals Vollendeteres hätte schaffen können». Von dieser Körperschönheit entzückt, liess sie Casanova von François Boucher in pikantester Stellung malen. Eine Kopie dieses Bildes sah Herr de St. Quentin, einer der beamteten Kuppler Ludwigs XV. Ihm gefiel das Modell. Er legte das Gemälde dem König vor, der sofort

Verführung - Kupfer aus dem 18. Jahrhundert.

Galante Scherze - Kupferstich aus der Zeit Ludwigs XV.

Lust bekam, Original mit Kopie zu vergleichen. Die kleine O'Morphi wurde von ihrer beglückten Schwester nach dem Hirschpark, dem Serail des Königs, gebracht. Dort überzeugte sich Ludwig eigenhändig von der Jungfräulichkeit der Kleinen, für die sich bisher noch kein zahlungsfähiger Käufer gefunden hatte, da anderen der geforderte Preis unerschwinglich geschienen hatte. Für das Bild erhielt Casanova 25 Louisdors von Boucher, dem Louis doppelt so viel angewiesen hatte. Die kleine O'Morphi blieb im Hirschpark, die ältere bekam tausend Louisdors. Drei Jahre später wurde die Kleine mit einer Mitgift von 400,000 und einem Offizier als Bräutigam aus dem Harem entlassen.

Zum Lebensunterhalt Casanovas trugen damals Weissagungen nach der Kabbala bei. Seine Hauptkundin war die Herzogin von Chartres, die seinen Salbadereien vertraute und ihn glänzend honorierte.

Nach einem Aufenthalt von zwei Jahren verliess Casanova Paris und kam nach einer Fahrt von zwei Wochen, von seiner Mutter herzlich begrüsst, in Dresden an. Nach längerem Aufenthalt im Elbflorenz, wo seine Mutter am Theater war und er sich erfolgreich als Theaterdirektor beschäftigte, fuhr er über Prag nach Wien. Er zählte achtundzwanzig Jahre, als er zum erstenmal in der Donaustadt anlangte. Es war das Wien der Keuschheitskommission der frommen Maria Theresia und ihres volksfreundlichen Sohnes Josef II. Trotz des Spionenheeres, das über Wien verstreut war, um die Sittlichkeit der Einwohner scharf zu kontrollieren, unterhielt sich Casanova stellenweise recht gut in Wien «bei schönen Fräuleins», die den Späheraugen der Spitzel entgangen waren, oder die sie nicht sehen wollten.[14])

Da in Wien aber nichts für ihn zu holen war, machte sich Casanova nach dreijähriger Anwesenheit von dort wieder nach Venedig auf. Er traf seinen alten Beschützer Bragadino und seine beiden Freunde noch bei bestem Wohlsein, was ihn von Sorgen befreite, da er ihrer Unterstützung sicher war.

Die endlose Kette von Casanovas Liebeserlebnissen auch nur flüchtig zu skizzieren, würde Bände beanspruchen, die nicht zur Verfügung stehen. Es können daher nur jene erwähnt werden, die kultur- und sittengeschichtliches Interesse beanspruchen oder von Bedeutung für den Lebensweg unseres Helden sind. Auch von diesen gibt es aussergewöhnlich viele und bezeichnende für die Zeit, in der sie sich zugetragen. So erlebte er bei seinem diesmaligen Aufenthalt in der Lagunenstadt mehrfache Kuppeleien an Blutsverwandten. Graf Bonafedes Tochter, dann der schönen C. C.'s Bruder kreuzen als solche Gelegenheitsmacher Casanovas Weg, wie später bei seinen Abenteuern zahlreiche Mütter als Kupplerinnen ihrer Töchter, Männer als die ihrer Gattinnen, dies besonders unter den Berufsspielern, die ihre Frauen als Lockvögel für den Spieltisch verwendeten.

Casanovas Geliebte C. C. wurde von ihrem Vater in ein Kloster gesteckt, wo sie eine Frühgeburt dem Tode nahe brachte. Durch seine Besuche an dem Sprechgitter im Nonnenkloster fiel er der Nonne M. M. (Maria Magdalena) auf, einer der schönsten Frauen Venedigs aus vornehmem Geschlecht und trotz ihres Standes die Geliebte des Herrn von Bernis, französischen Gesandten bei der Republik Venedig. Als Nonne verliess sie das Kloster, wenn sie zum Geliebten nach dessen feenhaft eingerichteten Kasino in Murano ging, um sich dort in eine elegante Weltdame zu verwandeln. Sie bahnte Zusammenkünfte mit Casanova dort, wie in einem von diesem eingerichteten Liebesnest in Venedig, an, um in beiden sich ihm bis zur Erschöpfung hinzugeben. Diesen Orgien wohnt auch Herr von Bernis wiederholt als unsichtbarer Beobachter bei, ebenso denen, die Casanova nach ihrer Genesung und Rückkehr aus dem Kloster mit der C. C. feierte, wenn sie M. M.'s Stelle vertrat, wie sie es später auch beim Gesandten Bernis tat, bis dieser von Venedig nach Wien versetzt und von seinen beiden Geliebten für immer getrennt wurde. Casanova erbte M.M. und den freien Gebrauch von Bernis wunderbarem Kasino in Murano. Als Bernis sicher war, niemals nach Venedig zurückzukehren und durch Macht und Geld Beschützer der Nonne M. M. zu bleiben, hätte deren bisheriges Liebesleben unbedingt zum Verderben in einem der düsteren Klosterkerker führen müssen. Diese Gefahr, dann eine Krankheit von M.M. liessen den noch vor kurzem unerschütterlich scheinenden Bau der Liebe zur Nonne abbröckeln, umsomehr, als Tonina, ein blutjunges Geschöpf, Casanova berückte, das deren Mutter ihm als Haushälterin gebracht hatte. Nichtsdestoweniger dachte er noch immer daran, M. M. aus dem Kloster zu entführen. Dies unterblieb nur, weil das Spielerglück ihn derart verlassen hatte, dass sein und M. M.'s Besitz bis auf den letzten Wertgegenstand verloren war. Aber nicht diese Not allein veranlasste ihn, Tonina an den englischen Gesandten Murray für immer abzutreten. An ihre Stelle trat ihre jüngere Schwester Barberina, die diesmal ihn verführte, um eines gleichen Glückes wie ihre Schwester teilhaftig zu werden. Die Kleine war eines jener zahllosen bei Casanova auftretenden Geschöpfe, die den Begriff Schamgefühl nie gekannt haben. Bauernmädchen, Zofen, Bürgermaid, Nonne, Patrizierin, Hofdame, Hochadelige, Komödiantin, vom Backfisch bis zur Gattin und Mutter, alle geben sich ohne jedes Bedenken hin. Im Wortschatz fast all dieser Weiber fehlte eben das Wort «sich schämen», höchstens fand es im «sich zieren» Ersatz. Zu diesen Personen gehörte die Tochter einer seiner Wirtinnen, die er durch Liebkosungen von hochgradiger Bleichsucht heilte. Sie machte damals das Liebchenterzett vollzählig, denn neben der kleinen Barberina hatte er auch die Tonina noch nicht gänzlich aufgegeben, wenn sich Gelegenheit bot. Zu seinem Glück in der Liebe und seinem Spielerpech sollte sich aber der erste schwere Schicksalsschlag seines Lebens gesellen. Drei Monate nach seinem dreissigsten Geburtstage erteilte das furchtbare Tribunal des Rates der Zehn dem Messer-Grande, ihrem Vollziehungsbeamten, den Befehl, sich Casanovas lebend oder tot zu bemächtigen. So kam Casanova in eines der grässlichsten Gefängnisse aller Zeiten und Völker, in die Bleidächer Venedigs. Die Beschreibung seines Aufenthaltes in ihnen, wie die seiner tollkühnen Flucht, gehört zu den unvergesslichen Werken der Weltliteratur. Eine brauchbare Uebersetzung ist in Reclams Universalbibliothek zu haben, sodass sich hier eine Inhaltsangabe des Büchleins erübrigt.

Den ersten Unterschlupf nach seiner Flucht aus den Bleidächern fand Casanova im Hause eines Polizisten, der auf der Streife war, den Entwischten zu suchen. Nach Bewältigung vieler Schwierigkeiten traf der Flüchtling unangefochten mit seinem Fluchtgenossen Balbi in München ein. Mit einiger Mühe gelang es Casanova, sich dieses Schmarotzers zu entledigen und ihm ein glänzendes Unterkommen in Augsburg zu sichern. Als Gast einer Schauspielerfamilie reiste Casanova nach Paris. Ein Monatsgeld von 300 Franken seines Adoptivvaters Bragadino sicherte ihm dort ein bescheidenes aber angenehmes Leben und die dramatische Schilderung seiner Flucht, das Pariser Tagesgespräch, viele Verbindungen. Herr von Bernis, M. M.'s Geliebter in Venedig, jetzt Minister des Auswärtigen Ludwigs XV., unterstützte ihn und versprach, ihm durch seine Bemühung eine Stellung zu verschaffen. Dem Generalkontrolleur, Herrn von Boulogne, verdankte er eine Empfehlung an Herrn du Vernay, dem ewig im Drucke befindlichen Finanzminister, dem er die Zahlenlotterie als Hilfsmittel gegen die Not des Staatsschatzes klarlegte. Sein Plan fand Beifall. Mit fürstlichem Einkommen wurde er zum Haupteinnehmer der Lotterie gemacht.

Um diese Zeit kam Casanovas Bruder Francesco nach Paris. Er ist als Schlachtenmaler berühmt geworden. «Er verdiente in sechsundzwanzig Jahren beinahe eine Million. Trotzdem richteten unvernünftige Ausgaben, ein übertriebener Luxus und zwei unglückliche Heiraten ihn zugrunde.»

Fast gleichzeitig mit Francescos Ankunft in Paris gab ein junger Graf Tiretta aus Treviso ein Empfehlungsschreiben an Casanova ab. Der junge, schöne und athletische Graf hatte zu Hause einen Griff in eine öffentliche Kasse gemacht und musste dem Gefängnis entfliehen. Er war entschlossen, «auf jede anständige Weise», sie durfte nur nicht an Arbeit streifen, sein Leben in Paris zu machen. Bald gelang es ihm auch, in der weiblichen Lebewelt den Spitznamen eines Grafen Sixfois ob seiner erotischen Heldentaten zu erringen, was gute Einnahmen von liebevollen älteren Damen verbürgte. Casanova hielt es lieber mit jüngeren und ganz jungen und diesmal mit einem Fräulein de la Meure. Sie war vermögend und bot ihm ihre Hand an. Das Hinausschieben seiner Antwort auf diesen Antrag brachte die Verführung des Fräuleins mit sich, wie dies bei ihm in solchen Fällen als die Hauptsache üblich war. Ihre Tante, eine dicke, fromme, sich überaus keusch gebärdende Dame, hatte auf ein Jahr den von der weiblichen Lebewelt stark begehrten Grafen Tiretta in Gehalt und Pension genommen, um ihn als Liebesritter Frondienste leisten zu lassen. Sie brachte ihn auf ihr Landgut in der Nähe von Paris, um dort ungestörter und sicherer vor Nebenbuhlerinnen ihren Liebesherbst zu verbringen. Fräulein de la Meure, die ihr dahin folgen musste, war endlich vernünftig genug, einen guten, einfachen Gatten dem Schmetterling Casanova vorzuziehen, wenn sie auch seine Huldigungen gern duldete. Seine Liebe zu ihr wie zur jungen Balletti genügten Casanova noch nicht. Sie hielten ihn nicht ab, mit käuflichen Schönen, «die auf dem Strassenpflaster glänzten», zu verkehren. «Am meisten aber beschäftigten mich die ausgehaltenen Frauen und jene, die als Sängerinnen und Tänzerinnen, oder weil sie jeden

Abend auf der Bühne Königinnen oder Zofen spielten, dem Publikum angehörten.» «Da es nicht schwer ist, mit diesen Priesterinnen der Freude und der Verschwendung bekannt zu werden, so hatte ich mich bei mehreren eingenistet.»[15])

Durch einen faulen Zauber, den er scherzweise als Charlatan inszenierte, der aber von vielen Leuten für Ernst genommen wurde, so auch von der Tante eines seiner Freunde, den er durch eben diese Wunderkur angeblich geheilt hatte, lernte er die schwerreiche ältliche Marquise d'Urfé kennen.

Sie wünschte, wie mehrere andere von ihm genasführte Weiber, gleichfalls durch ihn von ihrem Alter befreit zu werden. Sie glaubte an derartige Kuren umso fester, da sie überzeugte Adeptin war. Sie nun glauben zu machen, dass ihm zu jeder Zeit ein dienender Genius zu Diensten stände, war nicht schwer, und nach einigem Hokuspokus hatte Casanova der sonst so geistreichen Frau alles geraubt, was ihr an gesundem Menschenverstand durch ihre Uebungen geblieben war. Nach ihrer festen Meinung besass Casanova den Stein der Weisen und stand mit allen Elementargeistern in Verbindung. Sie selbst hielt sich davon überzeugt, von diesem Verkehr mit Geistern ausgeschlossen zu sein, weil sie Weib sei. Casanova könne jedoch mittels einer Operation, die er allein kannte, ihre Seele in den Leib eines männlichen Kindes übergehen lassen, das aus der philosophischen Paarung einer Unsterblichen mit einem Sterblichen oder eines gewöhnlichen Mannes mit einem Weibe von göttlicher Herkunft hervorgegangen sei.

«Wenn ich geglaubt hätte, der Marquise ihren Irrtum benehmen und sie zu einem vernünftigen Gebrauch ihrer Kenntnisse und ihres Geistes zurücklenken zu können, so würde ich dies wahrscheinlich versucht haben, und dies wäre ein verdienstliches Werk gewesen. Aber ich war überzeugt, dass ihre Betörung unheilbar war, und glaubte daher nichts besseres tun zu können, als auf ihren verrückten Gedanken einzugehen und meinen Nutzen daraus zu ziehen.»[16])

Trotz ihrem ungeheuren Vermögen und ihrer Ueberzeugung, Gold machen zu können, war Frau von Urfé geizig. Sie spielte, und mit ungeheurem Glück, an der Börse.

Wiederholt hatte diese Frau Casanova erklärt, sie wolle ihm ihr ganzes Vermögen abtreten, wenn er die Operation der Mannwerdung an ihr vornehme, denn sie wisse, dass nur er dazu im Stande sei. Alle seine Einwendungen waren vergebens.

Eine Reise nach Holland im Auftrage der französischen Regierung unterbrach die Verhandlungen der Marquise d'Urfé mit Casanova.

In Amsterdam machte er bei seinen Finanzgeschäften die Bekanntschaft des reichen Banquiers d'O. und dessen vierzehnjähriger Tochter Esther. Bei einem Konzert, dem er mit Esther beiwohnt, sieht er Teresa Imer als Sängerin wieder, mit der er achtzehn Jahre früher kindliche Spiele getrieben und deshalb vom Senator Malipiero Stockschläge bekommen hatte. Im Jahre 1753 hatte er sich in Venedig mit ihr ernsthafter belustigt, sie aber dann aus dem Gesicht verloren, weil sie nach Bayreuth gekommen war, wo sie die Mätresse des Markgrafen wurde. Teresa hatte ein kleines Mädchen bei sich, das Casanova wie ein Ei dem andern glich. Er sorgte für Mutter und Kind, wie es der Augenblick heischte. Ein Zusammenstoss mit dem Geliebten der Imer, zwang Casanova schneller als er gedacht, den Verkehr mit ihr abzubrechen. Seine Liebschaft mit Esther nahm ihren Fortgang, wobei ihm wie schon oft, seine Gewandtheit in der sogenannten Kabbala, einer geschickten Spiegelfechterei, wichtige Dienste leistete.

In einem Hafenbordell niedersten Ranges, in das er ganz zufällig geriet, fand Casanova das einst so schöne und tugendhafte Bauernmädchen Lucia von Paseano als hässlichste Vettel der ekelhaften Lasterhöhle wieder. Ohne sich erkennen zu geben, drückte er dem rettungslos verlorenen Weibe einige Dukaten in die Hände und entfloh.

Bei einem nochmaligen Zusammentreffen in einem anderen Bordell wurde er von ihr erkannt. Lucia, nun Kupplerin geworden, erzählt ihm ihre Geschichte, die eines mit ihrem Geliebten durchgegangen und von ihm auf die Strasse getriebenen und verkauften Mädchens, das im Kote immer tiefer untersank.

Nach glänzender Erledigung seines Auftrages und durch Esthers Vater reich mit Geld versehen, kehrte Casanova nach Paris zurück, wo schon Marquise d'Urfé ihn und seine Orakel sehnsüchtig erwartete.

Ein sonderbares Abenteuer mit einem Fräulein X. C. V., das er schon in Venedig kennen gelernt hatte, liess ihn ein Mittel des Paracelsus anwenden, um dem Mädchen als Geburtshelfer beizustehen. Da dies aber nicht zu dem ersehnten Erfolg zu führen scheint, dem Fräulein seine einstige Schlankheit wiederzugeben und er sich scheut, sie in Lebensgefahr zu bringen, so kommt sie durch Vermittlung einer der Kabbalakundinnen Casanovas in ein Kloster, um darin ihre schwere Stunde abzuwarten. Auf Casanova ruht der Verdacht, das Mädchen, von dessen Zustand niemand aus dessen Familie eine Ahnung hat, entführt zu haben.

Langeweile und durch das verschwenderische Leben verursachte Geldknappheit brachten den Abenteurer auf den Gedanken, eine Fabrik zu gründen, in der Seidenstoffe mit Mustern bemalt werden sollten, wie sie in Lyon gewebt würden. Natürlich dachte Casanova sehr bald mehr als an das Geschäft daran, die zwanzig jungen Mädchen, die bei ihm als Malerinnen tätig waren, als Odalisken in seinem Harem zu benutzen.

Ein an ihm wegen des noch immer verschwundenen Fräuleins X.C.V. unternommener Erpressungsversuch, drohte ihm mit einem Kriminalprozess, der durch von Feinden bestochene Zeugen recht unangenehm, sogar schwerwiegende Folgen für ihn hätte haben müssen, wenn sich nicht durch die Heimkehr des Fräulein-Mutter unter Zurücklassung und Verschweigung ihres Kindes alles geklärt haben würde.

Casanovas Einkünfte waren ausserordentlich, aber seine Ausgaben für den Arbeiterinnen-Harem und andere Liebeleien ebenfalls. So auch die mit der eben vermählten Schauspielerin Baret, die er bereits in ihren Flitterwochen eroberte, wofür er grosse Kriegskosten zahlen musste. Bei all dem nahm es nicht wunder, dass es mit dem Geschäft und den Einkünften Casanovas bergab ging. Er wanderte einmal sogar ins Schuldgefängnis, aus dem ihn Frau d'Urfé befreite. Ein sich deshalb entspinnender Prozess wie andere Unannehmlichkeiten verleideten ihm den Aufenthalt in Paris derart, dass er seine Stellung bei der Lotterie aufgab und sich zur Uebersiedlung nach Holland entschloss. Auf der Fahrt dorthin traf er wie schon häufig früher mit dem rätselhaften Grafen St. Germain[17]) zusammen, den er als Betrüger erklärte.

Seine Liebesseitensprünge, so besonders mit Manon Baletti, hinderten ihn aber nicht, innige Sehnsucht nach Esther zu empfinden, seine Amsterdamer Kabbalaschülerin. Er gesteht es mit den Worten: «Noch heute nach so vielen Jahren mache ich mir den Vorwurf, dass ich ein Geschöpf betrogen habe, das meiner Achtung in so hohem Masse würdig war und von mir zärtlich geliebt wurde.»[18]). Der Betrug bestand darin, ihr den Glauben an die Kabbala beigebracht zu haben. Das sehr junge, aber intrigante Mädchen benutzt allerdings die sogenannten Orakel stets zu seinem Nutzen, durchschaute es doch sofort ihres Lehrers Machinationen, ohne diese aber noch ganz zu beherrschen. In Verzweiflung versetzt durch die Absage einer Liebsten, die sich verheiratete, währt es aber doch nicht lange, bis er sich von Esther trösten liess.

Um Neues zu sehen und neue Abenteuer zu finden, beschloss Casanova von Amsterdam aus eine Reise nach Deutschland, versprach aber

Esther, in wenigen Monaten zu ihr zurückzukehren. Umstände verboten dies, und er sollte das Mädchen niemals wiedersehen.

Auf dem Wege nach Köln wurde sein Wagen von französischen Deserteuren räuberisch angefallen. Nur Geistesgegenwart und die Schnelligkeit des Postillons schützten sein Leben und seine Börse. In der Rheinstadt blühte ihm ein Abenteuer mit der Frau des dortigen Bürgermeisters. Man hat diesen Vorfall oft als Beweis dafür anzuführen gesucht, dass die Sittlichkeit in Deutschland auf keiner höheren Stufe stand, als in anderen Ländern Europas, eine Tatsache, die keines Beweises bedurfte. Sie hat sich niemals geändert. Man ist heute noch in Paris nicht verderbter als in Berlin und Wien oder sogar in einer Kleinstadt. Diese ist vielleicht nur vorsichtiger und ärmer an Gelegenheiten, aber durchaus nicht sittlicher in Tat und Wunsch, als die Weltstädte. In Köln machten sich noch die Einflüsse der kurfürstlich-geistlichen Höfe von da und Bonn nicht sittenstärkend bemerkbar, denn ewige Unterhaltung war die Devise dieser Kurfürsten. Der damalige geistliche Kurfürst von Köln, ein Graf Johann Friedrich Carl, Graf von Ostein[19]) war «sein ganzes Leben lang ein grosser Liebhaber des schönen Geschlechtes.»[20])

Die schöne und leichtsinnige Bürgermeisterin von Köln wagte ihre gesellschaftliche Stellung, vielleicht sogar ihr Leben, jedenfalls aber ihre Ehe, um einige Nachtstunden in den Armen Casanovas zu verbringen. Diese Tollkühnheit hatte kaum etwas mit Liebe zu tun, sondern war nichts als Abenteuersucht und eine Nervenpeitschung, die zur Erhöhung der Sinnlichkeit beitrug, weil «die lästige Nachbarschaft des lieben Gatten uns bei unseren Liebeskämpfen etwas Zwang auferlegte».[21]) Nach einigen Nächten endete die Liebschaft mit der Draufgängerin, da Casanova ihre Heimat verliess. Er begleitete die Schauspielerin Toscani und ihr Töchterchen nach Stuttgart. Die Mutter hatte das Mädchen von Jugend an erzogen, Mätresse des berüchtigten Wüstlings Karl Eugen von Württemberg zu werden. An die Zusammenkunft mit Mutter und Tochter knüpfte sich eine der widerlichsten Szenen in allen Bänden von Casanovas Erinnerungen, und das will viel sagen!

Bei Herzog Karl Eugen diente als Hauptmätresse unter seinem kleinen Heer von Gunstdamen die Tochter des Gondoliers Gardello, die der Fürst ihrem Gatten, dem Tänzer Agata, einfach abgekauft hatte. Casanova kannte sie bereits sehr genau aus Venedig. Nach einem Jahr war sie dem Herzog über und wurde von ihm äusserst freigebig pensioniert, weshalb sie es sich nicht nehmen liess, dem Herzog weiter durch Kuppelei emsig zu dienen. Dies war die einzige Möglichkeit, sich bei ihm dauernd in Gunst zu erhalten, denn des abgestumpften Despoten einziges Vergnügen bestand nur in der Unbeständigkeit.[22]) Er ist einer jener deutschen Gottesgnadener, die ihre versklavten Untertanen dazu ausnutzten, die Perversitäten der Ludwige in Frankreich überbieten zu können. Ausser dem genannten Württemberger gehörte zu diesen Fürstlichkeiten auch Carl III. Wilhelm von Baden, der von 1709 bis 1738 herrschte. Er baute sich inmitten des Hardtwaldes in einer Sandebene ein einfaches, dreistöckiges Jagdschloss und nannte es «Karlsruhe». So bescheiden und anspruchslos dieser Bau aussah, barg er doch einen Schatz im Innern, nämlich das Serail von Serenissimus. Es war stets von 160 hübschen, jungen «Gartenmädchen» besetzt. Sie dienten bei Tag dem Herrn in Uniformen als Leibgardisten, begleiteten ihn, als Husaren gekleidet, auf seinen Spazierritten und Fahrten und bedienten ihn bei der Tafel. Des Nachts wurde eine von ihnen ausgelost, um bei dem Gebieter zu bleiben.[23])

In dem so lustigen Stuttgart wurde Casanova von Pech verfolgt. Von Falschspielern in eine Falle gelockt, verlor er über 100,000 Francs und büsste alle Juwelen ein, die er bei sich hatte. Die drei Banditen, denen er dies zu verdanken hatte, waren aktive württembergische Offiziere, die von herzoglichen Mätressen gestützt, straflos ihre Betrügereien ausführen durften. Um sich selbst und den Rest seiner Besitztümer zu retten musste Casanova an seinem Geburtstag 1760 in der Nacht aus seiner Stuttgarter Wohnung entfliehen. Von jenseits der Grenze fordert er brieflich die drei Banditen in Uniform zum Zweikampf heraus. Die adeligen Herren dachten nicht daran, seiner Einladung zu folgen oder ihm abzusagen. So sass er in dem Grenzwirtshaus zu Fürstenberg racheschnaubend, doch vom Unglück im Spiel durch Liebesglück entschädigt. «Die beiden sehr schönen Töchter des Wirtes liessen mich meine drei Wartetage auf die angenehmste Weise verbringen.» Sie hielten ihn aber nicht ab, nach Zürich zu reisen. Eine Zusammenstellung seines Vermögens ergab, dass er ungeachtet des grossen Verlustes in Stuttgart noch 300,000 Franken besass, sodass kein Anlass war, den Kopf hängen zu lassen. Wenn er dennoch den Entschluss fasste, Mönch zu werden, so war dies nur eine seiner unberechenbaren Launen, geweckt durch das wunderbar schöne Kloster von Einsiedeln. Eine Bekanntschaft im Zürcher-Wirtshaus veranlasst ihn, den Kellner zu spielen, um sich an eine ihn lockende Reisende heranzumachen. Doch sein Plan misslang. Da die begehrte Dame aus Solothurn ist, folgt er ihr dorthin, wie der Jäger dem Wild. In Solothurn blüht ihm auch das Glück, sich der augenblicklich Angebeteten, Frau von X., nähern zu dürfen. Um das Ziel bei ihr zu erreichen, mietet er von ihrem Gatten ein Landhaus und täuscht ein Leiden vor, um ohne Verdacht zu erregen, dieses bewohnen zu können. Im Hause fand er eine junge Dame, eine Frau Dubois vor, die von einem seiner Freunde, dem französischen Gesandten, als Haushälterin engagiert worden war. Durch eine widerlichere als tragikomische Intrige einer mannstollen, hinkenden Megäre wurde Casanova jedoch um die Schäferstunde mit Frau von X. betrogen und dabei noch krank gemacht. Ein

Zufall, der seinen Diener Leduc mit demselben Leiden heimsuchte wie ihn selbst, gab Gelegenheit, die Hexe glauben zu machen, der Diener habe die Stelle seines Herrn vertreten, wie sie selbst die der Frau von X. und so wurden die Pläne des Weibes gegen die Ehre der von ihr gehassten jungen Frau zunichte gemacht. Nichts hielt Casanova jetzt mehr in Solothurn, und mit der Dubois und dem kranken Leduc machte er sich nach Bern auf. Diese Stadt scheint damals eine Metropole der Unzucht im Bade gewesen zu sein. Schon beim Eintritt in Bern stösst er auf eine Badeanstalt, «die Matte», mit über vierzig Kabinetten und ebenso vielen jungen, niedlichen Bademädchen, «von denen jedes nach der Ehre strebt, im Bade bedienen zu dürfen». Das hübscheste von allen wählt er dazu aus, beleidigt sie aber, da er nicht alle ihre Dienste in Anspruch nimmt. Er besucht die «Matte» noch einmal mit seiner nun von der Haushälterin zur Geliebten auf- oder hinabgestiegenen Dubois.

Bemerkenswert in Bern ist ein Erlebnis mit der dreizehnjährigen Sarah, der Tochter eines der Mitglieder des Grossen Rates. Das Mädchen offenbarte sich als vollkommen eingeweihte, sich aufdrängende Kokotte. In Lausanne übergibt er seine Dubois einem ältern, vermögenden Manne, der sie liebte und zu seiner Braut erklärte, ein sehr schöner Charakterzug Casanovas, da die junge Witwe ihre sichere Zukunft ihrer Liebe zum Abenteurer opfern will, was er, wenn auch sich bezwingend, zurückweist.

In geistreicher, allerdings manchesmal überhebender, selbstbewusster Weise erzählt nun Casanova seine Zusammenkunft mit Voltaire in Genf. Nach dem Besuch bei dem grossen Dichter und Philosophen folgte eine Orgie bei drei Schützlingen eines älteren Herrn, der Casanova bei den jungen Damen einführte, sich an der Ausgelassenheit des Quartetts ergötzte und es am nächsten Abend wiederholen liess.

Von Genf begab sich unser Abenteurer zum Bädergebrauch nach Aix in Savoyen. Dort begegnete ihm ein ganz eigenartiger Vorfall, selbst ihn verblüffend. Von einer sich in Aix zusammengefundenen Spielergesellschaft zum Ausbeutungsobjekt auserkoren, suchte Casanova unausbleiblichen Zusammenstössen mit dem Gesindel durch baldige Abreise zu entgehen, doch die Spieler, mehr aber noch das erwähnte Abenteuer, verhindern ihn daran. Auf dem, wie er annahm, letzten Spaziergang in Aix begegnete er zwei verschleierten Nonnen, beide in demselben Ordenskleid, das Maria Magdalena getragen, die er am 24. Juli 1755, also fünf Jahre früher, zum letztenmal gesehen hatte. Erinnerungen wurden geweckt und Neugierde mächtig erregt, als der jüngeren Nonne der Schleier aufwehte und Casanova das Antlitz der unvergessenen Maria Magdalena zu erkennen glaubte. Die Aufklärung liess nicht lange auf sich warten. Die Nonne war nicht M. M., sondern eine Französin, die man aus dem Kloster nach Aix beurlaubt hatte, um gesund zu werden. Im Kloster ahnte man allerdings nicht, dass die Wassersucht der Schwester eine Schwangerschaft sei. Ohne es zu wollen, fördert Casanova die Niederkunft der Nonne und rettete sie dadurch, da ihre Rückkehr in das Kloster nahe bevorstand. Bevor diese vor sich ging, hatte Casanova noch das Glück, die Dankesschuld der schönen Nonne einzuheimsen. Dies wiederholte sich solange, bis Laienschwestern in Aix eintrafen, das liebestoll gewordene Nönnchen ins Kloster zurückzuholen. Müde des Städtchens und der dortigen Gesellschaft verliess es auch der Abenteurer. In Grenoble fand er Briefe der Frau von Urfé vor, die ihn in der genannten Stadt Station machen liessen. Gott Amor stand ihm, wie immer, auch in Grenoble bei. Die beiden Töchter und die Nichte des dortigen Kirchenverwalters waren nicht unerbittlich, desto beharrlicher aber ein Fräulein Roman, das ihn begeisterte und selbst zur Ehe hätte bewegen können. Da er in der Provinzstadt genossen hatte, was zu geniessen war, stand der Abreise nichts im Wege. Seine Reise führte über Avignon. Er kann von dieser Päpstestadt ein Abendessen mit zwei italienischen Komödiantinnen und Wanderdirnen, dann ein Abenteuer mit einem sonderbaren Glücksritterehepaar notieren. Seine nächste Etappe, Marseille, machte den Eindruck eines Babels, wenn auch sein Wunsch, ein junges Mädchen zu erobern, ihn durch Eingriff des Strassenpöbels in Lebensgefahr brachte. Er nahm sich dennoch dieser kleinen Rosalie an, wobei Sinnlichkeit und Mitleid in gleicher Weise beteiligt waren. Sie, Rosalie, wurde seine Geliebte und begleitete ihn vorläufig auf seinen Reisen. Er war wieder einmal nahe daran, eine Frau bis ans Ende seines Lebens an sich zu fesseln, um nicht mehr das Bedürfnis empfinden zu müssen, von einer schönen Frau zur andern zu jagen. «Mein Schicksal hatte es aber anders mit mir beschlossen, und gegen das Schicksal lässt sich nichts machen.» [14]) Hatte doch Rosalie Grund, schon auf das Kammermädchen eifersüchtig zu sein, das ihr in Genua half, Wäsche zu nähen. Das Verhältnis war denn auch nicht von langer Dauer, denn der erste Geliebte Rosalies drang auf eine Ehe mit ihr. Um sich auf die Entscheidung vorzubereiten, zog sie sich auf einige Zeit in ein Kloster zurück. Wenige Tage der Abwesenheit genügen, um sie durch Veronika, ihr Kammermädchen, und deren Schwester bei Casanova zu ersetzen.

Die Hälfte seines Daseins hatte nun der Lebenskünstler zurückgelegt. Er hatte bisher der Liebe und dem Spiel allein gelebt, denn die in seiner Laufbahn verstreuten Gaunereien zählten nur oberflächlich mit. Eine aufs höchste gesteigerte, vor keiner Schwierigkeit, von keinem moralischen Bedenken eingeengte Sinnlichkeit, trieb ihn mit wilder Gier von Land zu Land, von Stadt zu Stadt, von Abenteuer zu Abenteuer, sei es als Verführer oder als Verführter selbst von niederen Dienerinnen käuflicher Hingebung. Ein Funken genügte, ihn zu entzünden, und er war immer willig, sich entzünden zu lassen, ohne lange zu prüfen und zu wählen. So bleiben es nicht immer ästhetische Begebenheiten, die er in seinen Erinnerungsblättern verzeichnen kann, aber er hat längst aufgehört, wählerisch zu sein. Ihm ist nun jeder Liebeshandel ein Fest, an dessen Erinnerung zu zehren er bis in sein hohes Alter nicht müde wird. Es sind in Hülle und Fülle Begebenheiten darunter, die selbst die laxesten Moralbegriffe der Gegenwart ebenso wie die Staatsanwaltschaft als Verbrechen, die Kirche als Todsünden einschätzt. Aber über solche Alltäglichkeiten glitt das galante Zeitalter leicht hinweg, wenn es sie nicht sogar als Erhöhung der Sinnenlust ansah und nachahmte. Die Weiblichkeit, die der Lebemann jener Epoche eroberte, begann mit dem Kindesalter und endete mit der Greisin. Sie ist stets «von einer Schönheit, die des Meissels eines Praxiteles würdig wäre!» Oft ist sie ausgelassen bis zur schamlosesten Frechheit, dann einmal bigott, die Reinlichkeit hassend, «weil beim Waschen die Hand den Körper berühren muss.» Auch wimmelt es in den Erinnerungen von bisexuellen Frauen und Mädchen, von Inzest treibenden Verwandten jeden Grades und aus jedem der beiden Geschlechter.

Das ausschweifende Leben Casanovas, aus dem er niemals ein Geheimnis gemacht, und sein Ruf als Glücksritter hinderten den Vatikan nicht, ihm den hohen päpstlichen Orden vom Goldenen Sporn zu verleihen. Er hatte durch diese Dekoration ein neues Mittel gefunden, wenig lautere Pläne zu verwirklichen, ohne seine Spielerlaufbahn aufzugeben oder einzuschränken.

Bei einem seiner letzten Besuche in Neapel verliebte er sich in Leonilda, die Geliebte eines Herzogs, derart, dass der Hochzeitstag Casanovas mit dem reich ausgestatteten Mädchen bereits angesetzt war. Die Trauung fand aber nicht statt, da sich die Braut als seine Tochter mit Donna Lukrezia erwies.

Sich in Neapel anzukaufen und Donna Lukrezia als Gattin heimzuführen, so vernünftig dies gewesen wäre, war gegen seine Land-

Papst Alexander VI.

Cesare Borgia.

Lucrezia Borgia.

streichernatur und wurde von ihm zurückgewiesen. Statt dessen brachte er ein junges Mädchen, die Corticelli, gegen den Willen ihrer Mutter nach Bologna, um dort mit ihr und ihren hübschen und gefälligen Freundinnen ein Serailleben zu führen, ohne dass die Mutter der Corticelli Einspruch erhob, da ihre Habgier befriedigt wurde.

Von Modena ausgewiesen, legte sich Casanova den ihm wohlklingenden Namen eines Chevaliers de Seintgalt bei.

In Turin, einer Stadt mit sehr scharfer Sittenpolizei, war Casanova hinter der schönen Jüdin Lia her, einer schamlosen, geldgierigen Kokotte, die ihm gegenüber die Unüberwindliche spielte, um ihm Geschenke abzulocken. Die jungen Arbeiterinnen einer Modistin mussten ihn für seinen anfänglichen Misserfolg bei Lia entschädigen, bis er diese soweit hatte, sich von ihm gebrauchen und missbrauchen zu lassen.

Ein Besuch bei seiner Aixer M. M. im Kloster von Chambery[25]) endete mit einer kleinen Orgie am Sprechgitter, an dem die Nonne selbst weniger als eine blutjunge, frühreife Klosterpensionärin beteiligt war.

Ein Besuch bei der Marquise d'Urfé in Paris sollte seine Vermögensumstände verbessern und seine Beziehungen zu der auf seine Machination schwörenden Madame nicht locker werden lassen. Einige Zufälle, die sich mit Casanovas Angaben deckten, steigerten die Verrücktheiten der Frau von Urfé, «dieser ausgezeichneten Dame».

Die hübsche kleine Roman, der er einst in Grenoble geweissagt hatte, dass sie nach Paris fahren sollte, um dort die Mätresse Ludwigs XV. zu werden, fand er in Marseilles in dieser hohen, für mehr als ehrenvoll gehaltenen Würde kurz vor ihrer Niederkunft mit einem Königskind wieder. Das einst bitterarme Mädchen war auch als Königsliebchen einfach und bescheiden geblieben.

Bei einer Reise nach Augsburg hatte er die Tänzerin Renaud als Begleiterin, willig wie alle ihre Kolleginnen in jener Zeit. Sie waren eben immer erst Dirnen, dann Künstlerinnen.

Ein Abstecher von Augsburg nach München brachte Casanova in grosse Bedrängnis. Er verlor dort sein ganzes Vermögen an Geld und Geldeswert wie seine Gesundheit, die ihm die Renaud gleich dem grössten Teil seiner Habe geraubt hatte. Zu diesem Unglück kam noch, dass sein spanischer Diener Costa ihm fast mit all dem durchbrannte, was ihm von Paris aus von Frau d'Urfé nachgesandt worden war. Auch Diebstähle seines stets für treu gehaltenen Dieners Leduc kamen ihm nun zum Bewusstsein. In Stimmung bedrückter als sonst, kehrte er von München nach Augsburg zurück.

Mit der Wiederkehr seiner Gesundheit stellte sich aber auch die Laune und der nicht zu brechende Optimismus wieder ein. Seine dralle bayrische Köchin und das schmucke Töchterchen des Augsburger Hauswirtes bekämpften erfolgreich die Langeweile der langen und fruchtlosen Wartezeit in Augsburg. Dazu kamen Orgien mit einer italienischen Schauspielertruppe, von denen sich selbst das Elternpaar eines der hauptbeteiligten Mädchen nicht ausschloss.

Ueber die Schweiz begab er sich nun nach Paris. Die Zeit zur kabbalistischen Operation an Frau von Urfé, die diese in einen Mann wandeln sollte, nahte heran und «die erhabene Wahnsinnige» drängte auf die Ankunft des Adepten. Er sollte auch die reine Jungfrau mitbringen, die zu der geheimnisvollen Handlung unbedingt nötig war. Zu dieser war von ihm die Tänzerin Corticelli ausersehen, mit der und ihren Freundinnen er in Bologna sich so köstlich unterhalten hatte. Er berief sie zu sich nach Metz, wo sie mit ihrer Mutter als Gardedame erschien. Kraft seiner Macht erhob Casanova sofort die Corticelli zur Gräfin Lascaris.

Das von Casanova auf das Schlaueste inszenierte Betrugsunternehmen trug aber den Stempel des Misslingens offensichtlich zur Schau, da die Corticelli sich dummdreist den Anordnungen Casanovas widersetzte. Sie drohte ausserdem mit Erpressungen, unterstützt von ihrer ganz zur Kupplerin gewordenen Mutter. Die junge Corticelli deckte endlich der Urfé den ganzen Schwindel von ihrer Jungfernschaft auf, aber ohne sie überzeugen zu können, da Casanova schon all ihren Aussagen vorgebaut hatte, wie er auch schon einen Ersatz für die «Jungfrau» Corticelli oder Gräfin Lascaris zur Hand hat in Frau und Tochter eines im Duell gefallenen Offiziers. Die bisherigen Gräfinnen wurden nach Italien expediert, doch auch die beiden Ersatzdamen blieben in Sulzbach zurück, wo sie sich anständig vermählten, da Madame Urfé sie reich ausgestattet hatte.

Auf der Durchreise in Genf fand Casanova die beiden Schwestern und ihre Base wieder, die ihn bei seiner ersten Anwesenheit beglückt hatten. Seine einstige Wirtschafterin Dubois, jetzt Frau Lebel, liess er aus Solothurn mit ihrem Gatten kommen. Sie brachte ihm auch ihr und sein Kind, einen Knaben mit, den er einundzwanzig Jahre später in Versailles wiedersehen sollte.

In Genf konnte er bei einem seiner opulenten Gastmähler zwei Cousinen, von denen die eine Theologin war, theoretischen Sexualunterricht erteilen, der teilnahmsvolle und gelehrige Schülerinnen fand. Ihre Dankbarkeit für die Bereicherung ihres Wissens belohnten sie ihrem Lehrer gemeinschaftlich durch eine Nacht, in der die Theorie zur weitgehendsten Praxis wurde.

Ein Brief der Urfé nötigte Casanova aber, seine Genfer Liebsten zu verlassen und sich erst nach Lyon, von dort nach Turin zu begeben, wo noch immer ein Heer von Spionen Galanterien erspähten. Derartige Kleinigkeiten hinderten aber einen Casanova niemals, ein Liebesverhältnis mit der Mutter der hübschen Tänzerin Agata anzubahnen, um dadurch die Tochter zu erobern. Dies gelang ihm auch durch diese «vernünftigste aller Tänzerinnenmütter».[26]) Agata wurde seine anerkannte Geliebte, sodass sich ein Lord Percy veranlasst sah, ihm seine

Geliebte, die Tänzerin Redegonda, als Tauschobjekt nebst «soviel als Zugabe wie Sie verlangen», anzubieten, was Casanova aber ablehnte, «Zartgefühl beweisend», wozu er sich als Greis noch Glück wünschte. Er hat aber die Rechnung ohne den Wirt gemacht, denn die praktische Agata willigte ohne ihn in den Handel. Er kam deshalb zustande, wenn auch ohne Tausch und Draufgeld zu Agatas Wohl, die durch den Engländer ein grosses Vermögen erhielt. Bei der Trennung von Casanova vergossen Mutter und Tochter heisse Tränen, und die Mutter versicherte weinend, sie hätte bei Casanova niemals eine andere Nebenbuhlerin als ihre eigene Tochter dulden können.

In Mailand fand er Teresa wieder, nun seit achtzehn Jahren seine immer wieder gern gesehene Liebste, die ihm alle, selbst zu weit ausgedehnten Spaziergängen werdende Seitensprünge nicht nachträgt. Er kann sie niemals unterlassen, auch wenn er die Gelegenheit bei den Haaren herbeizerren muss. Selbst wenn er zwischen zwei Schlachten mit einer Donna eine dritte mit einer anderen liefert, wie in Mailand, wo er die Braut Zenobia, wie eine ledige und eine verheiratete Gräfin, dann Teresa auserkoren hatte und noch über einige Flirts verfügte.[27]) Sie begannen alle in der bei ihm herkömmlichen, längst bewährten Weise und endeten ebenso, wenn auch nach Ueberwindung von mancherlei Schwierigkeiten und mit grossen Geldausgaben.

Von jenen schönen Tagen meint Casanova: «Ich liebte, ich wurde geliebt, ich war gesund, ich hatte viel Geld, ich verschwendete es zu meinem Vergnügen, und ich war glücklich. Dies sagte ich mir gern und lachte dabei über die dummen Moralisten, die behaupteten, es gäbe kein wahrhaftes Glück auf Erden!»[28])

Auf einem Schloss in der Nähe von Marseille verführte er die junge Gräfin Clementia. Sechs Jahre nachher, auf seiner Rückkehr aus Spanien, hörte er von ihrer glücklichen Ehe mit einem Marchese.

Trotz grossen Spielerglücks fuhr Casanova mit 1000 Zechinen weniger von Mailand ab, als er bei seiner Ankunft besessen hatte. In Begleitung einer jungen Dame, die er zu ihrer Familie bringen soll, reiste er nach Genua. Das Mädchen war von seinem Verführer in Genua verlassen worden und wäre ohne Casanovas Eingreifen zu Grunde gegangen. Er gab sie für seine Nichte aus.

In Genua besucht er mit dieser «Nichte» seine einstige Geliebte Rosalie, diese erkennt die «Nichte» als Tochter eines reichen Marseiller Kaufherrn.

Frau von Urfés Anwesenheit in Marseille beschleunigte Casanovas Abreise von Genua, vor der ihn der Besuch seines jüngsten Bruders, eines verkommenen Abbés, noch unangenehm überraschte, der ein Mädchen bei sich hatte. Casanova nimmt sich dieser Marcolina an, einer hübschen, blutjungen Venetianerin. Mit ihr, seiner «Nichte» und seinem Bruder auf einer Barke nach Marseille, erhält er unterwegs die ersten Liebesbeweise der «Nichte», die ihm bisher energisch versagt worden waren. In ganz kleinen Tagesreisen geht es nach Marseille, «dem Grab des Liebesglückes mit der Nichte», weiter zu Frau von Urfé, die seit drei Wochen ihren Propheten Casanova erwartete, der sie in ein Lügengewebe gehüllt hatte, aus dem es für diese arme Millionärin kein Entweichen mehr gab. Seines Bruders und eines anderen Burschen, dem dieser sich als Helfer zugesellt hatte, entledigte er sich, da beide nicht abgeneigt waren, ihre Hilfe bei dem Betrug an Frau von Urfé zu Erpressungen zu benutzen. Nur auf Marcolina konnte er sich verlassen, und ihr wurde eine Hauptrolle bei der sogenannten Verwandlung von Frau von Urfé zugeteilt. Eine erotische Betrugskomödie, die der Komik nicht ganz entbehrte, spielte sich nun ab, ohne bei der genarrten Närrin irgend welchen Verdacht zu erwecken, trotzdem die dicksten Farben aufgetragen worden waren. Casanova bereute selbst seinen Betrug, meinte aber, dass er durch Aufklärung die alte Dame unglücklich gemacht hätte und sie in die Fänge eines noch rücksichtsloseren Betrügers, als er es war, geraten wäre.

Frau von Urfé war nach Lyon gereist, die «Nichte», seine Reisebegleiterin, glücklich vermählt, so hielt nichts mehr Casanova und Marcolina in Marseille. Ein Wagenunfall unterwegs liess die beiden Reisenden Unterkunft in einem Schlosse an der Strasse nach Avignon erbitten. Die Besitzerin verbrachte die Nacht in Gesellschaft Marcolinas. Es war Henriette, die sich auch diesmal der Umarmung ihres einstigen Geliebten Casanova entzog, und, wie einst vor Jahren in Genf, jetzt in Avignon sich ihrem Geliebten von ehedem nach seiner Abreise durch einen lakonischen Brief zu erkennen gab.

In dieser Päpstestadt finden sie Irene wieder, die Casanova einst von ihrem Vater, dem Spieler Rinaldi, gekauft hatte. Die Marcolina eroberte sie für sich. Bei dieser Gelegenheit erzählte sie ihrem Geliebten, wie sie, die schon als Backfisch homosexuell veranlagt gewesen, durch ihren Beichtvater im Beisein ihrer damaligen Freundin mit dieser zusammen von dem Beichtiger verführt worden sei.

In Lyon traf er Frau von Urfé. Sie drängte nach Paris zu kommen, um dort ihre Mannwerdung abzuwarten. Passano, den Casanova in der Sache Urfé brauchen wollte, ein Spitzbube und Erpresser, machte ihm in Lyon bedeutende Schwierigkeiten bei der Polizei, denen er durch einen pekuniären Aderlass auszuweichen wusste. Das Lyoner Pech war damit nicht zu Ende, denn er traf dort Marcolinas Oheim, der als Kammerdiener des venetianischen Gesandten in London mit diesem, auf der Rückreise nach der Heimat, Lyon berührte. Die Folge davon war die Trennung von der reizenden Bisexuellen, die ihm so sehr ans Herz gewachsen war. Tiefunglücklich sah er das Mädchen scheiden, nachdem ihn eine «geheime Kraft angetrieben, der ich absichtlich keinen Widerstand leistete», sie abreisen zu lassen. Ein neunzehnstündiger Schlaf rettete ihn aus der Verzweiflung und stellte sein seelisches Gleichgewicht wieder her. Gründlich! Lässt er sich doch durch die Tränen der schönen Adèle Moreau rühren, sie in seinem engen Wagen nach Paris mitzunehmen, wenn er auch überzeugt ist, den Reizen dieser neuen Schönheit nicht widerstehen zu können und die Versuchung nicht länger als zwei Tage dauern zu lassen. Sie besiegte ihn sogar schon früher. Vor den Barrieren eines Seinebabels verlässt er sie. Bei Frau von Urfé findet er die gewohnte herzliche Aufnahme. Die alte Dame ist felsenfest von ihrer Schwangerschaft überzeugt. Die Corticelli, die sich so verräterisch gegen ihn benommen, erkannte er als Figurantin auf einer Pariser Bühne. Bei einem Besuch erfährt Casanova, dass sie eine im tiefsten Elend befindliche berufskranke Dirne geworden ist. Er nimmt sich ihrer an, bringt sie bei einem Arzt unter. Doch ihr Leiden ist unheilbar. Sie stirbt.

Nach einigen belanglosen Vorfällen kam Casanova nach London. Er begab sich mit seinem Sohne, den er von Paris mitgenommen hatte, zu Madame Cornelis, unter welchem Namen Teresa in London lebte, verliess sie aber, da sie ihrer Meinung nach eine grosse Dame geworden war und Casanova danach zu behandeln für nötig hielt.

Er machte die Bekanntschaft des Chevalier d'Eon, von dem erst die Untersuchung nach seinem Tode festgestellt hatte, dass er, der sich meist in Frauenkleidern gezeigt, ein Mann sei. Casanova brauchte keine Viertelstunde, «um in ihr (dem Chevalier) eine Frau zu erkennen!»[29])

«Gleich in der ersten Woche lernte ich auch die feinen Badehäuser kennen, wo ein reicher Mann mit einer Vettel von gutem Ton, deren es in London nicht wenige gibt, baden, soupieren und schlafen kann. Man verschafft sich eine herrliche Orgie, die uns sechs Guineen kostet. Mit Sparsamkeit kann man die Ausgabe um ein Drittel ermässigen; aber Sparsamkeit, die das Vergnügen verdirbt, war nicht meine Sache.»[30])

Die Richtigkeit dieser Angaben Casanovas bestätigt E. Dühren aus anderen Quellen.[31])

Da ein solch unruhiger Geist wie unser Chevalier von Seintgalt die Welt durchfegte und zahllose Bekanntschaften anknüpfte, war er niemals sicher, in irgend einer Stadt, auch wenn er sie zum ersten Male betrat, eine dieser alten Bekanntschaften zu erneuern. So ging es ihm in London mit der Tänzerin Binetti, die ihm in Stuttgart gefällig gewesen. Dennoch hatte er, schon sechs Wochen in London, noch kein Mädchen gefunden, das ihm genügt hätte. Da ihm alles Suchen nach einer solchen Flamme nicht glücken wollte, liess er ein Plakat an dem von ihm gemieteten Haus anbringen, durch das er eine Mitbewohnerin suchte. Von etwa hundert Bewerberinnen, von denen Jugend, Schönheit und Kenntnis einer der dem Vermieter geläufigen Sprachen verlangt wurde, wählte er Pauline aus, eine portugiesische Gräfin, die die Heimat einer Liebe wegen, und um einer ihr aufgezwungenen Ehe auszuweichen, fluchtartig verlassen hatte. Trotz ihrer guten Erziehung und Vorsätze wurde Pauline seine Liebste. Wie schon so oft war er auch diesmal bereit, der Geliebten seine Freiheit zu opfern, um sie «von der Beständigkeit seiner Zärtlichkeit zu überzeugen!» [32]) Wie er dies anzustellen gedachte, ist nicht ganz klar. Aber leider durfte er «dies entzückende Weib, den einzigen Sprössling einer erlauchten Familie, die erste Schönheit Portugals, die sich mir in Liebe ergeben hatte,» nur kurze Zeit besitzen. Drei Wochen verbrachten sie in einem Uebermass von Glück, «das keine Feder beschreiben könnte». Doch Pauline erhielt aus Lissabon zwei Schreiben, die ihre Rückkehr im Gefolge haben mussten. Dieses Unglück kam nicht allein und war leichter zu ertragen als die Nachricht vom Tode der Frau von Urfé. Durch ihn war ihm das Versiegen einer fast unerschöpflichen Geldquelle gewiss. Pauline trat ihre Heimreise an, und wieder einmal harrte Casanova als Strohwitwer der Frauen, die da kommen sollten.

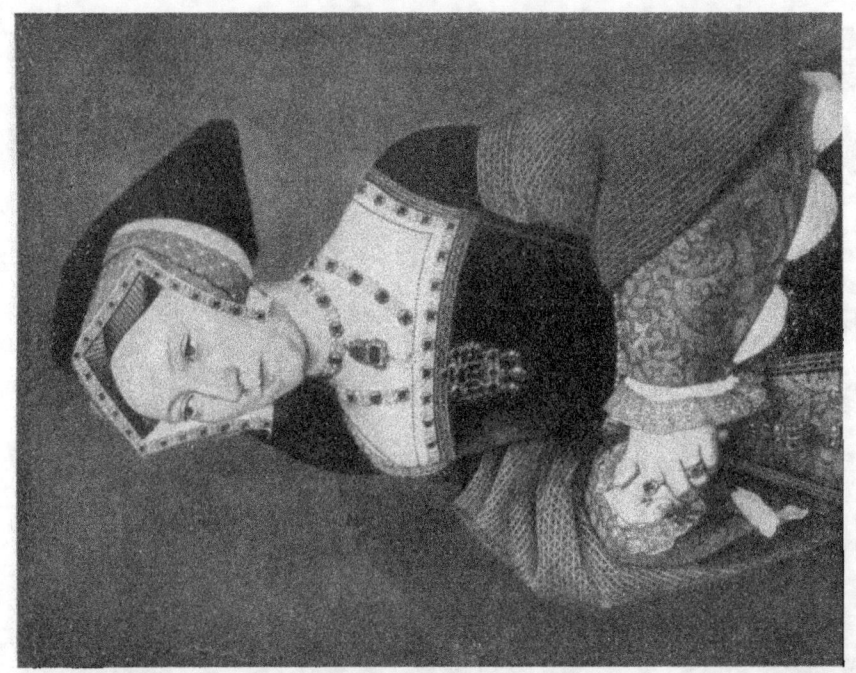

Heinrich VIII. von England.

Jane Seymour, Königin von England.

Anna Boleyn - Gattin Heinrichs VIII. von England.

Katharina Parr.

Zeitgenossin Heinrichs VIII.

Bald darauf lernte er eine italienische Kokotte kennen, sie nannte sich Charpillon, womit, wie er seufzte, sein Lebensabstieg begann. Das junge, bezaubernde Mädchen war eine raffinierte Dirne, wie es ihre Mutter gewesen. Casanova hatte sie ehedem in Genf kennen gelernt und war von ihr betrogen worden. Gauner dienten diesem Weibe als Zutreiber, und der so erfahrene Fachmann fiel ihnen zum Opfer. Es war im 38. Jahre seines Lebens. Casanova rächt sich an der boshaften und intriganten Chapillon in ganz eigenartiger, wenn auch wenig taktvoller Weise. Einem Papagei brachte er den Satz bei: «La Charpillon est plus putain que sa mère,» (Die Ch. ist eine grössere H . . . als ihre Mutter). Er liess dieses Tier öffentlich zum Verkauf ausbieten. Sein Streich und der Ausruf des Tieres bildeten das Tagesgespräch der Londoner Lebewelt, bis der Papagei für fünfzig Guineen verkauft und damit der «Spass» vergessen wurde.

Bei einem Theaterbesuch kam Casanova neben Sarah aus Bern zu sitzen. Einst eine Knospe neben Dubois, der Haushälterin, war sie jetzt zur Blume entfaltet. Sie liess sich von ihrem Nachbarn an die Schäckereien von Bern erinnern, die auch sie noch nicht vergessen zu haben zugab. Einer jener ihm gut gesinnten Zufälle schaffte Casanova das Glück, sich von der unverminderten Zuneigung Sarahs zu ihm überzeugen zu können, und sie mit ihrer Familie in seine Wohnung zu bekommen, da sie augenblicklich keine andere hatten. Aber ein bewundernswertes Taktgefühl liess nun Sarah die Ausnutzung der sich bietenden Gelegenheiten durch Casanova verhindern. Sie wollte eine pekuniäre Verpflichtung nicht durch Zahlung mit ihrer Gunst lösen. So reiste die ganze Familie Sarahs mit dieser nach Bern ab, ohne dass das Mädchen sich dem Geliebten hingegeben hätte. Er fand für seinen Seelenschmerz Balsam in der Bekanntschaft mit fünf Hannoveranerinnen. Es war die immer wiederkehrende Geschichte von einer Mutter mit hübschen Töchtern, die alle erwarten mussten, auf die Strasse geworfen zu werden, da sie ohne Geld waren. Doch da sie «anständige Mädchen und von Stande», wie sie versicherten, war Hilfe kaum zu erlangen, weil der Gegenwert für eine Anleihe in Preisgabe gefordert und verweigert wurde. Selbst einen durch ein hübsches Gesicht so leicht zu bestechenden Casanova hatte Erfahrung nun Zurückhaltung mit Wohltaten gelehrt. Er will bezahlen, aber nicht verschenken. Als er von den Mädchen und ihrer Mutter um Hilfe angefleht wurde, ging er denn auch mit seinen Bedingungen vor. Sie lassen an Deutlichkeit nichts zu wünschen übrig. Angesichts des drohenden Unheils waren seine Hilfsangebote nichts weiter als Notzucht, Rohheit in unverhüllter Form. Er führte auch seine Absicht durch. Die Hingabe der beiden ältesten Mädchen befreite die Mutter aus dem Schuldgefängnis und gab allen sechs Frauen Unterkunft und Essen bei Casanova. Die sechs Mädchen fanden sich bald in ihr Schicksal, indem sie Casanovas «kleinen Harem» bildeten. Er bedauerte tief, dass seine grossen Mittel rasch zu Ende gingen, sodass er nicht daran denken konnte, diesen Damenkreis ständig an sich zu fesseln. So gingen die Mädchen nach und nach von ihm. Eine wurde durch Vertrag mit der Mutter die Geliebte des Lords Pembroke. Die Aelteste folgte ihrem Liebhaber nach seiner Heimat Neapel. Mit drei Töchtern verliess nun die Mutter England, um nach Hannover zurückzukehren.

Nach ihrer Abreise prüfte Casanova seinen Besitz und fand ihn vom Nullpunkt unweit entfernt. Um sein Vermögen aufzubessern, beschloss der Abenteurer, Lissabon aufzusuchen. Ein Abenteuer mit einem Betrüger, für den er gutgesagt, zwang ihn, trotz eines Denkzettels von des Betrügers Geliebten, Hals über Kopf London zu verlassen. Seine Kleider und Wäsche musste er in England zurücklassen, da sie ihm sein Negerdiener nicht, wie verabredet, nach Calais gebracht hatte.

Von seiner Krankheit geheilt, brachte Casanova kurze Zeit in Braunschweig und Wolfenbüttel zu, ging dann über Magdeburg und Potsdam nach Berlin. Von Magdeburg nach Berlin brauchte er drei Tage.

Ausser dass er in Berlin die Tänzerin Denis traf, die ihm vor siebenundzwanzig Jahren, er war zehn, sie sechs, als allererste Weibsperson Liebe eingeflösst und ihn geküsst hatte, was ihn nach so langer Zeit zum Liebhaber der Frau werden liess, hatte er in Berlin keine Abenteuer von Bedeutung. Er vertauschte den Berliner Aufenthalt gegen den in St. Petersburg, wo er besseres Fortkommen erhoffte. Er täuschte sich. Die Unglücksfälle nahmen bedenklich zu.

Auf einem öffentlichen Ball, den der Hof Katharinas II. veranstaltete, erkannte er die schöne Strumpfwirkerin Baret, mit der er in Paris vor, bei und nach ihrer Hochzeit ein Verhältnis gehabt hatte. Zu anderen flüchtigen Abenteuern zählte der Kauf von Zaira, einer jungfräulichen Leibeigenen von kaum vierzehn Jahren. Sie war so schön und er so verliebt in sie, dass er sie ohne ihre entsetzliche Eifersucht niemals verlassen hätte. Schläge nach Landesbrauch vermochten nicht, ihre bei einem Casanova unangebrachte Leidenschaft der Eifersucht auszutreiben. Er überliess Zaira einem alten, reichen Baumeister, als er mit der Pariserin Valville, einer als Schauspielerin durchgefallenen Kokotte, Petersburg verliess, um über Riga mit glänzenden Empfehlungsschreiben nach Warschau zu kommen.

Seine Umstände begannen an Dürftigkeit zu streifen, und er scheute nicht mehr davor zurück, vom König ein Almosen auf seine Weise zu erbetteln, da das Spiel mit den Warschauer «Kosaken» zu gefährlich und aussichtslos war. Ein Duell wegen einer Weibersache machte ihn zu einer Warschauer Tagesberühmtheit, doch sein Glücksstern war im Untergang, und die Verweisung aus Polen liess nicht lange auf sich warten.

In Breslau fand er nach düsteren Tagen das ersehnte Reiseerlebnis. Bei einem Besuch lernte er eine junge Dame kennen, die sich aus Not als Kindermädchen verdingen wollte. Er schlug ihr vor, ihm gegen Lohn als Reisebegleiterin zu folgen. Sie war am nächsten Morgen pünktlich zur Stelle, nahm neben ihm im Reisewagen Platz, und er erfuhr, dass sie Maton heisse und bereits zwei Liebhaber gehabt, ein Hemd, einige Strümpfe und Taschentücher als Gepäck habe. Es ging gegen Dresden zu seiner Mutter. In Dresden wurde Maton seine Geliebte. Sie entpuppte sich als geschlechtskranke Dirne. Eine schwere Kur befreite ihn von der Krankheit, die auch von der Breslauerin auf einige Offiziere übertragen worden war. Wieder mit Begleitung, diesmal einer alten Bekannten, der Castalbejac, verliess er Dresden, um über Prag und Wien Portugal zu erreichen. In Wien machte dem Paar die berüchtigte Keuschheitskommission Maria Theresias zu schaffen, sodass «die reizende Frau» vor ihm abreiste und sich nach ihrer Heimat Montpellier begab, um sich mit ihrem Gatten auszusöhnen, dem sie durchgebrannt war. Kaum allein, geriet Casanova in Wien in eine plump angelegte Falle, was ihn mit der Polizei in Konflikt brachte, trotzdem ihn Gauner bei dieser Gelegenheit um einen grossen Teil seines Vermögens bestohlen hatten. Da alle seine Bemühungen, sein Geld wieder zu erlangen und Gerechtigkeit zu finden, nichts nutzten, verliess er Wien, um es mit München zu vertauschen, unterbrach aber seine Reise dahin oft monatelang in ihm zusagenden, für Spiel oder Liebe aussichtsreichen Orten. So hielt er sich in Spa, das allerdings ausserhalb seiner Route lag, wie wegen des Spiels auch wegen der hübschen jungen Merci, der Nichte seiner Wirtsleute, Wochen hindurch auf. Sein Erfolg war freilich nichts mehr als ein Faustschlag auf die Nase.

Die verlassene Frau eines Spielers, der er sich angenommen hatte, starb bei ihrer Niederkunft in Paris, wohin er sie gebracht hatte, und einige Tage später befahl ihm ein königlicher Befehl, sofort Frankreich zu verlassen. Dagegen gab es keine Widersprüche. Als Herr von einem gewissen Alter «in den eigenen Augen» und mit dürftigen Vermögensresten fuhr er ohne Diener und mit geringem Gepäck Spanien zu, überzeugt davon, dass «von diesem Alter das Glück gewöhnlich nichts wissen will, und die Frauen noch weniger».[35])

In Spanien zeigte sich anfangs die Weiberjagd unergiebig, ebenso die Aussicht auf irgendwelche materielle Erfolge sehr wenig befriedigend. Eine Liebschaft mit Ignazia, der Tochter eines adeligen Schuhflickers in Madrid, half ihm einigermassen über die Bedenken hinweg, die ihm die Ebbe in seiner Kasse erregen musste. Sie fing an chronisch zu werden. Auch andere Wechselfälle stellten sich ein, wie Verhaftung und Gefangenschaft. Wenn alle auch gut endeten, so zermürbten sie doch die Nerven des nun nicht mehr stahlharten Abenteurers. Einzelne kleinere Glücksfälle festigten aber wieder seinen Mut, jedoch die Hoffnungsfreude von einst begann zu schwinden, wenn auch noch fast unmerklich für ihn selbst. Immerhin war es ein süsser Trost für ihn, dass er noch immer Frauen zu gewinnen und zu fesseln vermochte, denn dies sah er nach wie vor für seinen Lebenszweck an, der allein schon das Dasein lohnte. Ein Klatsch von Seiten Casanovas zwang ihn, Madrid und die geliebte Ignazia zu verlassen. Ausserdem war seine Börse erschöpft und keine Aussicht vorhanden, sie wieder zu füllen. Auf der Reise nach Italien stiess Casanova auf die Venetianerin Nina, Mätresse eines reichen Adeligen, auf dessen Gut sie lebte. «Ich sah vor mir ein Weib, schön wie Venus, verdorben wie der Engel der Finsternis, eine abscheuliche Prostituierte, die dazu geboren war, einen jeden zu strafen, der das Unglück haben würde, sich in sie zu verlieben. Ich hatte andere Weiber dieser Art gekannt, aber niemals ihresgleichen.»[36]) Um von dieser verruchten Sünderin einen Vorteil zu haben, beschloss ich, mir ihren

Reichtum zunutze zu machen.» Er spielte mit ihr, verlor aber, bis er das Glück etwas verbesserte und einige hundert Dublonen gewann, «was bei meinen damaligen Glückszuständen keine gleichgültige Sache war». Der Spion ihres Liebhabers, von dem sie in Ermangelung anderer Männer Liebesdienste erpresste, wurde zum Zeugen ihrer Hingabe an Casanova. Wie Casanova später erfuhr, war Nina das Kind des Inzestes ihrer Schwester mit dem eigenen Vater, ein Weib, wie es Marquis de Sade zu schildern liebte. Casanova hörte ihre Lebensbeschreibung aus dem Munde ihrer sie hassenden und verachtenden Mutterschwester. Nach Barcelona von ihrem Anbeter berufen, von wo sie von den Pfaffen vertrieben worden war, überredet sie Casanova, sich auch dorthin zu begeben, da sie ihm eine grössere Summe zu leihen in Aussicht stellte. Da Casanova in seinem Leben «weder weise noch vorsichtig war, nahm er seine in Valenzia mit Nina angeknüpften Beziehungen in Barcelona wieder auf, trotzdem er gewarnt worden war. Die Folgen waren ein Mordanfall auf ihn, Verhaftung und Abreise aus Barcelona, die einer Verweisung sehr ähnelten.» Seine Seele weitete sich vor Glück, als er wieder Frankreichs wohltuende Luft atmete, war es doch für ihn die Luft der Gefahrlosigkeit, die es in letzter Zeit für ihn in Spanien nicht mehr gegeben hatte. In Montpellier fand er als ehrsame Frau eines Apothekers eine Abenteurerin wieder, in die er in London verliebt gewesen war. Auch Henriette, die sich zweimal vor ihm zu verbergen gewusst hatte, wenn er zufällig in ihrem Hause weilte, taucht wieder auf als reiche Witwe. Sie macht ihm Geldanerbieten, die er ebenso ablehnt, wie die des Gatten seiner einst als Nichte ausgegebenen Rosalie. «Diese glücklichen, unvorhergesehenen, zufälligen Begegnungen sind die schönsten Augenblicke meines Lebens.» [27])

Sein Leben war nun nicht mehr reich an Momenten des Glücks. Er musste schon oft Geld leihen, ohne jemals in die Lage zu kommen, es zurückzahlen zu können. Die Liebesabenteuer wurden weniger. Ein solches mit der Engländerin Betty, die Casanova aus den Klauen eines französischen Gauners und Zuhälters befreite, war eines der letzten im Stile der guten alten Zeit. Dieser Vorfall brachte ihn nach Jahrzehnten wieder nach Neapel, wo er frühere Bekanntschaften erneuert, so mit der einst so geliebten Agata, nun glückliche Frau und Mutter.[38]) Sie fühlte sich aber sehr geneigt, ihm zum Siege über eine Novize, die Gesangsschülerin Callimene, zu helfen. Auch die älteste der fünf Hannoveranerinnen Londoner Andenkens führte ihm in Neapel der Zufall zu. Sie befand sich im Elend und ihr Geliebter im Gefängnis. Seine Fürsprache rettete sie. Ein Ausflug von Neapel nach Sorrent mit Agata und der von ihm geliebten Sängerin war nach seinen Worten für ihn «der letzte Tag wirklichen Glückes».[39]) Dort bedauerte Callimene, so lange gezögert zu haben, Casanova glücklich zu machen.

Noch einmal besucht er Lukrezia[40]) und ihre und seine Tochter Leonilda, die Gattin eines schwerreichen, alten Aristokraten. Er erneut bei Mutter und Tochter die bereits früher gegebenen Liebesbeweise. Auf Veranlassung Leonildas erhielt er von deren Gatten die einst dem Mädchen von ihm geschenkten 5000 Dukaten zurück, ein für seine Verhältnisse unerhörter Glücksfall. Diese Gabe ermöglichte Casanova einen ruhigen, sorglosen Aufenthalt von einigen Monaten in der vornehmen Gesellschaft Roms. Das einäugige Wirtstöchterchen wurde seine Liebste, zu der sich als zweite ihre Freundin gesellen sollte. Dank seiner Verbindung mit seinem alten Freunde, dem Kardinal Bernis, einst Geliebten der Nonne Maria Magdalena, gelang es Casanova, die Härten einer Fürsorgeanstalt für Mädchen beseitigen zu lassen und sich dadurch den Weg zu ebnen, drei der Zöglinge zu verführen, was bei den bigotten Mädchen grosse Ausdauer nötig machte. Es gelang ihm aber auch, alle drei gut zu verheiraten, was ihm bei so vielen seiner Liebsten geglückt war. Er sagt stolz von sich, dass er mit Ausnahme der Corticelli «alle von mir geliebten Mädchen glücklich gemacht hatte».⁴¹)

Das, was Casanova von seinem Leben aufgezeichnet hatte, nähert sich seinem Ende. Der Erzähler selbst ist ein Siebziger geworden, wie der Abschnitt seines Lebens, von dem er noch zu erzählen hat, sich mit dem Greisenalter befasst. Bei der von ihm durchgemachten Ruhelosigkeit lässt es sich leicht begreifen, dass er sich schon mit sechsundvierzig Jahren alt dünkt und sich beschwert, dass man ihm junge Brauseköpfe in der Liebe vorzieht. Und so alt war er, als er im Juni 1771 von Rom abreiste, nachdem er noch in Frascati die Tochter seines Bruders kennen gelernt und zu seiner Geliebten gemacht hatte. «Ich war der Genüsse, die ich dreissig Jahre gekostet hatte, jetzt müde. Ich beabsichtigte zwar, nicht ganz auf sie zu verzichten, aber ich wollte für die nächste Zeit nur ab und zu daran nippen und mich vor jeder Verpflichtung in acht nehmen, die Folgen nach sich ziehen konnte.» ⁴²) Der Titane der Erotik war noch nicht ganz zum Invaliden geworden, hat aber aufgehört, Riese zu sein. Für uns sind daher seine nunmehrigen erotischen Taten und Abenteuer nur Erinnerungen aus seinen früheren Tagen, und im Grunde genommen nichts mehr als Wiederholungen mit unbedeutenden Abweichungen. So z. B. sein Erlebnis mit der Jüdin Lia in Ancona, das sich stark an eines seiner Abenteuer mit einer anderen Jüdin lehnt, beginnt und endet wie dieses mit einem vollen Siege des Eroberers. Aber alles das, was wir aus den Erinnerungen des Abenteurers und Glücksritters Casanova hierhersetzen konnten, genügt völlig, ihn als einen der grössten und eigenartigsten Giganten der Erotik aller Zeiten zu bemessen, als einen der würdigsten Sprösslinge eines Zeitalters, das in der Sittengeschichte die Bezeichnung des galanten trägt.

Nun noch einige Worte über seine Erinnerungen, die Quelle unserer Angaben. Dr. F. W. Barthold, Universitätsprofessor in Greifswald, ein namhafter Historiker, gab 1846 eine Studie von 600 Druckseiten über die historischen Persönlichkeiten in Casanovas Memoiren heraus. Er schrieb:

«Wahrhaft bewunderungswürdig ist, mit welcher objektiven Treue und Wahrheit unser Geschichtsschreiber die persönlichen Verhältnisse beachtet. Soviel Probiersteine uns zu Gebote standen, um den Goldgehalt seiner Angaben zu prüfen, so ist es doch unter den Hunderten von geschichtlichen Zügen kaum ein halbes Dutzend, in denen er irrt, kaum einer, in dem er einer geflissentlichen Fälschung überführt werden kann ... So veredelt sich ein Lebensroman, nach der gewöhnlichen Auffassung nur voll unzüchtiger Bilder, zu einem Werke der ernsten Klio, dergleichen die neue Literatur kein anderes aufzuweisen hat. Casanovas Memoiren sind das vollendetste, ausführlichste Gemälde nicht allein der sittlichen und Gesellschaftszustände des Jahrhunderts, welches der französischen Staatsumwälzung vorausging, sondern auch der Spiegel des Staatslebens in seinen individuellsten Zweigen, der Kirche, der Denkweise der Nationen, der Vorurteile der Stände; der Abdruck der Philosophie, also des innersten Lebens des Zeitalters. Wir möchten behaupten, dass, wenn alle anderen Schriftwerke zur Kenntnis des XVIII. Jahrhunderts verloren gingen, wir in Casanova hinlänglich Stoff besässen, um die unausbleibliche Notwendigkeit einer allgemeinen Umwälzung zu ermessen.»[43])

«Nachdem sich auf der Bühne seines Lebens so ziemlich alle menschlichen Narrheiten, Komödien und Tragödien abgespielt hatten, starb Casanova am 4. Juni 1798, und ein Nachkomme Wallensteins, der Graf von Waldstein, schloss ihm die Augen».[44])

Mit Casanova endete kein grosser Mann und Schriftsteller, aber ein bedeutender Mensch, der auch dann noch unvergessen bleiben wird, wenn der Name anderer, wirklich grosser Persönlichkeiten längst verklungen sein dürfte.

9. DER FANATIKER DER UNZUCHT

Die zur Wissenschaft gewordene Kunde des menschlichen Geschlechtslebens in Vergangenheit und Gegenwart weist Erscheinungen, wie Gilles de Rais, Casanova und die hier geschilderten Weiber, in die dem Sadismus gewidmete Rubrik. Ihr Name rührt von einer der merkwürdigsten Persönlichkeiten des achtzehnten Jahrhunderts her, einem sexual-pathologischen Phänomen, wie sie Dühren nennt, aber auch einem ebensolchen Problem, das zu enträtseln denn doch noch nicht so völlig geglückt ist, wie es der genannte kluge und belesene Autor nach seinen zwei Werken über diesen Mann annahm. Wir wissen, wer er war, doch die Beweggründe für seine Handlungen sind durch einige, wenn auch scharfsinnige Gutachten, lange nicht geklärt.

Die Geschichte seines seltsamen Lebens lässt gleichfalls nur Schlüsse zu, gibt niemals volle Beweise für die laut gewordenen Annahmen über das Seelenleben dieses rätselhaften Mannes, des unfreiwilligen Paten für die Benennung des Sammelbeckens der grässlichsten Perversitäten, die die Menschheit kennt, des *Sadismus*.

Am 2. Juni 1740 wurde *Donatien Alphonse François Marquis de Sade* geboren. Die Stammutter seines Geschlechts war jene Laura, der einst der unsterbliche Klassiker der Italiener, Francesco Petrarca, den Kranz «des ewigen Ruhmes und der ewigen Schöne» um das Haupt gewunden hatte.[1])

Der berühmte oder berüchtigtste Epigone Lauras, unser Marquis de Sade, war eine Reinkultur jener amoureusen Zeit Frankreichs, in der die Liebe und ihre Betätigung zum Kunstwerk erhoben und beschmutzt wurde durch Weib wie Mann. Es war die sie beschönigend «galante Zeit» genannte Epoche, in der die Erotik die allbeherrschende Bedeutung in der höheren Gesellschaft Frankreichs noch mehr als in der jedes anderen Landes erlangt hatte. Für diese Kreise, denen durch seine Geburt Marquis de Sade angehörte, spielte das sexuelle Moment überall eine derartige Hauptrolle, dass eine allgemeine Entsittlichung bis zur förmlichen Vergiftung des Lebens die Folge war.²)

«Ein einziger Gedanke belebte diese Welt, das Vergnügen, die Liebe. Die Genussucht leuchtet aus allen Augen; die Liebesgötter spielen auf den ewig lächelnden Lippen. Sie schauen uns leibhaftig an aus den Schnitzereien der Geräte, aus den Stukkaturen des Plafonds, aus den Malereien der Wände, aus allen Werken des Pinsels und des Meissels. Die reizenden Boudoirs, die bequemen, breiten, einladenden Möbel, das leichte Kostüm der Frauen, alles atmet, lebt, spricht und erinnert an Liebe, aber meist einer Liebe auf Abwegen.» ³)

Diese Fäulnis hatte sich jedoch nicht allein auf die oberen Schichten der Gesellschaft beschränkt. Auch niedere Kreise und die Jugend, vielfach durch die leichtlebigen Eltern der Dienerschaft völlig anvertraut, blieben davon nicht verschont. So auch nicht der junge de Sade. Nach Empfang einer guten Schulbildung wurde der von Zofen und Dirnen aufgeklärte, frühreife Jüngling Offizier bei den Chevauxlégers, als der er den Siebenjährigen Krieg in Deutschland mitmachte. Nach Beendigung des Feldzuges im Jahre 1763 kehrte er nach Paris zurück. Die zur Gewohnheit gewordenen Greuel der französischen Soldateska hatten ebenso zur schrecklichen Entsittlichung der deutschen Lande wie zu der von Offizieren und Mannschaften der Franzosen beigetragen. In dieser Hochschule der Unzucht war aus dem jungen Roué de Sade ein mit allen Hunden gehetzter Wüstling geworden, dessen Ausschweifungen sogar in Paris von sich reden machten. Sein ernster, ganz anders gearteter Vater suchte die Entartung seines Sohnes durch die Heirat mit einer wohlerzogenen, vornehmen, jungen Damme einzudämmen. Die Wahl fiel auf ein Fräulein von Montreuil. Sie vergötterte den jungen Gatten, der aber nicht sie, sondern ihre jüngere Schwester leidenschaftlich begehrte. Von Liebe oder nur Zuneigung dieses Manntieres zu einer Frau war überhaupt niemals zu sprechen. Es konnte stets nur von einer Gier, von bis zur Wut gesteigerten Sinnlichkeit die Rede sein, die mit Vernichtung der Begehrten endete. Nur durch die Unterbringung der Schwägerin in einem Kloster wurde ein Familienskandal vermieden. Die Gattin, stets bereit, einen Entschuldigungsgrund für die Untaten ihres Mannes zu finden und ihm beizustehen, hätte wahrscheinlich den beiden Ehebrechern kein Hindernis in den Weg gelegt, sich zu vereinen. Hatten doch das lasterhafte Leben de Sades und die dadurch hervorgerufenen Skandale, dann die gemeinen Verdächtigungen, wie seine rohe Behandlung, das selbstlose, aufopfernde Weib nicht bewegen können, sich von dem Manne, dem alle Welt wie einem tollen Hund auswich, offen loszusagen. Und dies war eine übermenschlich schwere Aufgabe, wie sie sonst nur eine Mutter durchzumachen in der Lage ist. Hatte sich doch de Sade, nachdem er vergeblich den Aufenthalt seiner Schwägerin zu erfahren gesucht, bereits im ersten Jahr seiner Ehe in den Strudel wildester Ausschweifungen gestürzt und seine Gesundheit wie seine Reichtümer vergeudet. Seine Genossen dabei bestanden aus den berüchtigtsten Wüstlingen der an solchen Gesellen so reichen Weltstadt an der Seine. Er wurde der begehrteste Leiter «der parfümierten Orgien» des Herzogs von Fronsac (von dem noch einige Worte zu sagen sein werden), wie von dessen würdigem Vater, dem Marschall von Richelieu, dann des armen Prinzen Lamballe, den die Lues jung hinwegraffte. Orgien mit Hofherren, Weltdamen, Kokotten und Bordelldirnen wechselten mit Bacchanalen mit Lakaien und widerlichstem Strassenpöbel. Als ebenso gewiegter Kenner der Bordellgeheimnisse wie der Galanterien in den «petites maisons» der Lebewelt, wurde er bald bekannt und gesucht als Ersinner raffinierter Lüste. Selbst im Hirschpark, dem Privatfreudenhaus Ludwigs XV., soll de Sade Orgien inszeniert haben, was nicht zu beweisen, aber immerhin als nicht unmöglich abzulehnen ist.

Im ersten Jahr seiner Ehe kam er auch ins Gefängnis, in dem er von da ab einen grossen Teil seines Lebens zubringen sollte. Den letzten Aufenthalt im Irrenhaus von Charenton zugezählt, war er siebenundzwanzig Jahre hinter vergitterten Fenstern, vierzehn davon in seinen Mannes-, den Rest in seinen Greisenjahren. Die Ursachen seiner Einkerkerungen machten immer viel von sich reden, und verhalfen ihm zur traurigen Berühmtheit. Gleich die Veranlassung zu seiner zweiten Verhaftung am 3. April 1768, war ein bei seinen Zeitgenossen vielbesprochenes Ereignis, so typisch für die Psyche des Marquis, dass sie hier näher behandelt werden muss.

Am 12. und 13. April 1768, also noch unter dem frischen Eindruck der Tagesneuigkeit, schrieb die Marquise du Deffant an den englischen Dichter und Staatsmann Horace Walpole über den Vorfall:

«Hier haben Sie eine tragische und sehr sonderbare Geschichte! — Ein gewisser Comte de Sade, Neffe des Abbé und Petrarcaforschers, begegnete am Osterdienstag einer grossen, wohlgewachsenen Frau von 30 Jahren, die ihn um ein Almosen bat. Er fragte sie lange aus, bezeigte ihr viel Interesse, schlug ihr vor, sie aus ihrem Elend zu befreien und zur Aufseherin seiner «petite maison» in der Nähe von Paris zu machen. Die Frau nahm dies an, wurde auf den folgenden Tag hinbestellt. Als sie erschien, zeigte ihr der Marquis alle Zimmer und Winkel des Hauses und führte sie zuletzt in eine Dachkammer, wo er sich mit ihr einschloss und ihr befahl, sich vollständig zu entkleiden. Sie warf sich ihm zu

Füssen und bat ihn, sie zu schonen, da sie eine anständige Frau sei. Er bedrohte sie mit einer Pistole, die er aus der Tasche zog, und befahl ihr, zu gehorchen, was sie sofort tat. Dann band er ihr die Hände zusammen und peitschte sie grausam. Als sie über und über mit Blut bedeckt war, zog er einen Topf mit Salbe aus seinem Rock hervor, bestrich die Wunden damit und liess die Frau liegen. Ich weiss nicht, ob er ihr zu trinken und zu essen gegeben. Jedenfalls sah er sie erst am folgenden Morgen wieder, untersuchte ihre Wunden und sah, dass die Salbe die erwartete Wirkung gehabt hatte. Dann nahm er ein Messer und machte ihr am ganzen Körper Einschnitte damit, bestrich wiederum mit der Salbe die blutenden Stellen und ging fort. Es gelang der Unglücklichen, ihre Bande zu zerreissen und sich durchs Fenster auf die Strasse zu retten. Man weiss nicht, ob sie sich beim Hinunterspringen verletzt hat. Es entstand ein grosser Auflauf. Der Polizeilieutenant wurde von dem Falle benachrichtigt. Man verhaftete Herrn de Sade. Er ist, wie man sagt, im Schlosse von Saumur untergebracht.» [4])

Sechs Wochen nach seiner Verhaftung wurde er wieder in Freiheit gesetzt, da seine Familie die Verwundete, eine Frau Keller, mit einem Schmerzensgeld von 100 Louisdor entschädigt hatte. Damit war diese de Sade-Affäre erledigt. Die damalige Pariser Gesellschaft hatte sich über sie zuerst entrüstet, dann sie belacht und schliesslich, wenn es ging, sie wiederholt. Für de Sade selbst war es ein Abenteuer, dem ähnliche schon vorangegangen waren und weitere folgen sollten. Hatte sich doch der Kuppler Brissault geweigert, dem kaum den Kinderschuhen entwachsenen Jüngling Freudenmädchen wegen der an ihnen begangenen Brutalitäten zu bringen. Deshalb scheint auch der Vorfall mit der Keller nur eine von zahlreichen ähnlichen Episoden in seiner Lebensgeschichte gewesen zu sein, eine jener «raffinements de débauche», wie er sie bei seinen Orgien als mit Wollust betonte Misshandlungen liebte.

Die Keller war kaum vergessen, als eine der ihren ähnliche Angelegenheit viel Staub aufwirbelte.

«Wenige Jahre vor der Revolution hörten Passanten in einer einsamen Strasse von Paris aus dem Erdgeschoss eines Hauses ein schwaches Wimmern hervortönen. Sie drangen durch eine kleine Tür ins Haus ein und fanden in einer Kammer eine splitternackte, junge Frau, weiss wie Wachs, an einem Tisch festgebunden. Das Blut strömte aus zwei Aderlasseinschnitten an den Armen; die Brüste waren leicht aufgeschnitten und entleerten Flüssigkeit. Die Geschlechtsteile, an denen man mehrere Incisionen gemacht hatte, waren in Blut gebadet. Nachdem sich die Unglückliche von der grossen Erschöpfung erholt hatte, erzählte sie, dass sie durch den Marquis de Sade in dieses Haus gelockt worden sei. Nach beendigtem Souper habe er sie durch seine Leute ergreifen, entkleiden und auf dem Tische festbinden lassen. Ein Mann öffnete ihr die Adern mit einer Lanzette und brachte ihr zahlreiche Einschnitte am Körper bei. Darauf zogen sich alle übrigen zurück und der Marquis befriedigte an ihr seine geschlechtliche Lust. Er wollte ihr, wie er sagte, nichts Uebles antun; aber als sie unaufhörlich schrie, erhob er sich brüsk und ging zu seinen Leuten. Diese Affäre wurde unterdrückt, nachdem die Betreffende eine Geldentschädigung erhalten hatte.» [5])

De Sade setzte darauf sein ausschweifendes Leben in den Sphären der niederen Schauspieler- und Schriftstellerwelt fort, verkehrte mit Leuten von allerschlechtestem Rufe, umgab sich mit Dirnen und liess allen perversen Neigungen freien Lauf. Sein Schwiegervater, Herr von Montreuil, erwirkte schliesslich eine polizeiliche Verbannung des Marquis de Sade auf sein Schloss La Coste in der Provence, wo er an der Seite einer Schauspielerin den in weitem Umkreis ansässigen Adel mit seinen Lastern bekannt machte. Seine Frau, die ihn um die Erlaubnis gebeten hatte, auf das Schloss Saumane zu kommen, um in seiner Nähe zu sein, beging die Unklugheit, ihm die Mitankunft ihrer eben aus dem Kloster entlassenen Schwester anzukündigen. Sade, den die Begierde nach dem Besitze dieser Schwester nicht verlassen hatte, heuchelte vor seiner Frau Gleichgiltigkeit gegen diese. Aber beim ersten Alleinsein mit der Geliebten fiel er ihr zu Füssen, schwur, nur sie geliebt zu haben, und dass alle seine Vergehen die Folgen dieser unglücklichen Liebe gewesen seien. Er erriet aus den Blicken des jungen Mädchens, dass er Erhörung finden werde. So fasste er den Plan, seiner Schwägerin einen Selbstmord vorzuspiegeln und sie dadurch zur Flucht mit ihm zu bestimmen. Die Ausführung dieses Planes gelang und endete in dem «*Skandal zu Marseille*».

Ein stark sensationell aufgemachter Bericht über den Vorfall lautete: «Man schreibt aus Marseille, dass der Graf de Sade, der im Jahre 1768 soviel Aufsehen durch seine Verbrechen an einer Dirne gemacht, an der er angeblich ein neues örtliches Heilmittel erproben wollte, soeben hier ein zuerst amüsantes, später aber durch seine Folgen schreckliches Schauspiel veranstaltet hat. Er gab einen Ball, zu dem er viele Leute eingeladen hatte, und beim Dessert verteilte er sehr schöne Schokoladepastillen, von denen viele Leute assen. Den Bonbons waren gepulverte spanische Fliegen beigemischt. Man kennt die Wirkung dieses Mittels. Alle, die davon gegessen hatten, wurden von einer schamlosen Brunst ergriffen und begingen die tollsten Liebesexzesse. Das Fest artete zu einer wilden, altrömischen Orgie aus. Die keuschesten Frauen konnten der Mutterwut nicht widerstehen, die sie verzehrte. Der Marquis de Sade missbrauchte seine Schwägerin, mit der er dann entfloh, um der ihm drohenden Todesstrafe zu entgehen. Mehrere Personen starben an den Folgen der Exzesse, andere sind noch sehr krank.» [*)]

Nach einer zweiten Meldung erfolgte die Verteilung der Cantharidenbonbons in einem Bordell unter die Insassinnen. Die Dirnen wurden dadurch im Beisein des Marquis und seiner Schwägerin zu den ärgsten

Ausschweifungen vor den in das Haus eindringenden Neugierigen entflammt. Zwei von den Mädchen starben an den Folgen der Vergiftung und der im Tumult erlittenen Verletzungen, und eine durch Selbstmord im Wahnsinn.

Dieser Bericht ist gleichfalls stark übertrieben. Nach der offiziellen Bekanntgabe wurde niemand verletzt, nur einige Personen «leicht belästigt».

Der Marquis war von Marseille aus mit seiner Schwägerin nach Italien geflohen. Wohl aus Angst vor Verfolgung lebte er mit der Geliebten still und zurückgezogen, bis sie nach kurzer Krankheit starb. Mit ihr schied sein guter Engel. Um den Schmerz zu betäuben, fiel er in seine alten Ausschweifungen zurück. Er wurde denn auch in Piemont verhaftet. Nach sechs Monaten konnte er von dort in der Nacht vom 1. Mai 1773 durch Beistand seiner Frau fliehen. Er verliess sie jedoch bald wieder und kehrte mit einer Mätresse 1777 nach Frankreich zurück. Die ihm seelenverwandte Geliebte wurde das Vorbild zu seiner Juliette, einer der Heldinnen seines berüchtigtsten Romanes. Kaum auf französischem Boden, nahm man de Sade gefangen. Als Schwerverbrecher abgeurteilt, kam er nach Paris. Unermüdlich stand ihm die Gattin bei. Mit schwerer Mühe und Aufopferung gelang es ihr, eine Revision des Urteils und dessen Annullierung durchzusetzen. Der Marquis blieb aber, wie wir es heute nennen, in Schutzhaft, aus der ihm wieder die Gattin zur Flucht verhalf. Bald, in einem seiner Schlösser entdeckt, kam er in die Bastille, das grässliche französische Staatsgefängnis. Sechs Jahre brachte er darin zu, bis ihm während der Revolution ein Dekret der konstituierenden Versammlung die Kerkertüre öffnete und ihn wieder auf die Menschheit losliess. Dreizehn Jahre seines besten Mannesalters waren nun unwiderbringlich dahin, doch seine Kraft und seine Leidenschaft für das Böseste des Bösen blieben ungebrochen. Die Kerker, die ihn mehr strafen als bessern sollten, versagten. Sie wurden nur die Ursachen der Steigerung seiner Verkommenheit.

Die Gefängnisse der damaligen Zeit waren fürchterliche Marterkammern, schmutzige, feuchte, dunkle Gewölbe, in denen sich nichts befand als eine Schlafstelle primitivster Art und ein Kübel für die Verrichtung der Notdurft. Bücher und Schreibmaterialien an die Gefangenen zu geben, bedurfte besonderer Erlaubnis, die nur ausnahmsweise erteilt wurde. Die hierdurch unausbleibliche Langeweile steigerte sich zur Krankheit und übte schwere psychische Beschädigungen aus. In der Einsamkeit der Zelle konnte sich die Phantasie des von den heftigsten erotischen Wünschen gepeinigten Mannes in Bildern der Wollust und Grausamkeit ergehen.[7])

«Ersatz für die ihm mit einem Male für lange Jahre abgeschnittene reale Befriedigung übermässigen Geschlechtstriebes konnte er nur in ungeheuerlichen, die Wirklichkeit überbietenden Phantasien finden.» Und sobald er die Erlaubnis zur Benutzung von Büchern erhielt, suchte er in seiner grossen Erfahrung in eigenen Abenteuern, wie in den ihm zu Ohren gekommenen, nach Vorbildern für seine Helden, deren Erlebnisse er in zahllosen Manuskripten festhielt.

Wie die Gefangenschaft und die erzwungene Einsamkeit das Geistesleben nach der sexuellen Richtung hin ablenkt, bewies auch das Beispiel des Grafen Mirabeau, des ebenso bedeutenden Staatsmannes wie Lebemannes. Zu gleicher Zeit wie de Sade in Vincennes gefangen, schrieb er hier seine lasziven Bücher, so das berüchtigte «Ma conversion» (Meine Bekehrung).

Ein merkwürdiger Brief Mirabeau's über dieses Zusammensein mit dem Marquis de Sade hat sich erhalten, der gerade nicht für freundschaftliche Beziehungen der Beiden spricht. «Herr de Sade», so heisst es darin, «hat gestern die Festung in Aufruhr versetzt und mir ohne die geringste Provokation meinerseits die infamsten Gemeinheiten gesagt. Ich würde von Herrn de Rougemont (dem Gouverneur) begünstigt, und damit ich spazieren gehen könne, verweigere man de Sade die Erlaubnis dazu. Er ersuchte mich um Angabe meines Namens, damit er mir nach seiner Freilassung die Ohren abschneiden könne. Ich verlor die Geduld und sagte ihm: Mein Name ist der eines Ehrenmannes, der niemals Frauen zerstückelt und eingesperrt hat, der Ihnen diesen Namen mit dem Stocke auf dem Rücken schreiben wird. — Er schwieg und wagte seitdem nicht mehr den Mund zu öffnen. Es ist schlimm, in demselben Hause mit einem solchen Monstrum zu wohnen.»

Als Sade die grosse Revolution am 29. März 1790 aus dem Gefängnis in Charenton befreite, war sein erster Schritt, die Scheidung von seiner Gattin durchzuführen. Das edle Weib, dem er das Leben in boshaftester Weise zerstört, das er bespuckt, mit Füssen getreten hatte, starb in strengster Zurückgezogenheit am 7. Juli 1810.

Er nahm sich in Paris sofort eine Mätresse ins Haus, trotzdem er als Aristokrat durch den Umsturz aller seiner Güter verlustig gegangen und in bedrängte Lage gekommen war. Seinen Lebensunterhatl suchte er als dramatischer Schriftsteller zu erwerben, doch fand nur eines seiner vielen Theaterstücke Beifall.

Dann erschienen seine obszönen Romane, die ihm zu herostratischem Ruhm verhalfen. Ein Jahr nach seiner Freilassung wurde «Justine» fertig, den er offenbar zum grössten Teil schon im Gefängnis entworfen hatte. Die erste Fassung dieses Romanes ist nur obszön, ohne die breit ausgemalten Greuelszenen der späteren Auflagen, auf die wohl die blutigen Schauspiele der Revolution nicht ohne Einfluss geblieben sein mögen.

Ueber dieses und andere Bücher aus seiner Feder später mehr.

Während der Revolution hatte de Sade sein früher gewohntes Lasterleben wieder aufgenommen. Als er im Jahre 1801 aufs neue verhaftet wurde, fand man sein Schlafzimmer mit grossen Bildern versehen, auf denen die hauptsächlichsten Obszönitäten des Romans «Justine» dargestellt waren. Selbst während den aufregendsten Vorfällen der Revolution sprachen sich de Sades Einfälle herum, die einem kranken Gehirn entsprungen zu sein schienen. So erzählte Rétif de la Bretonne von ihm folgende Geschichte:

Der Marquis benutzte drei Schwestern zur Befriedigung seiner Lüste, indem er zwei von ihnen in einen Käfig sperrte und singen liess. Die dritte musste in einem Zimmer, dessen Wände aus Spiegel bestanden, im Bade sitzen, während er selbst sich mit seiner Mätresse der Wollust hingab.[8])

Derartige Schamlosigkeiten, denen man ja auch in Casanovas Erinnerungen vielfach begegnet, waren nicht immer von Sade ersonnen, und noch lange nicht das Schlimmste. Nichts war eben damals zu toll, um nicht ausgeheckt und ausgeführt zu werden.

«Zu der Bordellwirtin Montigny kam im April 1764 Herr von Rohan-Chabot und verlangte von ihr die Beschaffung eines jungen, gesunden und kräftigen Mannes von geringem Stande für eine sehr schöne Dame von hohem Rang, die bisher nur mit ihrem Gatten verkehrt habe, die aber «étoit curieuse de goûter des plaisirs d'un homme». Er wolle diesen Mann selbst abholen und mit verbundenen Augen zu der Dame führen, die dieser in seiner Gegenwart befriedigen müsse. Es dürfe aber kein Mann von der Leibgarde oder den Musketieren des Königs sein, damit er die Dame nicht wiedererkenne, wenn sie zu Hofe gehe. Am besten sei ein Mann aus der Provinz.»[9])

Wie solche Vorfälle war die Mehrzahl von dem, was der Marquis de Sade als Schriftsteller aufzeichnete und in die Handlung seiner Romane einwebte, vor ihm verwirklicht worden, nur dass er sie in Ausmalung und Breittretung vergröbert und hüllenlos zum Vortrag brachte.

Das Hauptwerk des Marquis de Sade, dem er seine schimpfliche Unsterblichkeit dankte, ist, wie erwähnt, «Justine und Juliette», oder das Unglück der Keuschheit. Anfangs waren die beiden Titelheldinnen in zwei geordneten Werken behandelt. Später erschienen sie vereint in zehn Bänden, von denen vier der Justine, der Rest der Juliette gewidmet waren. Dieser Ausgabe, die in einem Keller gedruckt worden sein soll, sind 104 sotadische Abbildungen beigefügt. Der Sohn de Sades soll diese haarsträubenden Obszönitäten entworfen und radiert haben. Der vollkommenen Gemütlosigkeit des Vaters ist auch dieses Verbrechen am eigenen Kinde zuzutrauen, wenn auch nicht bewiesen.

In der Vorrede zu der illustrierten Ausgabe zeigt sich der Verfasser von der Einzigartigkeit seines Werkes überzeugt. Er betont dabei, dass durch ihn alle vorhandenen Werke dieser Art an Zynismus überboten würden.

Ehe wir eine zur Lebensbeschreibung de Sades unumgänglich nötige Inhaltsangabe dieser beiden Werke geben, sei die Geschichte des Lebens des Verfassers zu Ende geführt. Sie enthält noch einige wenige bemerkenswerte Momente. So seine politische Tätigkeit während der Schreckensherrschaft. Als ein von der früheren Regierung eingekerkerter Aristokrat hatte er sich naturgemäss Sympathien bei den neuen Machthabern erworben. Sie steigerten sich noch, als er, «ein Opfer der Bastille,» lebhaften Anteil an den Ereignissen der Revolution nahm und sich als begeisterter Anhänger der Schreckensmänner aufspielte. Dies war aber mehr eine Folge der Angst eines Vollblut-Adeligen vor diesen blutdürstigen Tyrannen, als Begeisterung für sie und ihre Taten. Er gehörte sogar einem der Regierungsklubs als Schriftführer an, aber ohne sich an politischen Aktionen zu beteiligen; wenn er sich auch als Bewunderer des Wüterichs Marat ausgab, den Charlotte Corday ermordet hatte. Eine hochanzurechnende Tat, seine ihm stets und mit Recht feindlich gesinnten Schwiegereltern vom Blutgerüst gerettet zu haben, passte aber den Terroristen nicht. Sie genügte, ihn als «Gemässigten» über ein Jahr lang gefangen zu halten.

Während des Direktoriums lebte de Sade ganz seiner schriftstellerischen Tätigkeit. Seine vergiftenden Bücher waren für schweres Geld überall zu haben. Ein Kapitalist finanzierte den Vertrieb, der sich auf Frankreich und das Ausland erstreckte. So ging es bis zum Jahre 1801. De Sade hatte eben einen Roman «Zoloë et ses deux acolytes» (Zoloë und ihre beiden Helfershelfer) vollendet. Er war eine heftige Schmähschrift gegen Joséphine de Beauharnais (Zoloë), die Damen Tallier und Visconti, dann Bonaparte, Barras, «die freche Hülle der Unzucht», und andere tonangebende Persönlichkeiten der damaligen Epoche. Diese Gesellschaft sollte sich, nach de Sade, in einem Lusthaus zur Verübung schändlichster Unzucht vereint haben. Ein erotisches Bild zu diesem Roman hat 1805, anlässlich der Kaiserkrönung, der berühmte englische Zeichner James Gillray veröffentlicht. Wir fügen es hier verkleinert bei. Wegen dieser Schmäh- und Schmutzschrift wurde de Sade im März 1801 verhaftet. Nach zweijähriger Haft war dann «dieser unverbesserliche Mensch», der «in einem Zustand beständigen wollüstigen Wahnsinns war», in das Irrenhaus nach Charenton überführt worden. Seine Bücher und Manuskripte hatte die Behörde beschlagnahmt. Die Einschliessung de Sades geschah auf Veranlassung Napoleons und war, da sie ohne gerichtliches Urteil vor sich gegangen war, gesetzwidrig, umsomehr, als der Chefarzt des Irrenhauses von de Sade erklärt hatte: «Dieser Mann ist nicht geisteskrank. Sein einziges Delirium ist das des Lasters, und solches kann nicht in einer Irrenanstalt beseitigt werden.» Diese wie weitere Eingaben an die Regierung blieben aber erfolglos, zur

Freude des Marquis. Der Aufenthalt in der Anstalt war ihm zur Gewohnheit geworden, mit der der nun alt und stumpf gewordene Mann nun nicht mehr brechen wollte und konnte.

Am 2. Dezember 1810 starb der 74-jährige Marquis de Sade ruhig, ohne krank gewesen zu sein.

In seinem Testament ordnete er an, hinter einem Gebüsch auf seinem Landgut eingescharrt zu werden. Die Stelle seines Grabes sei zu bepflanzen, damit dessen Spuren von der Erdoberfläche verschwinden.

«Wie ich hoffe, dass mein Andenken in der Erinnerung der Menschen ausgelöscht werden wird.»

Die Erfüllung dieses Wunsches blieb dem schrecklichen Marquis versagt. Ihn hatte auch nur die ihrem Verfasser zur zweiten Natur gewordene Heuchelei diktiert.

Wie die Caesaren und der Massenmörder Gilles de Rais war de Sade von seiner Bedeutung überzeugt, und ein Unterton des Stolzes klingt deutlich vernehmbar, wenn er von seinen Büchern und seinen Lastern spricht und sie zu verurteilen sucht.

Im Vorwort zu seinem Hauptwerk sagt er: «Nirgendwo ist geschrieben, was man hier lesen wird! Haben wir daher nicht Grund zu glauben, dass dieses Werk bis in die ferne Zukunft dauern wird?»

Nun zu dem Inhalt des an Cynismus von keinem anderen Buche der gesamten Weltliteratur erreichten Werke.

Justine und Juliette, die beiden Heldinnen des Romanes, sind die Töchter eines reichen Pariser Banquiers und werden bis zu ihrem 14. und 15. Jahr im Kloster erzogen. Der Vermögensverfall des Vaters, dem kurz darauf der Tod beider Eltern folgt, zwingt die Mädchen, für sich selbst zu sorgen. Die Aeltere, Juliette, «lebhaft, leichtsinnig, boshaft, mutwillig, sehr hübsch,» längst theoretisch wie praktisch in die Haupt- und Seitenwege des Sexuallebens eingeweiht, freut sich auf die ihr winkende goldene Freiheit, die sie voll auszunutzen gewillt ist. Justine, vierzehnjährig, ist naiv, unverdorben, ein Kind gegen ihre Schwester, gutmütig, zärtlich und sentimental. Auf sie drückt ihr beklagenswerter Verlust und das ihrer harrende Geschick. Juliette sucht sie durch den Hinweis auf die ihr bevorstehenden Wonnen des Geschlechtslebens zu trösten und belehrt sie, wie sie durch ihre körperlichen Vorzüge vielbegehrt, glücklich und reich werden könne. Das tugendhafte Mädchen weist die Ratschläge Juliettes entrüstet zurück und die Schwestern trennen sich. Zuerst wird nun im Buche der Dornenweg Justines verfolgt.

In ihrer Verlassenheit wendet sie sich zuerst an die früheren Freunde ihrer Familie. Sie wird überall abgewiesen. Einige wollen sich das Unglück des schönen, jungen Mädchens zunutze machen und sie verführen. So ein reicher Grosskaufmann Dubourg. In ihrer Abwesenheit hat eine Frau Desroches, bei der Justine wohnt, deren ganze Habe gestohlen, sodass das Mädchen, selbst des Notwendigsten beraubt, in die Hände der Desroches geliefert ist. Um sie für ihre Zwecke auszunutzen, sichert sich das elende Weib die Hilfe einer Demimondaine, einer Frau Delmonse. Diese sucht Justine durch Ueberredung für die Prostitution zu gewinnen, deren Vorteil und Freuden sie in glänzenden Farben ausmalt. Von den Angehörigen dieser Zunft fordert man nie Tugend, wohl aber deren Maske. «Daher bin ich,» sagt die Delmonse, «eine Dirne wie Messalina. Man hält mich aber für keusch wie Lukretia. Ich bin Gottesleugnerin wie Vanini, man hält mich aber für fromm wie die heilige Therese. Ich bin falsch wie Tiberius, doch schätzt man mich für freimütig wie Sokrates. Man glaubt mich nüchterner als Diogenes, aber Apicius [11]) war weniger unmässig als ich. Ich bete alle Laster an und verabscheue alle Tugenden. Aber wenn du meinen Gatten, meine Familie fragtest, würden sie sagen: Delmonse ist ein Engel!»

Marschall Louis François Armand du Plessis, Herzog von Richelieu.

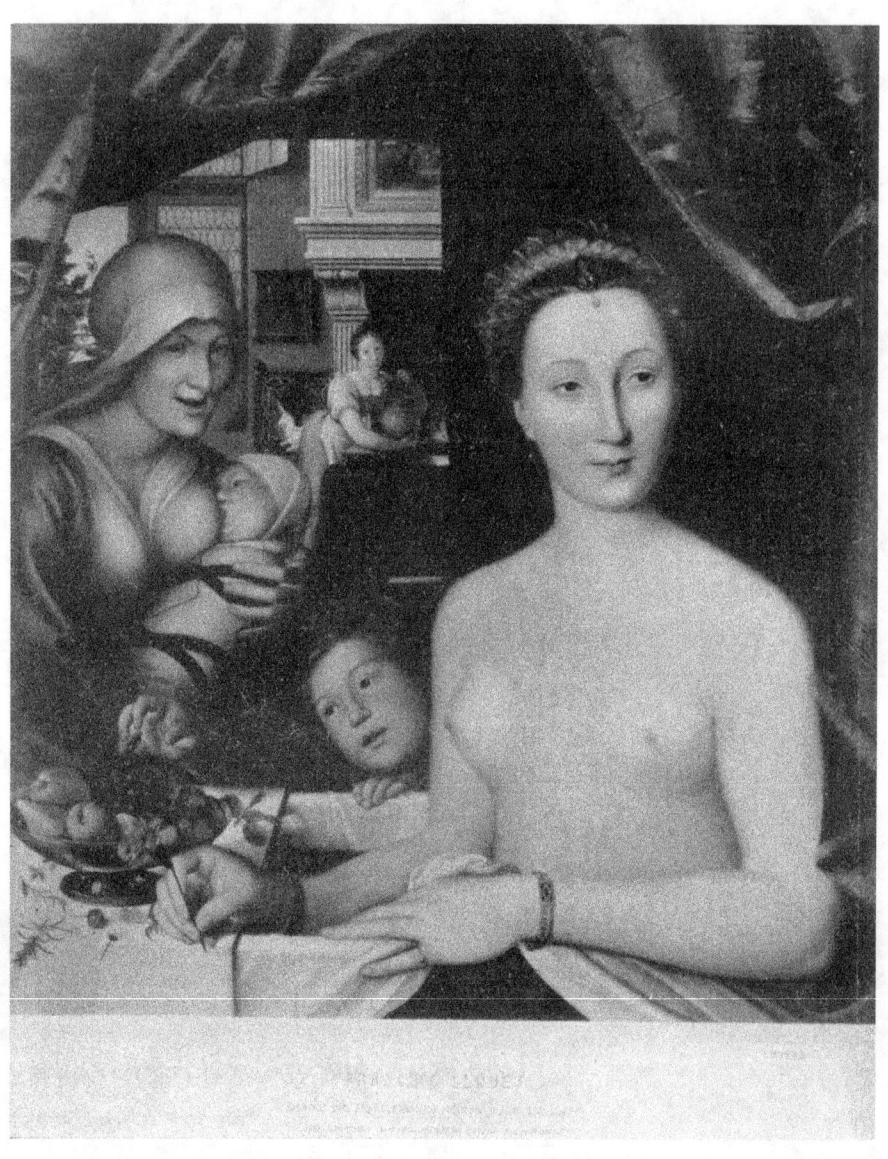

François Clouet, Diana von Poitiers.

Die beiden Weiber bemühen sich, Justine zu verführen. Sie bringen sie nochmals mit dem alten Dubourg zusammen, aber wieder vermag Justine den vereinten Angriffen des Alten und der Delmonse zu entgehen. Aus Rache darüber beschuldigt die Demimondaine die arme Justine, ihr eine goldene Uhr gestohlen zu haben, und so kommt die Unglückliche ins Gefängnis.

Was nun folgt, ist ein Hexensabbath von erotischen Schauergeschichten. Orgien, Verführungen, Vergewaltigungen, Blutschande, Lustmorde, Folterungen, Hinrichtungen, Giftmischerei und unzählige andere Schandtaten pathologischer Frauen und Männer sind mit ekelerregenden Detailangaben geschildert und mit den meisten dieser Szenen, Ausgeburten einer angefaulten Einbildungskraft, ist Justines Schicksal innig verknüpft. Ihre Vergewaltigungen und andere Misshandlungen sind ebenso wenig zu zählen, wie die vielfachen Todesgefahren, in die sie durch ihre Tugend gestürzt wird. Mit Bewunderung heischender Geschicklichkeit stösst sie immer nur auf auserlesene Scheusale männlichen oder weiblichen Geschlechtes. Wie durch ein Wunder entgeht sie stets einem Martertod, meist in Szenen voll blutigster Hintertreppenromantik aus der Periode der Ritter-, Räuber- und Geisterschauerromane. Als sie wieder einmal der Hinrichtung, diesmal der Verbrennung in einer von Richtern veranstalteten Orgie, um ein Haar zum Opfer gefallen wäre, begegnet sie einer von Kavalieren begleiteten eleganten Dame. Es ist ihre Schwester Juliette. Bei der Erkennungsszene ruft Juliette: «Kleinmütige, höre auf, Dich zu wundern! Ich hatte Dir alles vorausgesagt. Ich habe den Weg des Lasters eingeschlagen und auf ihm nur Rosen gefunden. Du warst weniger Philosophin, und Deine verwünschten Vorurteile liessen Dich Trugbilder träumen. Nun siehst Du, wohin sie Dich gebracht haben!»

Justine wird mit Kleidung und Nahrung versehen, und als der Beweis für das Unglück der Tugend, im Gegensatz zu ihrer Schwester, dem Glück des Lasters, hingestellt. Am nächsten Tag beginnt Juliette, um diesen Beweis unwiderleglich zu gestalten, der Schwester und ihren Begleitern ihren bisherigen Lebensgang zu schildern.

Sie beginnt mit dem Bekenntnis, dass sie bereits im Kloster Panthemont, aus dem seit vielen Jahren «die hübschesten und verderbtesten Frauen von Paris» hervorgehen, von der Aebtissin, Madame Delbêne, einer Dame von dreissig Jahren, in die Liebesgeheimnisse eingeweiht worden sei. Nach dem Grundsatz dieser Dame war das Gewissen ein Vorurteil, das durch Erziehung eingepflanzt wird. Junge Mädchen von acht bis fünfzehn Jahren sind ihre Zöglinge, die sie derartige Maximen in Wort und Tat lehrt. In einem Saal der Katakomben des Klosters finden zur Belehrung dieser Novizen fürchterliche Orgien statt, an denen auch Männer teilnehmen. Nach dem Vermögensverlust wird Juliette von der Delbêne der Vorschlag gemacht, in das Freudenhaus der Duvergie einzutreten, wo sich schon eine ihrer Klosterfreundinnen, Euphrosine, befindet. Juliette folgt diesem Rat. Sie wird ein sehr williges Mitglied dieses sehr einsam gelegenen Bordells. Bei ihrer Gelehrigkeit wird sie mit einer schier endlosen Anzahl von Personen aus beiden Geschlechtern bekannt, von denen jede immer anderen, oft an Blödsinn, immer aber an Schwachsinn streifenden Perversitäten ergeben ist. Es gehören sehr starke Nerven dazu, diesem Wust von in der überwiegenden Menge an den Haaren herbeigezerrten phantastischen Unflätereien zu folgen. Woher aber ihr Verfasser die Nerven genommen hat, viele von ihnen zu ersinnen und ruhigen Blutes zu Papier zu bringen, das ist eines der vielen ungelösten Rätsel menschlichen Wahnwitzes.

Die beiden Hauptgründe für die heutige Wertung der Werke de Sades, ihre Bedeutung für die Sexualwissenschaft, dann für die Kultur-

und Sittengeschichte Frankreichs im achtzehnten Jahrhundert, fielen für den Verfasser nicht ins Gewicht, da sie ihm unbekannt sein mussten.

Im Bordell machte Juliette auch die Bekanntschaft des reichen Noirceuil. Er gesteht ihr, um sich an ihrem Entsetzen innig zu freuen, am Ruin ihres Vaters schuld zu sein, den er, ohne eigenen Schaden zu nehmen, hätte aufhalten können. Ferner bekennt er etwas kleinlaut, die Eltern, deren Anklagen ihm gefährlich werden konnten, vergiftet zu haben. Soviel Gemeinheit in einer Person vereint zu finden, begeisterte Juliette zu dem Ausruf: «Ungeheuer, Du machst mich schaudern, aber ich liebe Dich!» — «Den Henker Deiner Familie?» — «Was macht das? Ich urteile über alles «par les sensations». Die von Dir Gemordeten haben mir niemals besondere Gefühle eingeflösst. Aber Dein Geständnis, ihr Mörder zu sein, entflammt mich, erregt meine Begierden!» Da sich hier verwandte Seelen fanden, war Noirceuil hochbeglückt, behielt das gemütvolle Mädchen bei sich im Hause als Gehilfin für seine Schandtaten, ohne sie aber ihrem Beruf bei der Duvergie ganz zu entziehen. Diese Kupplerin hat auch ein Absteigequartier für vornehme, sich prostituierende Damen und junge Mädchen. Sie alle sind mehr oder weniger mit Nymphomanie belastet. Sie verbringen ihre Zeit teils bei der Messe, teils im Bordell, eine Erscheinung, die damals in Paris ebenso wenig selten gewesen sein soll, wie noch geraume Zeit später. Blieb doch über die Revolution hinaus bis tief in die Zeit des Kaiserreiches hinein in Frankreich die Paarung der Unzucht mit Frömmigkeit Modesache.

Doch wie weibliche kreuzen männliche Unholde Juliettes Weg. So der Millionär Mondor, ein Greis von sechsundsechzig Jahren, dem jedes Gefühl des Ekels fremd ist. Dann der Herzog Dendemar. Er schlägt junge Mädchen blutig, zerfleischt sie dann mit den Händen, fügt ihnen Brandwunden zu und zahlt den Verwundeten grosse Schmerzensgelder. Ihn wie Mondor bestiehlt Juliette um grosse Summen, wird aber während ihrer Abwesenheit vom Hause Noirceuils gleichfalls beraubt. Noirceuil ist selbst der Dieb, beschuldigt aber Juliettes Kammermädchen. Er lässt sie verhaften, feiert diese Heldentat und die bevorstehende Hinrichtung des Mädchens durch eine Orgie, der wie gewöhnlich seine Frau — er besitzt augenblicklich die achtzehnte — als Zeugin und Helferin beiwohnen muss. Juliette hat sich von der Duvergie getrennt, lebt ein Jahr im Hause Noirceuils und geht auf eigene Abenteuer aus, wobei sie gern stiehlt und dann stets Unschuldige angibt, was ein Hauptvergnügen für sie geworden ist. Ihr Schutzengel bei diesem Treiben ist der mächtige Minister Saint-Fond, dem ihr Verbrechertalent ungeheuer imponiert. Dieser Einfall vom Minister imponiert nun wieder de Sade derart, dass er bei der Schilderung dieses Ungeheuers besonders dick aufträgt.

«Dabei wird er als der Typus eines schönen, kraftvollen und gesunden Menschen beschrieben. Er ist Alkoholist. Im Verlauf einer Orgie wird die Frau des Noirceuil auf schreckliche Weise getötet. Man reibt ihr den ganzen Körper mit Spiritus ein, steckt brennende Lichter in omnia orificia corporis, sodass sie am ganzen Leibe verbrannt wird und vergiftet sie schliesslich, wobei unter dem Jauchzen des Gatten Noirceuil die übrigen Anwesenden dem Todeskampf zuschauen. Juliette wird von dem Minister Saint-Fond zur Arrangeurin seiner geheimen Orgien bestimmt, richtet sich mit seinem Gelde ein grosses Hotel in der Rue du Faubourg Saint-Honoré ein, erwirbt ein hübsches Landgut oberhalb von Sceaux, eine sehr wollüstig eingerichtete «petite maison» an der Barrière Blanche, die für die Soupers seiner Exzellenz bestimmt ist. Sie wird als 17-jährige Schönheit in die sie bewundernde Gesellschaft eingeführt, hat vier Kammerfrauen, eine Vorleserin, zwei Nachtwächterinnen, eine Haushälterin, einen Coiffeur, einen Koch, zwei Dienerinnen, drei Equipagen, zehn Pferde, zwei Kutscher, vier Lakaien und zwölf Tribaden zu ihrer Verfügung. Ausserdem stellt sie der Minister, der

Giftmord im Grossen betreibt, an die Spitze des «Departementes der Vergiftungen». Er setzt ihr die Notwendigkeit auseinander, in der sich oft der Staat befindet, irgend eine unbequeme Persönlichkeit beseitigen zu müssen. Juliette soll diese Leute vergiften und für jeden Mord 30,000 Francs erhalten. «Es sind wohl fünfzig in jedem Jahr. Das macht für sie eine Rente von 1,500,000 Francs. Die Opfer der geheimen Orgien — denn man tötet gewöhnlich drei Mädchen bei jedem Souper — es gibt zwei Soupers in der Woche — werden das Stück mit 20,000 Francs bezahlt. Juliette erhält also 12,000 Livres Rente als ihre persönlichen Einkünfte, eine monatliche Pension von Noirceuil, eine Million von Saint-Fond für die allgemeinen Kosten der Soupers, die Anweisungen auf 20,000 oder 30,000 Francs für jedes Opfer, im ganzen jährlich 6,734,000 Francs. Saint-Fond fügt noch 210,000 «Livres de menus plaisirs» hinzu. Er kann dies ja mit Leichtigkeit, da es nicht sein Geld ist, sondern das des Staates, den er ausplündert.»[12])

Bei einem solchen Festmahle lässt Saint-Fond durch Juliette seinen Vater vergiften, kleine Mädchen durch Kerzen verbrennen, andere auf die Bratspiesse stecken und lebendig rösten.

Wie man sieht, schöpft der Verfasser aus dem Vollen. Ihm genügt das Gesagte aber noch nicht ganz. Er bereitet die Steigerung seiner Einbildungskraft durch Hinzuziehung einiger neuer Personen vor.

Um den dankenswerten Eifer Juliettes in Ausübung von Lastern durch Anregungen zu befruchten, macht er sie mit Lady Clairwil bekannt. Diese schöne, junge Engländerin ist kalt, herzlos, unersättlich bei der Tafel wie bei der Wollust. Männer sind ihr Nebensache, ja, sie hasst sie sogar, liebt aber Frauen leidenschaftlich, vernichtet aber auch sie, wenn sie die Laune dazu anwandelt. Als passenden Dritten gesellt den beiden Damen Saint-Fond noch Monsieur Delcour bei, den Henker von Nantes. «Der Gedanke, mit einem wirklichen Henker zusammen zu sein, erregt in Juliette die höchste Wollust.» Von diesem Trifolium werden nun die entsetzlichsten Grausamkeiten verübt. Cloris, ein Verwandter des Saint-Fond, sein Wohltäter, dem er seine Stellung und sein Vermögen verdankt, wird, da seine Frau und seine Tochter die Anträge Saint-Fonds abgelehnt haben, mit seiner ganzen Familie in der unflätigsten Weise erst misshandelt und dann ermordet. Hierauf bringt man Folterinstrumente herbeigeschleppt. Ein Mädchen wird gerädert. Anderen werden die Augen ausgestochen, die Zähne ausgeschlagen, die Glieder zerbrochen. Einen Jüngling zerstückelt man in einem mit Messern besetzten Zylinder, den der Henkersknecht dreht. Die beiden Schwestern der Frau Cloris werden bei einem «enormen Diner» gemartert und hingerichtet. Eine von ihnen lebend gepfählt. Je weiter das Buch Juliettes fortschreitet, desto mehr steigern sich solche brechreizende Geschmacklosigkeiten bis zu Ausgeburten unleugbaren Wahnsinns. So wenn Lady Clairwil ihre talentvolle Schülerin Juliette, um deren Erziehung zu fördern, in die «Gesellschaft der Verbrecherfreunde», in einem Hause einer Pariser Vorstadt, einführt. Die Beschreibung des Baues mit seinen der Wollust und dem Verbrechen geweihten Räumen, seiner Besucher und der darin waltenden Dienerschaft, deren Uniform in Nacktheit besteht, ist sehr ernst gemeint, aber deshalb stellenweise erfrischend lustig zu lesen. Nur selten findet man im Wirrsal von de Sades Büchern die Charakteristik des Verfassers durch Johannes Scherr so unumwunden bestätigt, wie bei der Schilderung des Klosetts im Hause der genannten Gesellschaft und der darin befindlichen lebenden Abwischmittel. Den Vergleich von Verfassern erotischer Schriftwerke antiker Autoren mit denen christlicher Verfasser der neueren Zeit schliesst Johannes Scherr nämlich mit der Bemerkung: «Ein zweibeiniges Schwein wie den Marquis de Sade hat das Altertum gar nicht aufzuweisen.»[11])

In der Preisliste dieses Hauses steht der Mord obenan. Er darf für hundert Louisdor begangen werden. Bei der Aufnahmeorgie Juliettes fliesst natürlich Blut. Die Clairwil tötet einen Knaben, trinkt dessen Blut und edit testes. In vier Sälen werden zur Feier des Tages scheussliche Wollustorgien gefeiert, bei denen bombastische Reden über die Pracht und Herrlichkeit des Lasters steigen.

Uebrigens sei an dieser Stelle der interessanten Tatsache gedacht, dass derartige Gesellschaften der Unzucht wirklich bestanden haben.

Unter Kaiserin Katharina II. von Russland — sie erscheint hier zum ersten-, aber nicht zum letztenmal in diesem Buch — wuchs die Unsittlichkeit des Hofes zur Prostitution an und breitete sich wie gewöhnlich zuerst beim Adel und den obersten Kreisen aus. So vereinigte sich die vornehme Petersburger Gesellschaft zu einem «Physischen Klub», einem Verein, zu dessen Ausschweifungen nur Eingeweihte Zutritt hatten. «An gewissen Tagen kommen die männlichen und weiblichen Mitglieder zusammen, um gemeinsam Orgien zu begehen. Männer liessen ihre Frauen, Brüder ihre Schwestern als Mitglieder aufnehmen. Wie in dem «kleinen Zirkel» der Kaiserin in der Eremitage, gab es auch hier strenge Prüfer und Prüferinnen. Nur junge und schöne Frauen fanden Aufnahme. Männer mussten ihre Stärke und Gewandtheit im Liebeskampf nachweisen, ehe ihnen die Mitgliedschaft bewilligt wurde. Männer entschieden über die Aufnahme von Frauen und umgekehrt. Die Gesellschaftsabende wurden mit einem schwelgerischen Mahl eröffnet, das in eine wüste Orgie überging.»[14])

Ueber die Paarung der Anwesenden entschied widerspruchslos das Los. Als während der französischen Revolution die russische Polizei den Befehl erhielt, den ihr schon seit langem bekannten «Physischen Klub» aufzuheben und die Mitglieder zu verhaften, fand sie unter diesen so viele Angehörige der reichsten und mächtigsten Familien Russlands, dass man sich mit der einfachen Aufhebung des Klubs begnügte.

Annähernd um dieselbe Zeit wie der Physische Klub in Petersburg, machte während der Regierung der überfrommen und überkeuschen Maria Theresia eine geheime erotische Gesellschaft in Wien gewaltiges Aufsehen. Nach der unzüchtigen Gebärde der Fica (Feige) nannte sich der Verein «Feigenbrüderschaft». Seine Orgien feierte er in Nussdorf an der Donau bei Wien; seine Leitung lag in den Händen der Brüder Rottenburg, den Söhnen eines Danziger Bürgermeisters.

Eines Nachts wurde die ganze Rotte von der Polizei gefangen genommen. Da sich eine Anzahl respektabler Persönlichkeiten unter den Feigenbrüdern und -schwestern befanden, scheinen nicht allzu harte Strafen verhängt worden zu sein. Die beiden Danziger mussten allerdings am Pranger stehen.

Als Gegenstück zu den Feigenbrüdern gab es im Josephinischen Wien den «Freidamenorden». Seine Mitglieder ahmten missverstandene freimaurerische Gebräuche in spielerischer Weise nach, aber nur, um sich allerlei Ausschweifungen hinzugeben. Der Chronist deutet das schamhaft damit an, dass ihre Unterhaltungen «aus einer ganz absonderlichen Verschmelzung der Arbeiten des Herkules mit den Abenteuern der Liebesgöttin hervorgingen.»

Im Jahre 1795 erfolgte das polizeiliche Verbot dieser Gesellschaft.

Von einem Damenklub ähnlicher Tendenz während des zweiten Kaiserreiches erzählt Graf de Viel-Castel:

«Heute erfuhr ich von einem ganz grossen Skandal, den man sich unter Diskretion erzählt. Es ist ein Kapitel, wie aus der schlimmsten Regentschaftszeit.

Frau von Nesselrode war gegen Anfang des Winters aus Russland nach Paris gekommen. Sie war hier bald mit einem jungen Russen an-

Jeanne Louise Arm. Sophie de Richelieu, Gräfin von Egmont.

Aus dem Hirschpark.

Eine der Maitressen Ludwig XV.

Der Neugierige - Gemälde von J. B. Pater (1695-1736).

Die Ueberraschung - Gemälde von A. Maurin (1799-1850)

Badelust - Gemälde von A. Watteau

Das ländliche Bad - Gemälde von A. Watteau (1684—1721)

Kaiserin Katharina I.

zutreffen, der, wie man sagt, ihr Liebhaber gewesen war vor ihrer Heirat mit Nesselrode, dem sie drei- oder vierhunderttausend Livres Rente in die Ehe mitgebracht hatte. Bis hierher ist an der Sache nichts Ausserordentliches; es ist der gewöhnliche Lauf dieser Welt. Eine reiche Metze ist beinahe so viel wert, wie eine anständige Frau, und dreihunderttausend Rubel Rente gelten mehr als eine oft fragwürdige Jungfernschaft. Also, die Nesselrode und ihr Geliebter fingen wieder, ich weiss nicht zum wievielten Male, mit ihren Flitterwochen an, als zwischen der obengenannten grossen Dame und zwei andern Frauen der russischen Aristokratie, der Mme. Zeba und der Fürstin Kalerdjy, eine seltsame Verbindung zustande kam.

Diese drei gerissenen Weiber, lustig, wenig von Skrupeln geplagt, aber umsomehr darauf aus, ihre schwindende Jugend nach Kräften zu geniessen, schmiedeten das Projekt einer Orgiengesellschaft. Jede Woche bildeten sich zwei Gruppen: die eine widmete sich den eigentlichen Zwecken der Gesellschaft, die anderen gaben Benefizvorstellungen für sich selbst, und' um aus diesen Vorstellungen den richtigen Nutzen zu ziehen, bedienten sie sich einiger Liebhaber aus den Kreisen der freien Literaten. Die Nesselrode stellte sich unter den Schutz des jüngeren Dumas, die Kalerdjy unter das Patronat Alfred de Mussets; die Zeba allerdings scheint mir aus einem Stoff gemacht, als repräsentierte sie in ihrer Person die Bedürfnisse einer ganzen Familie. Zwischen diesen drei Weibsen und ihren Beratern entwickelte sich nun ein Unzuchtsbetrieb, der geradezu gigantische Dimensionen annahm. Darauf hatten es jene Spezialisten in der Bordellkunst von Anfang an abgesehen. Man zog allerlei Fachautoren zu Rate, man ergründete ihre verschiedenen Systeme, und am Ende musste der höchst unedle Marquis de Sade wohl zittern vor Freude über die Schändlichkeiten, deren intellektueller Urheber er war. Alexander Dumas, der Jüngere, dieser Negerstämmling, der nach drei Generationen seines aus Ehebruch hervorgegangenen Geschlechts seine schwarze Hautfarbe noch kaum verloren hatte, dieser Urenkel aus der wilden Ehe eines Marquis de la Pailleterie mit einer Negerin aus St. Domingo, fand in der Nesselrode die allergelehrigste Schülerin. An der Hand des Sade demonstrierte er ihr alle Reize der Prostitution, die Erhabenheit der Messalina, wie sie das Lager des Claudius verlässt und hingeht, um die Leute auf dem Forum anzusprechen oder die sinnliche Begierde der Stammgäste in den Kneipen zu befriedigen. Die Lektion trug ihre Früchte; die Nesselrode ging auf die Boulevards und bot sich den Passanten an. Heekkeren (der Deputierte), begegnete ihr zweimal und brachte sie heim, um ihr wegen ihres unsittlichen Treibens den Text zu lesen. Aber nichts vermochte sie zu bessern, und das Ende des Ganzen ist nun, dass ein Befehl aus Petersburg die Gräfin nach Russland zurückberuft.»[15])

Der geistreiche Verfasser schreibt einen Teil der Schuld an derartigen Vorfällen dem Marquis de Sade zu:

«Man weiss den ganzen Umfang des Uebels, das durch die ungeheuerlichen Werke des Marquis de Sade («Justine et Juliette»!) angerichtet wird, nicht genügend einzuschätzen. Ich spreche nicht allein von den traurigen Resultaten, die durch die Lektüre dieser niedrigen Machtwerke gezeitigt werden, sondern von dem Einfluss, den sie auf die ganze Literatur des XIX. Jahrhunderts ausübten. Hugo in «Notre Dame von Paris», Jules Janin im «Toten Esel», Théophil Gauthier in «Mlle. de Maupin», Mme. Sand, E. Sue, Alfred de Musset und andere Romanschriftsteller, Dumas in seinen Theaterstücken: sie sind alle Verwandte des Sade, alle mischen ein Stück ihres ausschweifenden Lebens in ihre Produktion.

Sie rufen nicht die Liebe an, hold und jung, hinreissend und wonnig wie ein Frühlingswind: sondern die trunkene, taumelnde, ausschweifende Liebe, die übersättigt ist und, wie Tiberius auf seiner Felseninsel Capri, neue Kräfte aus Perversitäten zu schöpfen sucht. All diese Autoren gehen darauf aus, die Schamhaftigkeit ihrer Heldinnen im Leser selbst zu verletzen, den sie berauschen, betäuben, erhitzen und sozusagen ins Bett schicken, vollgepfropft mit Unzucht und bereit zu allen Schändlichkeiten der alten Bacchusmysterien; was sage ich, bereit: — voll Begierde, sich im Kot der Liebesentheiligung zu wälzen!

Evoe!...[16])

Die Adamiten, denen man ähnliche Bacchanalien wie bei diesen Klubs üblichen nachsagte, sind geschichtlich nicht nachweisbar.

Nun weiter zu Juliettes Leben:

Weder ihr Harem von Männern wie der von Weibern, ihre zahlreichen Opfer, ihre Orgien und andere Zerstreuungen genügen der Unersättlichkeit des Mädchens. Sie und ihre Freundin Clairwil lechzen nach Neuem. Bei ihrem Eifer gelingt es den Beiden immer noch, ihnen Unbekanntes aufzufinden. Eine Giftmischerin, die auch wahrsagte, hatte unserer Heldin geweissagt, dass sie sofort ins Unglück geraten würde, sobald sie aufhörte, lasterhaft zu sein. Diese Gefahr schwebte aber noch in weiter Ferne. Um sie hinauszuschieben, benutzten die beiden lieblichen Vertreterinnen des schwachen Geschlechts ihre Bekanntschaft mit der Prophetin, sich von ihr in deren Hauptberuf, die Giftmischerei, einweihen zu lassen. Mehrere Probearbeiten werden mit glänzendem Erfolg ausgeführt und ihr Verlauf von Exzessen begleitet.

So gehen zwei Jahre in dem Treiben dahin, das diese nun ganz verbestierte zweiundzwanzigjährige Juliette Glück und Vergnügen nennt. Als aber selbst sie vor dem Plane Saint-Fonds zurückschreckt, zwei Drittel der Einwohner Frankreichs verhungern zu lassen, um das Land etwas zu entvölkern, scheint ihr Schicksal besiegelt. Vor den Folgen ihres «Rückfalls in die Tugend» von Noirceuil noch rechtzeitig gewarnt, verlässt sie bei Nacht und Nebel das Haus ihres jetzigen Feindes und Paris, reich mit Geld und Edelsteinen ausgestattet, in Begleitung ihrer tüchtigsten Freundin als Kammerfrau. In Anvers eröffnet sie ein Bordell im Stile des der Duvergie, das alle Reichen der Provinz anlockt. Den immens reichen Grafen von Lorsagne, der zu ihren treuen Kunden zählt, weiss sie derart zu umgarnen, dass er ihr seine Hand anträgt. Das Vermögen lockt zu sehr, als dass unsere Heldin hätte ablehnen können. Sie gesteht ihrem Freier von ihren Erlebnissen, was ihr in den Kram passt, spielt geschickt die büssende Magdalena und ebenso talentvoll die treue Gattin. Aber ihre «Vernunft» siegt dennoch endlich über «Vorurteil und Aberglauben». Heimliche Ausschweifung, meist mit Weibern, die ihr zuschwirren wie die Motten der Flamme, versüssen die Eintönigkeit ihrer Ehe. Als sie einem Töchterchen das Leben gegeben, um sich das Vermögen zu erhalten, und da sie erfährt, dass Saint-Fond ihr nachstellt, wird der geliebte Ehemann vergiftet, und sie geht als junge Witwe mit einer Rente von 50,000 Livres nach Italien. Doch nicht als einfache Reisende will sie dieses Land kennen lernen, sondern als gesuchte Kurtisane, um in dieser Hochschule der Unzucht ihr Wissen noch zu bereichern. In Turin lässt sie durch die berühmteste der dortigen Kupplerinnen verkünden, «dass eine junge, schöne Französin zu vermieten sei». Alsbald kommt die Lebewelt in hellen Scharen herbeigeströmt, um sich an dem Wuchs und der Haut — «es gibt hier so etwas nicht» — der schönen Französin zu begeistern. Auch der König von Sardinien zählt zu ihren Kunden, ebenso ein gewisser Sbrigani. Von ihm lernt sie die Geheimnisse des Falschspielens. In der von ihr nun errichteten Spielhölle nimmt sie ihren Anbetern fabelhafte Summen ab, bis ihr und ihrem Lehrherrn der Boden zu heiss wird.

«Die Reise über die Apenninen verschafft ihnen die Bekanntschaft mit einem sieben Fuss drei Zoll hohen Riesen und anthropophagischen

Ungeheuer. Minski — so heisst das Scheusal — lebt als «Eremit des Apennin» in einem befestigten Hause auf der Insel eines Teiches. Die Stühle in diesem Hause sind aus menschlichen Knochen angefertigt; das Haus selbst ist voll von Skeletten. In unterirdischen Kellern sind die zur Verspeisung bestimmten Opfer eingesperrt. Minski, ein Russe, hat grosse Reisen gemacht, die «Unzucht und die Verbrechen auf der ganzen Erde zu studieren und nachzuahmen». Er hat sich jetzt in die Einsamkeit zurückgezogen, um im Verborgenen seinen verbrecherischen Gelüsten freien Lauf zu lassen. Er ist hauptsächlich Menschenfresser und schreibt dieser lieblichen Gewohnheit seine aussergewöhnliche Kraft zu. Er lauert den Reisenden auf, die dann später als Braten und Ragoûts auf seinen Tisch kommen. Auch Juliette, ihre Kammerfrau und Sbrigani sollen diesem Schicksal nicht entgehen. Aber vorher macht er ihnen die Honneurs in seiner Wohnung und zeigt ihnen die sehr bevölkerten Harems, die Keller mit ungeheuren Schätzen. Betört durch die Liebenswürdigkeit Juliettes verspricht er ihr schliesslich, sie am Leben zu lassen, wenn sie niemals einen Fluchtversuch machen werde. Nun gibt es jeden Tag eine neue Unterhaltung. Zunächst geht es zu Tische. Minski trinkt sechzig Flaschen Wein! Man isst an «lebenden Tafeln»! Eine Reihe nackter Frauen, eine an die andere gedrückt, mit gebeugtem Rücken, unbeweglich, bilden die «Tafel», auf der die Lakaien servieren. Kein Tischtuch ist nötig bei diesen schönen «croupes satinées». Man trocknet sich die Finger an den wehenden Haaren der Frauen. Die Speisen sind vorzüglich. Juliette fragt nach dem Genuss eines besonders wohlschmeckenden Ragouts, was es sei. «Es ist Ihre Kammerfrau,» antwortet das Ungeheuer mit liebenswürdigem Lächeln. Hiernach zeigte dieser charmante Menschenfresser seinen Gästen eine Menagerie wilder Tiere, liess einige Frauen aus dem Harem holen und zwischen die Löwen und Tiger werfen. Das alles ist zwar recht amüsant, und Minski verspricht ihnen für die nächsten Tage noch weitere Ueberraschungen, aber Juliette traut der Sache doch nicht so recht. Auch Sbrigani teilt ihre Befürchtungen. Sie beschliessen zu entfliehen. Juliette mischt dem Menschenfresser Strammonium in die Chokolade, aber nur soviel, dass er betäubt wird, denn «ein solches Scheusal darf man nicht töten». Sie raubt aus seinen Schränken alle Schätze und nimmt zwei Frauen, Elise und Raymonde, mit. So kommen sie, beladen mit Bergen von Gold und Silber, nach Florenz.» [17])

Dort errichten sie eine Spielhölle verbunden mit Bordell und Giftbude. Die intime Bekanntschaft mit dem Regenten Leopold, Grossherzog von Toscana, Maria Antoinettes Bruder, bleibt nicht aus. Sie wird durch eine Aufführung von Hinrichtungen gefeiert, bei der die Köpfe im Takt nach Musikbegleitung fallen. In Florenz duldet es sie nicht lange. Sie setzen ihren Stab nach Rom weiter, wo Juliette und Sbrigani ihr Leben in gewohnter Weise fortführen. Als Genossen finden sie die Prinzessin Olympia Borghese und den Herzog von Grillo. Die Prinzessin vergiftet ihren Vater, Juliette die Herzogin von Grillo. — Spass muss sein!

Aber das sind nur kindische Vorspiele grosser Taten. Bei ihnen reift in der Borghese der Gedanken, alle Hospitäler und Altersanstalten Roms in Flammen aufgehen zu lassen. Der Polizeidirektor Ghigi, ein fanatischer Verehrer des Aufhängens von Menschen, und der grosse Physiker Bracciani, der auf Wunsch durch einen künstlichen Blitz ein Mädchen tötet, finden die Idee der Prinzessin reizend. Siebenunddreissig Krankenhäuser werden entzündet, und in dem achttägigen Brand kommen 20,000 Menschen um, was die beiden Urheberinnen in grösste sexuelle Erregung versetzt haben soll.

Als Rom nichts Neues mehr zu bieten vermag, führt der Weg nach Neapel. Er wird durch einen Ueberfall der Räuber des berüchtigten Brisa-Testa unterbrochen. Juliette und ihre Begleiter werden auf dessen Schloss in einem dunklen Verliess eingeschlossen. Juliette hört von der unbarmherzigen Frau des Räubers sprechen, der sie geopfert werden soll. Sie erkennt in ihr freudig die alte Freundin Clairwil wieder; sie ist die Schwester, gleichzeitig die Gattin Brisa-Testas. Bei einem üppigen Mahl erzählt der Räuber seine Lebensgeschichte, triefend von Blut und Perversitäten. Von der Clairwil begleitet, bricht Juliette nach dem Dorado der Unzucht, nach Neapel auf. Als deren bedeutendsten und unermüdlichsten Vertreter werden der König und seine ihm gleichwertige Gattin eingeschätzt. Gleich bei der ersten Begegnung mit der Königin Karoline (Charlotte), der Schwester Maria Antoinettes, kommt es zu einer überaus intimen Befreundung zwischen ihr und Juliette. Aehnliche Orgien unter Beteiligung von Olympia Borghese und der Clairwil in Neapel und seiner Umgebung schliessen sich an, in Ausgelassenheit die der französischen Wüstlinge übertreffend. Vor allem die Königin, «trunken von Wollust und sehr erregt durch Weine und Liköre», wütet in Ausschweifungen. In Salerno wird ein Haus besucht, eingerichtet für geheime Folterungen und Hinrichtungen. Neapel selbst weist ein «Theater der Grausamkeiten» zur Belustigung des Königs auf. Die Beschreibung dieses Theaters beweist, dass die Einbildungskraft des Marquis die Grenze zwischen Phantasie und Wahnsinn, wie schon so oft, auch hier weit überschreitet. Er versichert, wenn wir die Vorstellung gesehen hätten, bei der 1176 Personen, Frauen, Kinder, Männer, von vier Henkern «nackt und schön wie Mars» vom Leben zum Tode gebracht wurden, sie nicht treuer als er hätten beschreiben können. Wir stimmen ihm gern zu, schenken uns sogar die von ihm so eingehend behandelten Einzelheiten, weil sie meist an Stumpfsinn nichts zu wünschen übrig lassen.

In Paestum werden von den drei satanischen Weibern drei junge, unschuldige Töchter einer braven Witwe vergewaltigt und ermordet. Auf Capri ahmt die Gesellschaft die Taten des Kaisers Tiberius nach.

Bei einem Volksfest in Neapel geht es so ungestüm zu, dass 400 Personen getötet werden. Darob hellste Begeisterung der Weiber.

Die Königin, schon längst ihres Gatten überdrüssig, schmiedet mit Juliette ein Komplott, ihn zu vergiften. Bei einer Fahrt nach dem Gipfel des Vesuv wird von Juliette und Clairwil die Olympia Borghese der Kleider beraubt und in den Krater gestürzt.

Die Königin hat Millionen des Königs bei Juliette untergebracht, um mit ihnen nach der Ermordung des Königs nach Frankreich zu fliehen. Juliette verrät aber dem König die Absicht seiner Frau. Diese wird eingekerkert, und Juliette bringt die Schätze für sich selbst in Sicherheit.

Eine Begegnung mit der Giftmischerin Durand hat die Vergiftung der Clairwil zur Folge.

Einige Unterhaltungen von geringerer Tragweite, wie der Mord eines Kaufmannes, der seine lebenden Opfer Schlangen zum Frasse vorwirft — dies ist zwar naturgeschichtlich unmöglich, aber auf so etwas kam es de Sade niemals an — einer Orgie mit Matrosen im Hafen von Ancona, unterbrechen angenehm die Reise nach Venedig. Dort errichtet Juliette mit der Durand ein Bordell. Den Stammgästen dieser Anstalt ist es natürlich vorbehalten, die Schönheitsgalerie de Sadescher Typen um einen erklecklichen Teil zu vergrössern. Sie treiben es aber bei der Juliette etwas zu bunt, deshalb nimmt die Bordellherrlichkeit bald ein Ende. Es wird aufgehoben, das Vermögen der beiden Besitzerinnen beschlagnahmt. Juliette verlässt die Durant, trifft sich in Lyon mit Noirceuil und ihrem nun siebenjährigen Töchterchen. Mit der Beschreibung einer Orgie beschliesst die Erzählung Juliettes. Bei diesem «Feste» werden die beiden Söhne Noirceuils ermordet und das Kind Juliettes ins Feuer geworfen.

Da Justine bei der Erzählung ihrer Schwester einigemale geweint hat, wird die Opferung der unverbesserlichen Tugendheldin beschlossen.

Die Auspeitschung der Frau Lopuchin.

Kaiserin Katharina II. - Nach dem Gemälde von Schebanoff d. J. (1789).

Aber ein Blitzschlag tötet sie, ehe sie gemordet wird. Damit endet die Erzählung. Nur das Schicksal der Zuhörer wird noch kurz erwähnt. Die Erzählerin stirbt zehn Jahre später nach weiteren glänzenden Erfolgen des sie beglückenden Lasters.

*

Die anderen Romane de Sades bewegen sich in denselben Bahnen, wie dieses Hauptwerk, ohne es aber an widerlichem Schmutz zu erreichen. Bei all ihrer Gemeinheit sind sie immer noch zahm zu nennen im Vergleich mit «Justine und Juliette». So «Philosophie dans le Boudoir». In ihm wird die Erziehung eines jungen Mädchens zum Laster erörtert. Wenn de Sade in diesem Werke wie in allen anderen seine sotadischen Schilderungen mit einer sogenannten Philosophie und geistreich sein sollenden Bemerkungen verbrämt, werden sie nicht weniger ekelhaft. Sie sind nur bemerkenswert als Zeichen der Zeit des allgemeinen Niederganges einer mit Recht dem Verderben geweihten Gesellschaft. Sie hat denn auch in ihrer Gesamtheit ihren damaligen Zusammenbruch nie mehr gänzlich zu überwinden vermocht.

10. ZEITGENOSSEN ALS MODELLE DES MARQUIS DE SADE

Wie schon angedeutet, hat de Sade in seinen Romanen ebenso wie eigene Abenteuer auch manche der Wüstlinge seiner Zeit und deren Sexualverbrechen als Anregungen benützt und in seiner Weise verarbeitet. Die Namen der meisten dieser einst allbekannten Säulen der Lebewelt sind längst verklungen. Hier und da führen sie in verstaubten Memoiren aus der Zeit ihres Erdenlebens ein papierenes Dasein, das keinen Nachhall mehr weckt, höchstens den Neid der weniger potenten Epigonen. Die einzelnen Namen, die noch vertraut klingen, haben dies anderen Ursachen zuzuschreiben als den Liebeskämpfen ihrer einstigen Träger. Dies gilt zum Beispiel besonders von zwei der Geschichte Frankreichs für immer angehörigen Namen. Beide berühmt als die zweier Roués, aber unvergessen als die zweier Feldherren. Die Pikanterie dieser Tatsache rechtfertigt allein schon ihre Behandlung in diesen Blättern. Der Vortritt gebührt dem *Herzog Louis François Armand Duplessis von Richelieu*, Marschall von Frankreich und Staatsmann (1696 bis 1788), dem Eroberer von Monaco, dem Grossneffen des Kardinals. Aber ungleich geschätzter als seine Eroberungen und Plünderungen auf dem Felde der Ehre wurden seiner Zeit seine Abenteuer in den Alkoven der Pariser hingebenden Damenwelt. Der Rang, das Aeussere, die Liebenswürdigkeit, die Körperkraft und als gleichfalls nicht unwichtiger Faktor, das Geld, waren die Ursachen seiner Erfolge. Durch allerlei Exzentrizitäten, die Schule machten, suchte er seine Genüsse zu erhöhen. So gehörte es zu seinen Passionen, Mädchen zum Weinen zu bringen. De Sade sagt die gleiche Liebhaberei einem seiner Helden nach. Justine gerät gleich nach ihrer Entfernung aus dem Kloster in die Hände dieses Scheusals.

Die Zahl der Mätressen des Marschalls wuchs ins Unmessbare, da er sie ständig wechselte. Ja, er erklärte es für besonders reizend, die Geliebten zu wechseln. Beständigkeit und Treue waren für ihn eine Art Sklaverei. Gäbe es doch nichts Langweiligeres, als sein Glück immer von dem gleichen Objekt zu erwarten, wodurch die Neugier ausgeschaltet sei. Jedes Weib verdiene einen Tribut, der nur durch Unbeständigkeit zu entrichten sei. Die «hommes supérieurs» — so eine Art «Uebermenschen in der Liebe» — dürften in Dingen der Galanterie keine Vorteile haben.[1]) So brachte dieser in der Lebewelt tonangebende Wüstling es in der Tat in Mode, dass ein allgemeiner Austausch der Geliebten, oft nur bei einem Gastmahl für einen Abend, dann sogar für immer, stattfand.

Schon in jungen Jahren wurde Richelieu zum typischen Vertreter des Rokoko und dessen, was man als glänzenden Hofmann anerkannte und nacheiferte. Bereits fünfzehnjährig wurde er vom Hofe entfernt, weil er einer jugendlichen königlichen Dame sehr gefährlich geworden war. Er kam in die Bastille. Als einer der Ersten hatte er sich eine «petite maison» eingerichtet. In seinem verschwiegenen Palast mit vier ebensolchen Ausgängen, waren Ludwig XV. in Begleitung der Pompadour nicht seltene Gäste bei den opulenten Soupers des Herzogs. In seinen jüngeren Jahren war der Marschall ein berüchtigter Verführer junger Mädchen, dessen Erfolge sprichwörtlich wurden. Schlau und skrupellos, hielt ihn keine Schwierigkeit davon ab, die von ihm erlesene Person zu umgarnen. Mit welcher Zähigkeit er solch ein Ziel zu verfolgen verstand, zeigt die Geschichte seines Verhältnisses mit der schönen Frau de la Popelinière, der Gattin eines reichen Generalpächters.

«Müde seiner Duchessen, selbst der Boufflers, die er, bloss um seine Allgewalt über die Weiber zu prüfen und von sich reden zu machen, für einige Zeit ihrem Luxembourg abgewandt hatte, ersah sich der Duc die schöne und vielgehuldigte Generalpächterin zur vergnüglichen Abwechslung aus, und wusste sie alsbald mit so heiser Leidenschaft zu erfüllen, dass bestochene Türhüter ihm nächtlich das Haus öffneten, und eine vertraute Zofe, Mademoiselle Dufour, ihn auf den Thron der Wollust geleitete. Schon im Winter 1745/1746 muss die Annäherung begonnen haben; denn um diese Zeit lieh Richelieu dem verzweifelten Genfer Musiker im Hause Popelinières seinen Schutz. So dauerte zwischen den flandrischen Feldzügen das sündige Verhältnis mehrere Jahre fort. Richelieus Kammerdiener Stephano musste zur Sicherheit mit jener Zofe einen Liebeshandel anknüpfen, und harrte nachts mit dem Wagen in entlegener Strasse auf den heimkehrenden Gebieter. So argusäugig Monsieur de la Popelinière, durch namenlose Briefe von seiner Schmach in Kenntnis gesetzt, die Treulose bewachte, konnte er den Beleidiger doch nicht ertappen, zumal diesem ohne Lebensgefahr der Aufpasser nicht nachgespäht werden durfte; selbst auf der Villa des Generalpächters in Passy wusste der Entehrer Mittel, sich einzuschleichen. List begegnete der List; Stephano musste sich einmal mehrere Nächte hindurch in eine leere Wassertonne verstecken, weil sein Herr gegen seine Geliebte Verdacht gefasst hatte. Um sich den Genuss so mühe- und gefahrlos, so bequem wie möglich zu machen, kaufte Richelieu unter einem falschen Namen ein Haus, das dicht an das des Herrn de la Popelinière stiess, fand bei der Besichtigung, dass das eine Zimmer nur durch eine dünne Mauer vom Kamin im Kabinett der Dame geschieden war; liess durch wohlbezahlte Handwerker, die mit verbundenen Augen eingeführt wurden, die Stelle durchbrechen und die Oeffnung so geschickt durch die Kaminwand wieder verschliessen, dass er, wie durch eine auf unmerkbaren Angeln stehende Tür, beliebigen Eingang zum Boudoir seiner Geliebten gewann. Dieses Kunststück hatte der Duc unter gefährlicheren Umständen schon dreissig Jahre früher ersonnen und mit Erfolg benutzt. Ueberdrüssig der Zärtlichkeit, welche um 1715 Louise Anne, Mademoiselle de Charolais, die Tochter Ludwigs III. von Bourbon und Urenkelin des grossen Condé, ihm gewidmet, hatte er die Neigung der Charlotte Aglae, Mademoiselle de Valois, Tochter des Regenten, bei ihrem ersten Eintritt in die Welt zu erwecken verstanden und in allerlei sinnreicher Verkleidung, bald als Kaufmannsbursche, bald als bettelnder Galeerensklave, ja selbst in der Tracht der fille de garderobe, verstohlen seine unreine Flamme genährt, als er verwegen genug war, ein Haus, das an das Palais royal und an das Zimmer der Prinzessin stiess, zu mieten, die Mauer durchzubrechen, mit einem grossen Konfitürenschrank zu versetzen, und so allnächtlich die Schande in den Palast der Regenten von Frankreich zu tragen.» [2])

Uebrigens erhob der Gatte der Generalpächterin auch keinen Anspruch, ein Tugendheld zu sein. Er war bekannt durch seinen ausschweifenden Lebenswandel, «da sein Geist, seine Liebenswürdigkeit und Freigebigkeit ihm zahlreiche Erfolge bei der Damenwelt, namentlich den Theaterdamen, verschafften. Schliesslich verstand es eine seiner Mätressen, Therese de Hayes, wie sein Herz auch seine Hand zu erobern. Bis zu deren Fehltritt mit Richelieu war er ihr in treuer Liebe zugetan. Sehr lustig ist es, dass Popelinière aus seinem Missgeschick mit der Gattin und seiner Hahnreischaft ein Theaterstück gemacht hat, das zur Aufführung kam. Witwer geworden, vermählte er sich zum zweitenmal mit einem hochadeligen Fräulein aus Toulouse. Als er 1762 starb, hinterliess er seine Frau schwanger. Seine Vaterschaft wurde bestritten und damit auch die Erbansprüche seiner jungen Witwe.[3]) Nach der Untreue seiner ersten Gattin nahm er seine alten Gewohnheiten wieder auf. Er unterhielt einen geeigneten Agenten zur Herbeischaffung des allmählich immer umfangreicheren Bedarfs an Frauenmaterial für seine erotischen Bedürfnisse. Die sehr kostspieligen Pariser Sängerinnen und Schauspielerinnen, die er mehr aus Eitelkeit als aus Zuneigung zu seinen Geliebten machte, ersetzte er später durch junges Gemüse. Sein Zuführer hatte für ihn Backfische von 13 bis 14 Jahren zu besorgen. Und er bedurfte ihrer in grösserer Anzahl. Richelieu teilte diesen Geschmack, den er sich in den Bordells stillen liess. Ebenso war er aktiver und passiver Flagellation nicht abgeneigt.

In all diesen Ausschweifungen war aber Marschall Richelieu nur Nachbeter der herrschenden Moden, ein Roué, wie sie die Paläste der Aristokratie zu Dutzenden bevölkerten. Seine Erfindungen lagen auf anderem Gebiete. Es waren die kleinen Soupers, bei denen Liebe und Feinschmeckerei Hand in Hand gingen und sich gegenseitig ergänzten. Als weitere Fortentwicklung dieser galanten Mahle waren die gleichfalls von Richelieu ersonnenen «repas adamiques» anzusprechen.

Als einmal der Graf von Charlus und seine Mätresse Madame de Duras mit dem Herzog und dessen Geliebten, Madame de Villeroi, in seiner «petite maison» in der Rue de Clichy speisten und die Hitze unerträglich war, schlug Richelieu vor, «de souper nus». Diese cynische Idee wurde mit Beifall aufgenommen, und die vier ergötzten sich in adamitischem Kostüm an den erlesensten Speisen und seltensten Weinen. Diese Neuerung fand zahlreiche Anhänger. So erschien zum Beispiel Madame de Raiz völlig nackt bei einem solchen Souper des Herzogs von Richelieu, und der Herzog von Grammont liess beim Dessert seine Geliebte, Fräulein Humblot, sich ebenso hüllenlos der Gesellschaft vorstellen.»[*]) Unfern der Gegenwart liess sich die Chansonette La belle Otero in Petersburg bei einer Offizierstafel im Evakostüm auf einer silbernen Platte posierend durch den Saal tragen. Es gibt eben nichts Neues unter der Sonne!

Da mit zunehmendem Alter die Verführungskünste des berüchtigten Herzogs versagten, mussten Geld und Kupplerinnen anstelle der persönlichen Anziehungskraft treten. Eine Kupplerin Surville, genannt La Mule (die Mauleselin), hatte beinahe ausschliesslich Mädchen für die geheimen Zerstreuungen des alten Herzogs herbeizuschaffen. Oft beanspruchten diese Damen so grosse Summen, dass der Herzog einmal seinen mit Diamanten besetzten Degen für 20,000 Livres versetzen musste, um ein Fräulein Delorme für ihre Gunstbeweise zu entlohnen.

Im fortgeschrittenen Alter, als er nur noch eine ausgetrocknete, nach Moschus riechende Mumie war, suchte er äusserlich die alten Gewohnheiten aufrecht zu erhalten, speiste meist in Gesellschaft von Lebedamen, renommierte mit Abenteuern und Erfolgen längst vergangener Tage, wobei er gern über sein nunmehriges Unvermögen eindeutige Witze riss. Zuletzt suchte er Zerstreuung an den Schlüssellöchern bei Kokotten und in Bordellen.

Auch die Zeit war längst vorbei, in der er seine sogenannten Scherze mit Kantharidenbonbons, den «Pastilles galantes», zu machen liebte, wie sie Marquis de Sade im Freudenhaus von Marseille verwendet hatte. Diese Bonbons aus spanischen Fliegen waren bereits im klassischen Altertum als sexuelle Stimulans bekannt und vielverbreitet. Sie wurden aus ihrer Heimat Italien im sechzehnten Jahrhundert durch Katharina von Medici in Frankreich eingeführt, wo sich die «Diavolini» bald einbürgerten. Am Hofe Heinrichs III. und Karls IX. fanden sie zahlreiche Verwendung. Durch Richelieus Propaganda für die so harmlos aussehenden aber umso gefährlicheren Drogen wurden sie am Hofe Ludwigs XV. Mode.[5])

Als würdiger Sohn eines solchen Vaters tritt uns der Herzog von *Fronsac* entgegen, der in den Annalen der Bordellgeschichte bis auf den heutigen Tag fortlebt als Erfinder verschiedener Utensilien zum Raffinement des Liebesgenusses. Er war der einzige Sohn des Herzogs von Richelieu, mit dem ihn aber, wohl infolge frühzeitigster Konkurrenz im Reiche der Galanterie, keinerlei zärtliche Bande verknüpften. Stets war er von einem Schwarm ausgelassener Lebemänner und ausschweifender Weiber umgeben. In seiner «petite maison» in der rue Popincourt wurden wüste Orgien gefeiert, die bis zum Morgen währten und gewöhnlich mit einigen «horreurs» ganz à la Sade abschlossen. Mit Vorliebe zeigte er als Erster jungen Schauspielerinnen den Weg Cytherens, wie zum Beispiel der Mlle. Dubois von der Comédie Française. Auch vornehme Damen versagten ihm ihre Gunst nicht. Im Jahre 1763 kam die Präsidentin de Boulainvilliers zwei- bis dreimal wöchentlich in sein Lusthaus. Die Heirat im Februar 1764 störte Fronsac nicht im geringsten in seinem Rouéleben.[6])

Für Fronsacs Geschmacksrichtung ist auch bezeichnend, dass er als begeisterter Teilnehmer an den «bandes joyeuses» bekannt war. So nannte man eine verabredete Zusammenkunft von Lebemännern, um gemeinschaftlich eine Orgie zu veranstalten. Sie endete meist in einem grossen Skandal, bei dem das Mobiliar des Bordells, in dem sich die Wüstlinge getroffen hatten, zertrümmert und die Mädchen in brutalster Weise misshandelt wurden. Vater und Sohn, wenn auch beide als Weiberjäger eines Sinnes, waren sich abgeneigt, was sich gelegentlich bis zum glühenden Hass verstieg, dem häufig wieder aufrichtig gemeinte Versöhnung folgte, wenn der Adelsstolz, also Rücksichten auf Name und Rang, dies zu fordern schienen.

Das gleiche Temperament wie Vater und Bruder wies Richelieus Tochter, später Gräfin von Egmont-Pignatelli (geboren 1740), auf. Wie

Vater und Bruder war sie keiner Ausschweifung abgeneigt. Die böse Welt behauptete, dass Richelieu durch ihren frühen Tod (1773) nicht nur eine sehr gute Tochter, sondern auch eine untreue aber zärtliche Geliebte verloren habe.

Eine Halbschwester Fronsacs war Frau Rousse. Ihre Mutter, die Frau des Konsuls Cachon in Montpellier, wurde die Mätresse Richelieus. «Ihre Tochter nahm, als sie herangewachsen war, die Stelle ihrer Mutter ein.» [7] Ihr Vater hatte sie mit Rousse, einem Manne in sehr untergeordneter Stellung, verheiratet. Die schöne Frau verstand es, den Roué Jahre hindurch als ihren erklärten Liebhaber zu fesseln. Ein solches Verhältnis erregte, so allbekannt es wurde, weder Widerwillen noch Abscheu in einer sich vornehm dünkenden und so aufspielenden Gesellschaft.

Eine dem Marschall Richelieu als Wüstling gleichwertige aber als Mensch viel höher einzuschätzende Persönlichkeit, war der Sohn der Gräfin Aurora von Königsmark und August des Starken von Sachsen, Moritz, Marschall von Sachsen.

Mit einem kurzen Streiflicht auf eines der grässlichsten menschlichen Ungeheuer, das, um seine bestialischen Gelüste zu befriedigen, sich auf die Menschheit stürzte und sie zerfleischte, soll die Reihe der männlichen Sadisten aus der Zeit de Sades geschlossen werden.

Es handelt sich um *Jean B. Carrier* (1756—1794), unter den Scheusälen der Schreckensherrschaft eines der grimmigsten und ekelerregendsten. Der Rechtsanwalt Carrier wird vom Nationalkonvent als Repräsentant nach Nantes geschickt, dem Rand der lodernden Vendée, die Rossignol buchstäblich in Brand gesteckt hatte. Carrier will untersuchen, was für Gefangene man hier hat, was für Mitschuldige sie haben. Seine Guillotine geht beständig, va toujours, und ebenso seine wollmützige «Kompagnie Marat». Kleine Kinder werden guillotiniert und

Greise.[8]) So schnell die Maschine arbeitet, reicht sie doch noch nicht aus. Der Scharfrichter und alle seine Diener sinken nieder, von der Arbeit ermattet, erklären, dass die menschlichen Muskeln nicht mehr vermögen. Darauf nimmt man etwa tausend Erschiessungen vor. Doch auch das genügt Carrier, dem Scharfrichter und Mörder aus Wollust, noch nicht. Er hat in Nantes sich ein Harem eingerichtet, in den jedes hübsche Weib kommt. Von seiner Oberaufseherin und Geliebten Caron wurden die widerlichsten Orgien veranstaltet, die denen von de Sade geschilderten nichts nachgaben. Schöne Frauen, die er entehrt hatte, wurden ins Wasser geworfen. Dies brachte ihn auf einen, mit seiner sadistischen Veranlagung zusammenhängenden Gedanken, zu einer von ihm als «republikanische Hochzeit» bezeichneten Art der Hinrichtung. Ueber 400 Paare, junge und alte, wurden öffentlich von Nationalgardisten aller Kleider beraubt, dann Leib an Leib aneinandergeschnürt und in der Loire ertränkt. Er liess sie entweder paarweise in den Fluss werfen, oder auf Fähren verladen, die versenkt wurden. Robespierre schickte das Untier auf die Guillotine.

Ein charakteristisches, nicht zu übergehendes Zeichen der damaligen Sittenverderbnis bildet die Geschichte des weiblichen Wüstlingstums unter den «Damen von Welt», also Damen des Hofes, den Aristokratinnen, Künstlerinnen und des vermögenden Bürgertums.

Wie Messalina Männer zur Befriedigung ihrer Lust herbeiholte, selbst ins Bordell ging, so sorgten zahlreiche Frauen in Paris dafür, sich in Unzucht mit dieser Kaiserin-Dirne zu messen. Künstlerinnen in jener Zeit, d. h. Schauspielerinnen, Sängerinnen und Tänzerinnen, waren wohl ausnahmslos, wie dies schon bei Casanova bemerkt wurde, käuflich. Nur die Preise dieser als «Komödiantinnen» maskierten Gelegenheitsprostituierten schwankten von wenigen Francs bis zu 6000 Livres für eine Liebesnacht, je nach ihrem künstlerischen Ansehen und ihrem

Ruf in der Lebewelt. In ihrer Mehrzahl waren sie nichts wie Dirnen, die auf das Glück harrten, als Mätressen reicher Herren versorgt zu werden.

Messalinen aus exklusiven Kreisen empfingen keinen Liebessold, sondern waren stets bereit, ihn zu zahlen. Sie holten sich, wie die gewöhnlichen Strassendirnen, irgend einen ihnen gefallenden Mann in ihr Absteigequartier oder in irgend ein Freudenhaus und entliessen den Stundengeliebten mit einem kleinen Geldgeschenk. Die Kupplerin Préville hatte in der Rue Mazarin ein nur solchen Zusammenkünften dienendes Haus. Ganz wie die Männer ihr Serail, unterhielt jedes dieser Weiber einen männlichen Harem mit maskulinen Mätressen. Einzelne Frauen waren reich genug, sich eigene Lusthäuser zu halten, in denen sie ihre Geliebten unterbrachten und empfingen.

Madame de Saint-Julien ahmte bei den Festen in ihrem Lusthaus im Verkehr mit ihren Verehrern aus den höhern wie niederen Ständen auch den Ton und die Ausdrücke der Roués in all ihrer Eindeutigkeit nach. Die Sittenpolizei beschäftigte sich in grösstem Eifer mit dem Treiben aller solcher Damen, weniger aus Gründen der Moral als um Material zu Skandalberichten zu erlangen, deren Durchsicht, wie erwähnt, zum Morgenvergnügen des Königs Ludwig XV. gehörte.

Zu den Damen, die zu ihren Seitensprüngen sich der Bordelle bedienten, um in ihnen ihre Geliebten zu empfangen oder neue zu werben, gehörte aber auch ein kleines Heer von Gelegenheitsprostituierten, die in Freudenhäusern Verdienst und Zerstreuungen suchten. Besonders die Kupplerin Gourdan war bekannt, neben ihrem offiziellen Frauenhaus eine als Absteigquartier berechnete Filiale zu unterhalten. Sie war der Tummelplatz von Weibern aller Berufsklassen, von Putzmacherinnen, Bürgerfrauen, Choristinnen, Statistinnen und Tänzerinnen, wie von Damen der besseren und vornehmen Gesellschaft. Von ihnen wurde hie und da auch einmal eine von ihrem Gatten in flagranti ertappt, wie die Frau d'Oppy. Die Herzogin von Polignac (1749—1793) machte gar kein Hehl aus ihren Bordellbesuchen. Sie brüstete sich mit ihrem Ruf als hochadelige Dirne und ihren Erfolgen.

11. DIRNEN IM HERMELIN

> ..... In Catherine reign, whom glory still
> adores as greatest of all sovereigns and whores.
> *Byron*, Don Juan VI. 97.

Das flüchtige Bild hochgeborener Kokotten und der Rivalinnen von Handelstreibenden mit ihrem Körper und dem, was sie fälschlich als Liebe feilbieten, wäre kaum angedeutet, wenn jene Weiber hier vergessen wären, die «von Gottes Gnaden» auf die höchsten Höhen der Menschheit gestellt, ihre Position dazu ausnutzten, ihre Leidenschaften austollen zu lassen.

An der Spitze dieser Messalinen schritten erhobenen Hauptes die beiden Katharinen von Russland und die Zarin Elisabeth einher.

Ehebruch auf dem Throne der Zaren gehörte zur Hausregel. Wenn sich der Zar als impotent erwies, wurde seine Stellvertretung im Ehebett als Staatsnotwendigkeit erklärt und der Zarewna die Wahl eines solchen «Kammerherrn» freigestellt.

Peter den Grossen kränkte die Ueberzeugung nicht weiter, dem Romanowschen Stamme nicht entsprossen zu sein. Dafür zu gelten, genügte ihm vollauf. Die Damen dieses erlauchten Fürstenhauses waren meist so fortgeschritten, ihren Trieben, ungehemmt von kleinlichen Bedenken, nachzuleben. Diese Frauen sind meist schlau genug, und haben Mittel zur Verfügung, ihr Treiben zu bemänteln. doch auch ihre Gatten haben besonders geartete Moral und ein Ehrgefühl, die gestatten, Seitensprünge der Gemahlinnen nach Gefallen zu kritisieren oder ganz zu übersehen. Die moskowitische Nichtachtung der Frauen spricht da ein gewichtiges Wörtlein mit. Das Weib wird allein als Lustinstrument bewertet und nach Laune auch einmal als solches einem anderen abgetreten, wie der Gatte oder Liebhaber selbst sich jedes Weib nahm, ohne an eheliche Treue der Frau zu denken. Ehebruch des Mannes gibt es überhaupt nicht. Nur eine Frau kann ihn begehen. Bei der Nichtachtung der Frau schalten auch die Gattin und die Tochter nicht aus. Deshalb wurden auch der Erhaltung des Schamgefühls und der Keuschheit von Gattin und Töchter kaum Wert beigelegt. In welch unerhört gemeiner Weise Peter der Grosse seine Frau bei einem Besuch im Schloss Monbijou zu einer ekelhaften Schamlosigkeit im Beisein der russischen und preussischen Hofgesellschaft zwang, erzählt die Markgräfin von Bayreuth in ihren Memoiren.[1])

Dieses Zarenpaares Tochter Elisabeth, von 1741—1762 auf dem Throne, hatte von ihren Eltern nicht viel Gutes lernen können. Ihre Keuschheit verliert sie schon in einem Alter, da andere Mädchen noch nicht einmal etwas von dem Unterschied der Geschlechter wissen. Von Schamgefühl besass sie keine Spur. Sie war die würdige Tochter ihres «grossen» Vaters, des erhabenen Herrschers, der «als ein Schwein gelebt und als ein Schwein gestorben ist».[2]) Und ihre Mutter war Katharina I. Alexjewna. Das Leben dieser Frau hat an Bizarrerie kein Gegenstück in der Geschichte der Menschheit. Nur das der Kaiserin Theodora von Byzanz lässt sich mit dem ihren vergleichen, doch werden die gehässigen Angaben von der Abstammung, dem Aufstieg und Leben Theodoras von ernster historischer Kritik in Zweifel gezogen. Katharinas aber nicht.

Theodora wurde in Byzanz, dem heutigen Konstantinopel, als die Tochter von Acacius, dem Bärenwärter im Kaiserlichen Amphitheater, und einer ehemaligen Strassendirne, geboren. Sie hatte eine ältere

Schwester, Comito geheissen, die zum Theater gegangen war. Theodora begleitete sie oft, spielte auch in kleinen Rollen mit. Herangewachsen wurde auch sie Schauspielerin. Ihre Spezialität waren lebende Bilder und Pantomimen. In jenen kam ihre Schönheit, in diesen eine gewisse geistreiche Drolligkeit zur Geltung. Bald fiel sie allgemein auf. Sie war nicht gross, aber graziös; ihr Teint war blass, aber das Spiel ihrer Augen lebhaft, feurig, ausdrucksvoll. Die intelligente Person war geistreich und dabei amüsant. Bei geringem moralischen Sinn frönte sie einem ihr natürlichen Hang zum Vergnügen. Das junge Mädchen hatte nicht nur auf der Bühne, sondern auch im Leben Erfolg. Es fehlte nicht an pikanten, oft auch skandalösen Abenteuern, wenn man dem einzigen Berichterstatter, dem sich ihr gegenüber recht gallig gebärdenden Prokop, trauen kann.

Plötzlich verschwindet Theodora. Sie verlässt die Hauptstadt und folgt einem gewissen Hekebolus, dem Gouverneur in der Pentapolis Libyens dorthin. Von ihm nach einiger Zeit verlassen, lebt sie, man weiss nicht wie, in verschiedenen grossen Städten des Orients. Man darf sich das alles so modern wie möglich denken! Endlich ist sie wieder in Konstantinopel. Sie ist in der ersten Hälfte der Zwanzigerjahre. Von ihren Reizen hat sie noch nichts eingebüsst. Aber sie ist des unsteten, abenteuerlichen Lebens müde. Nach etwas Festem, Dauerhaftem sieht sie sich um.

Da kommt sie mit dem Thronanwärter Justinian zusammen.

Nach einer Tradition, die noch im 11. Jahrhundert in Byzanz umlief, führte sie zu dieser Zeit ein sehr zurückgezogenes und korrektes Leben in einem bescheidenen kleinen Hause; sie verliess ihre Wohnung selten und spann Wolle, wie die ehrsamen Matronen der guten alten römischen Zeit.

Sie gefiel Justinian, ja er erglühte in Leidenschaft für sie, er überschüttete sie mit Schmuck und Reichtum, er setzte schliesslich bei seinem kaiserlichen Oheim im Jahre 523 die Heirat mit ihr durch.

Als Justinian 527 an die Regierung kam, wurde Theodora am Ostertage feierlich mit ihm in der heiligen Sophienkirche von der Hand des Patriarchen gekrönt.

In demselben Hippodrom, das sie als kleine Schauspielerin in ihren Anfängen gesehen hatte, geruhte sie, nach dem Brauche der Herrscherinnen von Byzanz die lauten Huldigungen der jubelnden Menge entgegenzunehmen.

So ungefähr lautet die Geschichte, die zehn Jahre nach Theodoras Tode Prokop von ihr erzählt und die die moralische Entrüstung mancher Schriftsteller hervorgerufen hat.³)

Mag nun die Geschichte des Abenteurerlebens der Theodora auf Wahrheit oder Klatsch beruhen, jedenfalls steht soviel fest, dass sie als Kaiserin sich musterhaft sittlich gehalten hat, was Katharina niemals in den Sinn gekommen war.

«Katharina, Peters zweite Frau, ist buchstäblich aus einem öffentlichen Haus gekommen und durch unzählige Hände gegangen. Sie nimmt es weiter mit der Treue nicht genau; verlangt aber auch keine, führt dem kaiserlichen Gatten selbst Liebhaberinnen zu oder freut sich, wenn er von Zeit zu Zeit einen Seitensprung macht, da er nach der Abwechslung immer wieder gern zu ihr, der unverwüstlich Robusten, zurückkehrt. Der Zar holt sich seine Mätressen aus den verschiedensten Gesellschaftskreisen. Sein Adjutant, Generalmajor Tschernitschew, hat eine schöne Frau; der Kaiser legt sie mit Beschlag, und ihr Gatte macht Karriere. Ein Fräulein Hamilton ist lange Zeit Peters Geliebte; aber ihr Kammermädchen Anna Kramer, die den Besitzer ihrer Gunst schon oft genug gewechselt hat, macht ihr erfolgreich Konkurrenz. Die betrogene

Gregor Georgowitsch Orlow.

Graf Alexis Orlow.

Hamilton rächt sich an dem Ungetreuen durch Ermordung des Kindes, das sie vom Zaren hat, sie büsst die Tat mit ihrem Kopf, und ihre Nebenbuhlerin nimmt ihren Platz ein. Ja, die Kramer erhält sogar einen Platz in der Geschichte Russlands; sie wird in das Geheimnis der Ermordung des Thronfolgers Alexej eingeweiht und hilft es behüten, indem sie kaltblütig den Kopf des Enthaupteten wieder an den Rumpf näht. In seinem letzten Lebensjahre hat Peter den Schmerz, zu erfahren, dass ihn Katharina, die er aus der Hefe des Bordells auf den Kaiserthron gehoben hat, schmählich mit ihrem Kammerherrn William Mons betrügt. Er will die Undankbare verstossen, aber sie ist schneller als er, und er stirbt, ehe er seinen Vorsatz ausführen kann.

Nun wirtschaftet Katharina I. als Selbstherrscherin nach Herzenslust. Sie stellt sich eine wunderliche Umgebung zusammen. Als Hauptperson erscheint an ihrem Hofe ihres Gatten einstige Mätresse Anna Kramer, daneben sind die Intimsten der Kaiserin drei andere Frauen mit deutschen Namen: eine Johanna, deren Familienname nicht bekannt ist (man nennt sie einfach Johanna Petrowna, vielleicht irgend eine uneheliche Tochter Peters); eine Justine Grünwald; endlich im Jahre 1727 ein Frauenzimmer namens Caro, das einem öffentlichen Hause in Hamburg entkommen ist, in Petersburg alle Bordelle unsicher gemacht hat und von der Kramer aus einem Gefängnis in den Palast protegiert wird. Die Familie der Kaiserin ist nicht viel feiner. Der Schwiegersohn, Herzog Karl Friedrich von Holstein, Gemahl der Prinzessin Anna Petrowna, wird in den ersten Tagen nach der Hochzeit im Bordell gefunden; die junge Herzogin nimmt sich daran ein Muster und bringt die Nächte in Gesellschaft ihrer Base Anna Iwanowa, der späteren Zarin, überall zu, nur nicht zu Hause. Bei der Kaiserin selbst schadet sich der Herzog auch nicht durch sein Schandleben: Schwiegermutter und Schwiegersohn leben in der allergrössten Intimität miteinander. Katharina ist längst nicht mehr jung, ihre Reize sind schon ziemlich verwelkt. Desto leidenschaftlicher verlangt sie, geliebt zu werden. Offiziell Begünstigte der Kaiserin sind in erster Linie der junge hübsche, kräftige und immer gut gelaunte Graf Peter Sapieha, auf dessen väterlichen Gütern Katharina einst Leibeigene gewesen ist; und dann Reinhold Loewenwolde, der mit den Geldern der Frauen, die ihn aushalten, so lange grossen Aufwand macht, bis er Katharina auffällt und zu ihrem Günstling avanciert. Neben den offiziellen Liebhabern gibt es eine Legion in der grossen Oeffentlichkeit unbekannter; bloss die genannte Kammerfrau Johanna Petrowna weiss von ihnen; sie führt sie ein und entlohnt sie. Diskretion ist Ehrensache» [4]), sonst ist das Leben nicht sicher.

Fürst Mentschikow, der als einer der ältesten Liebhaber Katharinas sich besondere Rechte herauszunehmen wagt, erhebt einmal die Stimme gegen die entsetzliche Misswirtschaft. Die Kaiserin droht ihm mit Sibirien. Er ist aber vorsichtiger als sie und sie stirbt ebenso rasch und unverhofft, wie zwei Jahre früher ihr Gatte Peter der Grosse verblichen ist, als er ihr von Verbannung gesprochen hatte.[5])

Peters Sohn Alexej unterbricht nun die Weiberherrschaft auf dem Throne. Er ist nicht anders als seine Stiefmutter Katharina I. und sein Vater waren. Orgien in Bordellen zieht er jeder anderen Zerstreuung vor. Zu diesen zählt auch das eigenhändige Prügeln seiner Braut, wenn dies die Mätresse, die finnische Leibeigene Euphrosine, zu ihrer Erheiterung begehrt.

Anna Iwanowna, die von 1730 bis 1740 den Zarenthron zierte, lernte schon im Elternhaus eine Ungebundenheit kennen, wie sie im Westen kaum in einem Bauernhaus zu finden war.[6])

Der Hof der Kaiserin war eine Heimstätte der Unzucht. Sie schoss dort empor wie das Unkraut im Sommer. Wie die Höfe Katharinas und der beiden Annas wimmelte es an ihm von Erzählerinnen lustweckender, gemeiner Geschichten, Fussohlenkitzlerinnen und Günstlingen, Männern und Weibern. Die Regierung ist gänzlich vernachlässigt. Tage und Nächte verbringt die Zarin in den Armen ihrer Liebhaber oder mit ihren Weibern.

«Schon früh hat sie zu lieben begonnen. Ihr erster Geliebter ist ein robuster Soldat, Schubin; noch schämt sie sich, sie lässt ihn also nicht in ihr Zimmer kommen, sondern zieht sich Männerkleider an und geht zu ihm. Als Zarin Anna Iwanowna hinter das Geheimnis ihrer Base kommt, zürnt die Tugendhafte und verbannt den Soldaten nach Sibirien. Elisabeth aber tröstet sich in den Armen Alexej Rosumowskij. Dieser ukrainische Bauernsohn wurde seiner schönen Stimme wegen als Sänger in der Hofkapelle angestellt, und sang sich in Elisabeths Herz und Bett hinein. Als die Prinzessin Kaiserin geworden, avancierte der Bauernsohn zum Grafen und heimlichen Gemahl der Herrscherin. Rasumowskij bleibt jedoch nicht der letzte Liebhaber Elisabeths. Er wohnt zwar Zimmer an Zimmer mit der Kaiserin, aber er hat weiter kein Recht, wie zu sehen, wer im Schlafzimmer seiner Gemahlin ein- und ausgeht. Eine seltsame Gesellschaft; aus den tiefsten Tiefen des Volkes werden die zarischen Liebhaber heraufbefördert: Da erscheint zuerst der Gardesoldat Buturlin. Dann kommt ein Kalmücke von abstossender Hässlichkeit, aber gewaltiger Stärke; sein Name tut nichts zur Sache, die Hofgeschichte hat ihn nicht einmal aufbewahrt. Ein gewisser Karl Sievers hat lange Jahre an der Tür des Schlafgemaches Wache zu halten und der Kaiserin nach dem Abschied ihrer nächtlichen Besucher den Kaffee zu bringen; einmal ist Mangel an geeigneten Männern, er tritt in die Bresche und macht sein Glück; bald wird er Graf und Ahnherr einer «vornehmen» Familie. An Stelle von Sievers wird ein gewisser Woschinskij Türsteher; er macht die gleiche Karriere wie sein Vorgänger. Der Posten wird beliebt: Eines Tages steht auf ihm ein gewisser Michael Woronzow; am Abend schon hat er Dienst bei der Herrin, und er verlässt ihr Bett als Graf und Grosskanzler. Bei einer Wagenfahrt lernt die Kaiserin an ihrem Kutscher schätzenswerte Eigenschaften kennen. Der Mann erscheint im Schlafzimmer seiner Herrin, liefert den Beweis seiner Tüchtigkeit und erhält zur Belohnung den Grafentitel und Güter. Ein Strassenkehrer, namens Ljalin, verrichtet vor dem Fenster der Zarin ein kleines Geschäft; Elisabeth sieht ihm zu, bescheidet ihn zu sich, behält ihn einige Wochen und verabschiedet ihn als Grossgrundbesitzer. Eines Morgens will Rasumowskij die Kaiserin, seine Gemahlin, besuchen; da findet er in ihrem Bett einen ehemaligen Kollegen, den Sänger Poltaratzkij, dem die Herrscherin zum Lohn für seine Dienste soeben das Amt eines Direktors der kaiserlichen Kapelle verliehen hat. Kaiserin Elisabeth ist, man sieht es, durchaus demokratisch gesinnt: sie schenkt nur Kindern des Volkes ihre Gunst. In der langen Liste stört zum Schlusse nur der Name Iwan Schuwalows, der einem altadeligen Geschlecht angehört.» [7])

Elisabeth, «die tierischste aller Messalinen», war wollüstig, bigott bis zum Ekel, flehte sie doch in inbrünstigem Gebet um Erleuchtung, welchen Soldaten ihrer Leibkompagnie sie mit ihrer Gunst diese Nacht beglücken sollte,[8]) heuchlerisch, brutal, grausam. Bei ihrer Thronbesteigung hatte sie die Todesstrafe abgeschafft und «begnügte» sich deshalb damit, die Zungen der Verurteilten mit glühenden Eisen durchbohren oder ausschneiden, Hände abschlagen, Augen blenden und Knutenhiebe bis zum Tode des Geschlagenen verabreichen zu lassen. Ihre Verschwendungssucht kannte keine Grenzen. Ein Brand im Kaiserpalast vernichtete allein viertausend Kleider der Zarin.

An den Hof dieser Megäre wird nun eine kleine deutsche Prinzessin aus einem Liliputstaate verschlagen als Braut des Grossfürsten Thronfolgers. Das unschuldige, kluge Prinzesschen war aber bald im Bilde.

Eine sich aufdrängende Reihe von Tatsachen, die kein Mensch zu vertuschen für gut fand, öffnete dem Mädchen die Augen, und dies gründlich. Am 1. September 1745 wurde das sechzehnjährige Prinzesschen dem vertrottelten impotenten Grossfürsten anvertraut.

Der arme Peter, das arme kleine Katharinchen! Für beide war die eben unter Schalmeienklängen und Kanonendonner geschlossene Ehe ein Martyrium, das ihm das Leben, ihr die schönsten Jugendjahre kosten sollte. Was sie beide später geworden, er, der Idiot, der unter den Fäusten feiger und roher Moskowiter verröchelte, sie das Mannweib, das mit eiserner Willenskraft die Geschicke des grossen Reiches lenkte, das Weib mit dem unlöschbaren Liebesdurst und der unersättlichen Herrschsucht, der 1. September 1745 hatte es verschuldet. Feuer und Wasser, Schwäche und Kraft wurden zusammengetan.

Der neugebackene Ehemann ähnelte einem dummen Jungen in den Flegeljahren, aus denen er zeitlebens nicht herauswuchs. Die junge Frau, oder besser gesagt, die verehelichte Jungfrau, war ein Kind an Alter, aber geistig und körperlich reif, mit einem Kopf voll Plänen, deren Verwirklichung eiserne Energie erforderte. Für Liebesgedanken fand sich vorläufig in dem Köpfchen kein Raum. Der Ehrgeiz nahm all ihr Denken und Fühlen in Anspruch. Mit geradezu unergründlicher Schlauheit, Heuchelei und vollendeter Schauspielkunst, die nie aus der Rolle fiel und ebenso die heuchlerischen Pfaffen, wie die verlogensten Höflinge zu täuschen wusste, verfolgte das sechzehnjährige Mädchen ihre gefährliche Bahn zu ihrem schier unerreichbaren Ziele. Ihre Memoiren bieten sehr viel interessanten Stoff über das Seelenleben Katharinas aus dieser für sie so entsagungsreichen Zeit.

Katharinas zielbewusste Liebenswürdigkeit bestrickte den ganzen Hof, nur ihren Gatten nicht, der es geradezu als Sport betrieb, sich Feinde zu schaffen. Mit der kaiserlichen Tante, mit der Schwiegermutter, mit dem Hofe, mit der Geistlichkeit, vorab aber mit seiner Gattin, die ihn schon als Bräutigam «schrecklich hässlich» fand, was sie in ihren Memoiren offen gesteht: «Was mich betrifft, so war es mir ziemlich gleichgiltig, aber die Krone von Russland war es mir nicht!» überwarf er sich durch Dummejungenstreiche ohne Ende.

Trotzdem ihn ein organischer Fehler zur Ehe untauglich machte, hielt es der Dummkopf für standesgemäss, sich Mätressen zu halten. Eines seiner ersten Geständnisse an seine Braut, war die Enthüllung seiner Liebe zu einer Hofdame, Fräulein Lapukin, und dass er sehr gewünscht hatte, diese zu heiraten. «Ich hörte diese verwandtschaftlichen Mitteilungen errötend an und dankte ihm für sein vorzeitiges Vertrauen. Aber im Grunde meines Herzens überraschte mich seine Unvorsichtigkeit und der Mangel an Urteil über viele Verhältnisse. Sein Tun und Trachten war darauf gerichtet, ohne dass es ihm zur Erkenntnis kam, seine Frau, die er nicht einmal zu seiner Frau machen konnte, zu peinigen.

Wenn alles im Palast sich zur Ruhe begeben hatte, auch das erbprinzliche Paar im Bette lag, stand der Thronfolger auf, verschloss sorgfältig die Türen des Gemaches und holte dann Spielzeug hervor, das bei Tag in und unter dem Bette Katharinas verborgen gelegen hatte. Er liebte dieses abgöttisch und tändelte mit ihm bis um die zweite Morgenstunde herum. Das junge, lebensvolle Weib, das gerade damals, nach ihrem eigenen Geständnisse, schlüpfrige, französische Romane las, war Zeugin dieser Spielereien. Was Wunder, dass sie später naiv gesteht: «Ich denke, ich war zu etwas anderem gut.»

Und dabei hielt sich Peter auch noch Geliebte. Als er einst eine Vorliebe für die nichts weniger als bedeutende Prinzessin von Kurland gefasst hatte, die er recht offen jedermann zeigte, kam es sogar zu Tätlichkeiten. Als er von einer Zusammenkunft mit dieser in das gemeinsame Schlafgemach zurückkehrte, detaillierte er vor seiner Gattin die Reize der Schönen. Katharina stellte sich schlafend, doch der rohe Patron versetzte ihr Faustschläge in die Seite, um sie zu wecken.

Ein solches Verhältnis konnte auf die Dauer nicht bestehen. Das sah auch schliesslich die Zarin Elisabeth ein, die ihren Neffen verheiratet hatte, um durch ihn die Thronfolge zu sichern. Sie wollte einen Thronerben haben, und der kaiserliche Wille musste erfüllt werden.

Da erschien denn eines Tages Madame Tschoglokoff, die Oberhofmeisterin Katharinas, und kündigte mit dürren Worten an: «die Kaiserin sei sehr böse, weil wir keine Kinder hätten, sie wollte ihm einen Arzt und mir eine Hebamme schicken.»

So erzählt Katharina in ihren Memorien.')

«Ein Thronerbe *musste* beschafft werden. Es ist bewundernswert, dass, allein schon in Anbetracht dessen, Katharina ihrem Simpel von Manne so lange die Treue bewahrte. Endlich aber schlug auch ihre Stunde. Kammerherr Sergei Ssaltykow (Soltikoff) wurde ihr erster Liebhaber. «Er war schön wie der Tag und niemand, weder am grossen, noch am kleinen Hofe, konnte sich mit ihm vergleichen!» Die Liebe zu dem eleganten, aber recht oberflächlichen Menschen dauerte nicht lange, der erste Rausch verflog sehr bald. Ssaltykow scheint über seine Beziehungen zur Grossfürstin nicht reinen Mund gehalten zu haben, denn eines schönen Tages wurde er in diplomatischer Mission nach Stockholm gesandt.

«Beim zweiten Kinde Katharinas, für das der lustige Leo *Narischkin* verantwortlich war, äusserte Peter zu diesem: «Der Himmel weiss, woher meine Frau schwanger geworden ist; ich bin durchaus nicht gewiss, ob dies Kind mir gehört, und ob es auf meine Rechnung kommt!» Katharinchen war kein schüchternes Weibchen mehr, das sich von ihrem Gemahl ins Bockshorn jagen liess. Sie hatte schon ihre Vorkehrungen getroffen, um antworten zu können: «Ihr seid Einfaltspinsel. Fordert einen Eid von ihm, ob er nicht bei seiner Frau geschlafen hat und sagt ihm, wenn er den Eid leistet, dass Ihr die Sache sofort an Alexander Schwaloff, den Grossinquisitor des Reiches, mitteilen werdet!» Narischkin rannte mit diesem Bescheide spornstreichs wieder zu Peter, der mürrisch erwiderte: «Gehen Sie zum Teufel und reden Sie nicht weiter davon.»

Am 20. September 1754 kam der Grossfürst Paul zur Welt, der in der Nacht vom 23. auf den 24. März 1801 ein Ende finden sollte, wie sein Pseudovater. Er wurde wie dieser erdrosselt und ertreten. Die Geburt des Thronfolgers änderte nichts an dem Verhältnis Katharinas zu ihrem Gatten und der Kaiserin. Nach wie vor Vernachlässigung von der einen Seite, Rücksichtslosigkeiten sonder Zahl von der anderen. Jede andere als Katharina hätte den Mut verloren, sie aber besass zu ihren anderen Eigenschaften nun auch den Mut zur Schlechtigkeit und die Stirne, sie zu vertreten. Wechselte der Grossfürst seine Mätressen nach Laune, war er bald mit einer Komödiantin allerletzten Ranges, bald mit einem alten Weibe wie die Woronzow zufrieden, so tat seine Gattin dasselbe mit ihren Anbetern, wenn sie auch, vorläufig wenigstens noch, das Dekorum zu wahren suchte.

Im Jahre 1755 kam im Gefolge des englischen Gesandten Williams der junge Graf Stanislaus August Poniatowski nach Petersburg. Sein Geist und seine vielseitigen Bildung gewann ihm die Zuneigung Katharinas. Sie brannte bald lichterloh für den feurigen Polen, zu dem sie sich spät abends in Manneskleidung begab. Eine Schwester Narischkins gab ihre Wohnung zu den Zusammenkünften her.

Auch in der Wollust vergass Katharina ihre Pläne nicht, in denen sie ein gewaltiges Stück weiter kam, als sie den mächtigsten Mann Russlands,

Alexei Gregorowitsch Orlow.

Tanz von Josephine Beauharnais, die spätere Kaiserin Josephine, und Madame Tallier im Winter 1797 vor Baras und Napoleon - Karikatur von Gillray anlässlich der Kaiserkrönung

Haremswirtschaft - Englische Karikatur auf Katharina II. von Russland.

Ludwig XIV. - Radierung von Pierre Drevet.

Maria Mancini - Radierung von R. Reyher.

den Kanzler Bestuschew, zu ihrem Freunde und Bundesgenossen zu machen verstanden hatte.

Katharina bedurfte eines solchen Mannes. Kaiserin Elisabeth, die durch ihre Liköre und wüsten Orgien immer stupider wurde, beachtete sie kaum, aber misstraute jeden ihrer Schritte.

Zwei rastlos tätige Beistände fand sie in Katharina Daschkow, der Schwester der Gräfin Woronzow, und in Gregor Orlow, ihrem Liebhaber, nach Poniatowskis Abberufung vom Petersburger Hofe.

Katharina Daschkow, «ein Weib von stürmischer Begehrlichkeit und von rasch wechselnden Launen in ihren Wollüsten,» das nicht Scham noch Scheu kannte, keck und verwegen war, wo es darauf ankam, musste sich zur Grossfürstin hingezogen fühlen. Die Daschkow wohnte den Orgien Katharinas bei, agierte für sie in Hofkreisen, warb ihr Freunde, und der Dank dafür war schliesslich ein Fusstritt.

Noch eine zweite Katharina spielte in der Umgebung der Thronfolgerin eine Hauptrolle, Katharina Tscherekowskoja, die erste Kammerfrau und Kupplerin der Prinzessin. Dieser Katharina dankte sie die Verbindung mit Orlow, damals Artillerieleutnant.

Orlow wohnte in einem kleinen Hause in der Morskoy, das sich gegenüber dem ehemaligen Winterpalais befand. «Man erzählt mit grosser Bestimmtheit, Katharina habe nach einer der unmutsvollen Szenen, die sie zuweilen mit der Kaiserin oder mit ihrem Gemahl hatte, aus Zerstreuung ein Fenster geöffnet und ihr erster Blick sei auf Orlow gefallen. Von diesem Augenblick an war alles entschieden. Der Anblick des schönen Mannes beseelte Katharina. Der blosse Gedanke an ihn, füllte in ihrem Herzen eine Leere aus, die nach dem Abgange des Grafen Poniatowski von Petersburg entstanden war. Seitdem hatten zwar manche Männer auf sie Eindruck gemacht, aber keiner war bleibend gewesen. Gregor, sich seiner grossen Schönheit bewusst, und deswegen sozusagen seiner Sache bei der Grossfürstin gewiss, bemerkte als Kenner sehr bald mit Freuden die Wirkung, die er erzielt hatte. Von nun an entstand zwischen Katharina und Orlow eine Intrige, die den gewöhnlichen Gang solcher Händel nahm. Die Nacht verbarg in Gregors Zimmer die verbotenen Zusammenkünfte, die dem Tag ein Geheimnis blieben —. Gregor Orlow führte der Grossfürstin auch seine Brüder Alexei, Iwan und Fedor zu, die zu eifrigen Werbern für Katharina wurden. Katharina wurde durch Orlow mehrfach Mutter.

Am 5. Januar 1762 schloss die Zarin Elisabeth ihre Augen für immer, und der Grossfürst bestieg als Peter III. den russischen Thron. Der Grossfürst Narr wurde ein Kaiser Narr. Seiner Gemahlin, die er nun wie eine Todsünde hasste, rief er bei einer Galatafel über den Tisch hinweg die Bemerkung «dura» (Hure) zu, weil sie bei einem seiner Toaste nicht aufgestanden war. In ein Kloster wollte er sie sperren, seine Ehe für nichtig erklären lassen — aber es blieb beim Wollen. Er kuschte, wo es seiner Frau beliebte.

Der Zar brachte es mit seltenem Geschick dahin, sich mit allen Parteien gründlich zu überwerfen. Kein Wunder daher, dass seine Uhr abgelaufen war. Die Katastrophe war unausbleiblich, musste aber beschleunigt werden, sollte nicht vorher über Katharina ein Strafgericht losbrechen. Das Gerücht, Peter wolle seine Frau verstossen, ihren Sohn für illegitim erklären und Elisabeth Woronzow zur Kaiserin machen, trat immer bestimmter auf, sodass Katharina schon aus Notwehr die Verschwörung, die sich gegen ihren Gatten gebildet hatte, fördern musste. Der Kaiser wurde in Oranienbaum von den Verschworenen überfallen, nach dem Landhause zu Ropscha gebracht und dort interniert.» [10])

Als der Zar im Gefängnis den Verschworenen unbequem zu werden begann, erschien dort eines Abends Alexei Orlow mit seinen Brüdern, und sie erdrosselten Peter.

Nun hatte Katharina ihr Ziel ganz erreicht und weder der Schatten des Gemordeten noch die nacheinander auftretenden sieben Pseudo-Peter vermochten mehr, ihre Herrschaft zu erschüttern.

Dieses schamlose Weib, dem nichts heilig war, bestimmte durch Jahrzehnte die Geschichte Europas. Nun konnte sie auch ihre Ausschweifungen sogar des dünnen Schleiers entkleiden, mit dem sie sie bis jetzt aus Scheu vor dem Strohmann von Gatten verhüllt hatte. Beischläfer der Kaiserin zu sein, war das erste und oberste Staatsamt, das Ziel der Sehnsucht aller Hofschranzen. Die Einsetzung in diese Stelle wurde ganz öffentlich mit einem eigens festgesetzten Zeremoniell vorgenommen. Hatte die Kaiserin ihr Auge auf einen neuen Günstling geworfen, so traten Rogerson, der Leibarzt Katharinas und ihre Ehrendame, Gräfin Pratassow, in Aktion. Fiel das Examen dieser beiden Autoritäten mit dem Kandidaten günstig aus, so erschien die Kaiserin bereits am nächsten Tage am Arme des «neuen Herrn», dem nun ganz Russland, im Staube liegend, huldigte. Vor dem ganzen Hofe, einschliesslich ihrer Kinder und später ihres Enkels, zog sich die Kaiserin mit ihrem Liebhaber in ihr Schlafzimmer zurück. Und so trieb sie es bis in das höchste Alter. Zwölf Jahre lang war Gregor Orlow der ausgesprochene Günstling. 1772 von Kaiser Josef II. von Oesterreich zum deutschen Reichsfürsten ernannt, trug er, als einziger in Russland, das Bild seiner Geliebten mit grossen Diamanten geziert auf der Brust. Aber der Gemahl der Kaiserin, wie er gehofft hatte, wurde er doch nicht. Sein Drängen danach wurde der Kaiserin auf die Dauer lästig, deshalb liess sie ihn laufen und ersetzte seine Stelle durch Alexander Wasietschikow, einen Offizier der Garde zu Pferd, den dann nach zwei Jahren Potemkin verdrängte.

Gregor Potemkin war der einzige unter den vielen Liebhabern Katharinas, der sie beherrschte, vor dem sie zitterte, «denn mit der

Brutalität eines Mongolen die Schlauheit eines Favoriten verbindend, verstand er es, der Zarin zugleich Liebe und Furcht einzuflössen». Und selbst dann, als sie seiner als Liebhaber längst satt war, übte er noch unheilvolle Tyrannei auf Katharina aus.

Potemkin selbst hatte, als er die Liebe erkalten sah, nach dem Beispiel der Pompadour bei Ludwig XIV., seiner Gebieterin Liebhaber zugeführt. So den Sekretär Savadowski und den Leutnant Zorisch, die aber nicht lange vorhielten, ebenso wenig wie Karsakow, ein Unteroffizier, der aus der Wachtstube geholt wurde, um in das Bett der Kaiserin gelegt zu werden. Karsakow war schön und jung, aber ebenso ungebildet wie frech. Die Kaiserin jagte ihn weg, als sie ihn in ihrem eigenen Schlafzimmer mit einer Hofdame in flagranti überraschte. Auf den Unteroffizier folgte Lanskoy, Offizier der Chevalier-Garde, wohl der einzige Liebhaber, den die kaiserliche Hetäre wirklich lieb gehabt hatte, soweit bei dieser Frau von Liebe die Rede sein konnte. Die Liebenswürdigkeit und Sanftmut Lanskoys gewannen ihm das Herz der Kaiserin, die fast verzweifelte, als er im siebenundzwanzigsten Jahre seines Alters in ihren Armen starb. Die vielen Reizmittel, die er nahm, um seinem Kräfteverfall zu steuern, hatten seinen Körper aufgerieben. Ein Jahr lang trauerte Katharina um ihren Liebling, und ebenso lange blieb das Staatsamt eines Günstlings unbesetzt.

Jermolow, der Buhle nach Lanskoy, verfeindete sich mit dem Oberbuhlen Potemkin, auf dessen Veranlassung er denn auch entlassen wurde. Darauf erkor sich die nun sechzigjährige Matrone den herkulischen, adonisschönen Manomov, der aber seiner kaiserlichen Mätresse eines Tages rundweg erklärte, dass er die Reize eines der jungen Hoffräuleins anziehender fände, als die der verblühten Kaiserin. Die Eitelkeit Katharinas erlitt einen harten Stoss, doch sie verzieh und verheiratete Manomov mit seiner Liebsten.

Auf Manomow folgte Platon Zubow, der bis zum Tode Katharinas seine Stellung zu behaupten wusste, allerdings mit Nebenbuhlern, die er wahrscheinlich gar nicht ungern seine Obliegenheiten bei der nun sehr alten Kaiserin ausüben liess.

Noch einmal vor ihrem Ende flammte die ganze Liebesglut Katharinas auf. Die Orgien, die sie früher mit den Orlows gefeiert hatte, erstanden wieder unter Teilnahme Platon Zubows, dem sich dessen jüngerer Bruder Valerian und Peter Soltikow beigesellte. Im Kreise dieser Wüstlinge brachte die Kaiserin ihre Tage und Nächte zu, wenn nicht ein Fest «die kleine Gesellschaft» vereinte, die ausser den genannten Günstlingen und einigen vertrauten Hofdamen und Lakaien noch die Nichte Potemkins, Branicka, und die Pratassow angehörten. «Hier war es, wo die nordische Cybele ihre geheimen Mysterien feierte,» während das Volk in Hunger verkam.

Fast fünfunddreissig Jahre lang war Katharina an der Spitze Russlands gestanden, als auch ihre Stunde schlug.

«Am 5. November war eine sogenannte «Kleine Eremitage». Die Kaiserin verbrachte den Abend im Kreise vertrauter Freunde. Sie war sehr heiter. Sie erfeute sich an den Possen Leo Narischkins, der als Trödler auftrat und allerlei Nippsachen verkaufte; indessen verliess sie die Gesellschaft etwas früher als sonst. Am folgenden Morgen erlag sie einem Schlaganfall.» [11])

Die Geschichte hat ihr den Namen der Grossen beigelegt, sie aber auch als Semiramis des Nordens und als Messalina im Pelz bezeichnet und merkwürdigerweise haben alle drei Bezeichnungen etwas Richtiges für sich.

12. DAS VORBILD VERSAILLES

Wenn sich die Messalinen auf dem russischen Thron einen eigenen Stil der Erotik schufen, in dem die rohe Gier der Moskowiter vorherrschte, was auch bei Katharina II., trotz ihrer deutschen Abkunft der Fall ist, so zeigte sich bei den meisten Herrschern jener Zeit ein ganz anderer Stil. Er hatte sich an dem von Versailles ausgehenden so sklavisch gebildet, dass man ihn als Kopie der französischen Unsitten unter Ludwig XIV. bezeichnen kann. Wie leuchtend, sonnengleich strahlte das Bild dieses Mannes, blendend in die zu ihm erhobenen Antlitze aller Gottesgnädlinge und der Folgenden seiner Zeit. War Ludwig es doch, dem die unsterbliche Tat zuzuschreiben ist, die Institution der Staatsmätresse ins Leben gerufen zu haben. Die Frauen müssen ihm in gewisser Hinsicht hierfür dankbar sein. Seinen Vorgängern und Nachbetern waren bis zu ihm die Nebenfrauen, die Bettgenossinnen, von den Zeiten der Merowinger und Karolinger an, nichts als Lustsklavinnen, die man wegwarf oder zerbrach, wenn sie dem Herrn nicht mehr zusagten. Ludwig hingegen hat seine Geliebten durch seine Liebe als hochgeehrt betrachtet und war stolz genug, diese Ehrung auch von anderen gewürdigt zu verlangen. Deshalb und in der Lage, zu dieser seiner Ansicht zwingen zu können, dachte er nie daran, seine Liebschaften zu verheimlichen. Dies wäre auch mit Schwierigkeiten verknüpft gewesen. Bereits während seiner Pubertät hatte der von starker Sinnlichkeit gequälte Knabe in vorübergehenden Liebeleien Frauengunst kennen gelernt. Mit Liebe machte ihn aber erst die Nichte seines Stiefvaters Mazarin, Maria Mancini, bekannt, das junge Weib mit den bezaubernden, wollustheischenden Zügen. Als Backfisch «braun und hässlich wie eine Backpflaume, kam sie nach Paris, von ihrer Mutter und ihren schönen Schwestern wegen ihrer Hässlichkeit als Schandfleck der Familie verachtet, was sie durch ehrlichen Hass vergalt. Wiederholt ins Kloster gesteckt, brach sie stets von dort aus und stellte sich immer wieder im Louvre ein, wo man sie wie eine Gefangene hielt. Sie wuchs heran, entwickelte sich zur Teufelsschönheit und traf einmal zufällig den jungen König, der ein Verhältnis mit ihrer älteren Schwester unterhielt. Die war schöner als Maria, aber dümmer als diese. Das Verhältnis zum König war bald angebahnt. Durch dieses gewannen die Rachepläne gegen ihre Verwandten alle eine feste Grundlage. Um sie zu verwirklichen, galt es, den König ganz zu gewinnen. Das Glück war der Unerfahrenen hold und sandte ihr eine vollendete Lehrmeisterin der Liebesintrige. Am Hofe von Paris erschien nämlich plötzlich wie ein Wirbelwind oder ein unheilverkündendes Meteor eine Abenteuerin, die viel Aehnlichkeit mit der jungen Italienerin hatte. Es war die Königin Christine von Schweden. Sie hatte der Krone entsagt, weil sie nicht von ihrem Gatten abhängen wollte, und war nach Paris als der Stadt gekommen, wo die Frauen die meiste Freiheit genossen.

«In Brüssel hatte sie durch ihre Ausschweifungen den grössten Skandal hervorgerufen, und in Paris hatte sie den Hof durch die Ermordung ihres Geliebten Monaldeschi in den furchtbarsten Schrecken versetzt. Sie zeigte ihren Gesinnungsgenossinnen, wie man die Männer behandeln müsse. Ungeachtet der öffentlichen Meinung und aller Gesetze und Sitten, trat sie offen mit ihren Ansichten hervor und lebte auf ihre Weise. Wie die ganze damalige Gesellschaft, so war auch Maria Mancini ausserordentlich überrascht über das unverschämte Auftreten der aufrührerischen Frau. Niemand aber war besser als Maria darauf vorbereitet, die gleichen Anschauungen anzunehmen. Auch sie war wie Christine entschlossen, immer in Frankreich zu leben, und zwar aus demselben Grunde wie die schwedische Königin, weil es das Land der Freiheit war. «Maria hatte,» wie sie selbst zugestand, «einen angeborenen Widerwillen gegen alles Italienische. Das Leben in Rom, wo Hass und Heuchelei unter den Familien mehr als an einem anderen Hofe zu Hause waren,» fand sie abscheulich. Auch sie wollte, wie jenes Ungeheuer im Unterrock, das ihre ungetreuen Geliebten einfach erdolchte, «ihr Leben leben». Jeder Laune nachgebend, alle Genüsse und jede Liebschaft bis zur Neige auskosten, leben wie sie wollte, zügellos, ohne jede Hemmung, das war der Grundcharakter dieser tollen Frau. Ihr Onkel, der sie nicht aus den Augen liess und sie in gewissem Sinne fürchtete, nannte sie «eine leichtfertige Dirne, ein überspanntes Frauenzimmer». Und noch einmal sei es gesagt: Der Trieb zur Auflehnung und zum zügellosen Leben war Maria Mancinis wahrer Charakter. Die Liebe des Königs war für sie nur Mittel zum Zweck.» [1])

Ihre Bekanntschaft mit dem König gedieh langsam, ohne zur Intimität zu gelangen, denn das schlaue Mädchen suchte Ludwig mehr durch ihre Geisteskräfte zu fesseln, denn ihren Reizen traute sie nicht die Kraft zu. Aber als Maria ihrem Ziele nahe zu sein glaubte, ging mit ihr eine merkliche Veränderung, sogar in körperlicher Beziehung vor. Sie wurde in den Augen ihres Geliebten fast zur Schönheit. Ihre Vorzüge, die sie sehr lange bewahrte, waren nach dem Urteil einer Zeitgenossin: «Maria hatte lebhafte, geistvolle, tiefblickende Augen, herrliche Zähne, volles schwarzes Haar, eine schöne Gestalt und sehr gut geformte Beine ...» [2])

Da sie die Geliebte des Königs geworden, glaubt sich Maria Mancini auch sicher, höher zu kommen und ihren Geliebten zum Gatten zu erringen. Sie bietet alle Energie auf, dies zu erreichen und geht nun derb, gewagt, ohne Rücksicht und Charme auf ihr Ziel los, viel zu frech und

Königin Christine von Schweden - Seltenes Selbstporträt in Radierung.

Das Schloss von Versailles von der Gartenseite - Radierung von J. Silvestre.

gewalttätig, um es zu erreichen. Der achtzehnjährige König ist noch mehr Knabe als Mann, das Mädchen Maria dagegen ein von seiner Sendung als Königin leidenschaftlich glühendes Weib, das den Jüngling in die Geheimnisse der Liebe einweiht, die nichts mehr von der Reinheit und Keuschheit besassen, von denen die Moralschriften und Erzieher Ludwig bisher unterrichtet hatten. Der von Maria entfaltete Eifer um die Liebe des Königs blieb natürlich den massgebenden Faktoren am Hofe nicht verborgen. Der Wille des Königs, seinen und Marias Willen durchzusetzen, stiess auf Granitmauern. Er wurde Bräutigam der Infantin von Spanien, Maria musste den Hof verlassen. «Als sie nach Italien abreiste, begleitete er sie bis zu ihrem Wagen. Maria und ihre Begleiterinnen sassen bereits reisefertig darin, als Ludwig nochmals an den Wagenschlag trat. Ein tiefer Seufzer entrang sich seiner Brust, aber er sprach kein Wort. Dann beugte er sich tief zum Fenster nieder, wie um Maria zu grüssen, die still vor sich hinweinte. Dann fuhr der Wagen davon.» [3])

Ludwig hatte seiner ersten Mätresse den Laufpass geben müssen — und nun kommt das Merkwürdigste an der Geschichte: die erste Mätresse des Sonnenkönigs soll gar nicht dessen Mätresse gewesen sein!

Maria Mancini wurde die Frau des Connetable Colonna.

Als Maria zum ersten Male ihrem Gatten angehörte, war er sehr erstaunt, in dem so wenig unschuldigen und bereits in Liebesangelegenheiten so erfahrenen Mädchen eine Jungfrau zu finden. «Der Herr Connetable,» schrieb die Schwester Hortensia, «hatte es nicht für möglich gehalten, dass die Liebe des Königs keusch gewesen war. Und er war so glücklich darüber, dass es ihm nichts ausmachte, nicht auch der Erste im Herzen meiner Schwester gewesen zu sein.» [4])

Maria Colonna wurde nicht glücklich. Sie hat ihr ganzes Leben als tolle Abenteuerin verbracht und nach Intrigen und Skandalaffären förmlich gelechzt. Und der König, wie sein neuester Biograph Bertrand sentimental seufzt, hat nie wieder wahrhaft geliebt. «Was er an Maria geliebt hatte, war ihre Hingabe und ihr Geist gewesen. Nun hatte ihn die Grausame für immer enttäuscht.» So viele Wörter, so viele Widersprüche. Nur das eine Glück ist dabei, das der ärmste König diese Enttäuschung unzähligemale zu überwinden vermocht hatte, denn: «tief in seinem Innern liegt sein Geheimnis verborgen, das er für die Zukunft aufspart. Ehe er für den Ruhm lebt, will er sich ganz dem Genusse der Sinne hingeben, in Reichtum und Glanz leben.»[5]) Dies gelang ihm aufs Beste in einer Weise, deren Ruhm die Welt erfüllte. Der edle König entfaltete nämlich über sein Liebesleben eine Reklame, die einer besseren Sache würdig gewesen wäre. Ihr hatte er seine Unsterblichkeit erheblich mehr zu verdanken, als seinen Grosstaten, wenn sie auch durch royalistische Biographen in Frankreich und ihre geistesverwandten deutschen Uebersetzer noch so sehr aufgebauscht werden. Aber auch die züchtigen Entrüstungen über ihn von ehemals bis heute sind nicht voll gerechtfertigt. Sein Grossvater Heinrich IV. hatte viel mehr Mätressen als er. Sind doch von diesem seinen Grossvater, dem Begründer der Gunstdamenwirtschaft am französischen Hof, abgesehen von flüchtigeren Liebschaften, mehr als fünfzig Namen bedeutenderer Favoritinnen bekannt, als deren bekannteste Gabrielle d'Estrées genannt werden muss. Von ihm darf das Wort gelten, das auf den Dirnenerzieher und Haremsbesitzer Fürst Nikolaus Esterhazy (1765—1838) geprägt worden war: Veneri totus, patriae nullus. Den bei Heinrich zu Tage tretenden Zynismus kannte allerdings der Enkel nicht. Er ersetzte die Unverfrorenheit des Alten durch Galanterie. Sie war zwar in der Hauptsache nichts anderes, aber es klang feiner.

Ludwig war eigentlich gar kein Titane der Erotik, sondern nichts als ein Komödiant, der auch sein Liebesleben mit theatralischem Pomp zu umkleiden wusste. Seine Verhältnisse zu den Gunstdamen hatten sogar etwas gar nicht in die üblichen Normen passendes Bürgerliches an sich. Die Mätressen waren ihm wie in der ehelichen Pflicht, auch in der Repräsentation richtige Gattinnen. Sie hatten Kinder zu bekommen, die gesetzmässig anerkannt wurden. Die Lavallière schenkte ihm vier, die Montespan sogar deren sechs. Das war der Nebenzweig der Liebe, doch wurde der Hauptast weiter gepflegt. «Jeden Abend, ausser wenn er im Felde oder krank war, erfüllte er seine ehelichen Pflichten gegen die mit so wenig Reizen ausgestattete Gemahlin. Für seine anderen Vergnügungen reservierte er sich einige Stunden des Nachmittags oder auch des Abends, aber niemals verliess er heimlich das Ehebett, nicht einmal in der Leidenschaft einer beginnenden neuen Liebe.»[6]) An Versuchungen zu solchen fehlte es niemals. Die schönsten Frauen seines Hofes waren unermüdlich, den König als Allerliebsten einzufangen. Aber Ludwig war vorsichtig und zurückhaltend, vielleicht auch weniger für Abwechslung als so viele seiner Nachahmer, von seinem Nachfolger auf dem Throne gar nicht zu sprechen.

Ludwig XIV. war vom Scheitel bis zur Sohle ein Genussmensch, aber auf der Leiter der ihm unentbehrlichen Lebensgenüsse standen die Frauen nicht an erster Stelle, wenn er sie auch nicht missen wollte. Sein Geschmack für die Kunst war feiner als der für Frauenreize. Er hätte sich sonst gewiss nicht von der stark abgebrauchten Maintenon so gründlich umgarnen lassen, wie sie es in der Tat fertig brachte. «Ihr fetter Körper war welk und schlaff geworden, und sie besass einen unerträglichen Charakter.»[7]) Sie trug dennoch den Sieg über die jugendlichen Körperreize einer Fontanges davon, weil diese «dumm wie Bohnenstroh» gewesen sein soll. Dies genügte dem erst vierzigjährigen, noch immer sehr leichtlebigen König, eine Liebesheirat mit der prüden Maintenon einzugehen.

Ein anderer gekrönter Wüstling, dem aber Ludwig XIV. in dieser Eigenschaft nicht das Wasser reichen konnte, machte gleichfalls seine Mätresse zur Gattin und sie verstand es wie die Maintenon, den Ehemann zu zähmen. Näheres über diesen Karl Eugen von Württemberg, dem Gründer der Karlschule (1737—1793) wird an passender Stelle gebracht werden. Ihm gebührt dies wie nur wenigen anderen deutschen Potentaten. Als Wüstling auf einem deutschen Thron rangiert er fast unmittelbar nach dem grössten dieser Monarchengattung, nach *August dem Starken* von Sachen. Er liess den vierzehnten Ludwig weit hinter sich und gab beinahe dessen Nachfolger und Urenkel Ludwig, seines Namens den fünfzehnten, an Verbrauch von Gunstdamen und Verherrlichung dieser Frauen nichts nach. Sein heisses Blut hat von 1694 bis 1733 Sachsen beglückt und ungeachtet aller Mohrenwäsche durch gesinnungstüchtige Geschichtsschreiber an den Rand des Abgrundes gebracht. Er kann, wenn er auch für die Künste sehr viel geleistet hat, als deutscher Fürst gelten, wie er nicht sein soll.

August war der zweite Sohn Johann Georg III., und er kam nach dem plötzlichen Tode seines Bruders Johann Georg IV. auf den Thron. Der junge Johann Georg hatte sich am Sterbelager seiner Geliebten, der blatterkranken Gräfin von Rochlitz, durch Küsse Ansteckung und Tod geholt.

Als Prinz hatte August eine über zwei Jahre währende Europareise gemacht, die ihn durch Deutschland, Frankreich, Spanien, Portugal und Italien führte.

«August war von der Natur mit einer überstarken Sinnlichkeit, einer ungemeinen Lebhaftigkeit und einer wahrhaft herkulischen Körperkraft bedacht. Schon seine äussere Erscheinung war ungewöhnlich stattlich und wahrhaft imponierend. Man hat die Bemerkung gemacht, dass sein Bildnis, wie es mehrere auf ihn geschlagene Medaillen zeigen, auffallend an die schöne jugendliche Büste Goethes erinnert. Er hatte sich frühzeitig im Reiten, Fechten, Schiessen, Tanzen, Ringelrennen, Fahren mit sechs Pferden, Ballonschlagen, Fahnenschwingen und anderen damals üblichen ritterlichen Künsten versucht und übte diese Künste mit Vorliebe sein ganzes Leben hindurch. Er besass eine solche Riesenstärke, dass er Hufeisen zerbrechen und silberne Becher und Teller und sogar harte Taler wie Papier in der Hand zusammendrücken und einrollen konnte. Im Nürnberger Zeughaus zeigte man eine Kugel mit dem Ring, 375 Pfund schwer, die er mit einer Hand fast zwei Spannen in die Höhe gehoben hatte. Vier der stärksten Arbeiter konnten sie kaum einen Zoll hoch bewegen. Man sagte, um diese Löwenstärke zu deuten, er habe in seiner Jugend Löwenmilch getrunken.»[8])

Seine Fahrt verzeichnete eine ganze Reihe von Liebeserlebnissen, die sich in jeder von ihm besuchten Stadt abspielten und nicht immer eines Fürstensohnes würdig waren. «Die Schönheit war seine Göttin, er wandte sich ihr mit aller stürmischen Liebesleidenschaft einer heissen Jugendkraft zu. Sie führte ihn freilich sehr weit, ja zu weit.»[9]) Die Herzogin von Orleans, Liselotte, die unsterbliche Briefschreiberin vom Hofe ihres Schwagers Ludwig XIV., lässt sich über August in einer Epistel vom 9. Dezember 1719 aus: «Frankreich hat dem sächsischen Kurfürsten abscheulich geschadet, mein guter Freund C. A. von Haxthausen (der Reisebegleiter des Prinzen) hat mir oft mit Tränen geklagt, dass sein Prinz zu Paris so unbändig geworden, dass er nicht mehr mit ihm zurecht kommen könne. Sobald junge Kinder in Debauchen (Wollüste) fallen, ist ihnen kein Laster zu viel, wo sie nicht hinfallen und werden recht bestialisch.»

August der Starke bildete sich auf seiner grossen europäischen Tour zu dem vollendeten Repräsentanten dieser neuen raffinierten und über die Massen debauchierten Galanterie aus. Er zerbrach die Herzen der

Damen, wie er die Hufeisen zerbrach. In Venedig, damals der hohen Schule der Lebemänner, verweilte er, von verschwiegenen Barcarolen bedient, Tage lang in den Kirchen, um nach den feststehenden Regeln der italienischen Galanterie die Töchter der Nobili zu gewinnen, die in den Klöstern auf der Insel Murano und S. Giorgio ausserhalb kirchlicher Zucht als Nonnen ohne Schleier mit dem Titel Exzellenza lebten. In Spanien bestand er ähnliche Abenteuer, und noch weit gefährlichere, er entging aber immer glücklich, unter andern bei einem heimlichen Besuche der Marchese Manzera, den Dolchen, die die eifersüchtigen Dons ihm geschliffen hatten.

«Zurückgekehrt von diesen Pariser-, Venediger- und Madrider-Abenteuern einer über zweijährigen Reise, langte August über Wien am 14. April 1689 im Teplitzer Bade an, wo sein Vater sich befand, der ihn hier bewillkommnete. Er machte darauf in den Jahren 1689—1691 mit diesem die letzten drei französischen Campagnen gegen die Franzosen am Rheine mit, wo er wieder eine Wolke der galantesten Lebewelt traf, die grössten Debauchen mitmachte, spielte und im Spiel betrogen ward.»[16])

Nach dem Tode seines Vaters lebte August meist in Wien bei seinem Freunde, dem sehr galanten Erzherzog Josef, dem späteren Kaiser. Im Februar 1693 hielt er mit seiner jungen Gattin seinen Einzug in Dresden. Im April des nächsten Jahres starb sein Bruder. Damit begann die lange, gesegnete Regierungsepoche des starken August. Sie war die eines der grossen Ludwige würdige.

Als der junge Ehemann am 4. Mai 1695 nach Karlsbad zur Kur reiste, liess er natürlich seine Gattin in Dresden. Aber, wie der damalige englische Gesandte Mr. Shepney nach London berichtet: «Er nimmt mit sich eine ordentliche Mätresse, Fräulein Klengel (ein Schreibfehler für Kessel), seine ausserordentliche, die Königsmark, und er findet dort zu seiner Verfügung eine dritte: Fräulein Altheim (wohl Althann)». Er hat sich in Karlsbad nach einem weiteren Berichte des ihm dorthin gefolgten englischen Gesandten ein Haus gebaut, das die für damals horrende Summe von 2000 Gulden kostete, «und nicht länger währen wird als des Jonas Kürbiss. Es ist von italienischer Erfindung, mit vier Aborten, Halbdunkelplätzen, Ruhebetten und allen anderen beweglichen Gegenständen, die das Liebeshandwerk erleichtern.»

«Wir haben von Dresden sechs Waggons voll von Lüstern und Spiegeln zur Ausschmückung des Gebäudes mit hergebracht und den 6. sollen wir eine Maskerade haben, worin die Königsmark die Diana vorstellt und von sechs Nymphen gefolgt, auftritt. Ich kann nicht sagen, wem die Rolle des Actäon zufallen wird, aber zu schwören wage ich, Hörner werden aufgesetzt werden, bevor die Nacht vorüber ist, denn ich verstehe, dass das die Hauptsache bei der Lustbarkeit ist.»[11])

Bei Haupt- und Staatsaktionen wie solchen Reisen traten alle politischen Angelegenheiten meilenweit zurück. Denn wenn auch geleugnet wird, dass Ludwig XIV. den Ausspruch getan habe, «der Staat bin ich!» August wie so viele andere Monarchen handelten darnach. So war die Mätressenwahl eine Angelegenheit von tief einschneidender Bedeutung, und Wohl und Wehe solcher Damen ging allen anderen Fragen vor. Sie hatten eben eine bedeutende und ausschlaggebende Stelle in seinem Leben und in Sachsen eingenommen. Die unglaubliche Demoralisation jener Zeit hatte auch in August einen begeisterten Anhänger gefunden. War sie doch seit dem Dreissigjährigen Krieg in Deutschland an den Höfen allgemein geworden. August glättete nur die anderweitig gang und gäbe Rohheit nach Versailler Muster. Es galt damals an allen europäischen Höfen geradezu für unumgänglich erforderlich zum Ton, eine oder mehrere Mätressen zu haben. Der sächsische Hof war also darin nicht schlechter als die anderen. August der Starke bewies nur seine Ueberlegenheit in der von ihm getragenen Anzahl von Rosenfesseln, die er sich anlegte und mehr oder weniger rasch und energisch abstreifte. Er glänzte eben als Don Juan auf dem Throne. Mit Ausnahme Friedrich Wilhelms I. von Preussen war aber vielleicht nicht einer der deutschen Fürsten, die gleichzeitig mit August von Sachsen lebten, vorwurfsfreier als er. Eine Geschichte des deutschen Mätressenwesens würde ein Buch geben, wohl doppelt so stark wie das vorliegende. Darum nur einige kurze Andeutungen:

Der erste preussische König hielt sich die Gräfin Kolbe-Wartenberg, früher Schankmamsell in einer rheinischen Winkelkneipe, als Repräsentationsmätresse.[12]) Max Emanuel, Kurfürst von Bayern (1679—1726), «ein schöner Mann von gefälligem Wuchs», liess als kaiserlicher Statthalter in Brüssel ungeheure Summen von seinen Liebeshändeln mit den dortigen Sängerinnen verschlingen. Als ihm eines Tages seine eifersüchtige Frau vorwarf, sich einer seiner früheren, ihretwegen abgedankten Mätressen wieder genähert zu haben, leugnete er dies und meinte in seinem schriftlichen Bescheid: «Wenn er überall seinen Mätressen ausweichen müsse, die er vor der Ehe gehabt habe, so müsse er, um nicht überall eine zu finden, nach Indien gehen. Die Gemahlin solle unbesorgt sein. Auf alte Mätressen komme man nicht zurück. Das Evangelium der Liebe sei Neuheit!» Seine neuen Eroberungen stellten unter sanfter Musik Schwimmübungen in der Badenburg des Nymphenburger Schlosses an, an denen sich der Kurfürst meist als einziger Zuschauer ergötzen durfte. Dieser Ahnfrauen der heutigen Badegirls, sechzehn an der Zahl, gab es weit weniger als der niedlichen Gartenmädchen des Markgrafen Karl III. von Baden, des Besitzers des «ridikülen Serails».

Im Jahre 1679 geboren, vermählte sich Karl achtzehnjährig mit der um zwei Jahre älteren Prinzessin Magdalene Wilhelmine von Württemberg. Dreissigjährig kam er zur Regierung. «Die Natur, welche unschlüssig war, ob sie einen Herkules oder einen Sohn der Venus bilden sollte, tat beides», sagt ein gleichzeitiger Schilderer von ihm. Ein anderer meint: «Karl warf sich mit ganzer Macht auf den Regentenstand, auf dessen Geschäfte und Arbeiten als Staatsmann und auf dessen Freuden und Genüsse als Mann: mit den angestrengtesten Tagesbeschäftigungen (!) wechselten die deliziösesten Vergnügungen der Nacht.»

Der Sitz, an dem diese doppelte Regentenwonne getätigt wurde, war Karls neue Residenz. Der Herrscher selbst hatte sie nach eigenhändigen Rissen angelegt und *Karlsruhe* betitelt. Er schuf sich 1715 diesen Ruhesitz inmitten des Hardtwaldes in einer Sandebene. Das Haus war nur aus Holz, ein einfaches, dreistöckiges Jagdschloss, aber es war ein kleines Fontainebleau. Es barg sich in diesen bescheidenen, anspruchslosen Aufenthalt der Ruhe und Stille, der Einsamkeit und des Friedens der Natur ein kleines irdisches, und zwar orientalisches Paradies. Seine Huris bildeten die famosen 160 Gartenmägdlein des galanten Markgrafen. Was die Potsdamer lange Garde dem Preussenkönig war, waren die niedlichen Gartenmägdlein dem badischen Markgrafen. Sie bildeten, als Heiducken und Husaren uniformiert, seine weibliche Leibgarde. Acht dieser Kammerfrauen hatten täglich Wache und Dienst. Sie bedienten ihren Herrn zu Hause, begleiteten ihn in Husarenuniform auf seinen Spazierritten und -fahrten. Auf Reisen durften sie gleichfalls nicht fehlen. Alle Abende liess er unter diesen Mädchen die 78 Karten des Tarockspiels austeilen. Die Glückliche, die den Pagat (merkwürdigerweise die geringste aller 78 Karten) erhielt, wurde Königin der Nacht.

Diese Mädchen waren vielseitig gebildet. Die meisten von ihnen waren in Musik und Tanz ausgebildet. Sie musizierten daher in der Schlosskapelle und führten auf dem Schlosstheater Komödien, Opern und Ballette ihrem Herrn zur Kurzweil auf. Die 160 Mädchen wohnten in den Zellen des Bleiturmes, eines achteckigen Baues, der seinen Namen von dem Bleiboden unter der Kuppel erhalten hatte. In diesem Serail führten die Mädchen zwar ein köstliches Leben, aber in strenger Klausur und Disziplin. Aus den Gemächern Karls führten Klingeln in ihre Zimmer, und die, deren Glocke tönten, hatten sofort zum Dienst zu erscheinen.

Die morgenländische Herrlichkeit des Badensers erregte manches Aufsehen; nicht nur im Inlande. Auch Liselotte, die Herzogin von Orleans, schrieb am 15. Dezember 1718 aus Paris über die «Leibgarde des Markgrafen», den sie einen «Narren in Folio» nannte. [13])

Diese Bezeichnung verdient der dritte dieser gekrönten Wüstlinge, Karl Eugen von Württemberg, kaum weniger, aber Despot oder Tyrann wird er noch zutreffender benannt. Dieser Herzog (1728—1793) war eine Zuchtrute seines Volkes, ein Mann, der alle Hindernisse für sein seit seiner Jugend nur den Ausschweifungen geweihtem Leben mit einem Fusstoss aus dem Wege räumte. Er betrieb das Gunstdamenwesen ganz nach Versailler Zuschnitt und erweckte die alten, antiken oder mittelalterlichen, längst vergessenen Dirnenabzeichen zu neuem Leben, indem er seinen Favoritinnen blaue Schuhe als Abzeichen ihrer Würde verlieh, die nur sie allein tragen durften. Dutzende von ihnen liefen damit in Stuttgart herum. Als junger Ehemann und nach seiner Scheidung hatte Karl Eugen alle Tänzerinnen und Sängerinnen seines Theaters zu Freundinnen. Casanova sagte von ihnen, dass sie alle hübsch gewesen seien und sich alle rühmen konnten, den gnädigen Herrn mindestens einmal glücklich gemacht zu haben. Casanova füllt das ganze 14. Kapitel des dritten Bandes seiner Erinnerungen mit seinen Stuttgarter Erlebnissen unter den Dirnen des Hoftheaters, italienischen Kurtisanen und Offizieren. Die Schilderungen machen mit einer völlig verlotterten Gesellschaft bekannt. Besonders drei Offiziere zählen zum Abhub der Menschheit.

Wie Casanova angibt, war des Herzogs erste Gunstdame unter den Theaterprinzessinnen mit dem Rang und der Würde einer wirklichen Prinzessin, die Venezianerin Augusta, Tochter eines Gondelführers und Gattin des Tänzers Michele Agata. Nach Abdankung dieser Geliebten und zugleich Kupplerin kam die Französin Dugazon und nach dieser die Engländerin Nency daran. Dabei verschmähte er keineswegs heimische Blüten. Jede Schönheit war ihm willkommen. Geld spielte dabei keine Rolle. So erhielt eine Fräulein von Wimpffen eine jährliche Entlohnung von 20,000 Gulden.

Um all die Riesensummen aufzubringen, die das Liebesleben des Herzogs verschlang, blühte denn auch der Stellenwucher. Man schuf Monopole, führte das Zahlenlotto ein, auch vom Soldatenhandel, dieser unerhörten fürstlichen Schande, hielt sich Württemberg nicht frei.

Schmähschriften sorgten dafür, dass die Stuttgarter Skandale weiteste Verbreitung fanden. Wie bereits erwähnt, fand Karl Eugen zu seinem eigenen Glück wie zu dem seines Landes in Franziska Theresia von Bernardin, verehelichte von Leucrum, dann Gräfin von Hohenheim, die Frau, die aus dem Wüstling einen treuen Geliebten, später einen ebensolchen Gatten machte.

Von der ebengenannten Art deutscher Regentenwüstlinge unterschied August seine immerhin feinere, galantere Art, die nur bei einer seiner Gunstdamen aus der Art schlug. Er wusste, wie ein Zeitgenosse von ihm schrieb, «seine Liebhaberin vortrefflich zu wählen. Er war in der Tat grossmütig, und es kostete ihn jedesmal ein grausames Leiden, so oft ihn eine neue Leidenschaft hinriss, welche das Opfer der vorigen verlangte.»

Als ausdrücklich erklärte und bis auf wenige Ausnahmen fürstlich abgefundene Favoritinnen Augusts sind folgende zwölf bekannt und erwähnenswert:

1. *Fräulein Kessel*, später Frau von Haugwitz, eine Sachsin.

2. Seit 1694, dem Antritt seiner Regierung in Sachsen, *Maria Aurora*, Gräfin von Königsmark, die Mutter des Marschalls Moritz von Sachsen. Aurora starb als Pröpstin von Quedlinburg. Ihr einziges Vermögen, ihre Spitzen, liess sie sich in den Sarg legen.

3. *Fatime*, eine in Ofen erbeutete Türkin, Gesellschafterin bei Maria Aurora Königsmark, dann Frau von Spiegel, Mutter des Grafen Rutowsky und der Gräfin Bielinska, später Bellegarde.

4. Seit 1696 beim Aufenthalt in Wien: *Gräfin Esterle*, geborene Gräfin Lamberg, eine Oesterreicherin.

5. Seit 1697, dem Regierungsantrittsjahre in Polen: *Fürstin Lubomirska*, geborene von Bockum, nach ihrer Scheidung Fürstin von Teschen, später wieder vermählte Herzogin von Württemberg, eine Polin, geboren 1680, Mutter des Ritters von Sachsen.

6. Vor dem Weggang aus Polen nach Sachsen, 1706: *Madame Henriette Renard*, die schöne Weinschenkin in Warschau, eine Französin, von deren Bruder die schlesischen Grafen Renard abstammen, Mutter der Gräfin Orselska.

7. Seit 1706, dem Jahre der Rückkehr nach Sachsen: *Gräfin Anna Constanze Cosel*, geschiedene Frau von Hoym, eine geborene von Brockdorf, eine Dänin, geboren 1680, Mutter des Grafen Cosel und der Gräfinnen Moszinska und Friesen — die mächtigste Mätresse en titre.

8. 1709 bei der Franzosen-Campagne am Rhein: die Brüssler Tänzerin *du Parc*, eine Französin.

9. Vor 1716, wo die Cosel gestürzt wurde: *Gräfin Dönhoff*, geborene Bielinska, eine Polin.

10. *Fräulein von Dieskau*, später Frau von Loss, des ersten Grafen seines Geschlechts Gemahlin, eine Sachsin.

11. *Fräulein von Osterhausen*, später Frau von Stanislawsky, eine Sachsin, und endlich als die merkwürdigste:

12. *Gräfin Anna Orselska*, später Herzogin von Holstein-Beck, geb. 1707 von Madame Renard.

«Unter den Favoritinnen Augusts sind hauptsächlich sechs Damen berühmt geworden: die Königsmark, die Spiegel, die Lubomirska, die Cosel, die Dönhoff und die Orselska; gleichzeitig mit den Hauptflammen zu diesen Hauptodalisken flammten die Nebenflammen mit den flüchtigeren Liebschaften.»[14])

Nun noch wenige Zeilen über die nennenswertesten der genannten Gunstdamen Augusts.

Die erste unter ihnen war auch in jeder Hinsicht die bedeutendste.

Das Abenteuerleben dieser schönen geistvollen Frau aus hohem schwedischen Adelsgeschlecht, ist so oft schon Gegenstand eingehender Schilderungen geworden, dass es hier überschlagen werden kann.

Nur etwas von dem, was vielen ihrer Biographen unwesentlich schien oder ihnen unbekannt geblieben ist, soll hier angeführt werden.

Aurora war schon durch manche Hände gegangen, als sie mit August bekannt wurde. Sie war damals bereits sechsundzwanzig Jahre alt und so erfahren in ihrem Beruf, dass sie als Erste Augusts veränderliches Herz, dauernder als er es bis dahin gewohnt, in Fesseln zu schlagen wusste. Dies hinderte aber den so anspruchsvollen Liebhaber nicht, sich neben Aurora noch die Gräfin Lamberg, spätere Gräfin Esterle und die Türkin Fatime als Gunstdamen mit nach Warschau zu nehmen. Diese Fatime war Gesellschafterin und Spielzeug Auroras. Ueber die Auffindung dieser Orientalin erzählt Meister Johann Dietz, des Grossen Kurfürsten Feldscher und Königlicher Hofbarbier [15]) bei der Eroberung von Ofen am 2. September 1686:

Der Armee-Wundarzt Dietz geht plündernd durch die Strassen Ofens. «Ich wollte doch gleichwohl nicht mehr trauen und mich mit meiner Beute davonmachen. Als ich eben einen Keller, wo es oben brannte, vorbeiginge, da eine alte Mutter mit zwei wunderschönen Töchtern auf mich zugekrochen kam; mich nach ihrer Mode umb die Füsse fassend, weinende, auf ihre Sprache, welche ich nicht verstund, umb Schutz und ihr Leben baten. Ich sahe sie an. Sie waren schön und langgewachsen, eine von zwölf, die andere von etwa achtzehn Jahren. Als ich ihnen weisete, sie sollten sich an meinen Rock halten, taten sie das, hinter einander her und mit mir über die Bresche ins Lager gehende.

Ich gedachte lange, was ich mit ihnen machen wollte. Aber diese Sorge war vergebens. Denn sobald ich solche in mein Zelt gebracht, ihnen Essen und Trinken vorgesetzt, so sie aber nicht gewollt, hatte der General Schöneck, der uns kommandierete, davon Nachricht bekommen, dass ich schöne Türkin'n rausgebracht. Liess mir befehlen: ich sollte solche an ihn gleich schicken, sie zu verwahren. Das musste ich tun und war meine schöne Beute los.

Sie wurden mit heraus, mit vielen andern vornehmen Türken und reichen Juden bis nach Berlin gebracht. Allda ich sie wiederum bei der Garde als Feldscher zu kurieren und zu verbinden hatte. Sie liessen sich hernach taufen und wurden vornehme verheiratet.»

Die eine dieser Türkinnen kam in die Hände August des Starken. Er liess sie taufen, schenkte dann dies Maria Aurora benannte Mädchen der Königsmark, die es ihm zuführte. Als seine Geliebte gebar sie ihm zwei Kinder, die er anerkannte. Der Knabe bekam den Titel Graf Rutowsky. Das Mädchen wurde durch Heirat Gräfin Bielinska. Zum Scheine vermählte man Fatime mit dem Kammerdiener Spiegel, den man zum Oberstleutnant machte und adelte.

Die Gräfin Lamberg war die Scheingattin des Kaiserlichen Kammerherrn Graf Esterle. Für die Ueberlassung der Dame an August wurde der Graf mit der Oberhofmarschallwürde und einem Jahresgehalt von 20,000 Gulden «belohnt». Als diese treue Gattin von ihrem Liebhaber in gesegnete Umstände versetzt worden war, sollte sie der Gatte wieder zu sich nehmen. Ausser dem Kinde wollte man der Gräfin ihren Schmuck im Werte von 40,000 Gulden belassen und dem Grafen noch 50,000 Thaler zahlen. Er lehnte aber ab. So sparte man das Geld, schickte aber «die kleine Gräfin» dennoch weg, entzog ihr sogar 1702 ihre als Gunstdame a. D. ihr ausgesetzte Pension.

Nach der Rückkehr Auroras von Warschau nach Sachsen endete deren Verhältnis zu August. Aber sie tröstete sich und liess sich trösten durch eine Menge neuer Liebhaber. Die sehr stark gewordene Frau starb sechzigjährig in Quedlinburg. Ihre Stellung als Mätresse en titre hatte schon weit früher die Polin Ursula Katharina, Fürstin von Lubomirska, eine üppige Blondine, angetreten. Sie war die Tochter eines Herrn von Bockum, eines in Polen eingewanderten Franzosen. Ihre Ehe mit dem jungen Fürsten Lubomirski wurde vom Papst geschieden. Nach ihrer Mitarbeit an der Wahl Augusts zum König von Polen, erfolgte ihre Ernennung zur Reichsfürstin von Teschen. Sie erhielt sich in ihrer Stellung mehrere Jahre. Endlich wurde sie durch die Gräfin Cosel verdrängt. Längst verblüht, gewann ihr das grosse Vermögen die Hand des um zwölf Jahre jüngeren Prinzen Ludwig von Württemberg.

Während der Herrschaft der Lubomirska hatte August in Warschau ein Verhältnis mit einer dortigen Weinkneipenbesitzerin, der Französin Henriette Renard. Die Liebschaft mit dieser hübschen jungen Frau sollte nur dadurch Bedeutung erlangen, dass sie August zwei Kinder gebar, denen in einer Geschichte der Erotik ein besonderer Platz eingeräumt werden muss, wie dies später auch geschehen soll.

Die dritte und unter allen die mächtigste der Hauptgunstdamen Augusts war die Dänin Anna Konstanze, Gräfin von Cosel, geborene von Brockdorf, Tochter eines Obersten. Neunzehnjährig hatte sie sich mit dem braunschweigischen Hofherrn von Hoym vermählt, später Minister Augusts. Ueber die Bekanntschaft Augusts mit der jungen Frau kursierte eine romantische Geschichte.

«Nach der Rückkehr nach Dresden fiel Augusts Blick angeblich bei einem Bankett am 1. Februar 1705 auf die Frau Anna Constanze von Hoym. Sie, die siebente seiner Auserwählten, war am 17. Oktober 1680 als Tochter des dänischen Obersten Joachim von Brockdorf in Depenau in Holstein geboren. Fünfzehnjährig kam das arme Mädchen als Hoffräulein nach Plön, dann nach Wolfenbüttel, und von da kehrte sie nach Holstein zurück. Im Alter von dreiundzwanzig Jahren heiratete sie dort 1703 den zehn Jahre älteren, weniger liebenswürdigen als sehr reichen Hoym.» [16])

Eine zweite Version erzählte:

«Als der Hof nach siebenjähriger Abwesenheit in Polen im Jahre 1704 nach Dresden zurückkam, rühmte, so wird erzählt, bei einem Bankett, dem der König beiwohnte, jeder von den Gästen die Schönheit seiner Geliebten, auch der Minister von Hoym, die seiner Gemahlin. Der König bot ihm eine Wette an. Hoym brachte hierauf seine Gattin an den Hof. Der König erklärte sich auf der Stelle besiegt und besiegte nun sofort auch die junge, schöne Frau. Sie wurde von ihrem Gatten geschieden. Die Cosel gehörte zu den seltenen Schönheiten, die sich ungemein lange bis ins hohe Alter erhalten. Sie hatte grosse, schwarze, glühende Augen, einen reizenden, weissen Teint, einen sehr schönen Mund mit kleinen Zähnen und eine sehr fein gebildete Nase. Ihre Gestalt war hoch und schlank, ihre Formen voll, schwellend, fast üppig. Obgleich ihre ganze Erscheinung mehr den Ausdruck des Grossen und Erhabenen einer

Kurfürst Max Emanuel von Bayern.

Louise Françoise de La Vallière, Maitresse Ludwigs XIV. - Nach der Radierung von G. Edelnick.

heroischen Natur hatte, zeigte sich dabei, was so selten vorkommt, dennnoch der Liebreiz der weiblichen Anmut und vereinigte so zwei sich ganz zu widersprechen scheinende Individualitäten. Das Feuer ihrer berühmten, schwarzen Augen soll gleichsam strahlend und ihr Umgang bezaubernd gewesen sein. So sehr ihre Sinnlichkeit den König anzog, so kühlte ihn eine ihrer Eigenschaften ab. Ihre Eifersucht, und noch mehr ihre Herrschsucht kannten keine Grenzen. Zu der Eifersucht gab der König allerdings reichlich Anlass, da er fortwährend eine Menge Nebenliebschaften unterhielt.» [17])

Auf dem Feldzuge gegen die Franzosen 1709, bei dem August der Starke sein kostbares Dasein ausser Gefahr zu halten gewusst hatte, war es am Rhein ohne Damen langweilig geworden. Deshalb brach der König nach dem fideleren Brüssel auf. Dort lernte er die französische Tänzerin du Parc kennen. Die schlaue Kokotte fing den stolzen deutschen Monarchen mit einem Schlage durch die Behauptung, überzeugt gewesen zu sein, einen Franzosen vor sich zu haben und keinen Deutschen. Dieses rührende und als Hochachtung bewertete Bekenntnis musste belohnt werden. August engagierte sie sofort für Dresden «gegen ein ansehnliches Gehalt» und gab ihr 1000 Dukaten Reisegeld. Die du Parc hatte ihm beim Abschluss des Engagements freimütig gestanden, «dass sie keine vestalische Jungfrau sey!» Bei einer Französin sah man über solche Kleinigkeiten hinweg, umsomehr, als die im Amte befindliche Mätresse nicht mehr zog. Ihren gänzlichen Sturz führte aber eine mehr aus politischen als aus erotischen Gründen erkorene Mätresse, die Gräfin Dönhoff, eine Polin, herbei. Dieser war gründlich, denn die überdrüssig gewordene, sich wehrende Cosel verfolgte nun glühender Hass. Von Preussen, wohin sie vor ihrem Feinde August geflohen, ausgeliefert, wurde sie in das feste Schloss Stolpen gebracht. «Am 24. Dezember 1716, im Alter von sechsunddreissig Jahren, betritt sie, frisch und schön wie eine Zwanzigjährige, die Gemächer des Bergschlosses, um sie lebend nicht wieder zu verlassen. Einmal hatte sie sich durch die Flucht retten wollen, mit Hilfe eines Kapitäns, der deshalb den Kopf einbüsste. Ihr Verbrechen war, dass sie das ihr von August gegebene schriftliche Ehegelöbnis nicht zurückgeben wollte, trotzdem es ohne jeden Wert war. Wort gehalten hätte August ja doch nicht. Die Schlusszeilen ihrer Sarginschrift lauten: «... entschlief in Gott, nachdem Sie Ihr Ruhmvolles Alter gebracht auf 84 Jahre 5 Monathe 13 Tage den 31. Mart. 1765.»

Constanze Cosel hat in ihrem Leben viel gesündigt, aber auch übermenschlich hart gebüsst, verurteilt von einem Menschen, der weder das Recht noch Gründe dazu hatte. Aber wer durfte in der Zeit des krassesten Absolutismus nach solchen Nebensächlichkeiten fragen, ohne selbst verloren zu sein?

Nach der du Parc und der Dönhoff folgten einige hochadelige Mätressen und eine ganze Anzahl unbedeutende und flüchtige, meist auf der Leipziger Messe gemachte Bekanntschaften, unter denen ein Fräulein von Dieskau und Henriette von Osterhausen als die direkten Vorgängerinnen der sechsten Hauptmätresse und der merkwürdigsten von allen, die der Gräfin *Anna Orselska*, genannt werden müssen.

«Das Verhältnis Augusts zu dieser Dame war allerdings nicht nur ein unehrbares, sondern sogar ein unnatürliches Verhältnis. Es gibt einen Masstab ab, in welchem ausschweifenden Grade die Machthaber des achtzehnten, des demoralisiertesten Jahrhunderts der ganzen christlichen Zeitperiode, sich über die nicht bloss bürgerliche, sondern auch natürliche Sitte hinwegsetzten. Gegen das Extrem einer theologischen, übertrieben asketischtristen Geistesrichtung, die im Verlaufe der Reformation sich festgesetzt hatte, stellte der Gegensatz sich jetzt in einer Libertinage dar, die alle religiöse, alle sittliche, ja selbst, wie gesagt, alle ganz natürliche Gewissenhaftigkeit von sich wegstiess. Die Gräfin Orselska, die August der Starke schon am sinkenden Abend seines von Lebensgenuss überfüllten Lebens zur Geliebten annahm, war seine eigene Tochter. Es wiederholte sich mit ihr das Verhältnis, in dem der Regent von Frankreich zu seinen leiblichen Töchtern stand, wie noch ausgeführt werden soll.

Gräfin Anna Orselska, war geboren im Jahre 1707. August hatte sie mit einer Französin, einer Mademoiselle Henriette Renard erzeugt, gebürtig aus Lyon, deren Mann, ein Franzose Du Val, sich in Warschau als Gast- und Weinwirt etabliert hatte. Die Wahrheit dieser unnatürlichen, aber in jenem demoralisierten Jahrhundert ebenfalls gar nicht vereinzelt dastehenden Tatsache ist durch eine Dame beglaubigt, die *Markgräfin von Bayreuth*. Sie schreibt darüber in ihren Memorien, bei Gelegenheit der Erzählung von einem Besuche ihres Vaters und Bruders in Dresden im Karneval des Jahres 1728. Sie berichtet, dass letzterer, *Friedrich der Grosse*, damals noch Kronprinz, trotz der ungeheuren Eifersucht Augusts des Starken, mit der Gräfin Orselska in ein ziemlich gutes Einverständnis gekommen sei. Die Markgräfin selbst sah die Orselska bei einem darauf noch in demselben Jahre von dem sächsischen Hof in Berlin abgestatteten Gegenbesuche. Am 31. Mai erschien sie bei der grossen Generalrevue bei Tempelhof in Soldatentracht, einem Kleid von roter Seide mit Gold besetzt und mit dem weissen Adlerorden, zu Pferde. Kurze Zeit nachher verlautete, dass sie guter Hoffnung sei: Das Kind, mit dem sie in Dresden niederkam, wurde in Preussen bei dem französischen Richter Carrel zu Frankfurt a. O. untergebracht. Die Markgräfin beschreibt die Orselska als eine Dame, die, ohne eine regelmässige Schönheit zu sein, viel Einnehmendes gehabt habe, — «übrigens, setzt sie dann hinzu, habe sie neben ihrem fünfzigjährigen Vater alle ihre Brüder, deren es einen ganzen Schwarm gab, begünstigt». Der Bevorzugte dieser Brüder war der Graf Rutowsky. Er stellte seine schöne und geistvolle Schwester, die der König noch nicht als seine Tochter anerkannt hatte, und die in Warschau sehr ärmlich lebte, hier einst dem Vater in der Uniform des grossen Grenadierregimentes von Potsdam, wie sie mehrmals im sogenannten Venustempel zu Pillnitz abgebildet wurde, vor, und damals war es, wo dieser von ihr so entzückt wurde, dass er sie selbst als Mätresse behielt.

Die Gräfin Orselska soll ihrem Vater merkwürdig ähnlich gewesen sein, sowohl in den Zügen des Gesichts, wie im Temperament und Charakter. Sie gehörte zu den entschiedensten Löwinnen des achtzehnten Jahrhunderts, ritt wie ein Tatar, tat im Trunke Bescheid und rauchte Tabak. In ihrem, von der berühmten Rosalba Carriera gemalten Porträt auf der Galerie in Dresden kann man eines der durchlebtesten Gesichter, das vielleicht jemals existiert hat, nicht wohl verkennen. Sie heiratete 1730 dreiundzwanzigjährig den bei der sächsischen Armee dienenden und katholisch gewordenen Prinzen Carl Ludwig von Holstein-Beck.

«80,000 Taler liess der König der geliebten Orselska zum Hochzeitsgut zahlen und dazu schenkte er ihr noch bedeutende Güter, wie der Mercure historique berichtet, für 300,000 Taler in Böhmen, und im Testament erhielt sie eine Jahresrente von 8000 Thaler nach seinem Tode. Die Ehe mit dem holsteinischen Herzog wurde schon 1733 wieder geschieden. Die Orselska starb 1769 zweiundsechzig Jahre alt.» [18])

Die Neigung zur Blutschande ist eine für die Zeit des Rokoko beinahe charakteristische psychosexuelle Erscheinung, die gleichsam wie durch Massensuggestion hervorgerufen, damals zu Tage trat. August machte daher mit seinen Beziehungen zur Orselska nur eine Pariser Mode mit, deren Verwerflichkeit ihn eher reizte als abschreckte. Hatte doch der in Frankreich tonangebende Philosoph und Schriftsteller Diderot die Blutschande für eine gleichgültige Sache erklärt. Zur Mode erhoben war diese Gepflogenheit, wie erwähnt, durch Philipp von Orleans, dem Neffen

Ludwigs XIV. und Regenten für den unmündigen Ludwig XV. Dieser Wüstling hatte seine beiden Töchter, die Herzogin von Berry und Mademoiselle de Valois, zu seinen Geliebten gemacht, ebenso Frau de Ségur, eine seiner illegitimen Töchter.

Zu den Roués im Sinne Philipps von Orleans muss auch der bedeutendste unter den Söhnen Augusts des Starken, der Marschall Graf Moritz von Sachsen, gezählt werden, vom Vater wie von der Mutter, Aurora von Königsmark, gleich erblich belastet.

«So riesig stark von Leibe, ein Karl XII. in persönlicher Tapferkeit seit seiner stürmischen Laufbahn in Kurland, war Graf Moritz waffenlos schwächlich den Buhlkünsten, zumal der Theaterschönheiten, blossgestellt. Die erbärmlichsten Liebesintrigen gingen daher Hand in Hand mit seinen Grosstaten; wo irgend wir tiefer in sein Leben eindringen, stossen wir auf die schmutzigsten, unwürdigsten Geschichten, auf die lächerliche Rivalität mit kleinen Poeten und Pastetenbäckerjungen, auf den abscheulichsten Despotismus. Die Posaune seines Ruhmes bliesen liederliche Dirnen, die sich seit seiner frühesten Jugend an seinen Hals hingen und ihn ohne Reue in ein frühes Grab zogen.» Bekannt ist Moritzens Verhältnis mit der edlen Adrienne Lecouvreur, vielleicht der einzigen idealen Erscheinung unter seinen zahlreichen Mätressen.[19])

Die ebenso schöne wie geistreiche Lecouvreur, Heldin an dem Théâtre français in Paris, war von 1722 bis 1726 die Mätresse des Marschalls, trotz der vielen Seitensprünge des galanten Sachsen. In einem Brief an seine Mutter detailliert Moritz die Schönheit seiner Geliebten Adrienne: «Hier schicke ich Ihnen das Porträt der geistvollen Französin mit der Versicherung, dass ihr nicht geschmeichelt ist. Sie ist ungefähr von der Grösse der Gräfin Cosel, mit schöner Taille, niedlichem Fuss, vollen Schenkeln und holdem Antlitz, gegen sechsundzwanzig Jahre alt, unverheiratet, von guter Familie, unbeschränkte Herrin ihrer Handlungen, geliebt und angebetet von aller Welt.»

Im Jahre 1762 verfügte sich Moritz nach Kurland, wo ihn die Stände zum Regenten gewählt hatten. Aber eine Liebesgeschichte zerstörte seine Aussichten. Er betrog dort die verwitwete Herzogin Anna von Kurland, die 1730 als Kaiserin Anna den Thron in Petersburg bestieg, mit einer ihrer Hofdamen und brachte sich dadurch um die Regentschaft in Kurland wie die in Russland.

Adrienne verkaufte ihren Schmuck, um durch dessen Erlös es Moritz zu ermöglichen, nach Paris zurückkehren zu können. Wieder in Paris, knüpfte er ein Liebesverhältnis mit der Herzogin von Bouillon an, um durch sie Unterstützung von dem französischen Hof zu erlangen. Eines Abends stand Adrienne auf der Bühne, als Moritz mit der Herzogin eine Loge betrat. Wütend vor Eifersucht schleuderte die Schauspielerin der Herzogin die Worte zu von den unverschämten Frauen, die nicht mehr erröten könnend, ihres Verbrechens sich freuen. Die Herzogin, auf die sich alle Blicke richteten, fiel in Ohnmacht und wurde von Moritz aus dem Theater gebracht. Wenige Tage darauf erhielt die Lecouvreur einen prachtvollen Blumenstrauss. Sie sog dessen Duft ein, sank zusammen und war einige Stunden darauf eine Leiche. Die Herzogin von Bouillon hatte sich durch Gift gerächt. «Später war Moritz in den Banden der Schauspielerin Lamotte, liess sich von der Choristin Carton in das Lustlager von Mühlberg begleiten und kämpfte später mit dem Dichter Marmontel um den Besitz zweier anderer Demimondänen. Auch verpflanzte er die Bordelle in das Feldlager. So hatte er immer einen Harem in seinem Hauptquartiere bei sich und liess durch liederliche Weiber Schlachten ankündigen! Frühzeitig wurde durch diese Ausschweifungen seine Kraft gebrochen.» [20])

Masslose, alle anderen Interessen untergrabende Erotik liess das Leben des begabten Moritz von Sachsen in Nichts verpuffen. Der Modegeist seiner Epoche trug die Schuld daran. Schätzte er die Erfolge eines

Lebemannes doch nicht geringer, oft sogar ungleich höher ein, als die auf der Menschheit nützlicheren Gebieten errungenen. Ihnen allein dankt ein anderes Kind jener Zeit sogar seine Unsterblichkeit, die es auf andere Weise niemals hätte erobern können, nämlich der gekrönte Wüstling, der Weiberjäger, oder wie man ihn oft nannte: der Vielgeliebte, nämlich Ludwig XV.

13. LUDWIG DER VIELGELIEBTE

war sechs Jahre alt, als er 1715 am Totenbett des alten Königs Ludwig XIV. stand und von diesem Abschied nahm. Sein Grossonkel, der Herzog von Orleans, begann in seinem Namen zu regieren. So wächst er zum Jüngling heran. Die Verführung trat trotz aller Bewachung früh an ihn heran.

«Der Abbé Fleury erzieht den König in der grössten Zurückgezogenheit. Er darf kaum von der Seite die hübschen Damen betrachten, die ihre schwarzen oder blauen Augen auf ihn richten. Man darf annehmen, dass der junge König gern sein Herz einem der anmutigen Geschöpfe geöffnet hätte, die er in der Kapelle erblickt, und die man rasch an ihm vorüberführt. Doch dazu fehlte jede Gelegenheit, und so wandte sich der König an die jungen Leute, die der Dienst in seine Nähe brachte. Die Herren von La Tremouille, Epernon und einige andere hörten anfangs die kleinen Vertraulichkeiten des Königs an, machten ihn dann mit Grund, Ursache und Wirkung der Liebe bekannt, und man will behaupten, sie hätten ihn zu einer hässlichen Ketzerei verführt, noch ehe er den reinen Glauben kannte. Unter dem Schutz eines Kammerdieners wurden in einer Garderobe des Königs Zusammenkünfte abgehalten, die Fleury lange unbekannt blieben. Endlich aber entdeckte er sie und stellte die Ordnung wieder her.»[1])

In den ersten Jahren seiner Ehe mit Maria Leczinska, der polnischen Königstochter, «war der fünfzehnjährige Gatte in seine zweiundzwanzigjährige Frau so verliebt, dass er geschickt und ärgerlich allen Verführungsversuchen kupplerischer Höflinge und ehrgeiziger Weiber aus-

Die Montespan - Radierung von Etienne Picart.

Die Maintenon - Von Pierre Griffort.

Marquise von Maintenon (1635—1719)
Radierung von E. Ficquet nach dem Gemälde von P. Mignard.

Herzog Karl Eugen von Württemberg - Nach dem Gemälde von Pompeo Batoni.

wich, so klug diese Frauen ihre Fallen auch anzulegen wussten. Die Liebe zur Königin zeigte sich in dem reichen Kindersegen Marias. Sie gebar ihrem Gatten acht Sprösslinge. Die dauernde Liebe des Königs kam hohen Persönlichkeiten des Hofes unnatürlich und gefährlich vor. Sie bangten vor einem Umschlag in den Gefühlen des Monarchen und den Ausbruch einer Leidenschaft, die vielleicht ihre Stellung dadurch gefährden konnte, dass eine herrschsüchtige Intrigantin das Herz Ludwigs erobern würde. Diese Furcht liess sie darauf sinnen, dem König ein ihnen gefügiges Werkzeug als Mätresse zu verkuppeln. Verstimmungen und Zwistigkeiten zwischen Ludwig und der immer bigotter werdenden Königin ebneten den höllischen Intriganten das Feld. Sie hielten scharf Ausschau nach einer ihnen genehmen Mätresse. Dazu schien dem eifrigsten Kuppler Ludwigs, dem Kanzler Fleury, eine der galantesten Hofdamen, die Gräfin Mailly, Palastdame der Königin, die passendste.

«Die Mailly war ein feuriges Weib, liebt Ludwig, kennt nur die Freuden des Bettes und würde sich in jeder Weise eignen. Sie ist nicht mehr ganz jung, aber junge Lüstlinge suchen erfahrene Mätressen. Sie ist nicht schön, aber ein hungriger Hund verzehrt jeden Bissen!» berichtet Touchard Lafosse in seiner «Chronik des Oeil Boeuf».

Sehr lustig und ebenso bezeichnend für den in Versailles herrschenden Geist ist die Schilderung der Eroberung Ludwigs durch diese Gräfin von Mailly.

Den Zutreibern war es gelungen, die Verbindung zwischen dem König und der willigen Hofdame anzubahnen.

«Die erste Zusammenkunft fand in den kleinen Gemächern statt, die ohne Zweifel der Schauplatz der königlichen Galanterien werden. Die Gräfin war weit entfernt, die Niederlage zu erwarten, die ihre Reize mitten im Triumph erlitten, aber die Natur hatte ihre Launen. Trotz eines glühenden Temperamentes, trotz der Zurückhaltung, in der er seit seinem Bruch bei Maria Leczinska gelebt hatte, vermochte der König, durch seine ungelegene Schüchternheit beherrscht, nicht seine Liebesbeteuerungen durch Beweise zu bestätigen, und die grossen schwarzen Augen schienen mehr als einmal den König zu fragen: «Wie, während ich ganz Feuer bin, bist du wie Eis?» Aber dieser stumme Vorwurf erweckte nicht die schlummernden Sinne des Königs, und die Gräfin, rot vor Scham, verwirrt und verzweifelt, beklagte sich weinend bei der Prinzessin von Carignan über den geringen Eindruck, den sie dem König gemacht hatte. Man hatte viel Mühe, sie zu einer zweiten Zusammenkunft zu bestimmen, dennoch willigte sie endlich ein.

«Hören Sie, meine liebe Gräfin», sagte ihr Richelieu, der sie seit langer Zeit kannte, «wenn Sie bei Ludwig sind, müssen Sie den König vergessen und nur den Mann in ihm sehen und anzugreifen verstehen, wenn Sie nicht angegriffen werden.» Ermutigt durch diesen Rat, besonders aber durch die Leichtigkeit, mit der sich der junge König zu einer zweiten Zusammenkunft verstand, entfaltete sie dabei alle taktischen Hilfsmittel, deren sich Kurtisanen im gleichen Falle bedienen. Der Erfolg war vollkommen. Ludwig zeigte sich diesmal ebenso feurig, wie er das erstemal schüchtern gewesen war. Frau von Mailly verliess entzückt die kleinen Gemächer und eilte, ohne ihren in Unordnung geratenen Putz wieder gerichtet zu haben, zu der Prinzessin von Carignan, die mit Richelieu den Bericht über diese zweite Sendung erwartete. «Sehen Sie», rief sie beim Eintritt, «wie er mich zugerichtet hat!» — «Gut, gut,» sagte die Prinzessin errötend, «wir sind vollkommen überzeugt.»

So brach Ludwig XV. mit der Tugend, durch den Ehrgeiz des alten Kardinals auf den Pfad des Lasters gestossen. Da der erste Schritt nun einmal getan war, dachte der König nur daran, sich vollends in der Wollust zu berauschen. Der Graf von Mailly, der sich bis dahin sehr wenig um seine Frau gekümmert hatte und jetzt den Eifersüchtigen spielen wollte, erhielt die ausdrückliche Weisung, sich nicht nur jeder Beobachtung seiner Gemahlin, sondern auch jeden Umgangs mit ihr zu enthalten. Man liess ihm ausserdem noch sagen, dass, wenn er vernünftig wäre, das heisst, wenn er seiner Frau die Freiheit gebe, man für sein Glück sorgen würde. Durch dies Versprechen verlockt, wollte auch Herr von Nesle, der Vater der Favoritin, seine Stimme erheben. «Mein lieber Marquis,» sagte ihm Richelieu, der bei Ludwig die Funktion des Mittlers übernommen, «der König könnte sich damit begnügen, über das tugendhafte Geschwätz des ausschweifendsten Menschen in ganz Europa zu lachen, aber seine Majestät sind gut. Hier ist eine Anweisung auf 200,000 Livres. Erheben Sie die Summe aus dem königlichen Schatz und spielen Sie nicht mehr das Kind.»[2])

Das Eis war gebrochen und Ludwig glücklich in den Armen seiner ersten Mätresse. —

«Das Regiment der Frau von Mailly war von kurzer Dauer, und sie selbst beschleunigte das Ende. Die Gräfin hatte vier Schwestern. Die jüngste, die die Gräfin mit dreizehn oder vierzehn Jahren aus dem Kloster, wo sie erzogen wurde, genommen hatte, um ihr früh eine gute Stellung zu verschaffen, lohnte diese Bemühung mit dem schwärzesten Undank. Als diese Kleine noch im Kloster war, hatte sie schon gesagt: «Ich werde an den Hof zu meiner Schwester Mailly gehen, der König wird mich sehen, er wird Zuneigung zu mir fassen, und ich werde meine Schwester, den König und Europa beherrschen. In der Tat ist dem jungen Fräulein von Nesle trotz ihrer geringen Reize gelungen, in Ludwig eine wahre Leidenschaft zu erwecken, durch die sofort alle

Hoffnungen der Frau von Mailly zerstört wurden. Der König hat völlig aufgehört, die Gräfin zu sehen.»³)

Fräulein von Nesle wurde die Mutter eines Königskindes und die Scheingattin eines Herrn von Vintimille, doch in der Liebe mit ihr war die Unbeständigkeit Ludwigs erwacht. Sein Blick fiel wieder auf eine der Schwestern seiner ersten Mätresse. Touchard-Lafosse schreibt:

«Die Wohnung der Fräulein von Nesle ist ein Nest der Grazien, die unser guter König sich holt, sobald sie flügge sind. Die zuletzt Ausgeflogene ist zwar jünger als die erklärte Mätresse des Königs, hat aber reichere Gaben von der Natur empfangen. Sie ist stark und gross, von derbem Wuchs, stattlichem Busen, dicken Lippen und gewöhnlichen Zügen. Ihr Aeusseres bildet zu dem zarten Wesen der Frau von Vintimille den vollkommensten Gegensatz. Uebrigens besitzt Fräulein von Nesle eine ehrliche, alberne Heiterkeit und eine Ausgelassenheit, die ungefähr sagt: «Alles, was Ihnen gefällt!,» kurz, die ganze Hingabe eines feurigen Temperaments, dem die Dummheit anhaftet. Das Ganze reizte die leichtfertige Neugier des Königs. Er wollte sie besitzen, besass sie und vermählte diese dritte Mätresse dem Herrn Lauraguais unter der Bedingung des Nichtbesitzes, die auch schon bei Frau Vintimille eingeführt war. — Ludwig war bald einer Frau überdrüssig, die nichts mehr zu sagen wusste, sobald ihr Geliebter Ansprüche an ihren Geist machte. Aber der König schämte sich, sobald schon eine neue Untreue zu begehen. Er suchte seine gegenwärtigen Vergnügungen dadurch zu verlängern, dass er sie mit anderen verband. Eines Tages machte er den beiden Schwestern den Vorschlag, zu gleicher Zeit sein königliches Lager mit ihm zu teilen, worin sie, wenn auch nicht sonderlich gern, willigten. Der König, der in dieser raffinierten Wollust seinen Urgrossvater und selbst den Regenten überbietet, wünschte sich von seinen Günstlingen Glück zu dieser neuen Erfindung und erklärte, mit Frau von Vintimille wäre das Glück mager und zart, mit Frau von Lauraguais kräftig und dick. —

So verfliesst das Leben Ludwigs, während seine Armeen in Deutschland mit immer grösserem Missgeschick kämpfen. Trotzdem wird seine Regierung die glorreiche heissen, denn die Pensionen der Geschichtsschreiber werden weiterbezahlt. Wir wollen den Vorhang, mit Purpur, Sammet und Gold gestickt, den die Geschichtsschreiber über die Blössen decken werden, aufheben und den Augen der Nachwelt zeigen, was sich dahinter zuträgt.

Die kleinen Gemächer, der Schauplatz der gewöhnlichen Orgien, sind ein abgelegener Teil des Schlosses von Versailles und hängen mit den übrigen Gemächern nur durch schmale versteckte Gänge zusammen. Diese Zufluchtsstätten des Vergnügens stehen nur ihren Dienern offen, zu deren Oberpriester Ludwig XV. sich erklärt hat. Die nächtlichen Feste, die man dort feiert, sind, wie man sagt, durch Fräulein von Charolais, eine feurige Priesterin der Venus, und durch die Gräfin von Toulouse erfunden. Von dieser letzteren habe ich noch nicht gesprochen, obwohl sie mehr von sich reden macht, als dem Grafen lieb ist. In diesen kleinen Gemächern lehrte Frau von Mailly, nachdem sie den König mit der ehebrecherischen Wollust bekannt gemacht hatte, ihn auch die Unmässigkeit im Trunk. Der König fand an diesem neuen Zeitvertreib so grossen Geschmack, dass er wünschte, es solle an gewissen Tagen in den kleinen Gemächern nur dem Bacchus geopfert werden.›

Während der Gunstperiode der Frau von Mailly pflegte sie bei den Trinkern zurückzubleiben, während die andern Damen sich zurückgezogen hatten, nahm als neue Erigone den Handschuh der Trinker auf und sank oft in den Schranken nieder, mit dem Siegerkranz bedeckt. Man kann sich wohl denken, dass die Diener sich höchlichst ergötzten, wenn sie die unerschrockene Kämpferin aufhoben, die nicht immer nach den strengen Vorschriften der Scham niedersank.

Nach einigen Stunden des Schlafes bewahren die Teilnehmer der Bacchusfeste daran nur noch die Erinnerung. Nicht ebenso ist es bei den Venusfesten, und die Damen, die den Mysterien dieser Göttin beiwohnen, entgehen nicht immer den Folgen der Opfer auf ihrem Altar. Die Prinzessin von Charolais z. B. hat in diesem Jahre eine solche Wirkung empfunden, durch die aber niemand überrascht wurde. Man weiss, dass die Prinzessin fast alle Jahre eine kleine sechswöchentliche Reise unternimmt, und das nicht mit einer grösseren Heimlichkeit als eine Opernsängerin. Diesmal ist die Reise der Prinzessin von einem Umstand begleitet worden, der den Hof und die Stadt mehr als gewöhnlich belustigt hat.

Der Schweizer des Fräuleins von Bourbon ist ein guter, wohlbeleibter Helvetier, der von den Feinheiten und Intrigen seiner Herrin nichts versteht. Als man seitens der hohen Herren Nachrichten über das Befinden der Kranken einzog, entgegnete er ohne alle Umschweife: «Die Prinzessin befindet sich so gut, wie es ihr Zustand erlaubt, und das Kind auch.» ⁴)

Frau von Vintimille starb im Wochenbett, und man war der Meinung, dass mit ihrem Tod die Herrschaft ihrer ältesten Schwester von Neuem einsetzen würde. Aber die Aussicht auf die wiedererwachende Liebe des Königs glich nur einem Blitz, «denn Ludwig hatte eine vierte Rose an dem galanten Rosenstock des Hauses Nesle entdeckt.»

Eine vierte Schwester, des Namens von Tournelle, hatte durch ein lebhaftes, geistreiches Auge die Aufmerksamkeit Ludwigs gefesselt. Die Marquise von Tournelle ist von blendender Weisse, ihre Züge sind zart, ihr Wuchs elegant, ihr Wesen edel und bescheiden. Sie rechtfertigt die neue Leidenschaft des Königs vollkommen.

Die Marquise hat sich nicht auf Diskretion ergeben. Ihrer Niederlage ging eine förmliche Kapitulation voraus. Hier folgen die Hauptpunkte, wie sie dem Sieger durch den Herzog von Richelieu, seinen ersten Kammerherrn und bevollmächtigten Minister bei der umworbenen Schönheit, vorgelegt wurden: «1. Meine Schwester Mailly wird vom Hofe entfernt und in ein Kloster gesteckt; 2. Mein Titel als Marquise wird in den einer Herzogin verwandelt und damit alle Auszeichnungen und Ehrenbezeugungen verbunden, die dieser Würde zukommen; 3. Der König sichert meine Zukunft so, dass kein Ereignis sie in Frage stellen kann, und mein Geschick muss unabhängig von jedem Wechsel in den Neigungen des Königs sein; 4. Wenn ich Favoritin werde, muss der König sich an die Spitze seiner Armeen setzen, denn ich mag nicht beschuldigt werden, ihn von seinen königlichen Pflichten abgezogen zu haben.» [5])

Alle Bedingungen der geschäftstüchtigen Marquise wurden angenommen. Der hohe Preis für ihren Körper scheint allgemein imponiert zu haben. Sie wurde freudig als Chefin der in den verschwiegenen Gemächern gefeierten Festen anerkannt, und die bei diesen Orgien heimischen Hofdamen erkannten ihr Uebergewicht an. Ihr Gatte, der Marquis von Tournelle, scheint sehr nachsichtig gewesen zu sein. Er hatte seine Gattin mit dem jungen Herzog von Agénois geteilt. Das hatte allerdings seit den königlichen Liebesbeteuerungen ein Ende genommen und der schöne Herzog war zur Armee geschickt worden. Der Herzog von Richelieu, «der Leiter der königlichen Schwächen», kannte darin keine Nachsicht mit Gefühlen. Er zahlte und wünschte unerbittlich für seinen Herrn und Gebieter unverfälschte Ware. Die Tournelle, längst zur Herzogin von Chateauroux gemacht, fiel in Ungnade und wurde vom Hof verbannt. Wieder in Gnaden zurückgerufen, starb sie vor ihrer Ankunft in Versailles. Die fünfte

Schwester, von Richelieu zur Favoritin ausersehen, konnte ihr Amt nicht antreten, da der Gatte dieser Dame sich sehr energisch dagegen verwahrte. Frau von Lauraguais, die dritte Gunstdame aus dem Hause Nesle, nahm das ihr durch die tüchtigere Schwester entzogene Amt gern wieder auf, doch vermochte sie nicht ganz den Platz der Verblichenen auszufüllen. Noch harrte die galante Erbschaft nach der Herzogin von Chateauroux der Entgegennahme durch eine der zahlreichen Damen, die nach ihr gierten. Sie sollte ihnen durch die klügste und gewandteste Anwärterin darauf abgelistet werden. Jeanne Antoinette Poisson, verehelichte d'Etioles, ein zartes dreiundzwanzigjähriges Weibchen, ein echter Pariser Frauentyp mit schon in früher Kindheit infizierter Phantasie, kühl bis ans Herz hinan und doch im Stande, ein Feuer vorzutäuschen, das selbst einen Eisblock raschest zum Schmelzen brachte. Und Ludwig war kein Kälteprodukt, sondern ein sehr leicht entzündbarer Schürzenjäger. Auf einem Ball im Pariser Stadthaus knüpfte die kleine Frau selbst die Bekanntschaft mit Ludwig an. Ihre Grazie nahm ihn sofort für sie ein. Er vertraute sich seinem Vermittler Richelieu an, der sich mit Frau d'Etioles in Verbindung setzte.

«Am folgenden Morgen liess Richelieu Frau d'Etioles geheimnisvoll bitten, ihm ein Rendezvous zu geben, da er seitens des Königs mit ihr zu sprechen habe. Der Herzog ging ohne Umschweife auf sein Ziel, weil er wusste, er bedürfe ihrer nicht. Schon seit einem Monat beobachtete dieser Meister der Galanterie das Benehmen der jungen Frau, und er hatte nicht den geringsten Zweifel über ihre Bereitwilligkeit. Frau d'Etioles empfing aber den galanten Gesandten nicht in ihrem eigenen Hotel; sie schien ihm zufällig in dem grossen Gang der Tuilerien zu begegnen und der Abschluss des Vertrages, der leicht und schnell vor sich ging, erfolgte in Anwesenheit vieler Spaziergänger, die es sich gewiss

Franziska von Hohenheim.

Eine der Gunstdamen Augusts des Starken.
Pastellgemälde von Rosalba Carriera.

August der Starke von Sachsen.

nicht träumen liessen, dass Richelieu eben die Krone der Vergnügungen vergeben hatte.

Mit Einbruch der Nacht zog Frau von Etioles, für ihren Mann sehr unwohl, sich in ihr Zimmer zurück, nachdem sie einen ehelichen Kuss auf die Stirn empfangen hatte, den die kleine Heuchlerin mit einer anderen Zierde auf der gleichen Stelle zu vergelten dachte. Nachdem sie die Tür ihres Zimmers doppelt verschlossen hatte, hüllte Frau von Etioles unter dem Beistande einer ergebenen Kammerfrau sich in einen Mantel, schlüpfte auf einer verborgenen Treppe hinab, glitt längs der Hofmauer zu einer Hintertür, die die treue Dienerin öffnete, und erreichte die nächste Strasse, wo der Herzog von Richelieu sie mit einem Wagen erwartete. Sie sprang hinein, er setzte sich an ihre Seite und der Wagen jagte davon, während die Vertraute für ihre arme Herrin einen Lindenblütentee aufgoss. Um 9 Uhr abends betrat der Herzog die kleinen Gemächer, an der Hand eine junge Dame, die ihren braunen, sie einhüllenden Mantel abwarf und sich nun im elegantesten und wollüstigsten Negligée zeigte.

Ludwig, der auf die Pünktlichkeit seines Günstlings gerechnet hatte, erwartete Frau von Etioles. Er war durch ihre wirklich bezaubernden Reize geblendet und glühende Begierde flammte in seinen Augen auf. Richelieu begriff, dass er in seiner Verhandlung bei dem Punkt angelangt war, wo die Herrscher keine Bevollmächtigte mehr brauchen, und zog sich zurück, beehrt mit dem wohlwollendsten Blick, den Ludwig je einem Menschen geschenkt hatte.» [6])

Diese nächtlichen Ausflüge Antoinettes wiederholten sich, bis ihr die Gefahr zu gross wurde und sie alle Rücksicht auf den Gatten, der sie aus der Niedrigkeit edel emporgehoben hatte, auf die Seite schob. Die neue Liebschaft des Königs immer deutlicher behandelnden Gerüchte überhoben sie schliesslich aller Vertuschungen, und Antoinette nahm den Platz der ersten Favoritin endlich ganz öffentlich und ungezwungen ein, wie ein Oberst sein Regiment.

Der verratene Ehemann war in Verzweiflung, denn er hatte das Unglück, närrisch in das Weib verliebt zu sein, das ihn entehrte. Solange er nur weinte und sein Geschick beklagte, liess man ihn gewähren. Aber den Tränen folgten Vorwürfe und Schmähungen, und dem Schmerz der Zorn. Nun begann der König zärtliche Sorge für die Gesundheit dieses Gatten zu empfinden. Er liess ihm auf Befehl des Arztes eine Reise verordnen. Etioles sprach einen Augenblick von Widerstand, aber sechs Musketiere baten ihn dringend, dem Ausspruch des Arztes zu folgen. Und so reiste er ab. Während er sich nach Avignon begab, die Favoritin sich in Versailles im Gebäude der Oberintendanz einrichtete, in ihren Gemächern sich bereits die Höflinge drängten, um sich von dieser neuen Sonne bestrahlen zu lassen, wollen wir einen Blick auf die Vergangenheit der Frau von Etioles werfen.

Jeanne Antoinette Poisson wurde im Jahre 1722 als Tochter eines Mannes geboren, der sich durch Handel mit Lebensmitteln ein kleines Vermögen erwarb und zuletzt dem königlichen Invalidenhotel das Fleisch lieferte. Doch bildete das Gewerbe dieses Mannes nicht die einzige Quelle für ein kleines Vermögen. Er verdankte es besonders seiner Frau, die ihre Gunstbezeugungen gegen die Gunst des Generalpächters Le Normand de Tournehem austauschte, der zum Entgelt Herrn Poisson förderte. Der Generalpächter interessierte sich bald so lebhaft für das Glück dieser Ehe, dass man bei der Geburt von Jeanne Antoinette den Verdacht hegte, auch dies Kind sei ein Geschenk des eifrigen Wohltäters der Familie. Wie dem auch sei, Tournehem zeigte väterliche Sorge für das kleine Mädchen. Er hielt ihr Lehrer, die sie für jede Art des Unterrichts sehr empfänglich fanden, und mit achtzehn Jahren hatte Antoinette alle geselligen Künste bis zur Vollendung inne. Man wurde durch die Reize des Fräuleins Poisson, die Tournehem weit mehr als Vater wie als Beschützer in seine Gesellschaft zog, überrascht, und bald war sie der Mittelpunkt dieser Gesellschaften. Imponierende, aber doch feine Züge, ein Blick, sanft wie Sammet und durchdringend wie Feuer, herrliches blondes Haar, ein Mund, wie der der Liebesgötter, besonders aber ein von Lebhaftigkeit, Schalkhaftigkeit und Sanftmut zeugender Ausdruck des Gesichts, das waren die verführerischen Reize, die Antoinette unzählige von Anbetern zuführte. Eine elegante Figur, ein vornehmes Auftreten und anmutige Haltung schlugen die von Liebe seufzende Menge vollends in Bande. Der, wenn auch nicht lebhafte und sprühende, aber doch reichlich gebildete Geist dieser Schönheit bewirkte zum Ueberfluss, dass alle, die sich ihr näherten, sie bewunderten.

«Das ist ein wahrer Königsbissen!» rief oft Frau Poisson mit mütterlicher Begeisterung aus, an der sich die Eigenliebe ihrer Tochter berauschte, und die ihre Hoffnung zu Wünschen von Tausend und einer Nacht erhob. Exaltiert durch das Lob ihrer Mutter, schuf sich Antoinette eine Traumwelt, wo die schönsten Prinzen, niedergestreckt zu ihren Füssen, ihr für einen einzigen ihrer Küsse ihre Kronen anboten. Es machte ihr also durchaus kein Vergnügen, als sie hörte, Herr le Normand d'Etioles, Unterpächter und Neffe Tournehems, sei in heftigster Liebe für sie entflammt. Der Onkel des jungen Finanziers, bestimmt durch väterliche Empfindungen, begünstigte die Leidenschaft seines Neffen. Aber der Vater des Herrn d'Etioles sah diese Leidenschaft nicht mit ebenso günstigen Augen. Als man ihm von der Heirat sprach, die sein Sohn eifrig wünschte, warf er ein, dass hinsichtlich der Geburt die Verbindung nicht ehrenvoll sei und das geringe Vermögen des Fräulein Poisson nicht ihre dunkle Herkunft wett zu machen vermöge.» [7]

Der Generalpächter versprach, das junge Mädchen reich auszustatten und so schwanden die ehrgeizigen Pläne von Mutter und Tochter wie die Bedenken der Schwiegereltern. Doch die junge Frau hatte noch nicht auf die Erfüllung ihrer Wünsche verzichtet, im Gegenteil, sie wurden heisser und heisser, ohne dass sich ein Weg fand, sie in Wirklichkeit umzusetzen. Da starb die Favoritin. Das Eisen war glühend, nun galt es, dieses zu schmieden und sich den Platz im Herzen des Königs zu erkämpfen. Sie vollführte es und verstand dann die schwerere Kunst, den Platz gegen ein Heer von Feinden und gegen die Natur des Königs mit einer Genialität zu behaupten, die nahezu einzig in der Geschichte der Frauenwelt dasteht. Die Schwäche, den Wankelmut, die Pflichtvergessenheit und die Arbeitsscheu des Königs hat sie niemals zu beseitigen gesucht, daran wäre sie selbst gescheitert, aber sie hat sie durch ihre eigenen Talente auszuschalten gewusst. Ihre sinnliche Liebe zu Ludwig war bald verflüchtigt, wohl noch früher als die seine, doch ein ihre ganze Seele gefangen haltender Ehrgeiz hiess sie, sich an die errungene Stelle festzuklammern und ihr alles zu opfern, was einem Weibe teuer ist, den letzten Rest von Liebe zu dem Manne, dem sie ihre Ruhe geopfert, die Achtung für den Mann, den sie längst als Schwächling und schwachsinnigen Schürzenjäger erkannt hatte. Mit dem Tausch des Namens Etioles in den einer Marquise von Pompadour war ihr früheres Dasein begraben und ein neues angebrochen, voll äusserem Glanz und innerer Trostlosigkeit, in einer Umgebung von Neidern, Feinden, Gleichgültigen und Verächtlichen, im stillen mit Recht verachtet von Leuten, die sich als glücklich gebärdeten, wenn sie sich von ihnen den Kleidersaum küssen liess. Dennoch gelang es ihrer eisernen Willenskraft, die Stelle der Regentin Frankreichs zu erringen, wenn auch die von ihr angewandten Mittel darin bestanden, den König zu bewegen, immer tiefer in den Schlamm eines Knechtes seiner Sinnlichkeit herabzusinken. Im Schlösschen Klein-Trianon spielten sich die Feste und Bacchanale ab, aus denen Ludwigs Lebensinhalt zusammengesetzt war.

Die Pompadour war schon lange nicht mehr darauf versessen, des Königs Gunst allein zu besitzen. Nur musste sie ihre Stellvertreterin selbst gewählt oder die Wahl gebilligt haben.

Im Beschaffen dieser Neulinge, «die sie auf das Lager Seiner Majestät lieferte,» stand ihr der erste Kammerherr, der nun siebenundfünfzig Jahre alte Herzog von Richelieu zur Seite. Als dieser ihr durch seine Fachkenntnis gefährlich zu werden drohte, setzte sie seine Entfernung vom Hof durch. An Gründen, die der Eitelkeit des Königs schmeichelten, mangelte es ihr niemals.

Ihre Gewalt wurde immer grösser, denn jedes Ansehen bei Hofe, jede Macht im Staate stützte sich auf das Ruhebett im Boudoir der Pompadour, «der Dirne des Königs», wie sie ihr eigener Vater, der Fleischer Poisson genannt. Im Volke verachtete man sie. Als sie in Versailles mit dem Marschall Moritz von Sachsen lustwandelte, rief ein Mann unter den Neugierigen, die dem Paar in einiger Entfernung folgten, laut: «Das ist der Degen des Königs und seine Scheide!» Moritz konnte kaum das Lachen verbeissen, die Pompadour einen Wutausbruch. Der Witzige suchte das Weite, ehe er gefasst werden konnte.

Die Kräfte Ludwigs bei Ausübung seines einzigen Berufes begannen etwas nachzulassen und deshalb wurden Reizmittel ersonnen, die königliche Potenz zu stählen. Dies gelang am besten durch die polizeilichen Morgenberichte, die dem Monarchen unterbreitet wurden.

«Die üppige Phantasie Ludwigs begnügt sich nicht mit eigenen Ausschweifungen, sondern sucht noch einen Genuss in der ausführlichen Erzählung alles dessen, was das Laster sich an unlauteren Ausschweifungen in der Stadt und am Hofe erlaubt. Der König ist so begierig auf diese schmachvollen Geheimnisse, dass zur Befriedigung seiner Neugier keine Gemeinheit, keine Falschheit, keine Hinterlist gespart wird. Eine Truppe, ich hätte fast gesagt eine Armee von Agenten aller Grade teilt sich während der Nacht in der Hauptstadt, um die Geheimnisse, die die Finsternis verhüllt, zu ergründen. Am Tage drängen sie sich unter tausend Vorwänden in die Häuser, um durch Verrat, Bestechung oder Verführung die Geheimnisse der Boudoirs, des Alkovens und selbst der Dachstube zu erforschen. Die Berichte dieser abscheulichen Agenten werden entweder täglich oder wöchentlich gemacht und in fünf Klassen geteilt. Die erste Klasse besteht aus pikanten Auszügen der auf der Post eröffneten Briefe, die zweite schliesst alles in sich, was die Aufführung des Prinzen und der Grossen am Hofe betrifft, ihre Ausschweifungen mit den Freudenmädchen aller Art mitgerechnet.» [8])

Die Klassen drei und vier befassten sich mit Angaben über Ausschweifungen der Persönlichkeiten, denen diese als Verbrechen anzurechnen waren. Die fünfte Klasse war den Berichten der Bordellwirtinnen an den Polizeileutnant von Paris vorbehalten.

«Dieser Dienst wird mit einer Ordnung und Regelmässigkeit geführt, die man bei Leitung der Staatsgeschäfte nie gefunden hat. Den Berichterstattern ist es besonders anbefohlen, an der Lebhaftigkeit der Szenen, die sie bemerkten, an den malerischen Ausrufen, den technischen Bezeichnungen, den gemeinen Beiworten, mit einem Wort, nichts an der Darstellung der Ausschweifungen zu ändern.»

«Was die Verletzung des Briefgeheimnisses betrifft, so stattet der Intendant der Posten alle Sonntage über seine wöchentlich begangenen Veruntreuungen Bericht ab. Seine Arbeit besteht in der Verbreitung von Familiengeheimnissen und einem Missbrauch des Vertrauens, der einen Savoyarden auf die Galeere bringen würde.»

«Wenn der König seine Begierde nach Skandal an diesen Rapporten gesättigt hat, so gibt er sie denen seiner Minister und Höflinge, die er am meisten schätzt, damit auch sie sich daran ergötzen. Diese machen sich dann das Vergnügen, in der Gesellschaft die galanten Abenteuer und Intrigen der Damen, vornehmer Herren, Finanzleute, Gesandten usw. auszuplaudern, was eine reiche Quelle von Ueberraschungen, von ehelichen Zwistigkeiten, von Verhaftsbefehlen ergibt. Man zeigte mir kürzlich einen solchen Rapport, und ich muss gestehen, dass ich nie von einer grösseren Mannigfaltigkeit ärgerlicher Auftritte gehört habe. Die Anekdoten über die unterhaltenden Frauenzimmer, Schauspielerinnen, Tänzerinnen, Bürgerfrauen, die sich aus Liebhaberei dem Laster hingeben; ihre Treulosigkeiten, der schnelle Uebergang vom Elend zum Wohlstande und umgekehrt; die Uebergabe des Besitzes ihrer Reize von einem an den anderen; der laufende Preis für ihre Gunstbezeugungen, der Ort und die Stunde, wo sie sich hingeben; das Benehmen dieser Schönheiten bei ihren Liebeskämpfen; ihre erotischen Ausrufe und Seufzer; alles wird in diesen periodischen Schriften der Ausschweifung mit der grössten Treue und Genauigkeit angegeben. Das Kapitel der nächtlichen Begebenheiten ist «Pariser Nächte» überschrieben. Wenn die Fremden nach dieser Gemäldegalerie über unsere Sitten urteilen, müssen sie einen hohen Begriff von der ausgesuchten Feinheit erhalten, der wir uns so sehr rühmen, besonders aber von der Moralität des Fürsten, der ein Vergnügen daran findet, diesen Kot aufzurühren. Auch Frau von Pompadour amüsiert sich darüber.» [*])

Die Marquise selbst, ihr kaltes Temperament, eine diskrete Krankheit, sprachen allen Experimenten Hohn, ihre frühere Anziehungskraft auf einen so materiell veranlagten Menschen wie der König zurückzugewinnen. «Sie vergiften sich täglich nur zum Vergnügen des Königs?» rief eine Freundin ihr zu. «Was wollen Sie, Herzogin,» antwortete die Pompadour weinend, «ich fürchte, das Herz des Königs zu verlieren!» Schliesslich soll sie zur Kantharidentinktur gegriffen haben, das so schädliche Rauschgift jener Tage. Aber solche Medikamente waren für die Alkovenschnüffler kein Beweis gegen die der Marquise nachgeflüsterten Fehltritte und Seitensprünge. Vielleicht tatsächlich stattfindend, wahrscheinlich aber nur Klatsch, machten sie am Hof und in der Stadt viel von sich reden, bis eine andere Sensation zum Tagesgespräch wurde. So eine plötzlich auftauchende neue Sekte, durch deren Gebete ihre Angehörigen Rettung aus dem tiefen und allgemeinen Elend erhofften. Die Zahl dieser frommen Vereine schwoll mit dem Wachsen des Elendes an. Die Mehrzahl von ihnen verschwand, als sich ihre Schwäche erwies.

«Nur die Figuristen verdienen eine besondere Erwähnung. Die Mädchen dieser Sekte finden grossen Gefallen daran, sich kreuzigen zu lassen. Freude im Blick, Lächeln auf den Lippen, strecken sie sich nackt auf ein Brett aus, und nachdem sie von einem der anwesenden Brüder mit freiem Willen einen Schimpf erlitten haben, der nur ihrem Geschlecht widerfahren kann, lassen sie sich Füsse und Hände festnageln und hauchen oft auf diesem Lager der Wollust und Schmerzen ihr Leben aus. Andere junge Leute lassen sich erdrosseln, wieder andere essen glühende Kohlen, und noch andere glaubten heilig zu werden, wenn sie ein Exemplar des Neuen Testaments, in tausend Fetzen zerrissen, verschluckten.»[10])

Die Polizei mischte sich in die Angelegenheit dieser Tollhäusler und machte endlich ihrem Unfug ein Ende.

Auch ein Wahnsinniger oder Idiot, namens Damiers, versuchte ein Attentat auf Ludwig; der leicht verletzte, immer hypochondrische König glaubte sich dem Tode nahe, wurde fromm und die Pompadour sah das Ende ihrer Herrschaft nahe. Ihre Gegner triumphierten, aber zu früh. Der König genas, die Pompadour hatte gesiegt; ihre Feinde mussten daran glauben. Die Sorgen der Staatsmätresse wegen Verdrängung durch eine Nebenbuhlerin wuchsen trotzdem. Sie suchte sie dadurch zu mildern, dass sie weiter auf galante Zerstreuungen des Königs bedacht war. Sie sagte:

«Der König soll, soviel er will, die Schönheit geniessen; je mehr, desto besser, denn das ist eine Anstrengung weniger für mich. Die Hauptsache ist, dass er nur Launen befriedigt und keine einzige Mätresse habe.» [11])

Verschiedene Anschläge auf den König schlugen denn auch fehl. Die Pompadour, mehr denn je auf der Hut, liess den König durch eine Reihe leicht erringbarer Schönen nicht zu Atem kommen. «So ist er gut,» sagten die Helferinnen der Pompadour.

«Aber so wird bald das ganze weibliche Frankreich eine Revue vor dem König passiert haben, und ganz Europa würde bald nicht mehr genügen können. Man muss daher ein weniger flüchtiges System erdenken.» Seit einiger Zeit beschäftigen sich nun die klugen Köpfe im Rat Pompadour damit, diese Mittel ausfindig zu machen, und man darf an einem Erfolg nicht zweifeln.

Die Beschlüsse des Rates Pompadour haben denn auch ein vollkommen orientalisches Projekt erfunden: Der König von Frankreich besitzt einen Harem. Dieser Ort der Lust besteht seit einigen Monaten, und schon hat es eine grosse Zahl skandalöser Abenteuer und grausamer Gewalttaten gegeben, um dies Serail zu bilden. Hier die Einzelheiten über den Ursprung dieser Stätte der Ausschweifungen: Ludwig begegnete eines Morgens im Parke von Versailles einem jungen Mädchen von zwölf Jahren, das ihm ungewöhnlich schön erschien. Er sprach darüber den ganzen Tag mit seinen Vertrauten, die sich verpflichtet glaubten, die Spur der unschuldigen Taube zu verfolgen, um sie dem Geier zu überliefern. Der Kammerdiener Lebel, der in dieser Art von Nachforschungen ungemein geschickt war, entdeckte endlich das Mädchen als die Tochter eines ehrenwerten Bürgers von Versailles. Sie wurde während der

Nacht aus ihrem Schlafzimmer geraubt, indem die Räuber durch ein auf den Garten gehendes Fenster einbrachen. Ein starker Mann trug das Opfer königlicher Lüsternheit über die Mauer und nach dem Hause, von dem ich sprechen will.

Am äussersten Ende von Versailles hatte die Marquise von Pompadour einen hübschen Pavillon erbauen lassen, den sie die «Einsiedelei» nannte. Dies entlegene Gebäude ist ein Anhängsel des Tempels der Freuden, der in den kleinen Gemächern errichtet wurde. Die Marquise überlässt es manchmal dem König zum Abschluss von gewöhnlichen Liebeshändeln, die nicht ins Schloss gehören. Von Zeit zu Zeit zieht sie sich auch selbst in diese schweigsame Einsamkeit zurück, um hier geheime Dinge zu erledigen, die nur Frau du Hausset allein kennt. Dorthin wurde das kleine Mädchen gebracht. Frau von Pompadour, die wusste, dass der Spürhund Lebel nach diesem Kinde jagte, hatte sich beeilt, die Einsiedelei dem König zur Aufnahme seiner Gefangenen anzubieten. Fast ein ganzes Jahr brachte das Mädchen unter der Aufsicht einer Frau, namens Bertrand, in jener Zurückgezogenheit zu. Das liebenswürdige Kind, das der König, nachdem das erste Feuer der Leidenschaft verraucht war, sehr vernachlässigte, langweilte sich schrecklich in seinem goldenen Kerker. Endlich liess man es frei, nachdem es, noch nicht dreizehn Jahre alt, Ludwig XV. einen Sohn geboren hatte. Es bekam eine Ausstattung und wurde mit einem armen Edelmann verheiratet.» [12])

Durch Zukauf und Umbau einiger Häuser in der Hirschparkstrasse in Versailles wurde die «Einsiedelei» zu dem Privatbordell des Königs, dem «Hirschpark» gemacht.

«In diesem sollten, nach dem Plan der Pompadour, junge Priesterinnen, gewissermassen Vestalinnen, bis auf die Keuschheit wenigstens, vereinigt werden unter der Oberaufsicht einer hohen Priesterin, um ein

Feuer zu unterhalten, das, wenn auch königlich, doch nicht eben heilig ist.»

In den Vorschriften für die Führung dieses Hauses heisst es:

«Sehr junge Mädchen, Jungfrauen, soviel man urteilen kann, sollen in dieser Art von Kloster aufgenommen werden, das den Namen «Hirschpark» tragen wird. Die jungen Mädchen, deren Zahl unbeschränkt bleibt, sollen dort getrennt leben, nicht die geringste Verbindung miteinander haben, damit ihre Eigentümlichkeiten in Naturell, Wesen und Geist sich nicht verlieren und dem König der ganze Reiz des Wechsels und der mannigfachen Schönheit erhalten bleibe. Treue, sichere Agenten durchreisen das Königreich, um neue, unbekannte Schönheiten zu entdecken. Die Behörden empfangen den geheimen Befehl, den Beauftragten des «Hirschparks» nicht nur in keiner Weise hinderlich zu sein, sondern ihnen im Notfalle auch Hilfe und Beistand angedeihen zu lassen. Die Kronschatzmeister werden angewiesen, die nötigen Gelder an die Agenten auszuzahlen, die übrigens gut besoldet sein müssen, damit der wichtige Dienst nicht leide. Andere Fonds werden angewiesen, um die Novizen in Versailles einzukleiden, zu unterrichten, mit einem Worte, um die Verführungsmittel, die die Natur ihnen verliehen, in das rechte Licht zu stellen. Die Novizen werden bei ihrer Ankunft in Versailles zuerst der Frau von Pompadour vorgestellt, die allein das Recht hat, sie in die kleinen Gemächer einzuführen, wo der König über ihre Annahme oder Zurückweisung entscheidet. Ein anständiger Schadenersatz wird den Aspirantinnen gegeben, die nicht das Glück haben, dem König zu gefallen. Sie werden an den Ort ihrer Entführung zurückgebracht. Aber die Anstalt steht nicht für die Unfälle ein, die ihrer Tugend dabei widerfahren können. Lebel wird zum Oberintendanten des Hirschparks ernannt, Frau Bertrand, die nach den Umständen auch den Namen Dominika führen wird, wird Leiterin des Hauses und steht in unmittelbarer Verbindung mit dem König und der Frau von Pompadour. Die Vorteile, die den Pensionärinnen des «Hirschparks» gewährt werden, sollen verschieden sein, nach Massgabe der Zufriedenheit des Königs, ihrer Stellung in der Welt und besonders der Fruchtbarkeit oder Unfruchtbarkeit in ihrem Umgange mit dem Könige. Ein junges Mädchen, das aus der Anstalt entlassen wird, erhält nie weniger als 150,000 Francs. Für gewöhnlich soll dafür gesorgt werden, dass sie einen Mann bekomme, damit der König nicht die Schmach erlebe, eine Frau, die er seiner Gnade gewürdigt habe, einem liederlichen Lebenswandel verfallen zu sehen. Die erste Zusammenkunft der Novizen mit dem König wird in den an die Kapelle stossenden Zimmern stattfinden. Der König wird dabei für einen vornehmen Polen, für einen Verwandten der Königin, gelten, der aus diesem Grunde im Schloss wohnt. Der König begibt sich heimlich nach diesen Zimmern, und die Schildwachen, an denen er vorübergeht, erhalten den Befehl, ihm den Rücken zu kehren, wenn sie ihn kommen hören. Die folgenden Zusammenkünfte werden im Innern des Hirschparks stattfinden, wenn nicht der König Lust verspürt, eine der Pensionärinnen im Schlosse zu empfangen, für welchen Fall Frau Bertrand spezielle Befehle gegeben werden sollen.

Ludwig war über diese Statuten entzückt, gab sein «Genehmigt» und unterzeichnete sie mit so viel Würde und Ernst, als handle es sich um die wichtigste Staatsangelegenheit.[13])

Backfische und Kinder aus allen Ständen, ausgenommen dem Adel, gingen durch den Hirschpark. Nur wenige blieben länger als vier Wochen. Fast alle wurden nach Verlassen des Hauses verheiratet, ohne Rücksicht auf die schlimme Finanzlage des Staates.

«Ein junges Milchmädchen, das zehn Tage lang dem König durch ihre kindliche Leidenschaft ausserordentlich gefiel, erhielt eine Mitgift von 800,000 Francs und die Hand eines Obersten. Das war ihr wahrscheinlich auch nicht an ihrer Wiege in der Hütte ihres Vaters gesungen worden.» [14])

Sehr viel Staub wirbelte die Entführung des elfjährigen Töchterchens eines reichen Kaufmannes in Nantes auf. Seine Bemühungen, die Rückkehr des Kindes durchzusetzen, waren lange vergeblich. Es kam erst wieder zum Vater, als es dem König nicht mehr gefiel. Ein anderes Mädchen musste den Hirschpark mit dem Irrenhaus vertauschen, da es angeblich den Verstand verloren hatte.

Die Altersstufen, nach denen der Geschmack Ludwigs begehrte, sanken immer tiefer. Die älteste Insassin seines Harems war noch nicht 15 Jahre alt. Die Tiercelin wurde noch nicht neunjährig in den Hirschpark geschleppt, nachdem ihr widerspenstiger Vater verhaftet worden war. Zwölfjährig wurde sie schwanger. Die Zuneigung für diese Kleine beunruhigte die Pompadour. Das Mädchen kam in die Bastille, die sie nach zwei Monaten mit einem Nonnenkloster tauschen musste. Dem König waren in drei Jahren so viele Nuttchen in die Hände gegangen, dass man damals zweiundsiebzig Bastarde zählen konnte. Einige von ihnen sollen sogar in das Findelhaus gekommen sein. Solche und noch viel gemeinere Fälle wurden auch dadurch nicht verhindert, dass der allerchristlichste König jede seiner Zärtlichkeiten im Hirschpark mit einem Gebet einzuleiten gewohnt war, das er und die auserwählte Kleine vor dem Bett kniend ableierten.

Neben den Aventuren des Königs, die niemals etwas «königliches» an sich hatten, gaben die Abenteuer der Herzogin von Orléans nie ausgehenden Stoff zu pikantester Unterhaltung der Hofleute.

Diese königliche Prinzessin, Louise Henriette von Conti, hatte aus Liebe geheiratet, die sich aber schnell verflüchtigte. Ihr Mann, der Herzog, ging seinen Vergnügungen nach, die junge Gattin, ohne jede Scheu und Scham, den ihren. Sie zeigte eine Unersättlichkeit, die den Parisern sehr viel Stoff zum Staunen und Lachen bot. Ihre Liebhaber, vom königlichen Prinzen bis zu dem unbedeutendsten Gecken, vom stattlichen Bürger bis zum Kutscher Lefranc, zählten nach Dutzenden. Daneben gab es nächtliche Streifzüge im Palais Royal, die sich zu Strichzügen auswuchsen und in Bordellen endeten. Die Herzogin legte sich den Ruhm einer Messalina bei und sprach die Hoffnung aus, ihr Vorbild eines Tages zu übertreffen. Die französische Prinzessin fehlte deshalb auch nicht unter den Gästen des Gastwirts Ramponneau in der Rue des Martyrs. Er war berühmt durch seine derben, meist schmutzigen aber immer witzigen Redensarten. In seiner Kneipe waren deshalb stets Gäste aus allen Ständen anzutreffen — die Damen der oberen Kreise aber verkleidet. Ramponneau kam derart in Mode, dass alles Lustige und Zweideutige ebenso à la Ramponneau genannt wurde, wie Kleider, Möbel, Braten u. a. m.

Die hochwichtige Tätigkeit im Hirschpark hinderte aber den König nicht, sein Taschentuch auch dann und wann einer erwachsenen Schönen zuzuwerfen, wenn sie Wohlgefallen in den Augen des Sultans von Versailles erregt hatte. Solch Glückes genoss eine Zeit hindurch die Gräfin von Espartès, eine Dame ganz nach damaliger Mode. Ausserdem war sie Protektionskind und Cousine der Pompadour, die sie als Rivalin nicht zu fürchten hatte, auch die junge schöne Gräfin, ganz wie der vielgeliebte Ludwig, für frisches Gemüse schwärmte. So fielen ihre schmachtenden, verheissenden und begehrenden Blicke auf einen blutjungen, frischen Burschen, den eine der Kammerfrauen der Pompadour, Mademoiselle Julie, vergebens gesucht hatte, sexuell aufzuklären. Der Jüngling war für solche Unterweisungen noch zu keusch und schüchtern.[15]) In den Memoiren des Herzogs von Lauzun, die der französische, zum Casanova gewordene einstige Jüngling später verfasste, hat er die Szene festgehalten, in der seine Schüchternheit von der gewandteren

Lehrerin als dem Fräulein Julie, von Frau von Espartès, überwunden wurde, wenn auch aufs erste nicht gleich in dem Masse, wie es die galante Dame erwartet hatte.

Das reizende Fräulein Desmarques — «die meisten jungen Leute vom Hofe waren in ihre Schule gegangen, und so war sie nicht abgeneigt, sich auch mit meiner Erziehung zu befassen» — erteilte Lauzun dann in ihrer Wohnung weiteren «köstlichen» Unterricht. Der Erfolg dieses Studiums liess nicht auf sich warten und der schüchterne Liebhaber war zu einem feurigen geworden, der nun den geringen Widerstand der Gräfin im Sturme zu überwinden verstand. Der junge Graf musste aber dem älteren und wichtigeren Prinzen von Condé seinen Platz abtreten, denn, schrieb ihm die Gräfin in ihrem Abschiedsbrief: «Man erreicht nichts mehr, wenn man romantisch ist. Man macht sich nur lächerlich, das ist alles!» [16]) Mit einer linkischen Verbeugung schied Lauzun von seiner ersten Mätresse, der unzählige weitere folgten, ehe das Haupt des Fünfundvierzigjährigen auf dem Schafott in der Schreckensherrschaft fiel. —

Am 15. April 1764 starb im Alter von 43 Jahren eine der Hauptursachen zum Ausbruch der grossen Revolution, die Marquise von Pompadour. Ihr Sturz war schon festgelegt, bevor sie die Augen für immer schloss. Der König sah kühl vom Fenster aus zu, als man die Reste der einst so geliebten Frau auf einer Bahre sang- und klanglos in das Kapuzinerkloster trug, in dem sie beigesetzt werden sollte. Als Grabschrift kursierte in Paris das Bonmot: «Hier ruht die Frau, die fünfzehn Jahre Jungfrau, zwanzig Jahre Dirne und sieben Jahre Kupplerin gewesen.»

Nach dem Tode der Pompadour legte sich Ludwig eine Woche Trauerzeit auf. Dann war sie endgültig vergessen, denn es ging eine neue Sonne über Versailles auf. Auch ihr Name ist an den Lauzuns geknüpft.[17])

Auf dem Opernball, dem Rendezvousplatz aller Demimondänen von Paris, hatte Lauzun die Bekanntschaft eines käuflichen Dämchens gemacht, eines Fräuleins Vaubernier. In der Lebewelt führte sie den Spitznamen «Der Engel».

«Sie lebte bei einem Industrieritter, dem Grafen Dubarry, der sie benutzte, um reiche Gimpel in sein Spielhaus zu locken, das sich von einem Bordell kaum unterschied. Der «Engel» geizte nicht mit seinen Reizen, und es lag nur an Lauzun, wenn er nicht seine letzte Gunst genoss. Die Vaubernier war, wie man erzählt, die Tochter einer Küchenmagd und gab sich schon mit zwölf Jahren preis. Sie war durch sehr viele Hände gegangen, ehe sie Dubarry in sein Haus genommen. Hier fand sie auch Dutzende von Liebhabern, und der Ruf ihrer Schönheit drang endlich zu Lebel, der für den König auf ständiger Jagd nach weiblichen Reizen war. Lebel und Richelieu fanden sie des königlichen Bettes wert, stellten sie Ludwig vor und der König wurde durch die schöne Dirne, die eine Erfahrung von zehn Jahren hatte und über den ganzen Sprachreichtum des niederen Pariser Volkes gebot, aufs lebhafteste gefesselt und ganz bezaubert durch die Freuden, die sie ihm schenkte. Die Herrschaft des «Unterrocks No. III» war gegründet. Eine öffentliche Dirne a. D. nahm den Platz der Pompadour ein. Ihr Zauber kann nicht bestritten werden: eine malerische Gestalt, das schönste Haar, der wunderbarste Teint, der prächtigste Busen, entzückende, lebhafte Augen, ein reizender Fuss, eine Schönheit, die siegreich der Zerstörung des Lasters widerstanden hatte. Für die neue Favoritin musste ein klangvoller Name gewonnen werden. Der Bruder des Grafen Dubarry fand sich bereit, die Dirne seines Bruders und so vieler anderer zu heiraten, unter der ausdrücklichen Verpflichtung, sich jeden Umganges mit ihr

Aurora von Königsmark und August der Starke.

König August von Sachsen-Polen.

zu enthalten. So wurde die Vaubernier hoffähig. Aber sie war keine Pompadour. Alsbald hob der Kampf zwischen den beiden Hofparteien an, die Favoritin zu gewinnen. Aber der Dubarry fehlte jeder Ehrgeiz. Sie verstand von Hofintrigen und Politik nichts, und sie suchte ihre Unkenntnis nicht zu verbessern.

«Das lustige nächtliche Treiben in Fontainebleau hob wieder und verstärkt an, seit die Dubarry bei den «petits soupers» präsidierte. Aber der Ton war ein anderer geworden. Er erinnerte an Kaserne und Kaschemme. Doch die vornehmen Damen passten sich ihm schnell an. Kein Wunder, denn es steht fest, dass viele von ihnen sich mit ihren Lakaien abgaben. Die Dubarry verleugnete ihr früheres Leben nicht: sie hatte den Maler Doyen in ihrem Badezimmer empfangen, und man kann sich denken, was solchem Empfang folgte; denn es war Modegesetz, dass eine Dame nichts von den Schönheiten verbarg, die die Natur ihr schenkte. Die Favoritin ist rasch eine grosse Macht am Hofe geworden.»[18])

Die Dubarry hatte Ludwig rasch in Fesseln geschlagen, wie er sie nur anfangs seiner Liebschaft mit der Pompadour getragen.

«Er verbringt seine Tage nach gewohnter Weise in Müssiggang und Trägheit. Seine Mätresse scheucht jede Wolke von der Stirn des alten Mannes, der trotz dem Rat seines getreuen Arztes La Martinière noch nicht «abzusatteln» gedenkt und sich mit der Dubarry herzlich über die frechen Liedchen amüsiert, die den Weg in die kleinen Gemächer finden. Er hat neulich bei einem der intimen Abendessen selbst den unverschämten Refrain eines zügellosen Chansons mitgesungen:

> Frankreich, dir sagte das Schicksal an:
> Sei immer dem Weibe untertan!
> Einst machte eine Jungfrau dein Glück.
> Jetzt richtet zugrund dich ein Hurenstück.»[19])

Doch das Ende des der Wollust geweihten Lebens Ludwigs nahte heran, das eines Mannes, der länger als ein halbes Jahrhundert eine Krone getragen, aber nie ein König gewesen war. Die Sinnlichkeit, der er allein gelebt, wurde auch sein Tod. Auf einem Spaziergang durch ein Versailles nahes Dorf war Ludwig einem reizenden Mädchen von etwa vierzehn Jahren begegnet, und er hatte es, die Tochter eines Tischlers, mit Wohlgefallen angeblickt. Die Kleine war nach Trianon gebracht worden. Man setzte den fünfundsechzigjährigen Mann in den Stand, die Kleine zu erobern. Das Mädchen trug den Keim der Blatternkrankheit in sich und übertrug sie auf Ludwig. Mit aller Macht traten die Kinderpocken bei ihm auf, verstärkt durch ein altes, galantes Leiden. Bei lebendem Leibe ging der «Vielgeliebte» in Fäulnis über, die Alle von ihm scheuchte.

Die Dubarry, nach Ludwigs Tod vom Hofe verbannt, kam immer tiefer herunter und fiel als eines der Opfer der Revolution unter der Guillotine, des Todes schuldiger als tausende andere Hingerichtete.

14. DER DON JUAN AUS DEM VOLKE

Eine ganz eigenartige Persönlichkeit steigt jetzt hier aus Schutt und Staub auf. Ein Mann, der mit allen Fasern des Seins in seiner Zeit wurzelte und doch so himmelweit verschieden von all den Zeigenossen war, die gleich ihm dem Leitsatz Voltaires huldigten: «Man muss das Leben bis zum letzten Augenblick geniessen.» Und dieser Lebensgenuss bestand darin, alle Hebel für den Frauendienst in Bewegung zu setzen. War es doch nur die Liebe, die ihnen allen das Leben lebenswert machte. Not, Elend, Krankheit, ein Vegetieren mit Verzicht auf die geringsten Annehmlichkeiten des Daseins, alles dies wurde nichts geachtet, wenn Frauenliebe winkte. Ein mit echter Poesie innig verwandter Idealismus liess im Liebesgenuss, auch wenn er noch so wohlfeil erkauft war, alle Mühsale vergessen und alle drückenden Fesseln in Rosenketten wandeln. Wie Dulcinea von Toboso in Don Quixotes Augen zur herrlichsten Frau wurde, so umstrahlten die niedere Strassendirne oder die Gelegenheitsprostituierte in den Armen unseres Helden Anmut, Jugend und Tugend. Ihre Hingabe war das Entzücken, das alles Alltägliche in goldene Schleier hüllte und alle Fehler in Vorzüge umgestaltete. Bei den Enterbten des Glücks, wenn ein gewisser Stumpfsinn ihre Lage gemildert erscheinen liess, ist der erwähnte Zustand des Frauendienstes nichts Seltenes. Er wird aber zur Seltenheit, wenn sich der also Liebende durch höhere Intelligenz auszeichnet. Und dies ist der Fall bei dem Manne, dem diese Zeilen gelten, bei *Rétif de la Bretonne*, dem Don Juan aus dem Volke.

Rétif wurde am 23. Oktober 1734 in dem Dorf Sacy als Sohn eines angesehenen Bauernpaares geboren. Wenn auch nur geringe Bildung, so war doch hohe Intelligenz bei dem Elternpaar Rétifs anzutreffen. Sie wurde auf das Kind vererbt, wie die drei Teile Feuer und ein Teil der übrigen Elemente, die sich nach Rétifs Ansicht in der Natur der Eltern mischten. «Ohne Zweifel,» sagte er, «wurde ich von meiner Mutter in einer Umarmung voll feurigster Leidenschaft empfangen. Und diese bildete dann die Grundlage meines Charakters.» Dieses Feuer der Sinnlichkeit machte sich bei Rétif bereits sehr früh bemerkbar. «Schon in zartester Kindheit,» sagte er, «zog mich mein Instinkt zu dem anderen Geschlecht.» So geschah es, dass bei diesem frühen Triebe zur Weiblichkeit die ersten erotischen Anreizungen bereits in frühester Jugend fielen. Marie Piot, die Tochter eines Nachbarn, weihte den erst drei bis vierjährigen Knaben (!) in die Geheimnisse der Erotik ein.[1]) Mit der ihn auszeichnenden Gewissenhaftigkeit und einem phänomenalen Gedächtnis berichtete Rétif nach vielen Jahrzehnten über alle Einzelheiten dieser Verführung. «So trug eine Reihe kleiner Ursachen dazu bei, mein erotisches Temperament, das wohl Staunen erregen kann und mich in so viele Ausschweifungen verfallen liess, zu entwickeln und zu verstärken! Eine Lehre für alle Eltern, die Kinder mit hübschen Gesichtszügen haben!»

Zu dieser Verführung trat aber eine noch stärkere, nachhaltigere, bedeutungsvollere, durch den Anblick sexueller Szenen, die sich vor dem Vierjährigen abspielten, «denen der kleine Nikolaus voll Staunen, halb eifersüchtig, halb wütend zusah». Noch weitere Attacken auf die Tugend des Kindes gaben Rétif Veranlassung zu der heute noch zutreffenden Bemerkung über die Unschuld auf dem Lande, wie sie Emil Zola in seinem «La Terre» so unnachahmlich gekennzeichnet hat.

«Ueberall,» meint er, «wo Männer und Weiber sich zusammenfinden, gibt es Fäulnis und Verderbtheit. In dieser Beziehung ist es auf dem Lande nicht anders wie in den Städten; denn von diesen aus verbreitet sich die Verderbnis durch die Dienstboten beiderlei Geschlechtes und durch die Soldaten, die in ihre ländliche Heimat zurückkehren, nachdem sie sich in der Stadt mit Sündhaftigkeit angesteckt haben, mit der sie wieder die Landbewohner anstecken.» [2])

Die Folge dieser Erkenntnisse war die Entwicklung eines glühenden Phantasielebens, das besonders nächtlicherweise dem Kinde zu schaffen machte, ihm allerlei Visionen vorgaukelte und durch Alltägliches, in grimassierender Form erscheinend, den Kleinen krankhaft ängstigte.

Der Besuch einer auswärtigen Schule entfernte Rétif kurze Zeit vom Heimatdorf. Dorthin zurückgekehrt, beteiligte er sich eifrig an den bedenklichen Spielen der erwachsenen Dorfjugend. Im neunten Lebensjahr erwachten in ihm auch, durch die reizenden, farbigen Schuhe einiger Honoratiorentöchter geweckt, die Anfänge seines Schuh- und Fussfetischismus, der ihn bis zum Lebensende nicht mehr verlassen sollte. Der Anblick hübscher Schuhe und ihrer Trägerinnen weckte in dem Knaben ihm noch unfassbare Gefühle. «Ich dachte an diese Mädchen mit innerer Aufregung, ich wünschte, ich weiss nicht was, aber ich wünschte so etwas wie ihren Besitz, ihre Unterwerfung.» [3])

Doch die Verführung kam nicht von den jungen Dörflerinnen seiner Heimat, sondern von einer Fremden. Im Jahre 1745, noch nicht elf Jahre alt, erlebte er mit dieser «das ausserordentlichste Abenteuer seines Lebens». Er schildert es (nach der Uebersetzung von J. Nestler etwas gekürzt) folgendermassen:

«Madame Rameau hatte im August 1745 eine Schnitterin aus Percy-le-Sec, wo ihr Mann lebte; obwohl nämlich die Ehe eine sehr glückliche war, wohnten die beiden Gatten getrennt; die Mutter blieb mit den Kindern auf dem Gute in Sacy und der Vater verwaltete die noch ansehnlichere Besitzung in Percy. Diese Schnitterin, ein dickes, hübsches lustiges Weibchen, sah so verführerisch aus, dass sie die Eifersucht von

Madame Rameau erregte, wenn auch mit Unrecht, wie ich weiss. Die beiden Gatten tauschten ihre Schnitterinnen. Mathron aus Sacy, hässlich wie das Gewissen eines Wucherers, wurde nach Percy geschickt, und die reizende Nannette kam zu der Frau ihres Herrn. Ich sah Nannette an einem Feiertag der heiligen Jungfrau in der Kirche, wo alle Mädchen weiss gekleidet waren. Ihr Anblick brachte mich auf eine mir bis dahin unbekannte Weise in Erregung. Das waren Begierden, nicht mehr Liebe, was ich fühlte; wie glühendes Feuer floss es durch meine Adern. Nannette war das erste Weib nach meinem Geschmack. Ich war erstaunt über diese neue, merkwürdige Empfindung!... War das die Wirkung ihrer Schönheit, die nun zu den Sinnen sprach, so wie die vieler Frauen, denen ich während der dreissig Jahre meiner vollen Männlichkeit begegnete?

Als Nannette die Kirche verliess, folgte ich ihr, um sie besser zu sehen, und sie entflammte meine Phantasie vollends; sie hatte etwas Lüsternes an sich, das ich noch nie gesehen hatte, ausser bei der schönen Ursule Lamas von Vitry. Ich folgte ihr, erfüllt von Wollust, in möglichst grosser Nähe bis zum Haustor der Rameau. Am folgenden Tage ging ich auf dem Wege zur Messe trotz meiner Schüchternheit zu den Rameaus, um sie mit ihrer Schwester Madelon abzuholen. Ich hörte Fräulein Rameau hier zu der schönen Schnitterin sagen: «Da, Nannette, siehst du den grossen Burschen da? Wenn du ihn küssen wolltest, würde er davonlaufen.» Nannette begann zu lachen, doch wir mussten alle rasch aufbrechen, da die Zeit schon drängte. Nach der Rückkehr aus der Kirche liess mich mein Wunsch, Nannette wiederzusehen, meine angeborene Schüchternheit überwinden, die mich so lange veranlasst hatte, hübsche Mädchen, den Gegenstand meines Wohlgefallens, zu fliehen; ich gab den dringenden Einladungen meiner Freunde und der gewalttätigen Höflichkeit Madelons nach.

Uebrigens wurde ich in diesem Hause immer so gut aufgenommen, dass ich mich dort schon ein wenig heimisch fühlen durfte. Als wir auf dem Hofe waren, sah ich, dass Fräulein Rameau der entzückenden Schnitterin etwas ins Ohr flüsterte. Ich spielte mit meinen Freunden. Als ich allein im Hintergrund eines Stalles für Maulesel versteckt war, Tiere, die Vater Rameau für seine Feldbestellung verwendete, trat Nannette leise hinter mich, überraschte mich und fasste mich mit beiden Händen: «Ich werde Sie ganz gemächlich abküssen,» sagte sie lachend. Ich suchte mich scheinbar zu befreien, was ihr Verlangen nur noch vermehrte. Sie drückte mich gegen ihren Busen, den schönsten, den ich noch gesehen hatte... Heftig erregt, küsste ich sie selbst. Da schien Nannette wie von Liebeswut ergriffen; sie umschlang mich und ich umarmte sie... doch schien das Mädchen besonders leidenschaftlich zu sein; sie erblasste, fiel nieder, drückte mich an sich und stiess mich wieder zurück; schliesslich erfasste sie die Leidenschaft derart, dass sie besessen sein wollte, und sie traf dazu auch alle Anstalten. Eine neue Sappho, unterstützte sie die Natur und liess sie wirken, mir aber verursachte sie dadurch eine noch unbekannte Erregung... In diesem schrecklichen Augenblick, bei dieser ersten Wirkung meiner Zeugungskraft — wurde ich ohnmächtig!... Als ich zu mir kam, fand ich mich mit Wasser übergossen und von meinen Freunden umgeben. Madelon sagte zu Nannette: «Du hast ihn wohl gekitzelt? Ich habe vergessen, dich davor zu warnen; denn ich weiss von seiner Schwester Margot, dass er bewusstlos wird, wenn man ihn kitzelt.» Nannette stammelte errötend: «Man hat mir nichts gesagt davon!» Das war ihre ganze Erklärung; ich selbst hatte nur eine unklare Vorstellung von dem, was geschehen war. Dreizehn Jahre verflossen, bevor ich die Folgen erkannte; da erst sollte ich erfahren, dass ich mit zehn Jahren Mann gewesen war. Ich ging traurig nach Hause, fortwährend nahe daran, ohnmächtig zu werden, in einer Stimmung, die das Sprichwort bestätigt: Omne animal post coitum triste.» [1])

Die Folge dieses Erlebnisses war zunächst ein plötzliches Verlöschen der bisherigen Schüchternheit Rétifs. Die jungen Mädchen, die ihn im Punkte der Liebe noch nicht ernst genommen hatten, mussten nun gar oft vor seiner Kühnheit kreischend die Flucht ergreifen.

Die Freundschaft mit zwei Bauernjungen machte ihn mit dem brutalen Zynismus, mit dem rohen Aberglauben dieser Bengel bekannt. Beides blieb aber nur in seinem Gedächtnis haften, ohne bis zu seinem Geschlechtstrieb vorzudringen und zum Wunsche zu werden, wenn es auch die Phantasie des unreifen Knaben mit schlüpfrigen, obszönen, halbbegriffenen Bildern füllte. In seinen Schriftwerken kehren Erinnerungen an die Erzählungen dieser Jungen wieder. Sind doch nach Dühren die Schriftwerke des Mannes Rétif de la Bretonne, namentlich dessen berüchtigtstes Buch, die «Antijustine», von ihnen beeinflusst.

Der Knabe Rétif wurde mit allen Erscheinungen des physischen Liebesgenusses, des normalen wie des perversen, theoretisch unterrichtet. Die Eltern erkannten erst die Gefahr dieser verderbten Freunde Rétifs, als eine ihrer Töchter von ihnen auf die gemeinste Weise verführt und verdorben worden war. Da wurden sie mit Schimpf und Schande aus dem Hause gejagt. Um Rétif in andere Umgebung zu bringen und ihm bessere Schulbildung angedeihen zu lassen, als dies in der Heimat möglich war, kam er zu seinem älteren Bruder, dem Abbé Thomas, Chorleiter in Bicêtre bei Paris. Damit war, wie Rétif sentimental erklärt, die glücklichste Zeit seines Lebens vorbei. Aus dem Dorfjungen wurde ein Chorknabe in der von Jansenisten geleiteten Unterrichts- und Siechenanstalt von Bicêtre. Es sind düstere Bilder aus diesem Hause, einem «Abgrund von Heuchelei und Verderbnis», die Rétif über die erotischen Beziehungen der Schüler zeichnet. Man hat Mühe, die Wahrheit der

Die Gräfin Cosel mit ihrem und Augusts des Starken Sohn.
Gemälde von F. de Troy. Alice Matzdorff phot.

Schloss Stolpen.

Karlsruhe.

Maria Leszczynska, Gattin Ludwigs XV. - Nach dem Gemälde von Van Loo.

Ludwig XV. - Nach dem Gemälde von J. Ch. Le Blon.

Marquise von Pompadour als Venus - Farbblatt von Janinet nach Boucher.

Schilderungen nicht in Zweifel zu ziehen. Rétif wäre auch, wie er meinte, «dem Laster der Männerliebe» verfallen, wenn ihn nicht die Schwester Melanie aus dem benachbarten Kloster, eine hübsche zwanzigjährige Brünette, verführt hätte! Uebrigens unterhielt auch der dem Laster der Homosexualität verfallene Fayel, ein Freund Rétifs, galante Beziehungen zur Oberin. Erotische Szenen zwischen den Knaben und beinahe allen Nonnen kamen sehr häufig vor. Jede Nonne nahm sich einen Knaben mit. Sogar die blonde fünfzehnjährige Novize Rosalie verführte unter dem Schutz der Schwester Melanie unseren Helden.

Nur einige Tage über ein Jahr brachte Rétif in der Anstalt zu. Er wurde durch seinen Bruder Thomas nach Paris zu ihrer Schwester Marie Beaucousin gebracht. Er blieb zwei Wochen bei Marie. Diese genügten aber dem durch den Klosteraufenthalt zum «tüchtigen Krieger» gewordenen Jüngling, ein Verhältnis mit einer Mulattin, dem Zimmermädchen einer Amerikanerin, anzufangen. «Der charakteristischen Erklärung dieses reizenden Mulattenmädchens: «Mein kleiner Weisser! Ich liebe die Weissen, nicht die Schwarzen. Du können mit mir kommen!» folgte auch sofort die Verführung ihrerseits, die in der Ars amandi über eine bedeutend grössere «Bildung» verfügte, als der doch auch nicht mehr ganz unerfahrene Nikolaus.» [5])

Nach zwei Wochen reiste Rétif mit seinem Bruder nach Auxerre. Der Abbé blieb dort, während Rétif von Marguerite Paris, der Wirtschafterin des Pfarrers von Courgis, abgeholt, am 29. Dezember 1747 bei seinem ältesten Bruder, dem Pfarrer von Courgis, eintraf, seiner zweiten Heimat, denn sein Bruder wurde sein Lehrer.

In Courgis sollte Rétif auch die erste, einzige und wahrhaftige Liebe seines Lebens finden. Seine «Laura» sollte erscheinen. Die Wiedergabe dieses ihm unerhört wichtigen Ereignisses leitet er durch einen Rückblick auf seine erotischen Erlebnisse bis zu dem grossen Zeitpunkt ein:

«Für Marie Fouard hatte mein Herz gesprochen, aber ich hatte mit ihr doch nur an die Heirat gedacht, wie sie auf dem Lande üblich ist; Nannette hatte nur meine Sinnlichkeit erregt, Julie auch von meinem Gemüt Besitz ergriffen. Für Ursule hegte ich nur die beinahe pflichtgemässe Neigung als Vetter, Edmée Boissard hatte mich mit Bewunderung erfüllt, Melanie und Rosalie hatten meine Sinne herausgefordert, Esther (die Mulattin) hatte mich erobert, weil sie mir etwas Neues war, aber in Courgis sollte ich die echte Liebe kennen lernen.» [6])

Es war am Ostertage des Jahres 1748.

«Die jungen Mädchen waren in ihrem schönsten Staat, das Gotteshaus war von reichlichem Weihrauch durchduftet, das Hochamt gewann, von Diakon und Subdiakon (dem Kaplan und Abbé Thomas) zelebriert, eine imposante Majestät; Ich war in einer Art Rausch. Die Mädchen zogen an mir zur Kommunion vorüber; als die hübschesten unter ihnen erschienen mir eine junge Polin mit rosiger Gesichtsfarbe, die Tochter einer hübschen Frau, Madame Chevrier, und ein Patenkind Marguerites war, Marianne Taboué. Diese kam meinem Ideal am nächsten. Als der Augenblick der Kommunion herangekommen war, sah ich die Männer sich zurückziehen und die Frauen und jungen Mädchen vorrücken, unter ihnen eine, die ich noch nicht gesehen hatte, und die alle anderen überstrahlte. Sie war bescheiden, schön, gross, hatte ein jungfräuliches Aussehen, eine zarte Färbung der Wangen, die ohne Zweifel eine holde Schamröte und damit ihre Unschuld nur noch mehr hervortreten liess. Wie eine Nymphe gewachsen, geschmackvoller gekleidet als ihre Genossinnen, besass sie überdies einen für mich allmächtigen Reiz, dem ich niemals widerstehen konnte, einen schönen Fuss. Ihre Haltung, ihre Schönheit, ihr Geschmack, ihr jungfräulich zartes Antlitz, kurz alles zeigte mir das angebetete Gebilde meiner Phantasie verwirklicht, zu Fleisch und Blut geworden.

«Das ist sie!» sagte ich ziemlich laut. Denn es war ein so klarer und bewusster Gedanke, dass er sich in Worte umsetzen musste. Sie bemächtigte sich meiner ganzen Aufmerksamkeit, meines ganzen Herzens, meiner ganzen Seele, aller meiner Wünsche. Ich sah nichts mehr als sie — und doch wusste ich ihren Namen nicht.» [7])

Das war Jeanette Rousseau, die ihm nun während seines ganzen Lebens als weibliches Ideal gelten sollte, das er liebte, das er anbetete, ohne jemals mit ihm ein Wort gewechselt, es besessen zu haben. Nie im Leben hatte er sich nach ihrem Schicksal erkundigt, aus Furcht, Nachricht von ihrem Tode zu erhalten.

Diese innige Liebe voll Empfindsamkeit hat Rétif jedoch niemals abgehalten, dem Verkehr mit anderen Mädchen und dem Vorwurf «unmoralisch» zu sein, auszuweichen. Dieses «neue Wort, das er jetzt von allen Seiten hörte», passte z. B. auf ein Erlebnis, dessen Erzählung den Stoff für eine sehr feine aber ebenso lustige Novelle enthält:

«Marguerite Miné, ein sehr hübsches Mädchen, stand vor der Heirat mit dem reichen Bauernburschen Covin. Es war eine Liebesheirat. Deshalb war es erklärlich, dass das Mädchen «in Wonne und Freude schwamm», als Nikolaus ihr zwei Tage vor der Hochzeit begegnete und sie bat, ihm nachher zu sagen, was «die Ehe sei». Sie versprach es. Am Sonntag nach der Hochzeit Marguerites fand in La-Bretonne die Einbringung des Heus statt, an der sich die ganze Jugend beteiligte. Dies geschah nach dem Abendgottesdienst. Nikolaus und Marguerite blieben, während die übrigen, darunter auch ihr eben angetrauter Gatte, essen gingen, allein in einer Scheune zurück, und hier bat Nikolaus um die Erklärung des Begriffes «Ehe», indem er völlige Unwissenheit heuchelte. Er erwartete zunächst nur Theorie, Marguerite aber begann ihn praktisch in alles einzuweihen, ging bis zur völligen Lösung der Frage, die für ihn «glücklicher ausfiel» als jemals zuvor. Rétif versicherte, dass weder er noch Marguerite irgend etwas Unmoralisches oder Sündhaftes in dieser «Lektion» gefunden hätten. Er habe sogar dabei mit grosser Zärtlichkeit an seine geliebte Jeanette gedacht! Ja, er meint, dass diese Akte frühreifer Mannbarkeit ihn gerade vor einem liederlichen Leben zurückgehalten hätten. «Ich fand deshalb das Weib nicht weniger begehrenswert, nur kam dann mein Herz mehr ins Spiel als die Sinne, namentlich gegenüber Jeanette.» [8])

Das Abenteuer mit Marguerite Miné hatte «seinen Organen ihre volle Entfaltung gegeben». «Ein verzehrendes Feuer glühte in meinen Adern, ein Sturm von Empfindungen durchtobte mich,» und er wurde zum «Wüstling», ohne seine «Naivität» zu verlieren. Bei jedem Weib, das in seine Nähe kam, erwachten die Wünsche des in voller Pubertät befindlichen Jünglings. So richtete sich naturgemäss auch sein Begehren auf Marguerite Paris, die Wirtschafterin seines Bruders, eine trotz ihrer etwa vierzig Jahre noch recht hübsche und trotz ihrer Frömmigkeit kokette und immer zierlich gekleidete Frau. Eine geschmeidige Gestalt, reizende Beine mit kleinen Füssen in schönen Schuhen mit hohen Absätzen, dann gelegentliche Berührungen ihres Körpers, steigerten das Verlangen des Jünglings bis zur Siedehitze. Nach der Rückkehr ins Pfarrhaus von einer kleinen gemeinschaftlichen Reise in die Nachbarschaft, schlich er sich noch in derselben Nacht zu ihr und eroberte die Schlummernde. Monate später musste sie von Courgis nach Paris übersiedeln, wo sie infolge des nächtlichen Ueberfalles heimlich mit einer Tochter niederkam. Sie hatte dem Knaben verziehen und war in Liebe von ihm geschieden.

«Nach diesem Erlebnis wurde mein Geschlechtstrieb, der noch frisch, aber doch vollständig entwickelt war, ein gebieterischer. Ich empfand noch stets die gleiche Verehrung für die keusche Schönheit der sittsamen Jeanette. Denn sie erweckte Empfindungen in mir, die über den Zweck der Natur weit hinausgingen. So begehrte ich jetzt andere Frauen und Mädchen, die ich unendlich weniger liebte, nur noch stärker. Meine Phantasie war gegen meinen Willen von wollüstigen Bildern erfüllt. Durch die Religion und durch die Arbeit suchte ich sie zu verscheuchen, doch sie kehrten immer wieder. Infolge meiner Erlebnisse konnten sie jetzt nicht mehr undeutlich und farblos bleiben. Sie beruhten nun auf einer festen Grundlage, und lebhaft begehrte ich alles, was mir fähig schien, mir die ersehnte Empfindung zu verschaffen... Ich war verzehrt von Begierden nach allen hübschen Frauen des Ortes. Meine erhitzte Phantasie zeigte mir öfters ein Serail, das aus diesen Schönen zusammengesetzt war, und verstieg sich bis zur Zahl zwölf. Weniger hätte meinem Appetit nicht genügt. Ich verirrte mich in ein Labyrinth von Unzüchtigkeit, wenn ich mich mit diesen Odalisken befasste.» ⁹)

Da ihm nun die Gelegenheit zur physischen Befriedigung seiner sexuellen Begierden fehlten, setzte er an ihre Stelle die geistige. Er schrieb zahlreiche hocherotische Aufsätze, in denen er die Reize seiner Freundinnen beschrieb und in Vers oder Prosa obszöne Geschichtchen verfasste. Rétifs Pech liess einmal solche Blätter in die Hände seiner beiden geistlichen Brüder fallen. Strafpredigt des benachrichtigten Vaters, Leseverbote der Brüder, die in Rétif einen verlorenen Menschen sahen, waren eine Folge. Doch gab es noch eine viel schwerwiegendere: die Absicht, Rétif studieren zu lassen, wurde endgültig fallen gelassen. Er sollte Buchdrucker werden und kam als Lehrling nach Auxerre in die Buchdruckerei Parangon. Frau Parangon war eine Jugendbekannte von ihm.

Am 14. Juli 1751 trat er seine Stellung an. Eine schwere Lehrzeit unter einem unwirschen Meister, rohen Gesellen und ebensolchen Lehrlingen, oft ärger als ein Sklave behandelt, folgte. Auch seine Moral wurde durch die Handlungsweise des Herrn des Hauses stark untergraben.

«Dieser Parangon war ein toller Weiberjäger, der beständig hinter allen weiblichen Wesen her war und weder die Dienstmädchen noch die Bürgerstöchter mit seinen brutalen Angriffen verschonte. Nikolaus hatte schon gleich im Anfang die Gelegenheit, ihn bei einem überaus rohen Versuche, das eben angekommene Dienstmädchen Toinette zu vergewaltigen, zu überraschen. Auch die Wirtschafterin, Fräulein Gauthier, die die in Paris befindliche Hausfrau vertrat, sah sich gezwungen, noch vor der Rückkehr der Madame Parangon das Haus zu verlassen, um den sie bedrängenden Gelüsten des Hausherrn zu entgehen.»

An ihre Stelle trat Manon Vernier, Parangons richtige Cousine, eine pikante, schnippische Pariserin, die unseren Rétif lieblos und grausam behandelte. Hierfür trösteten ihn die Freundlichkeiten des Dienstmädchens Aimée, der er einen grossen Liebesdienst durch Vermittlung ihrer Korrespondenz mit ihrem Geliebten erwies. Nach ihrem Fortgange diejenigen Toinettes, als deren Beschützer, wie wir sahen, er aufzutreten Gelegenheit hatte. Später musste er sie einmal gegen die Angriffe des Werkführers Bourgoin schützen. Zum Lohn dafür bekam er von Toinette das Angebot ihrer Jungfrauschaft, das er aber in einer Anwandlung von Tugend ablehnte. «Mein Verzicht auf die freiwillig gebotene Huld eines reizenden, unbeschreiblich reizenden Mädchens, zählt heute zu den köstlichsten Freuden meiner Erinnerung.»

Diese Zurückhaltung, die Rétif sich während der ersten Monate seines Aufenthaltes bei Parangon auferlegte, erklärte sich hauptsächlich daraus, dass er immerfort an die Herrin des Hauses dachte, und mit einer fieberhaften Erwartung ihrer Rückkehr entgegensah. Endlich kam dieser herrliche Tag. Am 22. November 1751 kehrte die Meisterin aus Paris heim. «Madame Parangon! Dieses Wort klingt mir noch heute im Ohr.» Es war die schönste Person, die er je im Leben gesehen.[10])

Mit der Ankunft von Colette Parangon war Rétifs Rekrutenzeit beendet. Er brauchte nicht mehr in der Küche mit den Dienstboten zu essen, war er doch ein Verwandter der Hausfrau. Die Laufjungendienste hörten auf, und statt der Liebeleien begannen die grossen Leidenschaften. Colette wurde der Brennpunkt seiner Gedanken. Dies hinderte ihn aber nicht, wie im Vorübergehen andere Eroberungen zu suchen und seine hitzigen Gefühle anderweitig kühlen.

Und wie verhielt sich die angebetete Frau selbst? Man kann auf die Entwicklung dieser Liebe die Worte anwenden: «Halb zog sie ihn, halb sank er hin.» Ganz offenbar empfand auch Colette Parangon von Anfang an eine heimliche Zärtlichkeit für den hübschen, verliebten Jungen, dessen Wesen in so angenehmem Kontrast stand mit demjenigen ihres rohen Gatten. Aber sie blieb tugendhaft, zurückhaltend. Nur ab und zu leuchtete blitzartig ihre Liebe hervor. Die Seelen berührten sich für Augenblicke.

Oft bekam Nikolaus Intimeres zu sehen, wenn nämlich Toinette ihre Herrin entkleidete. Er durfte sogar dabei helfen und hatte vollauf Gelegenheit, alle ihre Reize mit einem «Anschein von Unschuld und Naivität» zu verschlingen, während seine Sinne tobten. Die Gelegenheit, die Kleidungsstücke der geliebten Frau zu sehen und zu tragen, scheint damals eine Art von Kleiderfetischismus in ihm geweckt zu haben. Er suchte sich oft die getragene Wäsche Colettes zu verschaffen, packte sie gierig und bedeckte sie mit leidenschaftlichen Küssen. Auch sein Fuss- und Schuhfetischismus traten stärker hervor.» [11])

Wenn Colette die von ihr eingeflösste Leidenschaft auch erkannt haben musste, so verriet sie dies durch keinen Blick, kein Wort. So wurden alle anderen von Rétif geliebten Frauen ihm nur «ein Spiegel», in dem er ihr Bild erblickte und anbetete. Er schuf sich zu diesem Zwecke eine ganze, vollbesetzte Spiegelgalerie. So wurde er in den Jahren

1751 bis 1755 der Casanova von Auxerre, ohne von diesem Vorbild zu wissen.

«Wie Casanova nahm auch Rétif in Bezug auf die Liebe oder besser den Liebesgenuss die «Gelegenheit beim Schopfe»; was ihm in den Weg kam von jungen weiblichen Wesen, schönen und hässlichen, unschuldigen und raffinierten, vornehmen und gewöhnlichen, klugen und dummen Weibern, wurde sein oder war jedenfalls Gegenstand seiner Begierde. Er suchte nicht, er fand, er flog von einer zur andern, und träumte von allen zugleich!» [12])

Noch nicht recht warm geworden in Auxerre, teilte er schon seine Liebe für eine schöne Nachbarin zur Linken, Manon Prudhot, mit drei reizenden Schwestern Baron — Madelon, Manon und Berdon —, die ihn allabendlich zum Zeugen ihrer Toilette «im Gewande der Grazien» machten. Zuerst unterlag Madelon seinen Verführungskünsten, doch ein tragischer Tod entriss sie ihm bald für immer. Aber die Jugend vergisst schnell. An den bescheidenen Anfang mit den Schwestern schloss sich ein Reigen williger Schönen. Toinette, das Dienstmädchen Parangons, die junge, schöne, schwarzäugige Winzerin Edmée, die nicht ganz freiwillig die Seine wurde, die hässliche Magd Jeanneton, zwei Insassinnen eines Mädchenpensionats, mit denen er Erdbeeren pflückte, die kleine Pariserin Flipote, die ihn versehentlich im Dunkeln für ihren erwarteten Geliebten hielt. Diese Anfänge des Sexualbetriebes in Auxerre wuchsen aber stark an, als Rétif die Stunden eines holländischen Tanzlehrers zu besuchen begann, und er Verkehr mit den Tanzschülerinnen fand, fast alle Töchter von Arbeitern und Handwerkern. Er war ein sehr guter Tänzer und daher von den Mädchen viel begehrt. Zu den in Auxerre üblichen Tänzen gehörte auch der sehr obszöne «Liebessieger». Der Umgangston in den Tanzsälen war überhaupt ein mehr als ungezwungener und die Mädchen benahmen sich kaum anders wie öffent-

Eine deutsche Hofdame - Gemälde von Kaspar Netscher.

Marie Jeanne Gräfin Dubarry - Nach einem Bilde von Ed. Gautier-Dagoty.

Flitterwochen - Kupfer von Desrais.

liche Dirnen, so dass Rétif, wie er sich beklagt, bei dem täglichen Verkehr mit einer solch Anzahl leichtfertiger Geschöpfe in ständiger sexueller Erregung lebte. Einem dieser Mädchen, Ferdinande Dhall, schrieb er den Roman «Das Glück». In ihm schildert er bis in das kleinste Detail seine «Art zu lieben».

Sein Tagebuch weist damals die Namen von nicht weniger als neunundvierzig seiner Odalisken auf. Dr. Dühren, bekanntlich Dr. Iwan Bloch, der grosse Sexualhistoriker, knüpft an diese lange Liste folgende überaus stichhaltige Bemerkung:

«Eine lange Liste, wie man sieht. Man hat aus dieser und späteren Aufzählungen ähnlicher Art den Schluss auf eine Neigung Rétifs zu phantastischen Uebertreibungen gezogen. Wenn man aber den Lebenslauf eines heutigen, selbst nicht so polygamisch wie Rétif veranlagten jungen Mannes betrachtet, so findet man — nicht immer — aber doch recht häufig eine überraschend grosse Zahl verschiedener sexueller Beziehungen, die uns Rétifs Angaben weniger als Hyperbel erscheinen lassen. Ausserdem sind wir bei ihm im 18. Jahrhundert, wo sich solche Beziehungen ganz entschieden leichter knüpften als heutzutage, wir sind in einer kleinen Provinzialstadt, auf dem Lande, wo eine gewisse Zügellosigkeit und Ungebundenheit im Geschlechtsverkehr auch in der Gegenwart noch eine charakteristische Erscheinung ist. Ich erinnere nur an die modernen Untersuchungen über die geschlechtliche Sittlichkeit auf dem Lande, z. B. an Virchows Schilderung der unglaublichen Promiskuität des Geschlechtsverkehrs in den Dörfern des Spessarts (in seiner Abhandlung «Die Not im Spessart», 1852).

Wir haben also keinen Grund, die Wahrheitsliebe Rétifs in diesem Punkte anzuzweifeln.» [13])

Der weitere Unterricht in der Ars amandi durch einen philosophisch veranlagten neuen Freund, dem er Dienste erwiesen hatte, beseitigte bei Rétif bald den letzten Rest von Schüchternheit Frauen gegenüber und «legte eine immer grössere Bresche in seine Moral». Jetzt war er endlich reif, einen Sturm auf Madame Parangon zu unternehmen und trotz ihres Flehens und ihrer zärtlichen Bitten die junge, langverehelichte, aber noch gänzlich unberührte Frau als «Held an Liebeswut, an Kraft, an stürmischer Begierde, die jedes zarte Gefühl unterdrückte, zu besiegen.» «Ich weiss ihre Worte nicht, aber ich weiss noch, dass sie lächelte, dass sie sich küssen liess und wieder küsste. Vielleicht irre ich mich auch... Ich hing an ihren Lippen und liess mit meinen Küssen meine ganze Seele ausströmen.» [14])

Die Liebe dieser beiden jungen, feurigen Menschen war wahr und innig. Aber bald blieb Rétif von ihr nichts mehr als die Erinnerung und die reizenden Schuhe von Colette Parangon, die er bis an das Ende seines Lebens bewahrte. War und blieb Colette nun auch seine Geliebte, so schlich sich in die Liebe eine Empfindsamkeit und Romantik, die Colette jedem vertraulichen Beisammensein ausweichen liessen, so heiss sie auch begehrte. Die natürliche Folge davon war, dass Rétif ungesättigt seinen alten Zerstreuungen nachging. Auch der Plan Colettes, Rétif mit ihrer jüngeren Schwester Fanchette zu verheiraten, wie die Furcht vor Entdeckung, nötigten Frau Parangon zur Vorsicht und Enthaltsamkeit. Sie folgte deshalb Fanchette auf einige Zeit nach Paris. Während ihrer Abwesenheit schloss sich Rétif an die zwar wenig schöne, aber sehr geistreiche Rose Lambelin an. Sie wurde seine erste Muse, die ihn zu literarischer Tätigkeit anhielt. Er liebte das Mädchen weder zärtlich noch mit heftigen Begierden, wie er gestand, aber sie flösste ihm Reim- und Erzählungswut ein. Jeden Morgen machte er ein stark erotisches Gedicht auf sie, und jeden Abend erhielt sie einen Brief von ihm.

Am 8. Mai 1755 war seine Lehrzeit bei Parangon zu Ende. Frau Parangon beglückwünschte ihn als erste zu diesem Ereignis.

«Dann gratulierte das Personal der Druckerei, auch die Eltern unseres Nikolaus waren aus Sacy gekommen. Es gab ein Festmahl, bei dem Nikolaus feierlich als Geselle proklamiert wurde, und zum Schlusse, am 11. Mai, eine — erotische Orgie schlimmster Art mit drei sehr jungen Mädchen, den Geschwistern Durand, die Nikolaus, dem Hausknecht Tourangeot und dem Drucker J. Lelong als Lustobjekte dienten. «Niemals,» sagt Rétif, «kam eine Szene bei der Paris, der Montigny, der Gourdan, der Guérin, der Dupont, der Caliche derjenigen gleich, deren Teilnehmer und Zeuge ich zugleich war.» Es kam sogar zu sadistischen Exzessen.[15])

Seine Tagebuchaufzeichnungen zählen gleichsam als Ergebnis seiner bisherigen Liebschaften die ihm bis zur diesem Tage (1755) geborenen, unehelichen Kinder auf. Ihre Zahl ist schon auf zwanzig angewachsen.

«Es braucht nicht daran gezweifelt zu werden, dass diese Kinder wirklich existierten. Ob sie aber alle gerade *ihn* zum Vater hatten, ist zweifelhaft, und in diesem Punkte ist Rétif stets leichtgläubig gewesen. Er fühlte sich gern als «Vater des Vaterlandes».

Nur wenige Monate noch weilte Rétif als Geselle in Auxerre. Dann verliess er, nach vorübergehendem Aufenthalte bei den Eltern in Sacy, am 1. September 1755 diese Stadt und kam den 3. September in Paris an. «Mein Frühling ist zu Ende. Ich komme jetzt in die verzehrende Glut des heissen Sommers.» So kennzeichnet er den nun beginnenden Abschnitt seines Lebens.[16])

Ein neues Leben hebt mit der Gesellenzeit Rétifs in Paris an.

«Die Ausschweifungen von Auxerre hatten trotz aller damit verbundenen Roheiten und Zynismen doch etwas Gesundes und Naturwüchsiges. Jetzt kommen wir in eine ganz andere, vergiftetere Atmosphäre. Ein übler Hauch von Korruption und Perversität weht uns an. Es ist nicht mehr Casanova, es ist wirklich Petronius.» [17])

Wie Petronius in seinem «Satyrikon» die Ausschweifungen der römischen Gesellschaft zur Zeit Neros festhält, so zeichnen die Angaben Rétifs den tiefsten Moralstand der französischen Gesellschaft, jener Epoche, die einen Marquis de Sade und seine Nachahmer entstehen und wachsen sah. Es ist die bitterböse Zeit vor dem Ausbruch der grossen Revolution. Die Fülle von Genrebildern, die durch Rétifs Aufzeichnungen an uns vorübergleitet, beleuchten wie mit Scheinwerfern das damalige Vegetieren der breiten Volksschichten von Paris, als deren Entdecker Rétif zu gelten hat. Nur durch ihn ist uns bekannt geworden, wie es in diesen Kreisen im vorrevolutionären Frankreich ausgesehen hat, welche Sittenanschauungen vorherrschten.

Durch Vermittlung seines Freundes Boudard fand Rétif in der «Imprimerie Royale», der Louvredruckerei, Anstellung. Die Arbeit war schwer, der Lohn gering, und er zwang zu einem richtigen Bohêmeleben. Mit Boudard und einem Uhrmacher aus Auxerre bezog Rétif eine kleine Wohnung. Die blutarmen, aber anspruchslosen jungen Männer waren ihre eigenen Köche. Der eine sorgte für das Gemüse, der andere für das Fleisch. Sie teilten alles brüderlich, sogar den weiblichen Verkehr. Gleich nach seiner Ankunft hatte Rétif mit einer Freundin seiner in Paris lebenden älteren, verheirateten Schwester Beziehungen angeknüpft. Sie wurde abgelöst von denen mit zwei Freudenmädchen, die die Zimmer neben denen der Jünglinge bewohnten. Die eine von ihnen, Argeville, war hübsch, die andere hässlich.

Die Mädchen kamen gewöhnlich am Abend auf das Zimmer der drei Burschen, und es entspann sich dann stets ein Streit um ihren Besitz, den Rétif sehr drastisch schildert, und der nicht selten in Tätlichkeiten ausartete. Der feurigste Liebhaber war unser Rétif. Chambon entschädigte sich durch «les discours les plus obscènes» für seine mangelnde Potenz, und Boudard beteiligte sich ziemlich gelassen an diesem Treiben. Hier lernte Rétif zuerst die Dirnenkünste in ihrem ganzen Umfange und ihrer ganzen abschreckenden Natur kennen.

Dieses wüste Leben nahm bald ein Ende, als Rétif Stellung und Wohnung wechselte.

«Er zog zu einer Madame Lallemand in der Rue Saint-Julien-le-Pauvre. Denn diese Frau Lallemand war eine Messaline, aber eine bisexuelle. Diese gegen andere in sexuellen Dingen sehr strenge, inbezug auf sich selbst aber völlig skrupellose Frau, liess sich nicht nur mit allen jungen Männern, die bei ihr wohnten, ein, sondern liebte auch «alle hübschen Frauen», und war auf sie eifersüchtig wie auf einen Geliebten. «Rétif überraschte sie sowohl im Verkehr mit Männern, wie er denn selbst Gunstbezeugungen von ihr empfing, als auch in demjenigen mit Frauen. Namentlich schildert er uns eine Kaffeehauswirtin Beugnet als Typus einer Lesbierin.» [19])

Zwischen all der ihn umgebenden Verwilderung entstand plötzlich ein Idyll, das in seiner Reinheit geradezu wie von einer Marlitt entworfen anmutet: das Zusammenleben Rétifs mit Jeanette Demailly.

Das war eine kleine, unschuldige Landsmännin, die in Paris in grosse Not geraten und gefährlichen Versuchungen ausgesetzt war. Rétif nahm sie zu sich, und sie lebten, obgleich sie in demselben Zimmer wohnten und sogar in demselben Bette schliefen, wie Bruder und Schwester zusammen.

Es war ein reines, unschuldiges Glück, das die Beiden miteinander teilten. Rétif schildert es auf anmutige Weise. Sie wurden im Hause und in der Nachbarschaft eine förmliche Sehenswürdigkeit. Schliesslich verliebte sich ein reicher Kaufmann in Jeanette und heiratete sie.

Nicht so gut erging es der siebzehnjährigen Schwester Rétifs, Geneviève, die verführt und verdorben wurde.[20])

Im Jahre 1756 übersiedelte Rétif zu einer Frau Bonne Sellier. Die neue Wirtin war eine herzensgute Frau, bei der er ein vorzügliches Unterkommen fand.

Aber sie lieferte wieder den «vollständigen Beweis dafür, dass eine Frau keine Pensionäre haben kann, ohne ihre Konkubine zu sein». Es war damals einfach Gebrauch, erklärt Rétif, dass die Pensionäre, und seien sie auch dreissig an der Zahl, alle ein Recht auf den Besitz der Wirtin hatten. Er führt hierfür mehrere Beispiele aus seiner Erfahrung an. Diese Besitzrechte erstreckten sich nicht nur auf die Wirtin, sondern auch auf deren sämtliche Töchter, ja, in einem Falle sogar auf die noch verhältnismässig jugendliche Grossmutter! So musste auch Rétif seine Pensionsmutter mit sechs oder sieben anderen jungen Männern teilen und suchte daher den Kreis dieser Hausabenteuer etwas zu vergrössern, indem er das Kammermädchen Therese der Hausbesitzerin und die schöne Pélerine Berthé für sich eroberte.[21])

Seit seinem Pariser Aufenthalt ergab sich für Rétif auch die Bekanntschaft mit Prostituierten auf den Strassen und den Bordellen. Er bekennt, in den beiden ersten Jahren in Paris mit mehr als zweihundert Dirnen zu tun gehabt zu haben, wobei stets ein gewisser Gaudet, den er noch von Auxerre her kannte, sein Begleiter gewesen sei, ein perverses Individuum niedrigster Sorte. Auch in den untersten Tanz- und Dirnenlokalen waren beide oft gesehene Gäste. Sein Freund Boudard besuchte mit Rétif mehr die Gaststätten, in denen Theatermädchen und Modistinnen verkehrten. Wenn es in diesen Lokalen auch etwas sauberer zuging als in den mit Gaudet frequentierten, so wäre aber der Ausdruck anständig für sie zu vielsagend gewesen. Durch Boudard lernte Rétif auch zuerst den Theaterbesuch kennen, damit eine neue Quelle sexueller Erregung, und der Besitz von Theaterdamen wurde nun seine Sehnsucht. Der erste Versuch darin endete erfolgreich und dennoch tragikomisch. Einer eleganten Tänzerin der Pariser italienischen Oper folgte er heimlich nach ihrer Wohnung. Dort gab sie sich ihm hin, warf ihn aber grob und kurzerhand hinaus, als er sich als zahlungsunfähig bekannte. Das war aber verschmerzt, als er durch seinen Freund Boudard die Bekanntschaft junger Mitglieder der Komischen Oper machte, der Mentelle, der Baptiste und der ersten Tänzerin Prudhomme, dreier Komödiantinnen à la Mode, wie sie so oft im Leben Casanovas zu finden waren.

«Man fuhr ins Bois de Boulogne. Fräulein Prudhomme sass auf meinen Knien, Fräulein Baptiste neben mir, Fräulein Mentelle und Boudard nahmen den Rücksitz ein.» Dann folgte ein lustiges Treiben im Bois. Unter dem Beifall einiger des Weges kommenden Libertins spielten Rétif und seine beiden Schönen wie verliebte Kinder miteinander, küssten sich und trieben die lustigsten Allotria, während Boudard und Mlle. Mentelle mit ihrem grossen Hute beinahe so würdig wie «Vater und Mutter» hinter ihnen einherwandelten. Man sang stark erotische Couplets und übersetzte ihren Inhalt, als man an einen einsamen Platz kam, in Wirklichkeit. Fräulein Prudhomme, die von zwei Gräsern das längere gezogen hat, war zuerst an der Reihe, während ihre Gefährtin «Wache hielt». Nach seiner Erzählung erweist sich Rétif hier als ein wahrer Herkules in der Liebe. Man nimmt dann ein exzellentes Diner ein, das drei Stunden dauert. Während und nach ihm neue Zärtlichkeitsbeweise vonseiten unseres Don Juan. Fräulein Baptiste sang ein pikantes Lied. Unser Held wurde «im Namen der Venus» mit einem Myrtenkranz geschmückt und ging wie ein «neuer Anakreon», von den Nymphen umgeben, stolz zum Wagen.

Fräulein Baptiste, auf die, wie es scheint, der hübsche, junge Drucker einen grossen Eindruck gemacht hatte, bot ihm ihre «Freundschaft, Börse und Person» an. Vor dieser zweifelhaften Rolle eines besseren Zuhälters bewahrte ihn nur die grössere Liebe zu der Prudhomme.[22])

Auch Orgien mit anderen Theaterdamen und deren vermögenden Liebhabern hab es. Er erlebte auch Abenteuer mit einer Hofdame, die sich in ein Bordell begeben hatte, um dort allen «Capricen und Phantasien» einer «libertinage aimable» zu frönen. Es soll die bereits erwähnte Marquise d'Egmont, die Tochter des Marschalls von Richelieu [23]) gewesen sein.

«Nach solchen Erlebnissen suchte Rétif absichtlich «kühne und ausserordentliche» Abenteuer. Er wurde ein gefährlicher Weiberjäger und Verführer. Besonders junge Modistinnen wurden ein Gegenstand seiner Verfolgungen. Da er sich sehr geschickt auf «leise, schleichende Bewegungen» verstand, so gelang es ihm oft, völlig unbemerkt, seinen Opfern bis ins Haus, ja bis in ihr Zimmer zu folgen und sie dort meist mit Güte oder Gewalt, manchmal auch unter der Maske eines erwarteten Liebhabers, zu verführen.» [24])

Während er so wie im beständigen Rausch sinnlicher Genüsse dahinlebte, denen zu oft bittere Reue auf dem Fusse folgte, traf ihn ein Schlag, der für einige Zeit Veranlassung zur Umkehr von diesem Wege werden und seinen Sinn auf idealere Momente im Leben richten sollte. Frau Parangon starb plötzlich, wenige Tage, nachdem er von ihr einen zärtlichen Brief empfangen hatte. Seine Verzweiflung glich einem Delirium, aus dem ihn die vereinten Bemühungen eines wirklichen Freundes und dessen Geliebte emporrissen. Alle Wollüste ekelten ihn an, und sein Plan, sich ihnen für immer durch eine Heirat zu entziehen, scheiterte nur an dem Tode der Auserwählten. Mit dem Verdämmern des grossen Schmerzes trat aber wieder die alte Lebenslust und die Freude am Laster ein. Einem jungen Mädchen, einer echten Pariser Pflanze, war es vorbehalten, diese Umkehr zu bewirken. Der kleinen Zephire.

Die kleine O'Morphi - Von F. Boucher.

Anbetung - Romanillustration.

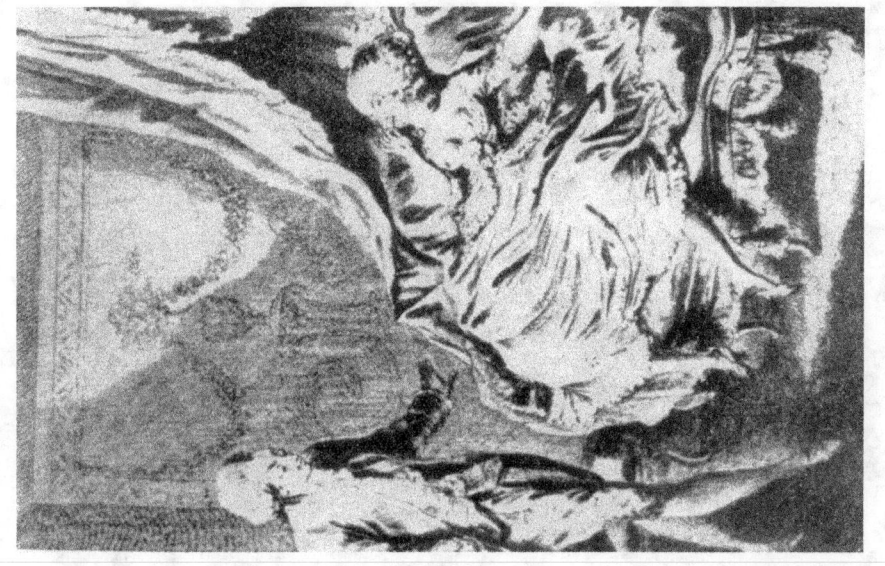

Ueberraschung.
Illustration zu einem Roman von Rétif de la Bretonne.

Fanchettens Fuss.
Bild von Binet zu einem Roman von Rétif de la Bretonne.

Auf dem Lande - Nach einem Gemälde von Boucher.

Zephire war die dritte unter den drei Verklärungen in Rétifs Liebesleben. Jeanette Rousseau, Frau Parangon und als letzte Zephire, bildeten das Kleeblatt, das ihm als der Gipfel aller holden Weiblichkeit erschienen war. Zephire war der letzte Sonnenstrahl des Glücks, der Rétifs Jugend vergoldete.

«Und diese rührende, anmutige Erscheinung, diese reizende Fee, dieses zarte Elfenkind, das nicht nur von den Männern, sondern, was noch bezeichnender ist, auch von allen Frauen vergöttert wurde, war eine — Prostituierte! Ja, sie war, was Rétif betrifft, noch mehr, noch Schlimmeres.»

«An einem Sonntag bemerkte Rétif, wie aus einem Fenster im dritten Stockwerk eines Hauses an der Ecke der Rue Saint-Honoré ein kleines, reizendes Köpfchen herausschaute, das einem die Harfe spielenden Mädchen angehörte. Sie lächelte ihm zu und winkte ihn herauf. Oben öffnete sie ihm selbst. Rétif wird nicht müde, immer wieder die entzückende Erscheinung dieses reizenden Menschenkindes zu schildern. Eine graziöse, schlanke Gestalt, herrliches, goldblondes Haar, das in reichen Locken ihr liebliches, zartes Gesichtchen umfloss; ein sanftes, zärtlich blickendes, dunkelblaues Auge, das bei lebhafterem Glanze oft schwarz zu sein schien, ein entzückendes Näschen, ein Mund blühend und frisch wie eine sich öffnende Rosenknospe, ein Liliputfuss, der das «Werk der Wollust selbst, der Tochter Amors und der himmlischen Psyche zu sein schien». Ihre sanfte, melodiöse Stimme drang dem Hörer ins Herz. Sie war der Ausdruck eines tiefinnigen Gefühls, einer natürlichen Liebenswürdigkeit, die alle Menschen bezauberte und hinriss.» [25])

Dies ist ungefähr die gekürzte Schilderung Rétifs der vor ihm wie eine Offenbarung auftauchenden Fee Zephire, einem Kinde von zwölf bis dreizehn Jahren mit dem Aussehen einer Sechzehnjährigen.

Rétif ahnte nicht, dass Zephire ihn schon vor ihrer Bekanntschaft gesehen und Gefallen an ihm gefunden hatte. So war er von dem ihm zuteil werdenden ersten Empfang bei ihr entzückt. Er konnte nicht fassen, dass dieses reizende, naive, herzliche Naturkind eine gewöhnliche Dirne war, und sie beide sich in einem Freudenhause befanden. Nach einer Plauderei von drei Stunden, in der ihm Zephire nichts als die Vertraulichkeit inniger Zuneigung entgegengebracht, verliess Rétif diesen verfluchten Ort («mauvais lieu») beglückt in der Ueberzeugung, sein verloren geglaubtes Liebesglück wiedergefunden zu haben.

Als er sie am nächsten Sonntag wieder sah, kam sie ihm freudig mit der Botschaft entgegen, dass ihre Mutter ihr gestattet habe, ihn zum «Freunde» zu nehmen, wie auch ihre Schwester Manon und die übrigen Mädchen des Hauses alle einen solchen Freund hätten. Sie stellte ihn ihrer Mutter vor, die ihm sofort vorschlug, ihr Töchterchen ganz in Besitz zu nehmen und ihn ihrer Jungfräulichkeit versicherte.

Und Rétif fand endlich in Zephires Armen das Glück, er vergass Welt und Wirklichkeit, bis er am Abend sehr grausam an beide erinnert wurde. Bei einbrechender Dämmerung nämlich gab eine Glocke das Signal, dass alle «Freunde» die Mädchen verlassen mussten, damit sie nicht von der sich dann einfindenden Bordellklientel überrascht würden. So musste auch er sich losreissen und alle Qualen der merkwürdigerweise gerade in Bezug auf Prostituierte sich besonders mächtig zeigenden Eifersucht erdulden, da er beim Weggehen als seinen «Nachfolger» einen widerwärtigen dekrepiden Greis erblickte. Wie er später erfuhr, empfing Zephire ausschliesslich solche alte, impotente Wüstlinge und musste deren perverse Gelüste befriedigen. Nachdem er am nächsten Sonntag wieder dieselben Qualen der Eifersucht erduldet hatte, beschloss er, Zephire nicht wieder zu besuchen.» [26])

Ein Zerwürfnis mit seinem Chef liess ihn seine Stellung und seine Wohnung ändern, und auch von Zephire hielt er sich absichtlich fern, als er schwer erkrankte. Seine wie seines treuen Freundes Loiseau Mittel waren völlig erschöpft. Da sprang Zephire ein. Sie kam zu dem Leidenden und sorgte für ihn mit rührender Sorgfalt und Zärtlichkeit. Sie beglückte ihn durch die Nachricht, dass sie ein Kind von ihm unter dem Herzen trage. Kaum genesen, sorgt Rétif dafür, dass Zephire ihrem schändlichen Gewerbe entzogen wurde. Es gelang ihm und seinen Freunden, sie in einem Modewarengeschäft unterzubringen, wo sie in der Familie der Besitzerin herzliche Aufnahme fand. Nur Sonntags suchte er Zephire auf, machte mit ihr und seinen Freunden Ausflüge in die Umgebung von Paris. So wurde er zu einem kleinbürgerlichen Philister, als ihm seine Zephire 1758 ein Töchterchen schenkte. Nur die Lektüre sotadischer Werke legte einmal eine starke Bresche in seine Solidität. Drei solcher Bücher lösten an einem Sonntagmorgen einen derart eruptiven Sinnenrausch in ihm aus, dass er vier Mädchen vergewaltigte und ein fünftes benütze, zu dem sich eines der Opfer beklagt hatte, und das die geschilderte Wut auch kennen lernen wollte, weshalb es ihn besuchte. Abgesehen von dieser Untreue war das ganze Jahr 1758 dem glücklichen Leben mit Zephire geweiht. Gegen Ende dieses Jahres warf ein unglücklicher Zufall Zephire auf das Totenbett. Nur ein treuer Freund hielt Rétif vom Selbstmord ab.

Seine ihn übernatürlich dünkende Liebe zu Zephire suchte Rétif später dadurch zu erklären, dass sie nicht nur sein Weib, sondern auch seine Tochter gewesen sei, das Kind jener Nanette Rameau, durch die einst der elfjährige Knabe verführt worden war. Es ist überflüssig, dieser nur zeilenfüllenden Phantasterei hier nachzugehen.

Nach einem kurzen Intermezzo in «moralischer Erregung» mit einem jungen Mädchen, das einem Hundebiss erlag, kam wieder durch das

Verhältnis zu dem Bordellmädchen Aurore «der Hang zum Weib im Allgemeinen» zum Durchbruch und seine Frauenjagd begann von neuem mit wiedererwachter Stärke. Die erste ernste dieser Jagden ging aber sehr übel für den Jäger aus.

Auf der Strasse lernte er zwei Engländerinnen, Frau und deren Nichte, kennen. Sie hielten sich in Paris eines Prozesses wegen auf. Rétif verliebt sich in die hübsche Nichte, stand den Frauen bei Gericht wirksam bei und als der Tante nahegelegt wurde, wegen günstigen Prozessausganges die Nichte mit einem Franzosen zu verheiraten, willigt sie ein; die Ehe mit Rétif wurde mit höchster Eile betrieben und bereits vor der Trauung von Braut und Bräutigam vollzogen. Da tauchte ein weiterer Engländer auf, der eine geheimnisvolle Rolle spielte. Der Prozess wurde wirklich gewonnen, aber als eines Tages Rétif zu seiner jungen Frau kam, war statt dieser nur ein höhnischer Abschiedsbrief vorhanden, sie selbst mit Tante, dem Engländer, dann Rétifs ganzem Vermögen von 15,000 Livres nach England verschwunden. Rétif war ausser sich vor Wut und Schmerz, zu denen sich noch materielle Not gesellte. Die Freunde stillten diese zwar nach Möglichkeit, konnten aber nicht verhindern, dass sich Rétif in Ausschweifungen zu trösten und zu betäuben suchte. Liebschaften jagten sich. «Sittlichkeit ist wie ein Perlenhalsband. Entfernt man das Band, so fällt das Ganze auseinander.» Das war längst bei ihm der Fall gewesen.

Eine Erholungsreise nach Sacy zu den Eltern sollte ihm die wankend gewordene Gesundheit wiederbringen. Von Sacy begab er sich in Stellung nach Dijon. Dort begann er einen grossen Verführungsfeldzug, bei dem ihm reiche Beute zuteil wurde. Bei seinen Verführungen wandte er jetzt einen neuen Trick an. Er erzählte der Betreffenden seine früheren erotischen Abenteuer in all ihren drastischen Einzelheiten und versicherte, dass dieses Mittel die von ihm beabsichtigte Wirkung niemals verfehlt habe.²⁷) Sein aufrichtigster Freund Loiseau war während seiner Abwesenheit von Paris gestorben und nach Rétifs Rückkehr von Sacy und Dijon folgte dessen Geliebte Zoe ihm im Tode nach.

Beim Suchen nach einer Stellung machte er die Bekanntschaft eines Berufsgenossen namens Giraud, des Vaters zweier hübscher Blondinen, der älteren Edmée und der jüngeren Reine. Dieser merkwürdige Vater pries ihm gleich die Reize seiner Töchter und bot ihm die ältere zur Frau an, so ganz beiläufig, beim Essen! Rétif, immer gefällig, vergass alle früheren Heiratsprojekte und nahm sogleich das Anerbieten an. Das brachte ihm «einen Tag, aber auch nur einen Tag» neue Unterhaltung (divertissement). Edmée, die längst ihren Geliebten hatte, liess sich gegen das Versprechen, sie nicht heiraten zu wollen, von Rétif verführen. Auf ihrer Hochzeit mit jenem anderen, wurde dann die jüngere Schwester die Beute Rétifs.²⁸)

Eine Ehe mit dem sehr vermögenden Fräulein Sellier kam nicht zu Stande, da das Mädchen von Einbrechern ermordet wurde. Andere Eheangebote waren nicht ernst zu nehmen. Da ihm ohne Stellung auch die Not drohte, entschloss sich Rétif nach Auxerre zu gehen, wohin ihn der Ruf Parangons zog, die Faktorstellung in dessen Druckerei zu übernehmen. Rétif hatte keine Ahnung, dass Parangon danach dürstete, sich an ihm zu rächen, da er ihn wie einen Todfeind hasste. War ihm doch Rétifs Verhältnis mit Frau Parangon nicht verborgen geblieben. Die Heiratsabsichten Rétifs sollten dem früheren Lehrherrn die Handhabe bieten, den einstigen Lehrling unglücklich zu machen.

«In Auxerre lebte eine Familie Lebègue. Der Mann war von ehrenhafter Gesinnung und begleitete augenblicklich als Leiter einer Feldapotheke das französische Heer in den Feldzügen des Siebenjährigen Krieges. Weniger guten Rufes erfreuten sich die weiblichen Mitglieder der Familie, die Frau und die älteste Tochter Agnes. Sie führten ein sehr verschwenderisches Leben und huldigten heimlichen Wollüsten, die ihrem Wesen den Stempel des Verschlagenen und Bösartigen aufdrückten. Parangon beschloss, Rétif durch eine Verheiratung mit dieser schlechten Tochter einer noch schlechteren Mutter ins Unglück zu stürzen. Der Plan wurde raffiniert ersonnen und durchgeführt.» [29])

Der verstorbene Loiseau hatte einst zu Rétif Agnes Lebègue «ein Mädchen von seltenem Wert» genannt, und dieses Wort des dahingegangen, unvergesslichen Freundes ebnete dem Racheplan Parangons den Weg für die Machenschaften der noch immer männertollen Mutter Lebègue, wie der ihr gleich gearteten Tochter, um den sinnlichen Rétif zu umgarnen. Er liess sich bald die zweideutigen Zärtlichkeiten der Mutter und die eindeutigen der Tochter gefallen, die sich gemeinsam verbunden hatten, ihn «durch die Sinne zu unterjochen».[30]) Dies gelang vollkommen, obgleich er «einen erschreckenden Einblick in die bodenlose Verderbtheit der Familie Lebègue erhielt, an der auch die, trotz ihrer zehn Jahre, jüngste Tochter Suzon beteiligt war». Das hinderte Rétif nicht, um die Hand von Agnes anzuhalten. Natürlich erfolgte anstandslos das Jawort. Voll Glück gab sich ihm Agnes vor der Hochzeit hin, wobei ihm zu Mute war, als ob er ein Strassenmädchen vor sich habe. Von dem Geliebten der Mutter erfuhr er von dem leichtfertigen Lebenswandel seiner Zukünftigen, die er sogar glaubte, bei einer Liebesszene mit zwei Handlungsgehilfen überrascht zu haben. Aber Loiseaus Meinung, Agnes' Ausreden, wie seine eigene Begierden unterdrückten jede Regung der Eifersucht.

«So liess er denn mit einer Art von Heroismus und Apathie das unabänderliche Schicksal über sich ergehen. Nach Ankunft seiner Eltern wurde die Hochzeit 1760 gefeiert. Stolz konnte der Bräutigam feststellen, dass mehr als 1500 Menschen den Hochzeitszug auf seinem Wege zur

Kirche begleiteten. Das war ein schöner Tag und doch war es der Tag seines «moralischen Todes».

Bald sollte ihm die Binde von den Augen genommen werden, und er die wahre Natur derjenigen kennen lernen, an die er nun für das Leben gefesselt war.» [31])

Die Ehe war bald einem Rétif ähnlich. Die Frau führte das Hausregiment, der Mann ging seiner Arbeit und seinen Liebesabenteuern nach. Ebenso die Gattin. Zu den Liebhabern von Agnes gehörte selbstverständlich auch Parangon. Doch damit war das Ehepech Rétifs noch lange nicht vollendet. Agnes und ihre Mutter ruinierten den Ehemann auch pekuniär. Um die Schwiegermutter loszuwerden und seine Vermögensverhältnisse zu verbessern, beschloss Rétif die Uebersiedlung nach Paris. Als Quartiermacherin reiste die Frau voraus. Ihre Abwesenheit benutzte Rétif in altbeliebter Weise.

«Ich war allein,» sagt er, «ich war jung, ich war kräftig und an regelmässigen Geschlechtsverkehr gewöhnt.» Da er es in Auxerre nicht wagte, wie früher, die Mädchen zu verfolgen und aufzusuchen, so nahm er das Nächstliegendere. Seine Frau hatte drei intime Freundinnen in Auxerre, Maine Blonde und die beiden Schwestern Roullot. Zuerst wurden die beiden letzten sein «Trost», sie waren zwar verlobt, aber das hatte ja niemals seine Unternehmungslust irgendwie beeinträchtigt. Er verführte beide, während immer die eine dabei Wache stand! Dann kam die feurig leidenschaftliche Maine Blonde an die Reihe, und zuletzt schlossen alle vier einen ewigen Freundschaftsbund.[32])

Im Juni 1761 kam Rétif Agnes nach. Er fand gleich Stellung, doch der Lohn war so gering, dass die Not bei dem so wenig wirtschaftlichen Ehepaar sich bald als Hausgenossin eingebürgert hatte. Die Folge war beständiger häuslicher Unfriede. Erniedrigende Liebesanträge für Agnes blieben nicht aus, oft mehr als verletzend, wurden immer wieder dem

Gatten höhnisch übermittelt, von angenommenen aber unterliess sie die Mitteilungen. Drei Männer in der Nachbarschaft waren die Beglückten. Sie entschädigten Rétif für seine Hahnreischaft einmal durch eine Orgie, der die Liebhaber mit ihren Mätressen beiwohnten. Zu diesen zählte auch Agnes, dann Frau Chéreau, die Gattin eines der Teilnehmer, wie dessen Geliebte, das Zimmermädchen seiner Frau. Dieses Mädchen, «eine junge Blondine aus Antwerpen,» war für Rétif bestimmt. Sie wurde gern von ihm genommen.[33]) Die Oede seines Lebens im Hause, die Not, das Fehlen anderer Unterhaltungen, endlich die Lektüre stark erotischer Bücher, liessen ihn merkwürdige Arten von Zerstreuungen in den Bordellen und den Wohnungen von Prostituierten suchen. Es war, wie er meint, seine eigene Erniedrigung, Selbstverachtung und das Elend, das ihm solche Niederträchtigkeiten eingab. Doch vermochte er selbst in diesem Milieu ab und zu anständig aufzutreten. So, wenn er der Dirne Bathilde täglich Unterricht im Lesen und Schreiben gab. Das Mädchen hatte sich leidenschaftlich in einen deutschen Baron verliebt, der sie mit nach Deutschland nehmen wollte. Ehe sich die Freundschaft zu Bathilde zur Leidenschaft ausgewachsen hatte, entfernte ihn von dieser ein kurzer, aber romantischer Zwischenfall: seine Bekanntschaft mit Adelaide Nicard.

In Frankreich blühte in jener Zeit die Kuppelei, darum war es nichts Auffälliges, dass Adelaides Mutter das gutherzige, reizende, junge Mädchen schon vor seiner Mannbarkeit als Geliebte an einen reichen Wüstling verkaufte. Durch einen Zufall war sie mit Agnes und Rétif bekannt geworden und hatte mit beiden Freundschaft geschlossen, aus der sich Liebe zu Rétif entwickelte. Agnes bemerkte und begünstigte dieses Gefühl, um bei ihren eigenen Abenteuern ungestörter bleiben zu können. Vielleicht ging auch von ihr der Plan aus, einmal die Rollen zu vertauschen, Adelaide als Gattin, sich selbst dagegen als Geliebte Rétifs auftreten zu lassen. Man inszenierte diese Komödie des Holzschneiders Beugnet wegen, in den sich Agnes verliebt hatte. Adelaide gab ein Diner für Beugnet, das sie bezahlte, und bei dem sie als Hausfrau amtierte, deren Pflichten sie auch auf des Gastes Wunsch am späten Abend übernahm. Bei dem sich dadurch entwickelten zärtlichen Verhältnis war Adelaide der zahlende, Rétif der empfangende Teil. Trotz der dunklen Herkunft der Geldmittel störte Rétif diese Zuhälterposition nicht weiter, ebensowenig wie sich gelegentlich ein Casanova wegen solcher Nebensachen aufgeregt hatte.

Der Präsident, Adelaides Hauptliebhaber, schöpfte aber Verdacht. Rétif nahm an, dass Agnes selbst die Sache verraten habe.[34])

Adelaide musste nun alle Verbindungen mit der Familie de la Bretonne abbrechen. Sie übergab Rétif eine Freundin als ihre Nachfolgerin, die hübsche Friseurin Didier. Ausser Rétif, dem empfangenden, hatte diese noch zwei andere, zahlende Liebhaber. Dieses Rétif wenig zusagende Gebaren des sehr praktisch veranlagten Mädchens liess ihn nach anderen Liebsten Umschau halten, die sehr erfolgreich ausfiel. Die meisten jungen Damen in dem von ihm bewohnten Haus gefielen ihm und wurden die Seinen. Auf einer dieser Entdeckungsfahrten beim eigenen Heim stiess ihm sogar ein ganz neues «genre de femmes» auf.

«Gegenüber seiner Wohnung wohnte eine Demoiselle Talon, die Mätresse eines Parlamentssekretärs und Geliebte eines Stutzers. Diese Schöne hatte zwei Schwestern, die hübsche Madame Desvignes, die Gattin eines Uhrmachers, und eine andere, hässliche, die die Vermittlerin für die Beiden machte. Die drei Schwestern hatten eine reizende Freundin namens Chouchou, gewöhnlich nach ihrem Liebhaber, einem reichen Arzte und Lebemann, «Petite Brûlée» genannt.

Rétif sah Chouchou eines Tages am Fenster der Talons sitzen und eine Katze liebkosen. Seine lebhaften Blicke wurden beifällig aufgenommen. Fräulein Talon winkte ihn heran und gab ihm zu verstehen, dass die

Gelegenheit günstig sei. Er nahm sie nach Kräften wahr, und fand nachher zu Hause in seiner Tasche — fünf Louisdor. Er eilte sofort ans Fenster und gab durch Blicke der schönen Geberin seinen Dank zu erkennen!

Chouchou, die schöne Talon und Madame Desvignes teilten sich in der Folge freundschaftlich in seinen Besitz.» [35])

Unter seinen anderen 28 Liebsten aus dieser Zeit der Not finden sich auch die Namen von vier Schwestern. Eine bessere Stellung endete endlich sein Elend, und damit begann sein Weg als Schriftsteller.

Ueberaus merkwürdig ist bei seinen Büchern, dass er kaum eines von ihnen niedergeschrieben oder schriftlich angelegt hat. Aus dem Kopfe setzte er sie gleich mit eigener Hand aus dem Setzkasten. In ihrem Mittelpunkt steht stets derselbe Mensch, Rétif selbst, um den sich alle Handlung gruppiert. Er schildert in seinen Büchern, da Phantasie nicht seine starke Seite ist, was aber eine aussergewöhnliche Beobachtungsgabe ersetzt, nur das wirkliche Leben, wie er es sieht und zu sehen annimmt. Sein erster Roman «Famille vertueuse» (Die sittsame Familie) findet einen gut zahlenden Verleger, deshalb gibt Rétif leichtsinnig seine einträgliche Stellung auf. Von da ab ging es mit den Schriften und dem Schriftstellerruhm nicht in der erhofften Weise weiter. Ein Werk über die Bordelle, die Missbräuche in ihnen und das Schicksal ihrer Sklavinnen, kam nicht in der gewünschten Weise weiter, da ihm die Lust an der Arbeit zu oft ausging und es ihm an Stoff mangelte. Einige Damen seiner Bekanntschaft, die er als öffentliche Dirnen auf der Strasse oder in Bordellen kennen gelernt hatte, stellten ihm ihre Erfahrungen zur Verfügung. Drei von ihnen führten ihm sogar mit einem älteren Manne als Teilnehmer eine ihm unbekannte Flagellationsszene in vollster Realistik vor. Aber all dieses half nicht viel. Ein monatelanger Aufenthalt in der Heimat sollte ihm die erlahmte Arbeitslust wieder bringen. Nach seiner Rückkehr nach Paris entstand dann sein entzückendes Buch

«Fanchettens Fuss», das auch heute nichts von seinem Reiz verloren hat, leider aber nur sehr wenig bekannt ist. Die Entstehung dieses Werkes erzählt sein Verfasser wie folgt:

«Dem Pied de Fanchette lag eine heftige Gemütsaufwallung zu Grunde; an einem Sonntagmorgen ging ich auf meinem Weg zu Renaud durch die Rue Tiquetonne; an der Ecke der Rue Montorgueil war ein Modewarengeschäft, das jetzt das Café einnimmt; da bemerkte ich ein hübsches Mädchen in einem weissen Unterrock, noch im Mieder, mit seidenen Strümpfen an und rosafarbigen Schuhen mit hohen, dünnen Absätzen, eine Art Schuhwerk, worin das Bein der Frauen unendlich besser aussah als bei der jetzigen Mode. Ich war bezaubert. Mit offenem Mund hielt ich an der Schwelle der Tür, um sie zu betrachten (sie kehrte mir den Rücken zu). Endlich machte sie eine ihrer Gefährtinnen auf mich aufmerksam. Errötend betrachtete sie mich. «Mein Gott, wie seid Ihr reizend!» sagte ich zu ihr und entfernte mich. Unterwegs verfasste ich das erste Kapitel des Werkes: «Je suis l'historien véridique des conquêtes brillantes du pied mignon d'une Belle». (Ich bin der wahrhaftige Geschichtsschreiber der glänzenden Eroberungen des zierlichen Fusses einer Schönen). Gleich am nächsten Tag griff ich zur Feder. Da meine Einbildungskraft etwas verblasst war, ging ich fort, um meine Muse wieder zu sehen... In der Strasse Saint-Denis der Fontaine des Innocents bemerkte ich eine Frau, deren Fuss der Inbegriff aller Zierlichkeit war; er trug einen hübschen Schuh aus einem vergoldeten Stoff, den der geschickteste Künstler der Stadt verfertigt hatte. Ich folgte ihr bis zur Kirche du Dépluere, wo sie eintrat, während ich voll Begeisterung heimkehrte.» [36])

Nach dem Erfolg von «Fanchettens Fuss» ging Rétif mit aller Kraft an die Fertigstellung des erwähnten «Pornographen». In ihm gab er der Behörde Fingerzeige, wie man eine Sittenpolizei handhaben sollte.

Genützt haben seine Ratschläge nichts, das Werk hat aber seinem Verleger viel, ihm, dem Verfasser, nur wenig Geld eingebracht. So etwas soll auch noch heute vorkommen!

In erotischer Hinsicht gewann Rétif zu den bisherigen Erfahrungen eigenartige neue. Sein ihm herzlich ergebener Schüler Theodor, den er Lesen und Schreiben gelehrt, bei dessen Grossmutter er wohnte, besass eine Schwester Manon, deren Familie Colette, Theodors zukünftige Gattin war. Die beiden Mädchen hatten Rétif, in dem sie den Wohltäter Theodors sahen, in ihr Herz geschlossen. «Nichts wäre mir leichter gewesen, als über ihre Unschuld Herr zu werden.»

«Eines Sonntag spielten wir, nachdem ich mit Schreiben fertig war, zu vieren ein Versteckspiel. Die beiden jungen Mädchen, Theodor und ich. Mit Colette zusammen versteckt, konnte ich nicht der Lust widerstehen, sie herzlich zu umarmen; weit davon entfernt, sich zur Wehr zu setzen, liess sie sich meine Liebkosungen vielmehr gefallen, und da meine Sinne leicht entzündbar waren, liessen mich meine guten Vorsätze im Stich. Colette bereitete mir nicht die geringsten Schwierigkeiten. Ueber meinen Seitensprung errötend, hielt ich von selbst inne und nahm Veranlassung, ihr einige gute Ratschläge zu erteilen. «Glaubt Ihr», sagte sie naiv, «ich hätte es von Seiten eines andern geschehen lassen? Von Euch aber alles, was Ihr begehrt! Ihr seid Theodors Lehrer und Freund, der Euch wie seine Augen liebt, der eines Tages mein Mann sein wird und mir gesagt hat, wenn er Euch mit seiner Mätresse, mit seiner Frau oder seiner Schwester zusammen schlafen sähe, so fände er's ganz in Ordnung. Und noch heute morgen hat er mir Zärtlichkeiten gesagt: Colette! mein Lehrer ist unglücklich, tröste ihn, was er auch tun mag; denn ich will Dir offen sagen, welcher Gedanke mir gekommen ist: sähe ich Dich schwanger von ihm, ich liebte Dich nur umsomehr. Ich wäre sehr vergnügt, hätte ich ein Kind von ihm, das mich Vater riefe! Es bekäme eines

Tages den Geist wie mein Lehrer, und dies wäre ehrenvoll für die Walloner, die stets etwas einfältig gewesen sind.» Das waren seine Worte. Habt also kein Bedenken, denn ich denke darüber wie er.» [37])

Wie die Braut dachte Theodors Schwester:

«Eines Sonntags sassen wir allein bei Tisch und schrieben. Colette war noch nicht gekommen. Da sagte ich zu Manon: «Ihr seid sehr liebenswürdig: alles, was ich Euch sage, nehmt Ihr in einer Weise auf, die mich entzückt. Ihr habt einen vortrefflichen Charakter.» — «Nein,» antwortete sie, sich in meine Arme lehnend, «ich bin auch nicht besser als andere; allein mein Bruder hat uns von seinem Lehrer eine so hohe Vorstellung gegeben, dass wir, Colette und ich, Euch mehr lieben als alles in der Welt.» Zur Antwort gab ich ihr einen Kuss auf ihren Mund. «Ah!» sagte sie, «mein teurer Lehrer, küsst mich nicht so!» — «Warum?» — «Weil ich nicht wage, Euch wieder zu küssen.» — «So gebt ihn mir zurück, ich bitte Euch darum.» — «Das verträgt sich nicht mit meinem Respekt vor Euch.» — «Doch, ich finde es wohl.» Da gab sie mir drei oder vier Küsse, die sie fast ihre Unschuld gekostet hätten.» [38])

Manons Tugend schonte Rétif, aber Colette wurde Theodors Frau mit einem Kind seines Lehrers unter dem Herzen, worauf ihr Gatte stolz war.

Rétif konnte es sich nie verzeihen, diese ihn so ergebene Familie verlassen zu haben.

Ganz nebenbei erzählt Rétif nun eine kleine Geschichte mit der Frau eines Kollegen, die sich ihm an den Hals wirft, da ihr Mann verreist war, und sie nicht acht Tage «ohne das» sein konnte, wie sie weinend gesteht. Von ihrer Natur gezwungen, wird sie aber schliesslich doch eine Dirne.

Bei einem abendlichen Spaziergang nahm er sich der ihm unbekannten Louise an, die von mehreren Gecken bedroht wurde. Nach einigen Tagen begegnete er ihr wieder und begleitete sie in die Wohnung ihres Bruders, der ihn gleich zum Verlobten seiner Schwester erklärte. Bei einem Besuch in der Wohnung der erkrankten Louise lernte er deren Freundin Therese kennen, die ihm Louisens Leben erzählt. Der von ihr als Bruder vorgestellte Herr ist Louisens Geliebter. Er will sie los sein, da er sich reich zu verheiraten gedenkt. Ihm und Louise hat Rétif so ausnehmend gut gefallen, dass beide beschliessen, ihn zur Ehe mit Louise zu bewegen, da er, der sich unter falschem Namen eingeführt, als ledig gilt. Sein Bekenntnis an Therese zerstörte die Hoffnung Louisens, und er verliess die beiden Freundinnen, um sie zwölf Jahre später, Louise sterbend, wiederzufinden. Dem kurzen Liebesrausch mit Louise ist eine Tochter entsprungen, die ihm, nach Jahren, als Gattin eines Uhrmachers von Therese zugeführt wird.

Mit diesen Töchtern Rétifs hat es eine sonderbare Bewandtnis. Hübsche junge Mädchen mit schönen Beinen, kleinen Füssen und geschmackvollem Schuhwerk, die dem Alter nach Rétifs Töchter sein könnten, werden von ihm als solche erklärt, was sein Verlangen nach ihnen erhöht, und dies ist schliesslich der Zweck der Uebung. Solche «Töchter» von ihm gibt es zahlreiche in Paris, und die meisten von ihnen erhören auch ihren sogenannten «Papa», ohne ihn zu kennen oder zu erkennen.

So wie das Inzestmotiv, hauptsächlich im Vergehen Loths mit seinen Töchtern, die bildende Kunst von Alters her zur Wiedergabe gereizt und herrliche Werke der Malerei und des Kupferstiches gezeitigt hat, so war es auch in der demoralisierten Gesellschaft Frankreichs im ancien régime allgemein. Wie wir ihm in der Hofgesellschaft begegneten, so zählte er auch in den unteren Klassen nicht zu den Seltenheiten und sein jeweiliges Bekanntwerden erregte weder Aufsehen noch Entsetzen. Die Blutschande galt höchstens als üble Gewohnheit, nie als mehr. So gleitet auch Rétif über das Vorkommen von Verhältnissen mit seinen illegitimen Töchtern ohne Gewissensbisse hinweg. Sie waren ihm nichts anderes als solche mit fremden Mädchen, nur pikanter als diese.

Jedoch von grösserer Bedeutung als alle Liebeleien in dem Jahrzehnt 1775—1785 war das Erscheinen seines Hauptwerkes «Le paysan perverti» (Der verdorbene Bauer). Das Buch versetzte ihn in die erste Reihe der französischen Volksschriftsteller aller Zeiten. Der Erfolg beim Publikum, der allerdings für den Verfasser aus diesmal kein pekuniärer werden sollte, stählte seinen Mut und verstärkte umsomehr seine Abenteuerlust, als Frau Agnes nicht in Paris weilte, er also nur in Geldsachen unter ihrer Fuchtel stand. Wieder dachte er nicht daran, wählerisch zu sein. Er feierte die Feste, wie sie fielen. Liess sich von der schamlosen Lacroix, der Geliebten eines Buchdruckerghilfen, verführen, «ohne es vorausgesehen, ohne es gewünscht zu haben.» Virginie, eine Pariser Kokotte, erzählte ihm ihre Lebensgeschichte von ihrem achten Lebensjahr an, wo sie von ihren Eltern verlassen worden war. Als hungernder und gemisshandelter Lehrling bei einem Federnhändler verkaufte sie sich mit vierzehn Jahren. Ein Spaziergang mit Virginie nach Bicêtre weckte Erinnerungen in Rétif an seine dortige Chorjungenzeit. Dabei benahm sich das Mädchen so fein und taktvoll, dass es ihn zu den Worten bewegte:

«Warum sind doch die sittenlosen Mädchen verführerischer und liebenswürdiger als die anständigen Frauen? Weil sie die Kunst, zu gefallen, studiert haben wie die griechischen Kurtisanen, die Lehrerinnen hatten in der Kunst der Anmut und der Wollust. Ich möchte, man errichtete Einführungsschulen, wie sie die Alten mit ihren weiblichen Mysterien hatten.» [19])

Virginie stellte sich ihm allerdings als Demimondäne heraus, die von Zuhältern und einer Kupplerin ausgebeutet wurde. Die Beziehung zu ihr gewann aber viel Bedeutung für Rétifs Leben. Galt er doch bei ihr, er, der Mann von 42 Jahren, zum ersten Mal als «alter Herr». Diese Stellung missfiel ihm sehr und machte ihn auf die Jugend eifersüchtig. Bei den Liebschaften mit diesen Mädchen wiederholt sich auch eine Erscheinung, wie sie bei Casanova oft zu Tage trat.

Bei seinen planlosen Kreuz- und Querfahrten durch Europa traf der Venetianer überraschend oft Frauen wieder, mit denen er vor vielen Jahren geliebäugelt, und die er geliebt hatte. Ein Gleiches stösst auch Rétif, allerdings nur innerhalb des Pariser Weichbildes zu, wenn es auch hier sehr auffallend wirkt. So stellte sich Virginies Mutter als jenes Mädchen heraus, dem er sich einst den Namen Bertô beigelegt hatte, als er zu Louisens Gatten ausersehen gewesen. Jetzt war sie die Kupplerin ihrer zur Dirne gewordenen Tochter, die Rétif wie eine solche entlohnte. Sie wachte am Fenster, damit kein Besuch anderer Gäste Rétif störe, wenn er sich bei ihrer Tochter befand. Um nicht für immer in die Fesseln Virginies zu fallen, verliess Rétif diese und wich ihr zwei Jahre hindurch aus.

«Nun traf es sich im Jahre 1780, als ich durch die Rue de la Harpe ging, zwei Häuser über der Serpente, dass ich eine kleine Lampenschachtel vor meine Füsse fallen sah, und als ich aufschaute, wer war es? Virginie... Ich ging zu ihr hinauf, und sie warf sich mir in die Arme. Sie hatte ihrem Delport den Laufpass erteilt, einem eifersüchtigen Menschen, der sich im Liebesgenuss nicht genug tun konnte, und hatte dann einen Fürsten von Tingry oder von Ligne oder alle beide gehabt. In diesem Augenblick hatte sie fast die Rolle einer Frau bei dem Schreiber eines Sachwalters inne, der sie, ihre Mutter und ihre jüngere Schwester kümmerlich unterhielt. Die Jungfernschaft dieser letzteren bot mir Virginie an, ich scheute mich, sie anzunehmen, doch nur, weil ich der älteren den Vorzug gab.

Pferdemenschen - Aus einem Roman von Rétif de la Bretonne.

Hammelmenschen - Aus einem Roman von Rétif de la Bretonne.

Der Tugendwächter - Kupferstich nach einem Gemälde von Charles Eisen.

Bei der Toilette - Nach dem Gemälde von P. A. Baudouin.

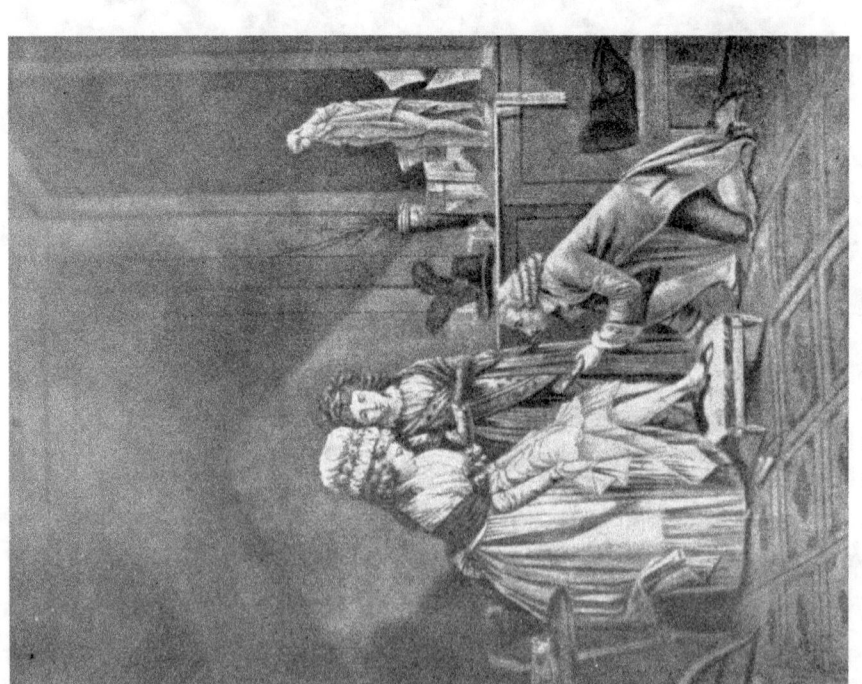

Der Fuss- und Schuh-Verehrer.

Fünf bis sechs Besuche machte ich so Virginie, bis ich eine grosse Entdeckung machen sollte. Eines Tages traf ich die jüngere mit Namen Rosette allein an. Die kleine Sechzehnjährige erging sich mir gegenüber in tausend herausfordernden Neckereien, und ich hätte mich kaum länger aus der Schlinge ziehen können, als die Mutter glücklicherweise hinzukam. Nun glaubte ich mich in Sicherheit und riet sogar der Mutter, ihre jüngere Tochter gut zu überwachen. «Meint Ihr denn,» antwortete mir da das junge Ding, «ich sei für jedermann zu haben?» — «Nein,» sagte die Mutter, «nur für Euch. Brav kann sie doch nicht bleiben, sie muss einen haben, und die Art, wie Ihr mit ihrer älteren Schwester verfahren seid, die Dienste, die Ihr dieser geleistet habt, bestimmten uns zu dem Entschluss, Euch zur Entschädigung als reines Geschenk Rosettes Unschuld darzubringen.» Diese Worte überraschten mich noch mehr als alles, was nun folgte! Auf meine Gegenvorstellungen erwiderte die Mutter: «Doch, es soll geschehen!» — «Ja, ich will,» rief die Kleine. — «Und ich auch!» ergänzte Virginie, die zurückkehrte, «und zwar soll es gleich geschehen, denn sie hat keine Zeit zu warten... Nun denn, Rosette, geh zu, es könnte schon so weit sein.» Und die drei Frauen herzten mich, und Rosette drückte ihre Lippen auf die meinen. Da kam zum Glück unerwartet einer hinzu! (So unerhört das Abenteuer klingt, so hat es sich gleichwohl zugetragen.)» [40])

Bei der diesem Abenteuer folgenden Plauderei stellte sich nun heraus, dass seine Geliebte Virginie seine Tochter sei. Ihre Mutter wie ihre Schwester begrüssen diese Entdeckung mit Triumphgeschrei und ersticken Rétif fast mit ihren Zärtlichkeiten. «Gewissensbisse gab es nicht!» [41]) Mit dieser Erkenntnis war Glück in die Frauenherzen eingekehrt, auch in das der Mutter Virginies. Die Erinnerung an vergangenes Liebesglück stieg mächtig in ihr empor. «Ein einziges Mal hatte ich mich ihren Liebkosungen gegenüber schwach gezeigt, und das

Ergebnis war eine Tochter, die heute am 27. April 1792 elf Jahre alt ist.» ⁴²) Um seine Tochter und ihre Angehörigen zu versorgen, griff Rétif zu einem Verfahren, das seine beschränkten Mittel nicht weiter angriff. Er besorgte Virginie einen reichen Verehrer, den Fürsten von Bouillon, der sie zu seiner Mätresse machte.

Das Glück seines bewegten Strohwitwertums war zu Ende, als seine Frau Agnes wieder einmal abgewirtschaftet hatte und nach Paris zurückkehrte. Da ihn seine schriftstellerischen Arbeiten zu sehr in Anspruch nahmen, setzte er sein gewohntes Tun ohne Agnes fort, wenn es ihm auch nicht an Aufregungen fehlte, die hauptsächlich durch seine geringen Einkünfte bei glänzend gehenden Büchern hervorgerufen wurden. Sein Alter war inzwischen auch dahin gelangt, dass seine Wünsche grösser waren als die Möglichkeit, sie zu erfüllen. Die Liebesabenteuer wurden seltener und beschränkten sich meist auf den Verkehr mit Kokotten, in deren Kreisen der Verfasser von «Fanchettens Fuss» und anderer erotischen Werke einen gewissen Ruhm genoss. Dieser Ruhm und der Stolz, mit dem Autor solcher unterhaltender Modebücher befreundet zu sein, ermunterte ein Terzett gefälliger Schönen, Rétif zu erobern, was den listigen und lustigen Weibern nicht allzuschwer fiel. Eine dieser Drei, die Dupont-Lambert, betätigte ihren Stolz auf ihre Verbindung mit Rétif auf einzigartige Weise. «Sie machte mich mit sechs Mädchen und Frauen bekannt, die teils ihre Kundinnen, teils ihre Freundinnen waren. Unter dem Vorwand einer Unpässlichkeit liess sie sich häufig durch sie vertreten.» ⁴³) Seiner Gattin Agnes war er nun ganz entfremdet. Er hasste sie, denn er hielt sie der grössten Schandtaten für fähig, um ihn zu verderben, und wenn dies auch auf Kosten der Reinheit ihrer Töchter geschehen sollte.⁴⁴) Wenn sich Rétif über die von ihm nur gemutmasste Absicht von Agnes entrüstet, so ist es noch fraglich, ob bei ihm nicht der Wunsch der Vater des Gedankens war, denn Rétif fehlte es an Zartgefühl gänzlich, durch solch eine Zumutung beleidigt zu sein oder ihr gar auszuweichen. Ebensowenig entrüsteten ihn Schilderungen solch krasser Szenen bei den Hetärengesprächen, die er mit seinen Liebsten aus diesem Stande führte. Er sammelte durch derartige Geschichten und Biographien Material für seine Erzählungen und seine eigene Lebensgeschichte. Die meisten dieser Novellen aus dem Leben sind stark erotisch, aber alle sittengeschichtlich sehr interessant. So zum Beispiel das Schicksal der Dumoulin, die sich mit zwei Genossinnen zu Beginn seines Lebensabends in seine Liebe teilte.

«Sie unterhielt drei Arbeiterfamilien, ihre Brüder, denen sie jährlich fünfzig Thaler einem jeden schickte. «Ich habe meinen Namen, meinen Vater lieb gehabt; in meiner Jugend sagte dieser zu meinen Brüdern: Ich würde lieber sehen, Eure Schwester wäre eine Hure, statt wie es manche Mädchen zu machen, die ehrbar verheiratet sind, ihre Familien ruinieren und einen Schwiegersohn in den Besitz des ganzen väterlichen Vermögens setzen, das so auf Fremde übergeht.» Ich hörte das nicht ohne Verlegenheit an. Sobald ich vierzehn Jahre alt war, machte man mir den Hof. Mein Erster war ein Sachwalter der Benediktiner, der mit meinem Vater im Prozess lag. Ihm erklärte ich: Wenn Ihr es so einrichtet, dass mein Vater seinen Prozess gewinnt, so sollt Ihr mich besitzen, sobald ich dessen sicher sein kann. Der Sachwalter verlor, indem er eine Urkunde des Klosters vernichtete, und mein Vater gewann. So ging ich alsbald zu ihm und erklärte: Meine Unschuld gehört Euch, keinem Fürsten würde ich sie schenken, nur Euch. Und er nahm sie mir und tat meiner Familie noch viel Gutes, erfreut über meine Freimütigkeit. Als er meiner überdrüssig war, gab er mich an einen weiter und dann noch fünf oder sechs anderen, die alle meiner Familie Gutes erwiesen... Dann wurde ich natürlich ehrlos. Ich kam nach Paris zu einem Uhrmacher, der Gefallen an mir fand. Er lehrte mich sein Handwerk und machte mir einige Geschenke. Dann richtete er mir ein Zimmer ein und hielt mich aus für zwölf Franken die Woche, ausser meinem Gehalt. Ich habe sechs Freunde, die mich monatlich einmal besuchen. Das kommt mir sehr zu statten und ermöglicht mir, meinem Vater und jedem meiner Brüder eine Rente von fünfzig Thalern zu zahlen, was für sie eine grosse Unterstützung ist in einem Land, wo das Geld so rar ist! So opfere ich mich für meine väterliche Familie, ohne ihr Schande zu machen, und führe auch hier nicht ihren Namen. Ich habe Euch begehrt und habe Euch auch besessen. Ich wollte Euch einige Geschenke machen, die Ihr aber zurückgewiesen habt; das fesselt mich noch mehr an Euch. Die Söhne meiner Brüder, deren jeder vier besitzt, haben hier Freistellen, die ich dadurch erlangte, dass ich mich denen hingab, die darüber zu verfügen haben. Für meine Familie ist mir kein Opfer zu gross; für die habe ich meine Jungfräulichkeit hingegeben, für sie schwinden meine weiblichen Reize dahin. Und ich kann einmal zufrieden sterben, da ich mich für sie geopfert habe. Ihr, meiner teuern Familie, bringe ich meine Moral zum Opfer.» [46])

Das fünfzigste Lebensjahr Rétifs rückte heran. Seine Abenteuer, jetzt mehr gesucht als zufällig wie einst, wurden seltener. Eines seiner letzten von Belang, das er in seiner Biographie auch herzhaft unterstreicht, war im Jahre 1783, das mit der «lebenswürdigen Brünette von weisser Hautfarbe, aber blatternarbig, mit wundervollen Augen, die von herrlichen Brauen geschmückt waren. Schon seit fünf bis sechs Jahren hatte ich ein Auge auf dies Mädchen, das gleiches Schuhwerk trug, wie die oben Erwähnte mit den hohen Schuhen. Ich wunderte mich, dass ich ihr am gleichen Jahrestag begegnete und dachte, sie könnte mir vielleicht als Muse dienen, in gleicher Weise wie früher Amélie. Sie war gerade in einen Laden eingetreten und so wartete ich, bis sie herauskam. Im Vorübergehen sprach sie mit den öffentlichen Dirnen der Rue Percée.

Ueberrascht über diese Vertrautheit seitens eines Mädchens, von dem ich wusste, dass es anständig war, als es drei Monate früher bei dem Kuchenbäcker in der Rue Galande, gegenüber Saint-Julien-le-Pauvre gewohnt, redete ich sie an, als sie in ihren Hausgang trat. Da sie nicht verstand, was ich wollte, ersuchte sie mich, heraufzukommen. Und ich muss gestehen, dass der Anblick einer Frau, die ich oft begehrt hatte, einen wunderbaren Eindruck auf mich machte. Da sie ärmlich eingerichtet war, schlug ich ihr vor, ich wolle ihr meinen Zeichner als zahlenden Kunden zuführen. Es wurde mir schwer, das Wort auszusprechen. Da zeigte sie mir ihren Fuss und ihr Bein, und als ich wieder aufstand, sagte sie weiter: «Wollt Ihr nicht mehr als dies?» In der Meinung, sie wolle mir einen gelinden Vorwurf machen, gab ich ihr einen kleinen Taler. Nun glaubte sie, ich erstrebe etwas anderes mit der Bezahlung und lächelnd feuerte sie mich an. Meine Schwäche für sie hielt mich indes vor Weiterem zurück. Als sie mich so sittsam sah, fing sie zu weinen an: «Ach!» sagte sie, «Ihr erinnert mich daran, wie man anständigen Frauen gegenüber begegnet, zu denen ich aber nicht mehr gehöre!» Die Echtheit ihres Schmerzes rührte mich. Sie versicherte mir, ich sei der Erste, von dem sie Geld bekommen habe. Weiter erzählte sie mir, sie habe vor sechs Monaten ihre Mutter verloren und mit ihr ihre lebenslängliche Rente; sie habe einen Verlobten mit Namen Maillard gehabt, der Haushofmeister des . . . gewesen sei und sie sechs Wochen nach dem Tode ihrer Mutter geheiratet habe, da sie ihm keine Gunst erweisen wollte. Bald nach der Hochzeit aber sei seine Leidenschaft erloschen; er habe ihr dann nichts mehr gegeben und erklärt, sie brauche nur als Modistin zu arbeiten oder sich als Zimmermädchen anstellen zu lassen, was sie denn auch getan habe. Nun hatte sie anscheinend ein Verhältnis mit dem Herrn oder einem Kammerdiener, wobei sie auf offener Tat von ihrer Herrin überrascht und fortgejagt wurde. Ihr Mann wollte nichts mehr von ihr wissen, und da er die Möbel der mütterlichen Wohnung verkauft hatte, so sah sich die Tochter genötigt, in eine armselige Wohnung zu allerniedrigstem Preis zu ziehen, wo sie ihr Dasein zunächst nur mit dem Verkauf ihrer Kleider bestreiten konnte. So war ihr nur ein sehr elegantes, seidenes Nachtkleid übrig geblieben, und sie bat mich inständig, es für meine Mätresse zu nehmen und mit ihr, so oft es mir beliebe, für sechs Franken wöchentlich zu schlafen. Ich war damals gerade im Vorschuss, sodass ich auch nicht über einen Thaler verfügen konnte, ohne mir Ungelegenheiten zu bereiten. Gleichwohl versprach ich ihr, ohne ihr Liebhaber zu werden, ihr sechs Franken während drei Monaten zu geben, unter der Bedingung, dass sie arbeiten würde. Sie dankte mir tausend Mal. Sie verstand, vollendet schön zu frisieren und wünschte sich die Dirnen der Strasse als Kundschaft. Das widerriet ich ihr und wandte mich vielmehr an Buchhändlersfrauen, die sie nahmen und ihr wieder andere zuführten. So erwarb sich Frau Maillard schon in der zweiten Woche in anständiger Weise ihren Unterhalt. Mitte des Monats besuchte ich sie, um ihr die sechs Franken zu bringen, wofür sie mir unter Tränen dankte. «Ihr seid mein Retter,» sagte sie. «Als Ihr zum erste Mal zu mir kamt, war ich entschlossen, mich zu prostituieren, und ich verstand sehr wohl, dass Ihr mich für eine Dirne ansaht. Rache und Verzweiflung bestimmten mich in gleicher Weise zu meinem Vorhaben. Ich war entschlossen, mich in Saint-Martin aufnehmen zu lassen und am Tage der Verurteilung zurückzukehren und aller Welt zu sagen: Ich bin Frau Maillard, die Frau des Haushofmeisters des Grafen von . . ., und ich gehe ins Hospital, da ich eine Hure bin und in der Rue Percée Männer aufgegabelt habe... Euer Vorhaben hat mich wieder etwas beruhigt. Ich hatte beschlossen, die Dirnen zu frisieren, als ich die sechs Franken von Euch erhielt; doch fühle ich, dass sie mich verdorben hätten. So will ich meine gegenwärtige

Wohnung verlassen, mit Rücksicht auf die Nachbarschaft. Zwei Louis habe ich von meiner Arbeit zurückgelegt, denn ich habe gearbeitet von Morgen bis zum späten Abend, da alle meine neue Kundinnen an der Art meiner Frisur Gefallen fanden. So kommt denn mit mir, ich will in der Rue des Prêtres-Saint-Séverin ein kleines leeres Zimmer mieten und irgend ein beliebiges Bett und zwei Stühle hineinstellen; weiter will ich mich einrichten, je nachdem, was ich verdiene; alles will ich aus meinem Verdienst bestreiten, und es soll mir dann nur umso teurer sein...» [46])

Rétif brachte das männertolle Weibchen mit einem seiner Freunde zusammen. Beide lernen sich lieben und wurden ein wirklich glückliches Paar. Rétif hatte nur ein einzigesmal sich ihre Dankesschuld bezahlen lassen, sonst genügten ihm seine drei Freundinnen, und selbst diese waren lange Zeit überflüssig, da Familienangelegenheiten übelster Art und Krankheit seine Stimmung bedrückten. Die endliche Scheidung von der ihm angetrauten Megäre hob diese, ebenso wie seine Arbeitslust und damit seinen Wunsch nach einer Muse; «denn um zu arbeiten, brauche ich stets eine solche, manchmal auch mehrere!» [47]) Er fand deren auch zwei. Eine davon in dem Kind einer längst vergessenen Geliebten. Solche ihm auch jetzt noch unentbehrlich gewordene Liebeleien hinderten ihn aber keineswegs, eine ernst gemeinte Moralpredigt an die alten Herren zu richten, die durch ihre Liebessurrogate der männlichen Jugend schlechte Beispiele geben, die weibliche verderben und entwürdigen. Dabei war er, nach seinen Geständnissen niemals ein Kostverächter und sein Grundsatz: «Der Cynismus ist auch ein Verdienst, wenn es sich darum handelt, das menschliche Herz zu enthüllen», war ganz dazu angetan, seine Fehltritte für im Dienst der Wissenschaft ausgeführt, auszugeben. Freundinnen seiner beiden ehelichen Töchter dienten ihm meistens als Modelle für seine «Pariser Nächte» und machten oft selbst den Vorschlag, seine «süsse Freundin zu werden». So die kleine Melanie, die schon manchen dummen Streich gemacht.

«Meine Königin,» antwortete ich ihr, «Ihr seid zu lebendig und habt noch einen zu guten Appetit, um einem alten Manne anzugehören. Für ihn wären es der Liebesfreuden zu viel, und für Euch zu wenig. Ein Irrtum, zu dem ich mich im Jahre 1780 verleiten liess, hat mich für immer von der Torheit geheilt, mich mit einem jungen Mädchen abzugeben.» [48])

Dieses Bekenntnis schliesst Rétif mit den Worten:

«Wie man sieht, habe ich von gegenwärtigen Erlebnissen nichts mehr von Belang zu berichten, sondern nur solche aus der Vergangenheit!» [49])

Darüber kann er allerdings endlos erzählen, und viele Geschichten sind darunter, die Balsacs tolldreisten Historien an Pikanterie und Uebermut nichts nachgeben. Wenn er nun auch längst angefangen hatte, in der Erotik sich zu bescheiden, so wurde diese Bitternis etwas versüsst durch das Bewusstsein, bei der wirklich guten Gesellschaft durch seine Bücher in Mode gekommen zu sein und vielfach als Paradeschaustück bei Galatafeln aufgetischt zu werden, wobei er immer durch seinen Geist, sein Wisssen, seine Ungezwungenheit und sein Taktgefühl auffiel. Diese Fälle buchte er auf der Habenseite, als er die Bilanz seines Lebens zog. Sie blieb aber schwach gegen die Sollseite.

«Das väterliche Alter, das für andere Männer eine Quelle des Trostes ist, ist mir zu einer Quelle von Unruhe, zu einer unerträglichen Last geworden. Und als ob alles sich vereinte, mich niederzudrücken, so erleide ich heute die Strafe für frühere Fehltritte. Als ich meinen «Pornographe» schrieb, waren meine Sinne zu erregbar, als dass ich nicht manchesmal unterlegen wäre, und da ich den Frauen, selbst den Dirnen gegenüber, stets zärtlich begegnete, so erwiesen sich selbst die blasiertesten als fruchtbar. Daher kam es, dass ich im Verlaufe von 15—25 Jahren etwa

60 dieser unglückseligen Geschöpfe zu Müttern machte und sie so teils aus Naturtrieb, der rohen Unzucht und Nutzlosigkeit entriss. Denn wenn alle Männer mir ähnelten, so wären die Prostituierten nicht alle verlorene Frauen; sie sänken auch nicht in so tiefe Verachtung, da sie nie der Natur zuwider handeln würden; sie brauchten in ihrem traurigen Zustand gleichwohl nicht ohne Sittlichkeit zu sein... Ich will also keiner Reue Ausdruck verleihen, sondern nur einem tiefen Bedauern.» [50])

Einmal führte er den verwegenen Einfall aus, ein Diner in jenem «unsauberen Bazar», dem Pariser Strichplatz im Palais Royal, allen denen zu veranstalten, die er erkannt und aus dem Sumpf herausgezogen hatte. Es fand sich eine stattliche Anzahl ein. «Wir speisten zusammen, und ich sah wie ein Patriarch aus, inmitten meiner Frauen und meiner Kinder. «Oh, welch schöner Augenblick!» rief ich aus.» [51]) Rétifs Vermittlung gelang es, diese «Töchter» alle nach der Kolonie von Cayenne zu bringen, «indem immer die eine die andere nachzog... 1795 erhielt ich denn auch Nachricht von Fräulein Collart, worin sie mir die Ankunft all dieser jungen Geschöpfe berichtet und deren Verheiratung mit reichen Gutsbesitzern mitteilt. Man hatte sich sehr um sie beworben, da sie sehr gefallen hatten. Alle waren in sehr guten Verhältnissen und sittsam, was ich ihnen hauptsächlich eingeprägt hatte.» [52])

Allein sein, verkümmert durch allerlei Schicksalsschläge, und Krankheit bilden die Signatur seines Lebensabends. Zur Hölle wurden ihm die Tage, die er im Hotel Dieu, dem Pariser Krankenhaus, zubringen musste. All dieses hindert aber den Dreiundsechzigjährigen nicht, ernst an eine neue Ehe zu denken.

«Ich brauche eine Lebensgefährtin im Alter von 40—60 Jahren, die in so guten Verhältnissen wäre, dass sie mich unterhalten könnte.» [53])

Dieser Wunsch ging aber nicht in Erfüllung, und so siechte der erste naturalistische Schriftsteller Frankreichs, der «Rousseau du ruisseau», der «Rousseau der Gosse» dahin, und am 3. Februar 1806 schloss er im Alter von 72 Jahren die Augen für immer. Mehr als 1800 Leidtragende schlossen sich dem Sarge an, der die irdischen Reste des merkwürdigen Menschen barg. Sein Lebenswerk, zweihundertzweiundsiebzig Druckwerke, harrt noch des berufenen Wiedererweckers für die deutsche Sprache. Es bildet ein Document humain, wie die Weltliteratur kaum ein zweites aufzuweisen hat.

ANMERKUNGEN

1. In grauer Vorzeit.

[1] Prof. Dr. Hans Licht, Beiträge zur antiken Erotik. Dresden o. J., S. 9 f.
[2] Dr. H. Ploss und Dr. Max Bartels, Das Weib in der Natur- und Völkerkunde. 7. Aufl., Leipzig 1902. I. Band, S. 495.
[3] Ploss-Bartels, I. Band, S. 497.
[4] Ploss-Bartels, I. Band, S. 496.
[5] Dr. Eugen Dühren, Das Geschlechtsleben in England. Charlottenburg 1901. I. Band, S. 341.
[6] Dühren a. a. O., S. 347.
[7] Dühren a. a. O., S. 351.
[8] Sextus Aurelius Victor. Uebers. von Dr. A. Forbiger. Stuttgart 1866. S. 124.
[9] Aelius Lampridius, Kaisergeschichte. Uebers. von C. A. Closs. Stuttgart 1857. 2. Band, S. 165.
[10] Pierre Dufour, Geschichte der Prostitution, 7. Aufl., bearbeitet von Dr. Paul Langescheidt. Berlin 1925. S. 194.
[11] 2. Buch § 22, I. Band, S. 194.
[12] 4. Buch Mosis, 25, 6—8.
[13] I. Buch von der Königin, 11, 4, 6, 9—12.
[14] I. Buch von der Königin, 11, 7, 8.
[15] Ploss-Bartels, Das Weib in der Natur- und Völkerkunde, 7. Aufl., I. Band. Leipzig 1902. S. 461 f.
[16] Dr. Jul. Rosenbaum, Geschichte der Lustseuche im Altertum, 7. Aufl. Berlin 1904. S. 185.

2. Die Caesaren

[1] Ludw. Friedländer, Darstellung aus der Sittengeschichte Roms, 8. Aufl. Leipzig 1910. I. Band, S. 79.
[2] Dr. Wiedemeister, Der Caesarenwahnsinn der julisch-claudischen Imperatorenfamilie. Hannover 1875. S. VII f.
[3] F. D. Gerlach, Die Geschichtsschreiber der Römer. Stuttgart 1855. S. 177.
[4] Tacitus, Annalen. Stuttgart 1884. 4. Buch 57, S. 215.
[5] Dr. Jul. Rosenbaum, Geschichte der Lustseuche im Altertum, 1. Aufl. Berlin 1904, S. 263.
[6] Annalen, 4. Buch 57, S. 953.
[7] Sueton, Kaiserbiographien. München und Leipzig 1912. Abschnitt 40, S. 231.
[8] Sueton, Abschnitt 42, S. 232.
[9] Eine griechische Schriftstellerin der Augusteischen Zeit, die in Versen und Prosa nicht nur über Toiletten, sondern auch über obszöne Stoffe geschrieben hatte.
[10] Der ‹Ziegenbockige›. Der Name der Insel Caprea erinnerte an das Wort caper, das ‹Ziegenbock› bedeutet.

¹¹) Die «Atellanen», nach der oskischen Stadt Atella so benannt, waren eine Art possenhafter einheimischer Spiele.
¹²) Sueton, 61, S. 247 f.
¹³) Tacitus, Annalen, I. Buch, Abschnitt 41, S. 671.
¹⁴) Sueton, Caligula, 11, S. 269.
¹⁵) Ovids Werke. Stuttgart 1885. I. Band, S. 20.
¹⁶) Caligula, 23, S. 281.
¹⁷) Die Römer lagen bei Tische so, dass die «unterhalb» (intra) jemandes liegende Person an der Brust oder im Schosse dessen ruhte, der oberhalb ihr zunächst lag. Caligula hatte also bei Tafel seinen Platz zwischen Frau und Schwester.
¹⁸) Als Zeichen allgemeiner Landestrauer.
¹⁹) Dio Cassius erzählt, dass er sie nicht nur auf Münzen Diva oder Dea nennen, sondern ihr auch unter dem Namen Panthea (Allgöttin) in allen Städten des Reiches Tempel erbauen liess.
²⁰) Dieser Verschwörung gedenkt Tacitus, Annalen 14, 2.
²¹) a. a. O. 24.
²²) Wohl schriftlich auf einem Blatte. Das folgende Wort «belästigen» entspricht genau einem zynischen Witze des Shakespeareschen Falstaff.
²³) Sueton, S. 284, Abschnitt 25.
²⁴) Sueton, S. 295, Abschnitt 36.
²⁵) Sueton, Abschnitt 27, 28 f., S. 287 ff.

3. Die gekrönte Bordelldirne

¹) Ehevorschriften, 16. Abschnitt.
²) Friedländer, I. Band, S. 486.
³) Decimus Junius Juvenalis Satiren. Uebersetzt von Hertzberg und Teuffel. I. Bändchen, 6. Satire, V 287, S. 53 f.
⁴) Epigramme. Stuttgart. 1865. 12. Buch, S. 58.
⁵) 6. Buch, S. 211.
⁶) Juvenal, 6. S. 331, S. 55.
⁷) Plätzen.
⁸) Bädern.
⁹) Tore.
¹⁰) Bordell, Freudenhaus.
¹¹) Scherr, Menschliche Tragikomödie, I.
¹²) Sueton, Nero, § 29.
¹³) Friedländer, Sittengeschichte.
¹⁴) Uebersetzt von Hertzberg und Teuffel. Stuttgart 1886. S. 44 ff.
¹⁵) Horaz, Oden III. 6. an der Römer, übersetzt von J. C.
¹⁶) Properz, Satyren, III. 13. 23.
¹⁷) Ovid, Amores, I. 8. 42.
¹⁸) Sueton, Caligula § 36.
¹⁹) Sueton, Caligula § 58.
²⁰) Josephus, Jüd. Altertümer XIX. 2. 3.
²¹) Sueton, a. a. O. 16.
²²) C. A. Böttiger, Sabina oder Morgenszenen im Putzzimmer einer reichen Römerin. M. Gladbach 1878. S. 66 ff.
²³) Sueton, Caligula § 36.
²⁴) Cassius Dio, 60, 22.
²⁵) Juvenalis, Satyren, 6, 15 ff. Uebersetzt von W. Teuffel. Stuttgart 1864.

²⁶) Plinius, Naturgeschichte X 63.
²⁷) Martial, Epigramme I. 14.
²⁸) Annalen II. 27.
²⁹) Tacitus, Annalen II. 31.
³⁰) Tacitus, Annalen XI. 37, 38.

4. Nero Claudius Caesar

¹) So hiess im römischen Lager der hinter dem Hauptquartier abgesteckte Ort, wo der Soldat seine Beute verkaufte und manches Nötige einkaufte, eine Art von Marketenderei also.

²) Wir sagen statt ‹Augen› in solchen Fällen ‹Arm und Beine›.

³) Sueton sagt: ‹von einem Latiklavier,› d. h. von einem solchen, der das Recht hatte, auch ohne dass er öffentliche Aemter bekleidet, den breiten Purpurstreifen zu tragen. Dieser tapfere Ehrenmann, der den Nero behandelte, wie alle ähnliche Streiche machenden Prinzen und ‹Herrscher der Völker› und Völkchen von Ehrenmännern behandelt werden müssten, hiess Julius Montanus. (Tacitus, Annalen XIII, 25.)

⁴) Parteistreitigkeiten wegen. Da Sueton hier wie immer, die Zeitfolge der erzählten Charakterzüge unberücksichtigt lässt, so müssen wir annehmen, dass dies Jugendstreiche Neros waren, da er, wie Sueton 16 erzählt, um solcher Skandale willen die Pantomimen aus Rom verbannte.

⁵) Sueton, S. 391/392, Abschnitt 26.

⁶) Neros Vater Domitius.

⁷) Andere Versionen über diese und die folgenden kaiserlichen Unflätereien findet man erzählt bei Tacitus, Annalen 14, 2 und 15, 37.

⁸) Sueton, S. 393/394, Abschnitt 28.

⁹) 14. Buch 2, S. 1170.

¹⁰) Tacitus, Annalen, 14. Buch 15, S. 1181.

¹¹) Auch in diesem Worte scheint eine unzüchtige Bedeutung zu liegen.

¹²) Sueton, S. 394, Abschn. 29.

¹³) Sueton, 35, S. 404.

¹⁴) Tacitus, Annalen 15, 48.

¹⁵) Sueton, 37, S. 406.

¹⁶) Annalen 15, 38.

¹⁷) Nero, 38, S. 408 f.

¹⁸) Sueton, Nero, Abschn. 40, S. 410.

6. Gilles de Rais, der Kindermörder

¹) Dr. Otto Krack, Das Urbild des Blaubart. Berlin o. J. S. 25.

²) A. Eulenberg, Sexuale Neuropathie. Leipzig 1895. S. 119.

³) Abbé E. Bossart et R. de Maulle, Gilles de Rais, maréchal de France, dit Barbe-Bleue (1404—1440). Paris 1886.

⁴) Krack, Blaubart, S. 151 ff.

⁵) Dr. Eugen Dühren, Der Marquis de Sade und seine Zeit. Berlin und Leipzig 1900. S. 257.

⁶) Mémoires. Paris 1860. 2. Band, S. 406 f.

⁷) ‹Des aberrations du sens génésique›. Paris 1887. S. 64.

⁸) Max Bauer, Deutscher Fürstenspiegel. Dresden 1928. S. 162.

⁹) Dühren, de Sade, S. 259.
¹⁰) Max Bauer, Weib und Sittlichkeit. Berlin o. J. S. 157.

7. Elisabeth Bathory, die Blutgräfin

¹) R. A. von Elsberg, Die Blutgräfin. Breslau 1894. S. 47.
²) a. a. O. S. 51 f.
³) Havelock Ellis, Das Geschlechtsgefühl. Würzburg 1903. S. 94.
⁴) Dr. Erik Hoyer, Das lüsterne Weib. Wien-Leipzig o. J. S. 238.
⁵) von Elsberg, S. 126.
⁶) von Elsberg, S. 126 f.
⁷) von Elsberg, S. 131.
⁸) von Elsberg, S. 179.
⁹) von Elsberg, S. 181.
¹⁰) von Elsberg, S. 186.
¹¹) Dr. Erich Wulffen, Der Sexualverbrecher. 8. Auflage, Berlin 1921. S. 316.
¹²) Dr. Eugen Dühren, Der Marquis de Sade und seine Zeit. Berlin-Leipzig 1900. S. 231 f.
¹³) Eberhard Buchner, Das Neueste von gestern, 1. Band. München 1911. S. 323.

8. Casanova

¹) Poritzky, Worte Casanovas, S. 8.
²) Poritzky, Worte Casanovas, S. 10.
³) Erinnerungen, 6. Band, S. 668.
⁴) Poritzky, Worte Casanovas, S. 108.
⁵) Friedrich-Freksa in «Erinnerungen des Giacomo Casanova», übertragen von Heinrich Conrad. München o. Jahr. 1. Band, S. XV.
⁶) Benedikt XIV, 1758—1769.
⁷) Leopold II., Josephs II. Nachfolger, starb am 1. März 1792. B.
⁸) 1. Band, S. 63.
⁹) 4. Band, S. 197 f.
¹⁰) 1. Band, S. 379.
¹¹) 1. Band, S. 473.
¹²) 5. Band, S. 162 f.
¹³) 2. Band, S. 151 ff.
¹⁴) 2. Band, S. 218 f.
¹⁵) 3. Band, S. 114.
¹⁶) 3. Band, S. 136 f.
¹⁷) Bülau, Geheime Geschichten und rätselhafte Menschen, 3. Band. Reclams Universal-Bibliothek.
¹⁸) 3. Band, S. 320.
¹⁹) Dr. Eduard Vehse, Geschichte der kleinen deutschen Höfe, 1. Band. Hamburg 1859. S. 163 f.
²⁰) Erinnerungen, 3. Band, S. 359.
²¹) Erinnerungen, 3. Band, S. 374.
²²) Ueber ihn mehr in Max Bauer, Der Fürstenspiegel. Dresden 1927.
²³) Vehse, 26. Band, 4. Abteilung. Hamburg 1853. S. 171 ff.
²⁴) Erinnerungen, 4. Band, S. 138.
²⁵) Erinnerungen, 4. Band, S. 353 ff.
²⁶) Erinnerungen, 4. Band, S. 482.

[27]) 5. Band 1/IV.
[28]) 5. Band, S. 56.
[29]) 5. Band, S. 250.
[30]) 5. Band, S. 251.
[31]) Das Geschlechtsleben in England, 1. Band, 2. Auflage. Berlin 1914. S. 250 ff.
[32]) 5. Band, S. 327.
[35]) 6. Band, S. 157.
[36]) 6. Band, S. 298.
[37]) 6. Band, S. 361.
[38]) 4. Band, S. 488. Manuskript S. 79, 85.
[39]) 6. Band, S. 453.
[40]) Manuskript S. 71.
[41]) 6. Band, S. 574.
[42]) 6. Band, S. 586.
[43]) J. E. Poritzky, Worte Casanovas, S. 22.
[44]) J. E. Poritzky, Worte Casanovas, S. 31.

9. Der Fanatiker der Unzucht

[1]) Jakob Burckhardt, Die Kultur der Renaissance in Italien, 16. Aufl. Leipzig 1925. S. 135 f.
[2]) Dühren, De Sade, Neue Forschungen. Berlin 1904. S. 26.
[3]) Jakob Falke, Geschichte des modernen Geschmacks. Leipzig 1862. S. 293.
[4]) Dr. Eugen Dühren, Der Marquis de Sade und seine Zeit. Berlin und Leipzig 1900. S. 292 f.
[5]) Dr. Eugen Dühren, Der Marquis de Sade und seine Zeit, S. 297 f.
[6]) Dühren, S. 299 f.
[7]) Dühren, De Sade, 1. Band, S. 305.
[8]) Dühren, S. 312.
[9]) Dr. Eugen Dühren, Neue Forschungen über den Marquis de Sade und seine Zeit. Berlin 1904. S. 34 f.
[10]) Karikatur S. 152.
[11]) Römischer Feinschmecker und Schlemmer in der Kaiserzeit. Er vergiftete sich, als er einen Teil seines Vermögens vergeudet hatte, aus Furcht, zu verhungern.
[12]) Dr. Eugen Dühren, Der Marquis de Sade und seine Zeit. Berlin und Leipzig 1900. S. 346 f.
[13]) Menschliche Tragikomödie, 1. Band «Elagabal», S. 107.
[14]) Bernh. Stern, Geschichte der öffentlichen Sittlichkeit in Russland. Berlin 1908. 2. Band, S. 543.
[15]) Der Karneval des zweiten Kaiserreichs, übertragen von Max Adler. Dresden o. J. S. 51 f.
[16]) Der Karneval des zweiten Kaiserreichs, S. 53 f.
[17]) Dühren, S. 356 f.

10. Zeitgenossen als Modelle des Marquis de Sade

[1]) Dühren, Neue Forschungen, S. 36.
[2]) F. W. Barthold, «Die geschichtlichen Persönlichkeiten in Jacob Casanovas Memoiren». Berlin 1846. Bd. I, S. 205—207.
[3]) Marschall von Richelieu, Denkwürdigkeiten. Bearbeitet von Josef Bindtner und Gustav Gugitz. Wien-Prag-Leipzig o. J. S. 346.

⁴) Dühren, Neue Forschungen, S. 198, 199.
⁵) Eros. Stuttgart 1849. 1. Band, S. 41 f.
⁶) Dühren, Neue Forschungen, S. 48, 49.
⁷) Marschall von Richelieu, Denkwürdigkeiten, S. 184.
⁸) Thomas Carlyle, Die französische Revolution. Leipzig 1920. 2. Bd., S. 344.

11. Dirnen im Hermelin

¹) 10. Auflage, Leipzig 1899. 1. Bd., S. 32.
²) S. Sugenheim, Russlands Einfluss auf Deutschland. Frankfurt a. M. 1856. S. 187.
³) Dr. E. Grupe, Kaiser Justinian. Leipzig 1923. S. 54.
⁴) Bernhard Stern, Geschichte der öffentlichen Sittlichkeit in Russland, 2. Band. Berlin 1908. S. 522 f.
⁵) Bernhard Stern, 2. Band, S. 523 f.
⁶) Bernhard Stern, 2. Band, S. 524 f.
⁷) Bernhard Stern, 2. Band, S. 527 f.
⁸) Memoiren der Ritterin d'Eon. Berlin 1867. S. 22.
⁹) Seite 108.
¹⁰) M. B. von Teplitz, Gekrönte Messalinen. Berlin 1902. S. 43 f.
¹¹) M. B. von Teplitz, Messalinen, S. 58 f.

12. Das Vorbild Versailles

¹) Bertrand, Ludwig XIV., S. 81.
²) Bertrand, Ludwig XIV., S. 82.
³) Bertrand, S. 93.
⁴) Bertrand, S. 93.
⁵) Bertrand, S. 103.
⁶) Bertrand, S. 153.
⁷) Bertrand, S. 267.
⁸) Dr. Eduard Vehse, Geschichte der Höfe des Hauses Sachsen, IV. Band. Hamburg 1854. S. 217, 218.
⁹) Vehse, 4. Teil, S. 218.
¹⁰) Dr. Eduard Vehse, S. 220.
¹¹) Dr. Eduard Vehse, S. 226.
¹²) Max Bauer, Deutscher Fürstenspiegel. Dresden o. J. (1927), S. 176.
¹³) Bauer, Fürstenspiegel, S. 177 ff.
¹⁴) Dr. Eduard Vehse, Geschichte der Höfe des Hauses Sachsen. Hamburg 1854. 5. Teil, S. 110.
¹⁵) Nach der alten Handschrift in Druck gegeben von Dr. Ernst Consentius. Ebenhausen bei München 1915. S. 77.
¹⁶) Max Bauer, Deutscher Fürstenspiegel. Dresden. S. 184.
¹⁷) Vehse, Sachsen, 5. Band, S. 147 ff., 153.
¹⁸) Vehse, 5. Teil, S. 193 f.
¹⁹) Dühren, Neue Forschung, S. 49 f.
²⁰) Dühren, Neue Forschung, S. 50.

13. Ludwig der Vielgeliebte

¹) Touchard-Lafosse, Der Vielgeliebte, herausgegeben von Alfr. Semerau. Berlin 1919. S. 20.

[2]) Touchard-Lafosse, S. 115 f.
[3]) Touchard-Lafosse, S. 119, 120.
[4]) Touchard-Lafosse, S. 127 f.
[5]) Touchard-Lafosse, S. 131, 132.
[6]) Touchard-Lafosse, S. 158 f.
[7]) Touchard-Lafosse, S. 161—163.
[8]) Touchard-Lafosse, S. 260, 261.
[9]) Touchard-Lafosse, S. 161 f.
[10]) Touchard-Lafosse, S. 295.
[11]) Touchard-Lafosse, S. 314.
[12]) Touchard-Lafosse, S. 318, 319.
[13]) Touchard-Lafosse, S. 319 f.
[14]) Touchard-Lafosse, S. 321.
[15]) Der Günstling der Marie Antoinette, übersetzt und herausgegeben von Paul Aretz. Dresden o. J. S. 33 f.
[16]) Günstling, S. 46.
[17]) Günstling, S. 86 f.
[18]) Touchard-Lafosse, S. 370, 371.
[19]) Touchard-Lafosse, S. 381.

14. Der Don Juan aus dem Volke

[1]) Dr. Eugen Dühren, Rétif de la Brétonne. Berlin 1906. S. 39 f.
[2]) Dühren, Rétif, S. 41 ff.
[3]) Dühren, Rétif, S. 45.
[4]) Dühren, Rétif, S. 45 ff.
[5]) Dühren, Rétif, S. 70.
[6]) Dühren, Rétif, S. 73, 74.
[7]) Dühren, Rétif, S. 74, 75.
[8]) Dühren, Rétif, S. 77, 78.
[9]) Dühren, Rétif, S. 81, 82.
[10]) Dühren, Rétif, S. 92, 93.
[11]) Dühren, Rétif, S. 97, 98.
[12]) Dühren, Rétif, S. 100.
[13]) Dühren, Rétif, S. 105.
[14]) Dühren, Rétif, S. 111.
[15]) Dühren, Rétif, S. 115.
[16]) Dühren, Rétif, S. 115, 116.
[17]) Dühren, Rétif, S. 117.
[18]) Dühren, Rétif, S. 119.
[19]) Dühren, Rétif, S. 120.
[20]) Dühren, Rétif, S. 120, 121.
[21]) Dühren, Rétif, S. 120, 121.
[22]) Dühren, Rétif, S. 124, 125.
[23]) Siehe Seite 488.
[24]) Dühren, Rétif, S. 128.
[25]) Dühren, Rétif, S. 130.
[26]) Dühren, Rétif, S. 131, 132.
[27]) Dühren, Rétif, S. 147 f.
[28]) Dühren, Rétif, S. 148, 149.
[29]) Dühren, Rétif, S. 150.

[30]) Dühren, Rétif, S. 151.
[31]) Dühren, Rétif, S. 152, 153.
[32]) Dühren, Rétif, S. 154, 155.
[33]) Rétif de la Brétonne, Neue Abenteuer im Lande der Venus. Utrecht o. J. S. 43 ff.
[34]) Abenteuer, S. 71.
[35]) Dühren, Rétif, S. 160, 161.
[36]) Rétif, Neue Abenteuer, S. 111 f.
[37]) Abenteuer, S. 116, 117.
[38]) Abenteuer, S. 117 f.
[39]) Abenteuer, S. 182.
[40]) Abenteuer, S. 195, 196.
[41]) Abenteuer, S. 196.
[42]) Abenteuer, S. 197.
[43]) Abenteuer, S. 217.
[44]) Abenteuer, S. 217.
[45]) Abenteuer, S. 220, 221, 222.
[46]) Abenteuer, S. 224 bis 227.
[47]) Abenteuer, S. 244.
[48]) Abenteuer, S. 249.
[49]) Abenteuer, S. 254.
[50]) Abenteuer, S. 270.
[51]) Abenteuer, S. 272 f.
[52]) Abenteuer, S. 273, 274.
[53]) Abenteuer, S. 281.

INHALTSVERZEICHNIS

		Seite
1.	In grauer Vorzeit	7
2.	Die Caesaren:	17
	Gajus Caesar Caligula	23
3.	Die gekrönte Bordelldirne	28
4.	Nero Claudius Caesar	47
5.	Heliogabal	52
6.	Gilles de Rais, der Kindermörder	66
7.	Elisabeth Bathory, die Blutgräfin	90
8.	Casanova	111
9.	Der Fanatiker der Unzucht	162
10.	Zeitgenossen als Modelle des Marquis de Sade	194
11.	Dirnen im Hermelin	205
12.	Das Vorbild Versailles	222
13.	Ludwig der Vielgeliebte	248
14.	Der Don Juan aus dem Volke	275

www.ingramcontent.com/pod-product-compliance
Lightning Source LLC
Chambersburg PA
CBHW052010290426
44112CB00014B/2188